World as a Perspective

世界做為一種視野

艱困時代的經濟學思考

Good Economics for Hard Times

2019
諾貝爾經濟學獎
得主

Abhijit Banerjee
阿比吉特·班納吉

Esther Duflo
艾絲特·杜芙若——著

許瑞宋 譯

獻給我們的孩子Noemie和Milan
希望他們長大後
身處一個比較公正和人道的世界
也獻給沒有機會的Sasha

目次

導讀：寫給一般人的「經濟學家使用手冊」 林明仁——5
前言——13
1 讓經濟學再次偉大——15
2 鯊口逃生——25
3 貿易帶來的傷痛——74
4 喜歡的、想要的跟需要的——130
5 經濟成長的終結？——187
6 水深火熱——260

7 自動鋼琴——282
8 受到認可的政府——324
9 發放金錢與關心在意——340
結論：好的經濟學與壞的經濟學——394
誌謝——400
注釋——403

導讀

寫給一般人的「經濟學家使用手冊」

林明仁／臺灣大學經濟學系特聘教授

社會大眾對經濟學家的正面印象，大約在二〇〇五年左右達到高點，其主要原因有二。首先，一九九〇年開始的全球化，經過十多年後，不論在成長與脫貧都有顯著的效果，讓大眾對經濟學的實用性更有信心。另一方面，經濟學強調「使用科學的方法對人性做考察」的公眾形象，透過諾貝爾獎的加持，與芝加哥學派的傳播，也帶給社會大眾不一樣的智識新視角。市場機制、貿易自由化這些名詞，自然也就成為媒體與政治人物在政策辯論中經常出現的主要論點。

但二〇〇八年金融海嘯之後，情況就改變了。人們一方面怪罪這是金融市場遵循經濟學家自由放任不受管制觀點的結果；另一方面，大家也覺得，「不是很科學好棒棒嗎？怎麼沒有預測到危機的來臨，把我們害得這麼慘？」

尤有甚者，全球化的壞處也開始顯現。經濟學者如史迪格里茲（Joseph Stiglitz）、皮凱提（Thomas

Piketty），也都開始對「國際貿易帶來的好處是否合理分配到所有人身上」，以及資本主義市場是否「內建一個無法回頭的社會不平等機制」提出了許多見解與批判。對於報章雜誌與社會大眾來說，即便他們可能並未瞭解這些經濟學家的完整推論過程與限制，不過只要終於有人出來替大家下個「一切都是新自由主義惹的禍」的結論，找到替罪羊，也就夠了。於是經濟學家「把市場萬能當作是一種意識形態」、「觀點沒有人性」、「作惡的執照」這樣的說法，也就在這十年，遵循著市場經濟的邏輯，在意見市場跟暢銷書排行榜中占有了一席之地。

持平來說，造成這樣的局面，經濟學家自己也要負不小的責任。一個廣為流傳的故事是，在金融海嘯剛發生的時候，英國女王伊莉莎白二世到倫敦政經學院視察，沮喪地問了這個讓經濟學家啞口無言的問題：「你們經濟學家怎麼沒有預見金融海嘯即將來臨？」

接到這個世紀問句的倒楣經濟學家是畢業於芝加哥大學的加里卡諾（Luis Garicano），當時剛從芝加哥大學商學院轉到倫敦政經學院任教。他後來撰文澄清，女王問他這個問題時他並未結巴，也跟女王詳述了金融海嘯前因後果以及後續的政策建議。只是報章雜誌與一般人對「經濟學者被女王問得啞口無言」這樣的標題還是比較有興趣。「我們已經看到危機即將來臨。如果真的要怪，」他說，「就是我們沒有大聲說出來。」

為什麼不大聲說出來？在此請容我先自我辯護：經濟學家是一群用模型來瞭解世界的人。模型注重的是簡化與內在邏輯的一致性，運氣好的話，簡潔的模型可以對現實提供一個合理且抓到重點的詮釋，這就叫經濟直覺，但大部分的時候，我們的運氣都很不好。不同的模型，各自只適合處理不同的問題，而且經常是相互衝突的。當模型的數學愈趨複雜的時候，也就更難把每個模型的前因後果與限制講清楚。如果還要考慮實證的資料如何與模型對話，那就更頭大了！再加上公眾通常只喜歡「一句式」的肯定標題，以及經濟學界對複雜數學與計量方法的要求跟「不發表便消失」（PUBLISH OR PERISH）的生存壓力，使得許多經濟學家，最後寧可選擇與自己的同行對話，也不願意面對公眾做溝通。

比爾．蓋茲對以上的內捲現象，也提出了語重心長的批評：「我有時擔心經濟學家不夠謙遜，不願意告訴大家經濟學能夠跟不能夠教我們的是什麼。」而這本《艱困時代的經濟學思考》，就是兩位作者決定「出來面對」，向公眾及政策制定者，「大聲說出來」所踏出的第一步。這對他們來說，是很不容易的事。班納吉跟杜芙若雖然因為將隨機對照試驗（Random Control Trial）應用到特別是貧困研究，而在去年本書英文版出版前夕榮獲諾貝爾經濟學獎的殊榮，而且早在二〇一一年他們也寫了一本經濟學普及書籍《窮人的經濟學》（*Poor Economics*，中文版由群學出版，我也做了導讀），但本書處理的有關移民、經濟成長、不平等、氣候變遷、基本收入等議題，在經濟學界，看法仍是相當分歧的。但兩位學者認為，經濟學最有趣最有用的地方，並不在結論，而是過程，也因此他們決定把對每個議題思考的過程，跟大家分享。對班納吉跟杜芙若來說，「經濟學家如何梳理手上證據的多種可能解釋（alternative hypothesis testing）？這些理論是如何與證據連接起來的？結論有多可信？」才是經濟學的核心。**正是這些反覆的討論，讓我們更能瞭解世界的複雜性，也能更誠實面對自己的看法，到底是出於自己一廂情願的熱血道德堅持，還是仔細思考後所願意踏出的改變？**

也因此，兩位作者提醒要「小心那些觀點最激烈、最簡單的人」（注意，這些人不只包含經濟學家！）。因為他們可能是「最沒有耐心瞭解現代經濟學或社會科學精華的人」。而在公共論述中自稱經濟學家的人，有許多則是「所屬公司的利益代言人，會不顧一切地樂觀看待市場」。**最好的經濟學往往是最不起眼的**，因為經濟學家不是物理學家，而人性也遠比物性複雜太多，好的經濟學家的日常，其實只是就已知的經濟理論做出一些猜測，蒐集恰當的資料，再選取適當的統計方法來對這些理論進行因果測試。如有必要，就基於這些新結果回過頭來修訂理論，而運氣好的話，會得出一個踏出一小步的解決方案。是的，**經濟學家的日常，就是這麼樸實無華，且枯燥**。

在閱讀這本書時，讀者必須要謹記在心的是，重點不是結論，而是彼此證據交火的過程！舉例來說，在討論移民的第二章中，他們首先提到，簡單的供需模型預測一個地方有大量低技術移民移入時，由於勞動供給右移，該地的低技術勞工薪資會下降。美國作家史坦貝克《憤怒的葡萄》一書，其中的經濟主軸設定即是由於一九三三年美國中西部沙塵暴，太多人逃到加州，導致工資大幅下降，衝突不斷的故事。但柏克萊大學經濟系的卡德（David Card）使用一九八〇年古巴「馬列爾逃難潮」做為自然實驗，發現此一事件雖然讓邁阿密的西語勞動力增加七%，但是雙重差異法（Difference in Difference）卻發現這對邁阿密居民的工資沒有影響！然而哈佛大學的波哈斯（George Borjas）反對這個看法。他重新分析資料發現，雖然整體的工資沒有改變，但是占低技術工人大宗的非西語裔高中輟學生的工資確實是開始急跌的。卡德隨後在分析樣本加入西語裔高中輟學生，又發現影響消失了。兩位作者在這裡停下，並做了西語裔高中輟學生才是受古巴難民潮最大影響的群體，勞動市場不見得適用傳統供需模型這樣的結論，似乎是較為支持卡德的論點。但我的看法跟他們不一樣。一方面，一九八〇年代的邁阿密同時也是許多中南美洲資金存放的地點，這提供了西語人士許多工作機會。另外，政策通常會對不同的群體產生不同影響。非西語裔的高中輟學生工資急跌，與整體工資未受影響，兩者不見得是衝突的。而且這個群體在政治上反彈的力道，恐怕也遠比西語裔高中輟學生要大。更進一步思考，大量移民的影響，在短期跟長期也會有所不同。短期或許真的會造成勞動市場動盪，但長期說來，移民本身也會形成自己的消費需求，而他們與本地高技術勞工的勞動力也會形成互補的效果，促進生產力的成長。舉例來說，臺大劉錦添教授等二〇一一年的研究也發現，臺灣外籍勞工的僱用因為互補效果，增加了廠商的生產力。另外移民的影響也不見得只有集中在工資。波士頓大學的派翠西亞・柯特斯（Patricia Cortés）就發現，低技術移民對高技術高薪資女性的勞動供給有正面的影響，因為兩者在家務勞動上是有替代性的！整體來說，雖然移民在短期可能的確會對某些特定群體的勞動條件有影響，但經濟學家（包括前述的波哈斯）透過某些微妙折衝藝術過程所得到的結論倒是十分明確：「如果考慮超過十年的時間（也就是長期），移民流入對本地人工資的影響非常小。」而這樣的結論，對移民政策有什麼意義呢？答案倒也不難，鼓勵移民，但細水長流，不要一下子開放太多，以免造成政治上的反作用力。打造對移民友善的包容政策，讓他們融入原本的社會，如此而已。有關於本書其他章節，我也希望讀者可以不被諾貝爾獎光環所迷惑，帶著批判的精神，細細品味經濟學家智識交鋒的樂趣。

本書出版以後，有許多書評也都不吝給予讚美。像比爾・蓋茲就覺得此書對沒有經濟學學位的人來說算是易讀好懂，而且作者相當擅長有效率地組織事實來解釋具爭議性的重要社會問題。倫敦《金融時報》也認為本書對實證經濟學可以如何增進我們對社會的瞭解，給出了很好的說明。《經濟學人》的標題更直接：「（經濟學）的意義在於方法。雖然每個人都會在書中找到他不同意的觀點，但讀者肯定會為作者們的好奇心、驚人的智識，以及優雅的謙遜深深感到著迷。」

但並非所有人都對本書感到滿意，這也一直是經濟學界的常態。比如說在二〇一五年希臘金融危機時任該國財長的瓦魯法基斯（Yanis Varoufakis）就覺得該書「具啟發性（enlightening），但是沒有討論資本主義的致命缺點」。然而最有趣的評論，莫過於發展經濟學大師，紐約大學的伊斯特利（Willaim Eastery）在《華爾街日報》的書評。他首先對書中討論市場在何時可以順利運作，在面臨黏性（stickiness）時又會如何的部分表示讚許。但接著話鋒一轉，批評作者提出重新設計美國稅改方案是「轉錯彎」，因為「如果要二十年後才能知道它的政策效果，邏輯上要怎麼確定現在設計的是一個好的方案？」但最讓他不開心的事，是他認為作者的行文語氣「無助於弭平意見的極化」。因為作者雖然沒有指名道姓說誰的經濟學是「壞經濟學」，但在書中卻有「九個保守經濟學家，雖有學術聲望，已屬上一世代」這樣直接的文字，也難怪伊斯特利要對號入座了。不過美國學界年輕一代（杜芙若還不到五十歲）挑戰資深學者的氣勢，可真是毫不手軟！

整體來說，對於非經濟本科的讀者，本書不失為一本有趣的入門讀物。但是我還是要再強調一遍，閱讀此書時，「過程比結論重要」。如果到最後你對本書討論的議題，有一個很簡單的全稱式好或壞的答案，那就代表你讀錯了！經濟學家的作用不在給一個簡單的答案，而在協助社會判斷哪些做法可能會以什麼樣的形式影響到哪些人，據此給出各種政策選擇，通常這些政策都不會是太大的變動，這些選擇也不全然是科學，還是有一些「藝術」的成分在。重要的是，做法是這個社會共同決定，後果也是這個社會一起承擔。不應該在景氣擴張的時候，默默用著便宜的全球化生產Macbook，金融危機來的時候，就把矛頭指向經濟學家。

經濟學家是一群兢兢業業，將循證為本的政策評估（Evidence-based policy evaluation）當成信仰，反覆思考理論、證據與現實之間關係的人。而更重要的是，我們對別人跟自己的研究，也都會採取苛刻的批評。正如哈佛大學的羅德里克（Dani Rodrick）所言：「如果你覺得經濟學者對你論點的評論很機車，你該去看看他們是如何在研討會上對待彼此的。」我自己就曾好幾次在麻省理工或芝加哥大學的研討會上，被直接糾正：「你的推論錯誤」、「文獻引用太老舊。」而其中一位，就是杜芙若。但是當你看到即便是教科書級的大神也一樣受到這種待遇時，你就會相信這個社群內在的凝聚力，以及希望大家拋開權力、階級與資深程度，一起確保每一個推論正確性的努力。並不是要說只要有我們在，一切就都可以迎刃而解。**但扮演假想敵中隊，把一廂情願**（wishful thinking）**的風險降到最低這個角色，讓經濟學家來扮演是再適合不過了**。如果能有更多人能理解並欣賞這樣的知識活動，那我們在討論社會政策時，或許就能在理解自己瞭解有限的前提上，多一點包容，少一點堅持，一起慢慢朝向同一方向前進。就如本書的結尾所言：「經濟學太重要了，不能完全交託給經濟學家！」

參考文獻：

- 張景福、盧其宏、劉錦添，二〇一一，〈勞工組成特性對工廠生產力及薪資之影響：以臺灣電子業工廠為例〉，《經濟論文叢刊》，第三十九輯第二期，頁一七七—二一二。
- Patricia Cortés and José Tessada (2011), "Low-Skilled Immigration and the Labor Supply of Highly Skilled Women." *American Economic Journal: Applied Economics*, vol 3(3), pp88-123.

前言

十年前，我們寫了一本書談論自己的工作，意外得到不少讀者捧場。我們受寵若驚，但也很清楚寫書的事已經告一段落。經濟學家不太寫書，尤其是人類看得下去的書。我們寫了一本書，而且居然得到不錯的反應，但我們該回去做自己的常規工作了，也就是撰寫和發表研究論文。

那正是我們隨後所做的事。而在這段期間，歐巴馬執政初期的曙光消退，讓位給英國脫歐、黃背心運動和「川普圍牆」之類迷幻般的瘋狂舉措；趾高氣揚的獨裁者（或民選的同類人物）驅散了阿拉伯之春那種帶著困惑的樂觀精神。貧富不均嚴重加劇，環境災難和全球政策災難迫在眉睫，但我們面對這些挑戰時，幾乎只剩下一些陳詞濫調。

我們為了堅守希望而寫下這本書。除了想說明哪裡出了問題以及原因何在，也想提醒大家我們做對了哪些事。這本書除了說明問題，同樣重要的是說明只要能夠誠實面對診斷，我們可以如何修補這個世界。本書說明經濟政策哪裡失敗了、意識形態在哪裡蒙蔽了我們，以及我們忽視了哪些顯而易見的東西，但也告訴我們好的經濟學可以在哪裡派上用場以及原因何在，尤其是在當今的世界。

世界確實需要這樣一本書，但這不代表我們是寫這本書的合適人選。目前困擾世界的許多問題在富裕國家尤為突出，但我們畢生都在研究窮國的窮人。我們顯然必須深入檢視大量的新文獻，也總是有可能錯過一些東西。我們花了一段時間才說服自己，這件事值得嘗試。

我們最終決定寫這本書，部分原因在於我們厭倦了袖手旁觀，坐視那些關於核心經濟議題（移民、貿易、經濟成長、貧富不均、環境）的公眾討論愈來愈離譜。此外也是因為我們意識到，世上富裕國家面臨的問題，其實往往與我們習慣研究的開發中國家的問題詭異地相似，像是許多人在經濟發展過程中被拋在後頭、貧富不均嚴重惡化、民眾不信任政府，以及社會和政體分崩離析。在這個過程當中我們學到很多東西，也對經濟學家最擅長的事有了信心，包括冷靜面對事實、對花言巧語和靈丹妙藥持懷疑態度、對自己知道和理解的東西保持謙虛和誠實的態度，以及或許最重要的一點：只要有助於建設一個更加人道的世界這項終極目標，我們就願意嘗試一些構想和方案，即使它們最終證實不可行。

1 讓經濟學再次偉大

一名女士從醫生那裡得知自己只剩下半年的壽命。醫生建議她嫁給一名經濟學家，然後搬到南達科塔州。

女士：「這可以治好我的病嗎？」

醫生：「不行，但你會覺得那半年很長。」

眼下是個日趨極端化的時代。從匈牙利到印度，從菲律賓到美國，從英國到巴西，從印尼到義大利，左派與右派之間的公開對話愈來愈像高聲的互相謾罵，雙方肆意說出傷人的話，幾乎完全不留和解的餘地。在我們生活和工作的美國，分裂投票（譯按：在選舉中有多票可投時，選擇支持兩個或以上的政黨）的比例處於有史以來的最低點。[1] 兩大黨的支持者高達八一％對另一大黨持負面看法。[2]六一%的民主黨人表示，他們認為共和黨人具有種族歧視、性別歧視或偏執狂。五四%的共和黨人認為民主黨人心懷惡意。三分之一的美國人表示，如果近親與另一個政治陣營的人結婚，他們會很失望。[3]

在法國和印度這兩個我們也待了很長時間的國家，我們所屬的「開明」自由派菁英圈子在討論政治右派崛起的時候，愈來愈常出現某種末世論調。大家明確覺得我們認知當中基於民主和論辯的文明正受到威脅。

做為社會科學家，我們的職責是提出事實和對事實的解釋，希望有助調解這些分歧，幫助對立的雙方明白對方在說什麼，從而凝聚共識或保持合理的意見分歧。只要雙方願意互相尊重，民主可以與異議共存。但尊重需要某種程度的理解。

當前形勢之所以特別令人擔憂，是因為這種對話的空間似乎愈來愈小。大家的觀點似乎出現了「部落化」的趨勢，而且不是只在政治方面，連我們面臨哪些重大社會問題和應該怎麼做也是這樣。一項大規模調查發現，美國人對範圍廣泛的各種議題的看法就像一串串的葡萄。[4]某些核心信念（例如對性別角色，或努力工作是否一定會成功的看法）相同的人，似乎就會對一系列的議題（從移民到貿易，從貧富不均到賦稅以至政府的角色）持有相同的看法。這些核心信念比他們的所得水準、在人口統計中屬於什麼群體或住在哪裡，更能預測他們的政策觀點。

這些議題在政治論述中極受重視，而且不是只有美國如此。移民、貿易、賦稅、政府的角色，在歐洲、印度、南非或越南都是富爭議的議題。但太多人對這些議題的看法完全是基於對特定個人價值觀的確認（「我支持移民，因為我是慷慨的人」；「我反對移民，因為移民危及我們的國族認同」）。如果有東西支持這些看法，那也只是一些編造出來的數字和對事實過分簡化的解釋。沒有人真的非常認真思考這些議題本身。

這真的很慘，因為我們似乎已經陷入艱困時代。受貿易擴張和中國驚人的經濟成就激勵，全球經濟經歷了一段強勁成長的繁榮期，但隨著中國經濟成長放緩和貿易戰烽煙四起，這種好日子可能已經結束。因為這段榮景期而經濟蓬勃的亞洲、非洲和拉丁美洲國家，如今正開始思考接下來怎麼辦。當然，在多數的富裕西方國家，經濟成長緩慢如今完全不是什麼新鮮事，但我們看到這些國家的社會契約正迅速損壞，這才是特別令人擔憂的事。我們似乎回到了狄更斯筆下《艱難時世》（*Hard Times*）那樣的世界，有錢人與日益孤立的窮人對立，沒有人知道問題該怎麼解決。[5]

經濟與經濟政策問題是當前危機的核心。我們可以做些什麼來促進經濟成長嗎？這是否不該是西方富國的優先要務？此外還有什麼重要問題？世界各地貧富不均急速惡化是不是嚴重的問題？國際貿易本身是問題還是解方？它對貧富不均有什麼影響？貿易的前景如何——勞動成本更低的國家能否吸引全球製造業離開中國？移民問題呢？低技術移民真的太多了嗎？新科技呢？例如我們是應該擔心人工智慧崛起，還是應該加以慶祝？或許最迫切的問題是，社會要怎麼幫助那些被市場拋在後頭的人？

這些問題的答案不是一條推特貼文（tweet）就能解釋。許多人因此只想迴避問題。受此影響，各國在解決當代最迫切的難題方面幾無作為；它們繼續助長憤怒和不信任，使我們走向極端，使我們更加無法對話、一起思考問題和設法做些什麼。情況常常使人覺得像是在惡性循環。

經濟學家對這些重大議題有很多見解。他們研究移民對工資的影響，研究稅制是否阻礙進取精神，研究重分配政策是否鼓勵人懶惰度日。他們思考國與國之間進行貿易所造成的影響，並對誰將成為贏家和輸家提出有用的預測。他們致力瞭解為什麼有些國家的經濟能夠成長，有些國家則停滯不前，以及政府是否可以做些什麼來促進經濟成長。他們蒐集資料以瞭解是什麼因素令人慷慨或審慎，是什麼原因令人願意離鄉背井，以及社群媒體如何利用我們的偏見。

最新的經濟學研究提出的見解往往令人驚訝，對那些習慣從電視上的「經濟學家」和高中教科書得到簡單答案的人來說尤其如此。針對上面提到的爭論，我們可以從這些研究中得到新的啟示。

不幸的是，絕大多數人因為不夠信任經濟學家，所以不會認真傾聽他們的觀點。英國脫歐公投前夕，我們在英國的同事拚命警告公眾，英國脫歐代價高昂，但他們覺得自己無法使大眾聽進去。事實正是這樣。沒有人真的很關注經濟學家說什麼。二〇一七年初，市調公司 YouGov 在英國做過一項民意調查，問了這個問題：「以下這些人談論他們的專業領域時，你最相信誰的見解？」護士排第一，八四％的受訪者信任他們。政治人物排在最後，只有五％的受訪者信任他們（但本地的國會代表得到較多人信任，有二〇％）。經濟學家得到二五％的人信任，只略多於政治人物。氣象預報員得到的信任是經濟學家的兩倍。[6] 二〇一八年秋，我們在美國向一萬人提出同一個問題（以及另外幾個有關經濟議題觀點的問題，調查結果將在本書好幾個地方談到）。[7] 結果同樣只有二五％的人信任經濟學家的經濟專業見解。只有政治人物得到的信任更低。

這種信任不足的問題反映在一個事實上：經濟學家之間就算對某些課題有專業上的共識，見解也往往與一般民眾的看法有系統性的差異。芝加哥大學布斯商學院定期訪問約四十名學界經濟學家對核心經濟議題的看法，他們全都是經濟學界公認的頂尖人物。本書將經常提到這份布斯經濟學家調查結果。我們選了布斯調查當中的十個問題，在我們自己的問卷調查中向一般人提問。在多數問題上，經濟學家和我們的受訪者意見截然不同。例如在布斯經濟學家調查中，幾乎每一名受訪者都不同意以下觀點：「美國對鋼鐵和鋁課徵新關稅，將會促進美國人的福祉。」[8]但在我們的調查中，與經濟學家所見略同的受訪者只有三分之一。

我們的受訪者通常比經濟學家悲觀：四〇％的經濟學家同意「二〇一五年夏天開始德國遇到的這波難民湧入，將在隨後十年裡帶給德國經濟利益」，其他經濟學家絕大多數是不確定或不表示意見（只有一個回答不同意）。[9]相較之下，在我們的問卷調查中，只有四分之一的受訪者同意這個說法，而有三五％不同意。我們的受訪者也比較傾向認為機器人和人工智慧技術崛起將導致普遍的失業問題，而認為這些技術將創造出足夠多的額外財富來補償利益受損者的人也少得多。[10]

這並不是因為經濟學家總是比其他人更喜歡自由放任的結果。曾有一項研究比較了經濟學家與一千名普通美國人對同樣的二十個問題的看法。[11]結果顯示經濟學家遠比一般人更支持提高聯邦稅（九七．四％的經濟學家支持，普通美國人則是六六％）。經濟學家對政府在二〇〇八年危機之後採取的政策（為銀行紓困、刺激經濟之類），也遠比大眾更有信心。另一方面，六七％的普通美國人認為大公司執行長確實薪酬過高，但只有三九％的經濟學家認為是這樣。這項研究的關鍵發現是：

整體而言，學界經濟學家的想法通常與一般美國人非常不同。就那二十個問題而言，經濟學家同意某一觀點的比例與普通美國人相差多達三十五個百分點。

此外，告訴受訪者著名經濟學家對那些問題的看法，並不會改變他們的觀點。針對專家觀點與大眾觀點顯著不同的三個問題，研究人員使用了不同的提問方式。針對部分受訪者，他們在提出問題之前先表示，「幾乎所有專家都同意……」；針對其他受訪者，他們直接提出問題。這對他們得到的答案幾乎沒有影響。例如，針對《北美自由貿易協定》是否促進了一般人的福祉這個問題（九五％的經濟學家認為是），受訪者如果先被告知經濟學家的看法，有五一％的人認為是；如果沒有先被告知經濟學家的看法，則有四六％的人認為是。差別實在不大。由此看來，普通民眾似乎有很大一部分已經完全不再理會經濟學家對經濟問題的看法。

我們從不曾認為，經濟學家若與大眾觀點不同，對的一定是經濟學家。我們這些經濟學家往往過度沉迷於自己的模型和方法，有時會忘了哪裡是科學的終點和意識形態的起點。我們基於一些假設回答政策問題，而這些假設因為是我們模型的一部分，已成為我們的第二天性，但這不代表它們一定是對的。但是，我們也掌握其他人沒有的一些有用的專業知識。本書（卑微）的目標，就是分享一些經濟學的知識，並針對當代最迫切和富爭議的議題重啟對話。

為此，我們必須瞭解經濟學家的信譽為何受損。部分原因在於世上有很多不好的經濟學。在公共論述中代表「經濟學家」的人，通常不是布斯經濟學家調查所訪問的那些人。電視和報紙上自稱經濟學家的人（某銀行或某券商的首席經濟學家之類），除了若干重要的例外，主要是所屬公司經濟利益的代言人；他們往往會毫無顧忌地忽視證據的重要性。此外，他們有一種相對可預料的傾向，那就是不顧一切地樂觀看待市場，而大眾覺得經濟學家普遍就是這樣。

不幸的是，就外表（西裝革履）或談吐（術語充斥）而言，誇誇其談的「權威人士」與學界經濟學家難以區分。最重要的差別可能在於前者樂於提出斷言和預測，而不幸的是，這使他們顯得更權威。但他們在預測方面的表現其實很差，部分原因在於準確預測往往幾乎不可能，這也是學界經濟學家多數盡可能不做預測的原因。國際貨幣基金組織（IMF）的工作之一，就是預測世界經濟未來一段時間的成長率。但儘管國際貨幣基金的團隊中有許多訓練有素的經濟學家，他們的預測工作仍不是很成功。《經濟學人》雜誌曾計算二〇〇〇至二〇一四年間，國際貨幣基金的預估值與實際成長率平均相差多少。[12]就提早兩年的預測而言（例如在二〇一二年預測二〇一四的經濟成長率），平均預測誤差為二．八個百分點。這比他們每年在負二％至一〇％之間隨機選一個數字當作預測好一些，但與假設成長率為不變的四％幾乎一樣差。我們懷疑諸如此類的事是大眾不信任經濟學家的重要原因。

導致信任不足的另一個重要因素，是學界經濟學家幾乎從不花時間解釋他們較為細膩的結論背後往往複雜的推論。他們如何梳理手上證據的多種可能解釋？為了得出最合理的答案，他們必須把往往來自多個不同領域的一些點連起來；他們到底連起了哪些點？結論有多可信？是值得據此採取行動，還是應該保持觀望？現今的媒體文化自然容不下細膩或長篇大論的解釋。我們兩人都經歷過必須與電視節目主持人爭論，才有辦法講出我們完整的故事（但節目播出時往往又被剪得支離破碎）；我們因此認識到，學界經濟學家為什麼往往不願意承擔說出意見的責任。你必須非常努力才能夠正確傳達你的訊息，而且你總是有可能予人思慮不周的印象，又或者你審慎的言語被扭曲成截然不同的意思。

當然，也有一些學界經濟學家勇於發表意見，但除了若干重要的例外，他們往往是觀點最激烈的人，最沒有耐心瞭解現代經濟學的精華。有些人因為過度執著於某些正統觀點，完全忽視與之矛盾的事實；他們像念咒語一樣重複一些舊觀點，儘管它們早已被證明是錯誤的。還有一些人則對主流經濟學冷嘲熱諷，有時這或許是主流經濟學應受的，但這往往意味著他們不大可能替當今最好的經濟研究說話。

我們覺得最好的經濟學往往最不刺耳。因為世界相當複雜和不確定，經濟學家可以分享的最有價值的東西往往不是他們的結論，而是他們如何得出結論，包括他們知道哪些事實、如何解釋那些事實、他們推論的步驟，以及還有哪些東西不確定。這與以下事實有關：經濟學家不是物理學家那樣的科學家，通常沒有很多絕對確定的東西可以告訴別人。看過電視喜劇《宅男行不行》（*The Big Bang Theory*）的人都知道，物理學家看不起工程師。物理學家思考深奧的問題，工程師則埋首於各種材料，試圖賦予那些深奧的思想形狀（至少在《宅男行不行》當中是這樣）。如果有電視劇取笑經濟學家，我們在劇中可能會比工程師低幾級，或至少比火箭工程師低幾級。經濟學家與工程師（或至少是《宅男行不行》中的工程師）不同，不能仰賴某個物理學家來確切告訴我們，火箭需要怎樣的條件才能脫離地球的引力。經濟學家比較像水管工：我們利用基於科學的直覺、基於經驗的一些猜測，以及許多純粹的試誤來解決問題。

這意味著經濟學家經常出錯，而我們在本書中無疑將弄錯許多東西。我們弄錯的並非只是經濟成長率預測（基本上那是不可能成功的），還有一些範圍相對有限的問題，例如多高的碳稅有助改善氣候變遷問題，大幅加稅對企業最高層的薪酬有何影響，以及全民基本收入政策會如何影響就業結構。但會犯錯的並非只有經濟學家。人人都會犯錯。真正危險的不是犯錯，而是過分迷戀自己的觀點，因而不容許事實妨礙自己的觀點。為了取得進步，我們必須時常回頭檢視事實，承認自己的錯誤，然後繼續前進。

而且世上還有很多好的經濟學。好的經濟學始於一些令人不安的事實，基於我們已知的關於人類行為的知識和其他領域證實有效的理論來做一些猜測，利用資料檢驗這些猜測，基於新的事實來調整（或根本改變）前進方式，最後受惠於一些運氣而得出解決方案。就此而言，我們的工作很像醫學研究。穆克吉（Siddhartha Mukherjee）關於對抗癌症的精采著作《萬病之王》（*The Emperor of All Maladies*）講述了研究人員如何結合基於靈感的猜測和審慎的試驗，經過很多個回合的調整，最終推出新藥。[13] 經濟學家很大一部分工作與此非常相似。一如醫學研究，我們永遠不確定自己是否已經掌握真理，只知道我們對某個答案的信心足以支持我們據此採取行動，但也知道我們之後可能必須改變想法。同樣一如醫學研究，完成基礎科學研究和確立核心理念之後，我們的工作不會就此停止，而是會開始在現實世界裡推廣我們的見解。

本書某程度上可視為來自經濟研究前線的報告，告訴我們當今最好的經濟學怎麼看我們社會正努力應付的基本問題。我們敘述當今最優秀的經濟學家對世界的看法，不但告訴大家他們有何結論，還說明他們如何得出結論；這一路上我們努力區分事實與白日夢，大膽的假設與可靠的結果，我們所期望的與我們所知道的。

有一點很重要：有關人類想要什麼，以及何謂美好的生活，我們必須以一個寬泛的概念為指引。經濟學家傾向採用一種以收入或物質消費來界定、往往過度狹隘的幸福概念。但是，要擁有令人滿足的人生，我們所有人需要的遠非只是收入或物質消費：我們還需要所屬社群的尊重、家人和朋友賦予的安慰、尊嚴、輕鬆和愉悅。僅僅關注收入並非只是一條方便的捷徑而已，它還是一種扭曲事實的鏡片，經常導致最聰明的經濟學家誤入歧途，讓政策制定者做出錯誤的決定，令太多人陷於錯誤的執迷。它使許多人相信整個世界的人正等著搶走我們的高薪工作。正因為只關注收入，有些人一心一意希望西方國家回到經濟快速成長的光輝過往。它使我們強烈懷疑窮人，同時非常害怕自己淪為窮人。也正因為只關注收入，經濟成長與地球健康之間的矛盾顯得非常尖銳。

更好的對話必須始於承認人類深切渴望尊嚴和人際往來，而且我們不應把對話當成一種干擾，應該視之為互相理解和擺脫看似棘手的對立的更好方式。我們在本書指出，恢復人類尊嚴的核心地位將促使我們深刻反思我們的經濟要務和社會照顧其成員的方式，尤其是在他們需要幫助的時候。

話雖如此，本書討論的任何一個問題，甚至是所有的問題，你大有可能得出和我們不同的結論。我們並不是想說服你不假思索地認同我們的觀點，而是希望你能採納我們的一些方法，對我們的一些希望和恐懼有共鳴，而或許到最後，我們能夠真正展開對話。

2 鯊口逃生

移民是大事，大到足以左右美國和歐洲多數國家的政局。事實上，在世界上的富裕國家，移民可能是影響力最大的單一政治議題：在美國，川普總統聲稱大批危險的墨西哥人湧入美國，雖然這只是他想像出來的，但這種言論的後果十分嚴重；在歐洲，德國另類選擇黨（AfD）、法國國民聯盟（Rassemblement National，原國民陣線）、英國主張脫歐的陣營，以至義大利、匈牙利和斯洛伐克的執政黨，都不斷提出反外國人的言論。即使是歐洲主流政黨的政治人物，也發現要調和他們希望堅持的自由主義傳統與他們看到的移民威脅，是非常困難的事。移民問題在開發中國家沒那麼引人注目，但南非關於辛巴威難民的爭論、孟加拉的羅興亞危機、印度阿薩姆邦的公民身分修正法案都告訴我們，在這些地方成為反移民勢力針對的目標同樣可怕。

但為什麼要恐慌呢？二〇一七年，國際移民占世界人口的比例與一九六〇年或一九九〇年大致相同，都是三％左右。[1]歐盟平均每年從世界各地接收一百五十萬至二百五十萬名非歐盟移民。二百五十萬人還不到歐盟人口的百分之零點五。這些人多數是合法移民、已經拿到工作聘書的人，或是移民到歐盟與家人團聚的人。二〇一五和二〇一六年湧入歐洲的難民異常多，但到了二〇一八年，向歐盟尋求庇護的人數已回落至六三・八萬，而且只有三八％的申請獲准。[2]也就是說，這一年歐盟接收的難民人數相當於歐盟居民總數的二千五百分之一。就這麼多。真的很難說是難民大量湧入。

種族主義的危言聳聽受純種神話和人們對種族混合的恐懼驅使，不顧基本事實。一項調查針對移民成為關鍵政治議題的六個國家（法國、德國、義大利、瑞典、英國和美國）訪問了二萬二千五百名當地人，結果顯示受訪者對移民的數量和構成存在大量誤解。[3]例如在義大利，移民占人口的實際比例是一〇％，但受訪者平均認為是二六％。

受訪者大幅高估了穆斯林移民的比例，以及來自中東與北非的移民比例。他們低估了移民的教育程度和經濟條件，高估了移民失業和仰賴政府救濟生活的可能性。

政客信口開河助長了大眾對移民的恐懼。二〇一七年法國總統大選之前的一段日子裡，瑪琳・勒龐（Marine Le Pen）經常聲稱九九％的移民是成年男性（其實是五八％），定居法國的移民九五％「靠國家照顧」，因為他們不會在法國工作（事實是定居法國的移民五五％投入了勞動市場）。[4]

最近的兩個實驗顯示，即使存在系統性的事實核查，誇大移民的威脅仍是可以在選舉中有效爭取支持的做法。在美國的一項研究中，研究人員利用兩組問題，一組旨在瞭解受訪者對移民的意見，另一組旨在瞭解他們對移民的人數和特徵的實際認識。[5] 有些受訪者先回答關於事實的問題，然後才被問到他們的意見（他們因此意識到自己對移民問題的認知偏離事實），結果顯示這些人反移民的可能性顯著較高。他們被告知真實的數據之後，對事實的認知改變了，但他們對移民問題的基本看法沒有改變。在法國，一個類似的實驗也得出類似的結論。在研究人員的刻意安排下，部分受訪者認識到瑪琳·勒龐信口開河，但他們反而更有可能投票給她。[6] 可悲的是，即使當著他們的面拆穿勒龐的謊言，他們還是支持她。事實並不影響他們的看法。光是想到移民問題，就足以使人變得比較狹隘。許多人不容許事實改變自己的觀點。

人們漠視事實有個重要的原因，這個原因建立在一項看似完全不言而喻的經濟學論點上，即使現實中的證據證明事實並非如此，許多人仍認為這項論點顛撲不破。關於移民的經濟分析往往可以歸結為下面這種誘人的推論：世上到處都是窮人，如果他們能來到我們這裡（無論這裡是什麼地方），因為這裡的情況顯然好得多，他們的收入顯然可以大幅增加；因此，只要有一丁點機會，他們就會離開故鄉，來到我們的國家，壓低這裡的工資，損害已經在這裡的我們多數人的生活水準。

這個論點特別之處，在於它非常忠於高中經濟學對供需法則的標準解釋。人們想賺更多錢，因此會湧向工資最高的地方（勞動力供給增加）。因為勞動力需求曲線向下傾斜，勞動力供給增加將會壓低所有人的工資。新來的移民可能得益，但本地工人的利益將會受損。這正是川普總統堅稱美國已經「飽和」的時候試圖捕捉的情緒。如圖二·一顯示，這當中的推論簡單到可以畫在一條很小的餐巾背面。

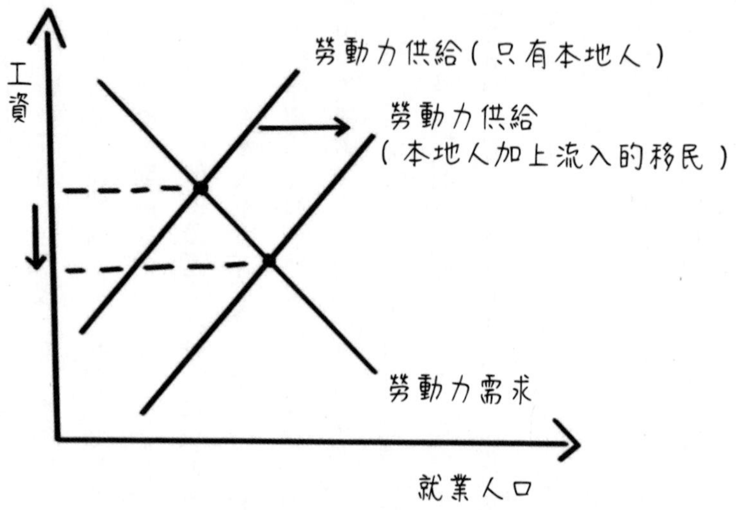

圖二・一 「餐巾經濟學」：為什麼接收移民必然導致本地工人變窮？

這種邏輯很簡單，很吸引人，可惜是錯誤的。首先，各個國家（或地區，較普遍而言）之間的工資差異實際上與人們是否移民關係不大。如我們隨後將看到，雖然很多人迫切希望離開他們所在的地方，然而非常難解的謎其實是：為什麼那麼多人在他們可以移民的時候選擇不移民？

其次，沒有可信的證據顯示低技能移民流入會損害本地人的利益，甚至這種移民大量流入也不會，連技能水準與新移民最接近的本地人也不會受到傷害。事實上，移民流入似乎提升了多數人的生活水準，包括新移民和本地人。這與勞動市場的特殊性質大有關係。勞動市場很少符合供需法則的標準解釋。

離鄉背井

索馬利亞裔的英國詩人沃森·夏兒（Warsan Shire）寫道：

沒有人會離開家園，除非
家是鯊魚的口
你不會奔往邊境
除非你看到整個城市都在逃難
你的鄰居跑得比你還快
他們氣喘吁吁，喉裡有血
那個和你一起上學的男孩
在老鐵皮工廠後面吻得你頭暈的男孩
拿著一把比他身體還大的槍
你不會離開家園
除非家園不容許你留下來[7]

她顯然懂得一些重要的道理。當地人最迫切希望逃離的地方，像伊拉克、敘利亞、瓜地馬拉以至葉門這些國家，遠非世上最貧窮的地方。依據生活成本的差異調整之後（也就是經濟學家所講的購買力平價），伊拉克人均收入約為賴比瑞亞的二十倍，至少是莫三比克或獅子山的十倍。二〇一六年，雖然葉門的國民所得大跌，它的所得水準仍達到賴比瑞亞的三倍（目前沒有近幾年的資料）。墨西哥是川普總統喜歡針對的目標，但它是中上所得國家，福利制度備受好評，是許多國家仿效的對象。

試圖逃離這些地方的人，很可能並未面臨賴比瑞亞或莫三比克一般居民所面臨的赤貧狀況。他們覺得當地生活無法忍受，主要是因為日常生活秩序崩解：墨西哥北部的毒品戰爭、瓜地馬拉恐怖的軍政府，以及中東的內戰使當地人民飽受暴力威脅，而且無法預料自己的前景。來自尼泊爾的一項研究發現，即使農業歉收也不會驅使許多尼泊爾人離開自己的國家。[8] 事實上，農業歉收的年分反而比較少人離開，因為很多人負擔不起離開本國的旅費。尼泊爾長期存在的毛派叛亂暴力加劇，才導致尼泊爾人開始離開本國。他們是要逃離鯊口。這種情況發生時，要阻止他們幾乎是不可能的，因為他們認為自己已經無家可歸。

當然，也有相反的情況：雄心勃勃的移民不惜代價尋求離開家園。在薩雅吉雷（Satyajit Ray）的電影傑作阿普三部曲的第二部《大河之歌》（*Aparajito*）當中，主角阿普就是這樣：他孤獨的母親留在農村故鄉，城市裡許多令人興奮的發展可能吸引他前往。[9] 一些從中國移民到美國的人也是這樣：他們一個人做兩份工作，克勤克儉，期望自己的孩子有天能上哈佛大學。我們都知道現實中有這樣的人。

此外還有介於中間的絕大多數人，他們並未面臨驅使他們移民的巨大內部或外部壓力。他們看來並不追求賺盡每一塊錢。即使在沒有邊境檢查和不必躲避移民局人員的情況下，他們仍不會移民，例如即使同一個國家當中農村與城市的工資相差很多，很多人仍然選擇留在農村。[10] 在印度德里，一項針對貧民窟居民的調查發現，在支付居住費用之後，這些居民每戶每天的生活費一般為略多於（經購買力平價調整的）二美元，當中很多人是不久前從德里以東的兩個大邦比哈爾和北方邦遷移過來的。[11] 這比那兩個邦底層三〇％的人高得多，他們每戶每天的生活費不到（經購買力平價調整的）一美元。但是，這些非常窮的人（約有一億人）並沒有選擇遷居德里，即使他們的收入可以因此增加一倍。

在開發中國家以外的地方，也有人堅持不移民，寧願因此放棄改善經濟條件的機會。二〇一〇至二〇一五年間，希臘飽受經濟危機衝擊，但這段期間估計只有不到三十五萬名希臘人移居他國。[12] 這最多僅為希臘人口的三％，儘管在二〇一三和二〇一四年，希臘失業率高達二七％，而希臘因為是歐盟成員國，希臘人可以自由地搬到歐盟其他成員國居住和工作。

移民簽證抽籤

但或許這當中根本沒有難解之謎；或許我們高估了移民的好處。評估移民的好處常常會面臨一個重要的問題：我們通常僅關注選擇移民者的工資，而忽視促使他們決定移民的眾多原因，以及他們得以成功移民的諸多因素。選擇移民的人可能有特殊的技能或非凡的毅力，因此他們即使留在原來的地方，收入也會高於一般人。雖然很多移民從事不需要特殊技能的工作，他們的工作往往非常勞累，需要極大的毅力和耐性（想想營建或水果採摘工作，許多來自拉丁美洲的移民在美國正是做這種工作）。不是每個人都能日復一日地做這種工作。

因此，我們不能天真地比較移民與留在家鄉者的收入，然後像許多主張增加移民的人那樣，斷定增加移民可以帶來巨大的好處。這是經濟學家所講的識別問題（identification problem）。我們必須釐清確切的因果關係，才能宣稱工資的差異完全是當事人身處不同的地方造成的。

有一個簡單的方法是研究移民簽證抽籤計畫。這種計畫的中籤者與落選者除了運氣不同，其他方面往往一樣；因此，抽中移民簽證導致的所得差異，只會是當事人所在地改變造成的。紐西蘭有個移民簽證抽籤計畫接受南太平洋小島國東加的國民申請，申請者多數相當窮，有一項研究比較了中籤者與落選者，發現中籤者移民到紐西蘭之後，一年之內收入就增加了兩倍多。[13] 就收入較高的人而言，因為抽中移民簽證而去了美國工作的印度軟體專業人士，收入高達留在印度的同業的六倍。[14]

熔岩炸彈

這些數字的問題也正是它們容易解釋的原因：它們比較的是**有參與**移民簽證抽籤的人。但那些沒參與抽籤的人可能截然不同。例如移民可能對他們沒什麼好處，因為他們沒有合適的技能。不過，有時候人會因為一些純屬偶然的事而遷徙，這衍生了一些極具啟發意義的研究。

一九七三年一月二十三日，韋斯特曼納群島火山爆發，這裡是位於冰島南邊繁榮的漁業群島。群島上的五千二百名居民四小時內完成疏散，只有一人死亡，但火山爆發持續了五個月，熔岩摧毀了島上約三分之一的房屋。被摧毀的房屋主要位於東部（它們直接遭遇熔岩流），其他地方還有一些房屋則是被隨機的「熔岩彈」擊中。要建造能頂得住熔岩的房子是不可能的，房子是否遭破壞因此完全取決於位置和運氣。東部社區看來毫無特別之處；遭摧毀的房子與倖存的房子原本市值相同，居住者也是同一類人。這就是社會科學家所講的**自然實驗**：大自然擲出骰子，而我們可以很有把握地假定，房子被毀的人與房子倖存的人事前毫無不同。

但事後就有一項重要的差異。那些房子被毀的人獲得政府發放相當於他們房屋和土地價值的現金，他們可以用這筆錢重建或購買另一間房子，或遷移到他們想去的任何地方。房屋被毀的人有四二%選擇遷移（房屋沒被毀的人也有二七%選擇遷移）。[15] 冰島雖然是小國，但組織良好，研究者利用賦稅和其他紀錄，可以追蹤韋斯特曼納群島所有原始居民長期的經濟條件變化。令人讚嘆的是，拜詳盡的基因資料所賜，研究者可以確認火山爆發倖存者每一名後代的父母是誰。

研究者運用這些資料，發現對那些火山爆發時未滿二十五歲的人來說，失去房子最終帶給他們**很大的經濟利益**。[16] 至二〇一四年，父母的房子在火山爆發中遭摧毀的人，比父母的房子沒被摧毀的人每年多賺逾三千美元，雖然他們並沒有全都搬走。這種影響主要發生在火山爆發時仍年輕的人身上，部分原因在於他們上大學的可能性高一些。此外，被迫遷移似乎也使他們更有可能找到自己擅長的工作，而非只是成為漁民——捕魚是韋斯特曼納群島多數人的工作。對一個還沒有花費多年時間學習捕魚的年輕人來說，這要容易得多。儘管如此，還是必須有一些事（熔岩彈的隨機攻擊）迫使人們搬離那裡；房子倖存的人多數留了下來，他們就像之前的許多代人那樣捕魚度日。

這種惰性有個更值得注意的例子來自二戰剛結束後的芬蘭。因為與戰敗的德國一起作戰，芬蘭被迫將相當大一部分領土割讓給蘇聯。那個地區的人口約四十三萬，占芬蘭全國人口十一%，他們被迫撤離，重新落戶於芬蘭其他地方。[17]

在戰前，相對於其他芬蘭人，這些被迫遷徙的人都市化程度較低，正式就業的可能性也較低，但在其他方面與其他芬蘭人非常相似。二十五年之後，儘管匆忙和混亂的遷徙肯定留下了傷痕，但這些人變得比其他芬蘭人富有，主要是因為他們有更高的移動性、住在城市、擁有正式的工作。被迫遷徙看來鬆動了他們的「錨」，使他們變得更有冒險精神。

我們由此看到，有時要靠災難和戰爭才能促使人們遷往工資最高的地方，這無疑證明經濟誘因本身往往不足以使人遷居。

他們知道嗎？

當然，有一種可能是窮人根本沒有意識到他們可以藉由遷徙來改善經濟狀況。研究人員在孟加拉做過一項有趣的實地實驗，證明了這一點並非窮人不遷徙的唯一原因。

在孟加拉境內，法律並不限制民眾遷徙。但是，即使在當地普遍稱為「饑餓季」（monga）的淡季，農村地區根本沒什麼賺錢的機會，還是不會有什麼人遷移到城市或景況可能好一些的鄰近農村地區（城市可為農村來的人提供營建和運輸方面的低技能就業機會）。為瞭解此中原因並鼓勵季節性遷徙，研究人員在孟加拉北部的朗浦（Rangpur）於淡季期間試用不同的方式鼓勵當地人遷徙。[18] 當地一家非政府組織隨機挑選一些村民，讓他們接收遷徙有何好處的資訊（基本上就是城市裡工資約有多少），另一些村民則接收相同的資訊再加上十一・五美元的現金或貸款（大概夠付前往城市的路費和數天的食物），但他們必須真的前往城市才能拿到這筆錢。

提供現金或貸款鼓勵了約四分之一（二二％）的家庭送出一名成員前往城市，而如果沒有這種誘因，他們不會這麼做。這些前往城市的人絕大多數成功找到了工作。前往城市的人在他們遷居期間平均賺到約一〇五美元，遠高於他們留在家鄉可以賺到的收入。他們寄送或帶回六六美元給農村的家人。那些多送了一個人前往城市的家庭因此平均多攝取了五〇％的卡路里（增幅驚人），他們因此從接近挨餓變成不愁食物。

但是，為什麼這些人需要非政府組織的額外鼓勵才決定遷徙？為什麼挨餓不足以促使他們付諸行動？

在這個例子中，資訊顯然不是最重要的。那家非政府組織向隨機挑選的一組人提供城市裡工作機會的資訊（但不提供其他誘因），結果證明資訊本身完全沒有作用。此外，在那些獲得資助前往城市的人當中，只有約一半在下一個饑餓季再度前往城市，雖然他們都有在城裡找到工作賺到錢的親身經驗。至少就這些人而言，阻止他們遷徙的不可能是對就業機會有所懷疑。

換句話說，雖然那些確實遷徙的人（無論是被迫還是在其他情況下）在經濟上有所得益，我們很難認真看待以下這種想法：多數人就是在等一個機會，機會一來就會放棄一切，前往一個比較富裕的國家。考慮到經濟報酬的規模，現實中移民的人數遠低於合理的預期。一定有其他什麼因素阻礙了他們——我們稍後將回來討論這個謎。在此之前，我們先來瞭解一下移民的勞動市場如何運作，尤其是移民的得益是否以犧牲本地人為代價，就像許多人似乎相信的那樣。

水漲船高？

移民的得益是否以犧牲本地人為代價，是經濟學界多年來激烈爭論的問題，但整體而言，證據似乎顯示，即使移民大舉湧入，對當地人口的工資或就業前景也幾乎沒什麼負面影響。

相關爭論仍未結束，主要是因為這一點通常不容易判斷。各國都限制移民，而經濟疲軟時，當局尤其不願意容許移民大量流入。移民者也以腳投票，他們自然傾向去那些他們享有較佳選擇的地方。因為這兩個原因，如果你畫一個圖，縱軸為城市裡非移民者的工資水準，橫軸為城市裡移民占人口的比例，你會得到一條漂亮的向上傾斜曲線；城市裡移民愈多，非移民者的工資愈高。這對支持移民的人是好消息，但它可能是完全誤導的。

為了辨明移民對本地人工資的真正影響，我們必須著眼於並非直接反映城市工資水準的移民變化。但這可能還不夠，因為既有的居民和企業也會以腳投票。例如移民湧入可能迫使許多本地工人遷離城市，所以留下來的人工資並未降低。如果我們只看那些留下來的本地人的工資，我們就會完全忽略那些決定離開的人的痛苦。移民湧入也有可能吸引一些企業進駐，因此損害了其他城市的利益，而我們可能會忽略其他城市的勞工承受的代價。

卡德（David Card）對馬列爾逃難潮（Mariel boatlift）的研究試圖以巧妙的方法避開上述某些問題。[19] 一九八〇年四月至九月間，在卡斯楚（Fidel Castro）意外發表講話，容許古巴人離開古巴之後，十二萬五千名古巴人抵達邁阿密，他們多數沒受過什麼教育（馬列爾是他們出發的古巴港口）。古巴人的反應非常迅速：卡斯楚的演講發表於四月二十日，四月底已經有人開始離開古巴。這些搭船逃離古巴的人多數永久定居於邁阿密。邁阿密的勞動力因此增加了七%。

這波移民湧入對工資有何影響？為了找出答案，卡德採用了後來稱為「雙重差異法」（difference in differences）的研究方式。他辨明邁阿密原居民在移民湧入之前和之後的工資和就業率演變，然後與美國四個「相似」城市（亞特蘭大、休士頓、洛杉磯和坦帕）的居民比較。他希望藉此瞭解邁阿密原居民的工資和就業成長是否落後於另外四個城市的類似居民。

卡德發現，無論是在移民湧入剛發生或若干年後，邁阿密原居民的工資和就業成長情況都與另外四個城市沒有差別；那些古巴移民湧入並未影響原居民的工資。他也著眼於在馬列爾逃難潮發生前就已經從古巴移民到美國的人，結果發現他們的工資也沒有受到這波移民湧入影響；那些先到美國的古巴移民與新來的移民很可能最相似，因此最有可能因為那一波移民湧入而受到負面影響。

這項研究是為移民有何影響這個問題提供有力答案的重要一步。那些古巴人選擇前往邁阿密，不是因為當地的就業機會，只是因為它是最接近古巴的靠岸點。這波移民湧入出乎意料，勞工和企業因此沒有機會做出反應，至少短期內是這樣（勞工的反應可以是離開，企業的反應可以是進駐）。卡德這項研究的方法和結論都具有強大的影響力。這是第一次有研究顯示，供需模型可能無法直接適用於移民問題。

毫無疑問，這項研究也因此激起廣泛的爭論，出現了許多輪的反駁和反反駁。或許不曾有一項經濟學實證研究產生這麼多的來回辯論，吸引眾人如此熱情地投入。波哈斯（George Borjas）是長期批判這項研究的人，他明確支持排斥低技能移民的政策。波哈斯重新分析馬列爾逃難潮，納入更多城市與邁阿密進行比較，並特別關注高中輟學的非西班牙語裔男性，原因在於他們是我們理應最關注的群體。[20]在這個樣本中，他發現，相較於其他城市，邁阿密的工資在那一波移民湧入之後開始急跌。但是，隨後的再分析扭轉了波哈斯的結論，因為一旦將高中輟學的西班牙語裔（他們看來才是最應該拿來與古巴移民比較的群體，但波哈斯不知為何略掉了他們）和女性（同樣在沒有明確理由的情況下被波哈斯略掉了）的資料納入，結論就不是波哈斯所講的那樣。[21]此外，多項研究繼續發現，拿邁阿密與另一組城市比較，也並未發現那一波古巴移民湧入對工資或就業有影響；在馬列爾逃難潮發生前，那些城市的工資和就業趨勢與邁阿密非常相似。[22]但波哈斯仍未信服，而關於馬列爾逃難潮的爭論至今仍未結束。[23]

如果你不是很確定該如何看待這一切，你並不孤單。坦白說，對立的雙方都沒有人改變想法，而且他們的觀點似乎與政治立場一致，這對事情沒有幫助。無論如何，將移民政策的未來繫於三十年前發生在一個城市的一件事情上，似乎並不合理。

幸運的是，受卡德的研究啟發，其他一些學者試著找出類似的事件，也就是一個地方忽然接收相當多的移民或難民，而且沒有限制他們去哪裡。一項研究檢視阿爾及利亞一九六二年脫離法國獨立之後，將歐洲血統的阿爾及利亞人遣返法國的情況。[24]另一項研究檢視蘇聯一九九〇年容許民眾移民出境之後，大批蘇聯人移民到以色列產生的影響；那一波移民潮使以色列人口在四年內增加了十二%。[25]還有人研究大移民時代（一九一〇至一九三〇年）歐洲移民大量湧入美國的影響。[26]在所有這些案例中，研究人員發現移民湧入對當地人口幾乎沒什麼負面影響。事實上，影響有時是正面的。例如歐洲移民流入美國就提高了當地人口的整體就業率，使本地人更有機會成為工頭或經理，並促進了工業生產。

近年世界各地的難民湧入西歐，對當地人的影響也呈現類似的證據。一項特別有趣的研究著眼於丹麥。[27]丹麥在許多方面是了不起的國家，例如它保存每一個國民的詳細紀錄。以前難民會被送往丹麥的不同城市，並未考慮他們的偏好或找到工作的能力。唯一重要的是當地有公共房屋和行政能力可以安置難民。一九九四至一九九八年間，大量移民湧入丹麥，他們來自許多不同的國家，例如波士尼亞、阿富汗、索馬利亞、伊拉克、伊朗、越南、斯里蘭卡和黎巴嫩；他們或多或少隨機地散布在丹麥各地。丹麥一九九八年取消行政安置政策之後，新來的移民通常會去同族裔者聚居的地方。舉個例子，第一批伊拉克移民定居於丹麥某地幾乎純屬偶然，但新來的伊拉克移民通常會選擇落戶於當地。結果丹麥某些地方接收的移民顯著多於其他地方，原因不過是在一九九四至一九九八年間，當地有較大的能力安置新移民。

這項研究得出的結論與歷史上的類似研究相同。研究者比較顯著較多移民湧入的城市與其他城市，發現移民湧入對當地教育程度較低的原居民的工資和就業沒有負面影響。

這些研究每一項都顯示，低技能移民一般不會損害本地人的工資和就業。但是，當前的政治辯論言辭激烈（且不說是否有事實支持），使人很難忽略參與辯論者的政治立場。那麼，我們可以在哪裡找到冷靜且有條理的意見？美國最受尊敬的學術機構國家科學院曾編輯一份關於移民影響的（免費）報告，對經濟學界建構共識這項微妙藝術有興趣的讀者，或許應該細閱這份報告第二六七頁。[28] 美國國家科學院不時召集專家小組，就某一問題總結出學界的共識。移民報告專家小組既有支持移民的人，也有對移民持懷疑態度的人（包括波哈斯）。他們必須確保報告面面俱到，好的、壞的和醜陋的都不能忽略，他們的句子往往冗長，但他們的結論相當明確（大概是一群經濟學家所能得出的最明確結論）：

「近數十年來，實證研究的結果大體上與《新美國人》（*The New Americans*，國家研究委員會一九九七年出版）的結論一致，也就是如果考慮超過十年的時間，移民流入對美國本地人工資的總體影響非常小。」

移民有何特別？

為什麼經典的供需理論（某種東西愈多，價格就愈低）不適用於移民？徹底釐清這個問題非常重要，因為即使低技能勞工的工資顯然不受移民流入影響，除非我們知道原因，否則我們會一直懷疑這些情況或數據是否有特別之處。

有若干因素證實與移民問題有關，但基本的供需框架漠視了這些因素。首先，新增一群勞工通常會使需求曲線向右移，這有助抵銷曲線向下傾斜的影響。新來的人會花錢：他們會去餐館吃飯，去剪頭髮，去購物。這會創造就業機會，而且主要是適合低技能勞工的工作。如圖二．二顯示，這往往會推高他們的工資，或許可以彌補勞動力供給改變的影響，使工資和就業率保持不變。

事實上，有證據顯示，如果切斷提升勞動力需求的迴路，本地人確實可能受到「預期中的」負面影響。曾有一段不長的時間，當局容許捷克勞工跨境在德國工作。在高峰期，德國邊境城鎮有多達一〇％的勞動力是跨境工作的捷克人。這個情況發生的時候，德國本地人的工資幾乎沒有變化，但他們的就業率大幅下跌，因為那些捷克勞工賺了錢就回家消費，情況和我們前面討論的所有案例不同。因此並沒有對德國的勞動力需求產生連動效果。新來的移民在他們身處的新社區賺了錢，必須在當地消費方能促進當地的經濟成長；如果他們賺了錢都寄回自己的故鄉，移民流入就無法帶給當地經濟利益。[29] 如此一來，我們就會回到圖二．一呈現的情況：我們順著向下傾斜的勞動力需求曲線往下移動，因為勞動力需求曲線並未向外移動所以沒有得到補償。

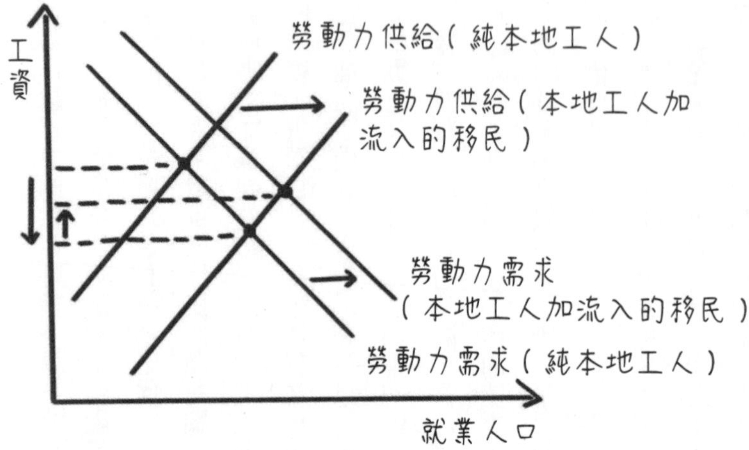

圖二・二　再探餐巾經濟學。移民流入為何並不一定會導致工資降低。

低技能移民流入可能會推高勞動力需求的第二個原因，是它拖慢了機械化過程。倘若市場有望穩定提供低薪勞動力，那麼採用節省勞力的技術就比較不具吸引力。一九六四年十二月，在美國當農場工人的墨西哥人被趕出加州，原因正是有人認為他們壓低了加州本地人的工資。但他們的離去並未帶給加州本地人任何好處：本地人的工資和就業率都沒有因此上升。[30]之所以如此，是因為這些墨西哥人離開之後，以前非常仰賴他們的美國農場做了兩件事。第一件事是將生產過程機械化。例如就番茄而言，可以將每名工人的生產力提升一倍的收割機器一九五〇年代就已經面世了，但農場採用的速度非常緩慢。在加州，收割機採用率在一九六四年墨西哥農工離開時是〇%，但一九六七年已達到一〇〇%；在根本沒有墨西哥農工的俄亥俄州，採用率在這幾年間完全沒有變化。那些農場做的第二件事，是放棄生產過程無法機械化的作物。這正是為什麼加州至少暫時放棄種植蘆筍、新鮮草莓、生菜、芹菜和醃製用黃瓜這些作物。

與此密切相關的第三點，是雇主可能會想重新組織生產方式以便有效利用新增的勞動力，這可能會為本地的低技能勞工創造出新的機會。在前述的丹麥例子中，丹麥的低技能勞工最終得益於移民湧入，部分原因在於他們因此得以轉換工作。[31] 如果市場上有比較多新移民，會有比較多本地低技能勞工從體力勞動升級至非體力勞動，並轉換雇主。他們的新工作涉及比較複雜的任務，以及更多的溝通和技術內容；這符合以下事實：新移民剛到丹麥時不會說丹麥語，不可能與本地人競爭這些工作。歐洲人在十九世紀末和二十世紀初大量移民至美國時，同樣的職業升級也發生在美國。

更普遍來說，這意味著低技能本地勞工不必與新移民直接競爭。他們可以做不同的工作：新移民專門做不需要很多溝通交流的工作，本地人則做需要比較多溝通的工作。事實上，新移民的存在可能鼓勵企業僱用更多員工；新移民做比較簡單的工作，本地人則轉換成彼此互補但報酬較高的工作。

第四，新移民與本地勞工彼此互補而非互相競爭的另一種方式，是他們願意做本地勞工不願意做的工作：他們願意去修剪草坪，煎漢堡，照顧嬰兒和病人。因此，新移民增加時，這些服務的價格通常會下降，本地勞工因此受惠，得以抽身去做其他工作。[32] 如果周遭有很多新移民，高技能女性尤其比較有可能因此得以外出工作。[33] 高技能女性進入勞動市場之後，她們所在的家庭和公司對低技能勞動力（負責照顧小孩、煮食和清潔之類）的需求將會增加。

移民的影響很大程度上也取決於流入的是怎樣的移民。如果新來的移民具有很強的事業心，他們可能會創業，為本地人創造就業機會。如果他們條件很差，或許就只能加入無顯著特徵的勞動力大軍，而本地低技能勞工將必須與他們競爭。

移民的是哪些人，通常取決於移民必須克服的障礙。川普總統拿「糞坑國家」來的移民與挪威來的優秀移民比較時，很可能不知道很久以前，挪威移民就是詩人艾瑪．拉扎羅斯（Emma Lazarus）筆下「擠在一起的群眾」的一部分。[34]確實有一個案例研究著眼於十九世紀末和二十世紀初大規模移民時期前往美國的挪威移民。[35]當時除了路費，沒什麼能阻止人們移民。那項研究比較了移民者的家庭與沒有移民的家庭，結果顯示移民往往來自最貧困的家庭，他們的父親比一般人窮得多。因此，在歷史學家（和經濟學家）樂見的這個可愛的諷刺例子中，當年的挪威移民正是川普本能地希望攔阻的那種人。在川普眼裡，他們應該是那個時代的「糞坑人」。

相較之下，如今想移民離開窮國的人除了必須有錢支付路費，還必須有毅力（或高級學位）克服通常對他們不利的移民控管制度。正因如此，許多移民才能非凡，技能、抱負、耐性和活力都非常出色，結果他們移民之後成為就業創造者，或養出成為就業創造者的子女。美國創業中心（Center for American Entrepreneurship）的一份報告指出，二〇一七年，美國營收最高的五百家公司（財星五百大公司）有四三％是由移民或移民的子女創立或共同創立的。此外，移民創立的公司在最大的二十五家公司當中占五二％，在最大的三十五家公司當中占五七％，在價值最高的十三個品牌當中占了九個。[36]汽車大王亨利．福特是愛爾蘭移民的兒子。史蒂夫．賈伯斯的生父來自敘利亞，賽吉．布林（Sergey Brin）出生於俄羅斯。傑夫．貝佐斯（Jeff Bezos）的名字來自他的繼父——古巴移民邁克．

貝佐斯（Mike Bezos）。

即使在那些條件沒那麼特別的人當中，身處異鄉的新移民，雖然社會聯繫不多可能使生活變得相對單調，但也因此少了一些約束，有利於當事人去嘗試一些不同的新事物。本書作者班納吉認識許多孟加拉中產男士，他們和他一樣，在離家之前從不曾洗過自己的碗盤。但是，如果他們移民到英國或美國的一些城鎮，發現自己缺錢又或者太閒，就可能跑去當地的餐館打工，然後可能會發現，相較於自己想像中從事的白領工作，他們更喜歡餐館之類的工作。那些本來很可能成為漁民的冰島年輕人則可能遇到相反的情況：他們忽然去了一個陌生的地方，那裡很多年輕人上大學，他們因此認為上大學或許不是個壞主意。[37]

因此，應用供需模型來分析移民課題有個很大的問題，那就是移民湧入而增加勞動力供給的同時，也增加了市場對勞動力的需求。這就是移民流入增加時，工資並未降低的其中一個原因。較深層的問題在於勞動市場的本質：供給和需求根本不能替勞動市場的真正運作方式提供良好的描述。

工人與西瓜

如果你清晨在達卡（孟加拉首都）、印度德里或達卡（塞內加爾首都）的街上閒逛，可能會看到某些重要路口聚集了一群人，他們多數是男性，就蹲在路口附近的人行道上。他們是想打工的人，在那裡等人找他們去工作，通常是去工地做工。

但是，對一名社會科學家來說，令人震驚的是，這些體力勞動市場相當罕見。因為大德里地區人口接近二千萬，我們可能會以為每個街角都會聚集一群想打工的人。但在現實中，你必須四處尋找才能找到這樣一群人。

在德里或（塞內加爾）達卡街頭，招聘廣告也相對罕見。求職網站和就業服務中心有大量招聘廣告，但那些工作多數遠遠超出一般鄉下人的能力範圍。相較於此，波士頓地鐵裡到處都是招聘廣告，但這些廣告挑戰潛在員工，要求他們解決一些看似無解的難題以證明自己的才智。那些雇主需要工人，但不想求職者太容易得到工作。這反映了勞動市場的某些本質。

招聘不同於購買一般商品（例如在批發市場購買西瓜），原因至少有兩個。第一是雇主與員工的關係通常比顧客與商品賣家的關係長久得多：如果你不滿意自己買到的西瓜，下次就可以向另一家店購買。但是，即使法律並沒有使雇主難以解僱員工，解僱無論如何還是不愉快的事，而且如果因此激怒了憤憤不平的員工，雇主還可能會遇到危險。正因如此，多數公司不會隨便僱用任何願意為他們工作的人。雇主會擔心員工是否準時上班，工作品質是否達到標準，是否會與同事爭執，是否會侮辱某個重要客戶，或是否會弄壞一臺昂貴的機器。第二，員工的素質比西瓜的品質更難評斷（專業的西瓜賣家顯然很擅長評估西瓜的優劣[38]）。無論馬克思怎麼說，勞動力並不是尋常商品。[39]

企業因此必須費一些力氣去瞭解自己可能僱用的人。就高薪員工而言，這意味著公司會花時間和金錢在面試、測驗、查核推薦人之類的程序上。企業和勞工都必須為此承受高昂的成本，而且這看來是非常普遍的現象。在衣索比亞，一項研究發現，申請一份中級文書工作就需要花費數天時間，而且申請人必須跑好幾趟。申請一次這種工作的成本，相當於這份工作月薪的十分之一，而且獲得錄用的機率非常低——這也是很少人申請的原因之一。[40]正因如此，企業招聘低薪員工往往跳過面試程序，改為仰賴公司信任的人推薦人選。很少公司會僱用那些直接上門找工作的人，**即使那些人表示願意接受較低的工資**。這當然違背標準的供需框架。但是對雇主來說，如果不小心請到公司想開除的員工，代價就太高昂了。在一個引人注目的例子中，研究人員在衣索比亞接觸了超過三百家公司，才找到五家公司願意參與隨機僱用員工的實驗。[41]那些工作不需要特殊技能，但企業仍希望對自己聘請什麼人保有控制權。來自衣索比亞的其他研究顯示，即使是藍領工作，仍有五六%的公司堅持僱用有工作經驗的人[42]，而要求員工得到某個雇主推薦也很常見。[43]

這有幾方面的重要涵義。首先，已確立自身地位的勞工面臨新來者競爭時，其實比純供需模型告訴我們的要安全得多。他們當前的雇主瞭解並信任他們；這是在職員工的巨大優勢。

站在新移民的角度，這是個壞消息。更慘的是還有第二個涵義。雇主有一些手段可以懲罰表現不好的員工，在最壞的情況下可以解僱員工。但是，解僱要成為有效的懲罰，雇主支付的薪酬必須高到員工真的希望保住工作。正如史迪格里茲（Joseph Stiglitz）在他還沒榮獲諾貝爾經濟學獎的很多年前指出，企業不想只付給勞工他們能夠接受的最低工資，理由正是企業不想陷入這個老蘇聯笑話反映的情況：「他們假裝付錢給我們，我們假裝工作。」

根據這種邏輯，企業若想員工投入工作，支付的工資通常必須高到員工若遭解僱，會覺得自己的利益顯著受損。這就是經濟學家所講的「效率工資」（efficiency wage）。因此，企業付給穩定的既有員工的工資，與企業必須付給新員工的工資可能不會相差很多，因為雇主不能冒付給新員工的工資太低的風險。[44]

這進一步削弱了企業僱用新移民的誘因。此外，雇主因為擔心損害士氣，通常不希望公司內部工資相差太多。一些證據顯示，員工厭惡公司內部的不平等，即使不平等與生產力有關——至少在工資與生產力的關係不是那麼顯而易見的情況下是這樣。[45]心懷不滿的員工難以成就高超的生產力。這有助解釋為什麼本地勞工並沒有被工資較低的新移民迅速取代。

這裡所講的與前面提到的捷克勞工跨境工作研究的另一項發現契合：對本地人來說，就業上的損失不是真正的損失，只是就業成長速度放慢了（相對於不受捷克勞工流入影響的其他德國地區而言）。[46]德國公司沒有以捷克勞工取代它們既有的員工。在德國原本就有工作的人，仍享有雇主與他們相熟的優勢。實際發生的是：德國公司有時不再僱用他們不認識的新本地勞工，改為僱用他們同樣不認識的捷克人。

新移民即使願意接受較低的工資，仍不大可能取得本地人已經在做的工作，這一點有助我們理解為什麼新移民最終往往從事本地人不想做的工作，或前往沒人想去的城市。在這種情況下，新移民沒有搶走任何人的工作：如果沒有新移民願意去做，那些工作將一直不會有人去做。

高技能移民

我們迄今一直在討論低技能移民對本地人的影響。但是，即使是反對低技能移民的人，通常也會支持高技能移民。我們用來解釋低技能移民為何不會與低技能本地人競爭的許多論點，並不適用於高技能移民。首先，高技能移民的薪酬通常遠高於最低工資。雇主未必需要付給他們效率工資，因為他們的工作令人興奮，有機會從事並做好這種工作本身就是一種獎勵。因此，弔詭的是，高技能移民反而有較大的機會壓低本地人的工資。第二，就高技能勞工而言，雇主招聘時更關心的是應徵者具體掌握哪些技能，而不是應徵者個性如何或有多可靠。例如多數醫院聘請護士時，主要關注應徵者是否符合工作的法定要求（尤其是應徵者是否已經通過護理委員會的考試）。如果外國出生的護士符合資格，而且只需要支付較低的工資，醫院沒什麼理由不僱用。此外，雇主聘請這種員工，一定會安排一系列的面試和考核，沒有人認識的應徵者因此可以在大致平等的基礎上與有人認識的應徵者競爭。

因此，美國一項研究的以下發現也就並不令人意外：一個城市每僱用一名熟練的合格外國護士，就會減少一至兩名本地出生的護士。[47] 某程度上這是因為面臨海外出生和受教育的護士加入競爭，有些本地出生的學生不願意參加他們所在州的護理委員會考試。

因此，引進高技能移民雖然得到廣泛的支持（連川普總統也支持），但從本地人所受的影響看來，這其實有利有弊。一方面它對低技能本地人有幫助，因為他們可以獲得較廉宜的服務（服務美國社會底層的醫生多數是來自開發中國家的移民），但另一方面，技能相似的本地人（護士、醫生、工程師和大學教師）是受害者，他們的職業前景多少會受損。

移民大軍？

關於移民的神話正在破滅。沒有證據顯示低技能移民流入富裕國家會壓低本地人的工資和就業率，勞動市場也跟水果市場不一樣，供需法則並不適用。但是，移民在政治上具有爆炸性的另一個原因，是許多人相信以下觀點：等著移民的人數量驚人，大量的陌生人、外國人、與本地格格不入的外國語言和風俗像洪水一樣等著衝垮我們純樸的單一文化邊界。

但是，如我們所見，根本沒有證據顯示「移民大軍」正在等待機會進入美國（或英國、法國），需要當局動用武力（或蓋一堵圍牆）來阻擋他們。事實是，除非有災難迫使他們逃離家園，多數窮人寧願留在故鄉。他們根本不會想方設法遷移到先進國家；他們更喜歡自己的國家。他們甚至不想搬到本國首都那麼遠的地方。富裕國家的人認為這違反直覺，因此即使面對事實也不願相信。這種反直覺的事實原因何在？

沒有人脈關係

人之所以不想遷徙有很多原因。新移民難以與本地長期居民競爭工作的各種因素，也是人們不想遷徙的原因。首先，正如我們所見，新移民不容易找到體面的工作。一種例外情況是雇主乃當事人的親戚或朋友，或朋友的朋友，或至少是同種族的人：雇主認識或至少理解那個新移民。正因如此，新移民往往選擇前往他們有人脈關係的地方：在那裡，他們比較容易找到工作，也有人幫助他們安頓下來。當然，有各種各樣的原因促使同一個地方來的移民長期下來有著密切相關的就業前景，例如某村若以出產優秀的水管工著稱，來自這個村子的許多代移民很可能多數從事水管維修工作。但親情的吸引力更強。劍橋大學教授孟希（Kaivan Munshi）就證明了墨西哥移民會明確地尋找他們可能認識的人。[48] 孟希是帕西人，也就是信奉拜火教的印度少數族群；他所屬的帕西人社群不大，但成員之間的關係非常密切（這或許不是巧合）。

孟希觀察到，無論美國那邊機會如何，墨西哥如果出現旱災，當地人就會出走。如果某個村子很久沒下雨，就會有一群人離開家鄉去尋找機會。這些人有很多最終定居於美國，因此如果再有同村的人移民到美國，這些新移民在美國就有認識的人照應：這些熟人很可能有穩定的工作，有能力幫助新來的同鄉找工作。孟希指出，如果墨西哥有兩個村子今年天氣相同，但甲村數年前曾發生旱災而乙村不曾發生旱災，則如果兩村都有人離鄉找工作，甲村的人會比較容易找到工作（也比較有機會找到較好的工作）。他預期將看到更多移民，更多有工作的移民，以及收入較高的移民。數據證實情況正是這樣。人脈網絡確實重要。

難民的安置也是這樣：難民如果被安置在已有許多來自同一國家的難民聚居的地方，找到工作的機會最大。[49] 那些已落戶一段時間的難民通常不認識新來的同胞，但仍覺得自己必須幫助他們。

人脈關係很有用，但沒有人脈關係的人會怎樣？他們顯然處於不利的位置。事實上，部分求職者得到有力人士推薦，可能會毀了其他所有人的機會。雇主如果習慣了應徵者有人推薦，很可能會懷疑所有無人推薦的應徵者。因為知道這一點，有機會獲得有力人士推薦的人都會等待機會（也許會出現一個認識某雇主的熟人；也許朋友會創業），只有那些知道沒有人會推薦他們的人（也許因為他們真的不是好員工）才會主動上門求職。但既然如此，雇主拒絕與他們洽談也就是正確的。

在這種情況下，市場會走向瓦解。一九七〇年，艾克羅夫（George Akerlof）寫了〈「檸檬」市場〉（The Market for 'Lemons'）這篇論文，當時他才拿到博士學位不久（後來榮獲諾貝爾經濟學獎）。他在這篇文章中指出，因為人有誘因賣掉自己品質最差的車子，這可能導致二手車市場無法維持下去。這種誘因引發我們在勞動市場新來者的例子中看到的那種自我確認的推理：買家愈是懷疑待售二手車的品質，願意支付的價格就愈低。[50] 問題是他們願意付的價格愈低，品質良好的二手車車主就愈不願意賣出車子（又或者他們會把車子賣給認識並信任他們的朋友）。只有那些知道自己的汽車快不行的人，才會願意在公開市場賣出車子。結果市場上只剩下品質最差的二手車（或求職者），這種過程就是所謂的逆向選擇（adverse selection）。[51]

人脈關係理應幫助人，但如果有些人有人脈可用而其他人沒有，在人人都沒有人脈可用的情況下可以正常運轉的市場就可能無法運作下去。如果人人都沒有人脈可用，那麼競爭環境是公平的。一旦部分人有人脈可用，市場就可能走向瓦解，結果是多數人變得無法就業。

家的舒適

阿比吉特（本書作者）曾問因為遷徙而住在德里貧民窟的人：「你們喜歡城市生活的哪些方面？」[52]他們喜歡城市生活的許多方面，包括他們的孩子有更多機會得到良好的教育，城裡的醫療較佳，找工作也比較容易。他們唯一不喜歡的是環境。這並不奇怪。德里是全球空氣最髒的城市之一。[53]被問到希望先解決生活環境中的哪些問題時，六九％的受訪者提到排水溝和下水道，五四％抱怨垃圾堆積問題。堵塞的排水溝、不存在的下水道和堆積的垃圾，往往是印度（和其他一些地方）的貧民窟散發獨特酸腐氣味的原因。

因為顯而易見的原因，許多貧民窟居民不願意將鄉下的家人帶到城裡的貧民窟同住。他們往往很快就受不了一直住在貧民窟，然後回去鄉下的家裡。在印度拉賈斯坦邦的農村，進城打工賺錢的村民通常每個月回鄉一次。[54]他們每十次進城才會有一次逗留超過三個月。這意味著這些進城打工的人不會去距離家鄉很遠的地方，這很可能限制了他們能夠找到的工作類型和可以學到的技能類型。

但是，為什麼他們只能住在貧民窟或更差的地方？為什麼他們不去租好一點的居所？在現實中，即使他們負擔得起，這種選擇也往往不存在。在許多開發中國家，居住品質階梯上往往缺少幾級踏階。如果不住貧民窟，或許只能選擇漂亮的小公寓，但那是進城打工的鄉下人根本無法負擔的。

這是有原因的。多數第三世界城市缺乏服務居民所需的基礎設施。根據最近一份報告，二〇一六至二〇四〇年間，光是印度一個國家估計就需要投資四．五兆美元在基礎建設上，肯亞需要二二三〇億美元，墨西哥需要一．一兆美元。[55]這意味著在多數第三世界城市，擁有不錯基礎設施的少數地段總是有巨大的房產需求，地價因此高得驚人。例如全球最昂貴的一些房地產就在印度。在缺乏投資的情況下，城市裡黃金地段以外的地方以非常隨意的方式發展，窮人經常占據剛好無人居住的土地，不管這些地方是否接了下水道或水管。他們迫切想找地方住，但又擔心因為土地不是自己的，隨時會被趕走；他們因此蓋起臨時房屋，這些雜亂的房子就像城市景觀上的傷疤。它們就是著名的第三世界貧民窟。

令情況變得更糟的是格雷瑟（Ed Glaeser）在他的傑作《城市的勝利》（*Triumph of the City*）指出的這種情況：城市規劃者以建造「花園城市」為目標，不願為中產階級建造密集的高樓社區。[56]例如印度對建築物高度的限制，就比巴黎、紐約或新加坡嚴格得多。這些限制導致印度多數城市過度擴張，大家必須耗費大量時間通勤。同樣的問題也出現在中國和其他許多國家，雖然情況沒那麼極端。[57]

對那些可能遷移到城市的低收入者來說，這些不好的政策使他們面臨一種不會有人羨慕的取捨。他們可以擠進貧民窟（如果夠幸運），每天花許多個小時通勤，又或者忍受無處容身的日常苦難：睡在橋下，睡在工作場所的地板上，睡在自己的人力車上或手推車下，睡在人行道上（或許靠商店的涼篷提供一點保護）。如果這還不夠令人沮喪，低技能移民可能也知道，因為我們已經討論過的原因，他們可以找到的工作是沒有人想做的——至少在他們剛進城的時候是這樣。如果你剛好走投無路，你可能會接受這種情況，但你必須離開朋友和家人，前往世界某個角落，睡在橋下，去當清潔工或在餐廳打雜——你應該不會為此感到興奮。通常只有那些目光遠大的人才會接受這種遷徙安排：他們有能力設想自己終可超越眼前的障礙和痛苦，從餐廳雜役逐漸爬升，最終成為連鎖餐廳的老闆。

家的吸引力並非只在於它使人感到舒適。窮人的生活往往非常脆弱。他們的收入和健康狀況往往很不穩定，因此必要時可以求助於人對他們而言非常重要。你有愈多的人脈關係，遇到壞事時通常愈安全。在你正要前往的地方，你可能有一個人脈網絡，但在你長大的地方，你的人脈很可能更深更強。如果你離開，你（和你的家人）就可能無法再利用這個人脈網絡。因此，離開的人往往是那些最絕望的人，又或者因為條件很好而能夠承擔風險的人。

家的舒適和在地人脈對潛在的國際移民產生同樣的限制作用，而且作用要強上許多。如果他們要移民外國，往往必須獨自離開，在接下來的許多年裡放下他們熟悉或親近的一切。[58]

家庭關係

傳統社群中的生活性質可能是阻礙人們遷徙的另一個重要因素。加勒比經濟學家劉易斯（Arthur

Lewis）是發展經濟學的先驅，一九七九年獲得諾貝爾經濟學獎。他在一九五四年發表的一篇著名論文中提出了以下的簡單觀察。[59]假設在城市裡工作的工資是每週一百美元，留在村裡則沒有受薪工作，但如果你在家族農場工作，你可以分享農場每週五百美元的收入，而因為你們有四兄弟，所以每人每週可以賺到一百二十五美元。如果你去城裡工作，你的兄弟不會與你分享農場的收入。既然如此，你為什麼會去呢，尤其是如果工作時間相同、工作也令人同樣不愉快？劉易斯的洞見是：無論農場是否需要你，這個論點都成立。假設無論你是否在農場工作，農場每週的收入都是五百美元，但如果你去城裡工作，整個家族每週的收入可以增加一百美元。但你不會去，因為這對你沒有好處；如果你去了，你每週的收入將是一百美元，而你的三個兄弟將分享農場的五百美元。當然，現在留住人的未必是一個農場；家族的計程車生意同樣可能將你留在家鄉。

劉易斯想指出的是，只要有適當的安排，家族裡所有人都可以得益，例如你的兄弟可以承諾在你進城工作期間，每週將五十美元的農場收入分給你，這樣你每週就有一百五十美元的收入，而你的三個兄弟每人每週也將分到一百五十美元。但或許他們沒辦法這麼做，或許這種承諾很容易被遺忘。你一旦離開，他們或許就會否認你曾經是家族生意的一部分。所以你會留下來保住自己的利益。劉易斯因此認為，無論在國內還是國外，農村勞動力與生產力較高的城市勞動力融合的速度都將過度緩慢。在劉易斯的設想中，勞工遷徙太少了。

這裡較普遍的涵義是：網絡關係（家庭是一個具體例子）是設計來解決具體問題的，但並不表示它們可以促進普遍的社會利益。舉個例子：在農村，擔心年老時被遺棄的父母可能會有策略地縮減對子女教育的投資，以確保他們沒有能力遷移到城市。在離德里不遠的印度哈里亞納邦，研究人員與招聘後端支援人員的公司合作，向一些村民提供關於這些工作機會的資訊。[60]這些工作需要兩個條件：高中學歷和搬到城市居住。就女孩而言，家長對這些資訊的反應無疑是有益的；相對於沒有得到這些資訊的村莊的女孩，得到這些資訊的村莊的女孩獲得較好的教育，較晚結婚，而更值得注意或許是：她們吃得比較好，長得比較高。[61]但是，就男孩而言，他們的教育程度整體而言並沒有提高；家裡期望他們離開村裡去賺錢的男孩受惠於那些資訊，就像女孩那樣，而父母希望他們留下來照顧自己的男孩最終得到較少教育。那些父母為了留住兒子，實際上選擇了阻礙他們的發展。

加德滿都夜未眠

在我們前面提到的一個實驗中，一些孟加拉村民獲得十一．五美元，前往某個大城市尋找工作，結果參與實驗的很多村民最終賺了不少錢，照理說他們應該樂於自己出錢去城裡找工作。[62]但還是有少數人因為在城裡找不到工作，結果空手而歸；這些人如果必須自己負擔路費，經濟狀況會變差。多數人不喜歡冒險，接近勉強糊口狀態的人尤其不喜歡冒險，因為一旦出現損失，他們就可能會被迫挨餓。這是否正是很多人寧願不尋求改變的原因？

這種解釋的問題是：潛在遷徙者其實可以選擇在進城找工作之前存下十一．五美元。如果他們找不到工作的話可以回家，這樣他們的境況不會差過不存錢和不嘗試，而多數人的選擇似乎正是不存錢、不嘗試。此外，有證據顯示，他們會為其他事情存錢，而他們大有能力存到十一．五美元。那麼，他們為什麼不這麼做呢？一個可能的原因是他們高估了遷徙的風險。來自尼泊爾的一項研究凸顯了這一點。

目前超過五分之一的尼泊爾勞動年齡男性至少曾出國一次，主要是出國打工。他們多數是去馬來西亞、卡達、沙烏地阿拉伯或阿拉伯聯合大公國工作。他們通常與特定雇主簽訂僱用合約，每次出國工作數年。

在這種情況下，你可能會認為，這些移工應該非常清楚出國工作的潛在代價和利益，因為他們必須拿到聘書才能獲得簽證。但是，我們見到的尼泊爾政府官員表示，他們擔心這些移工不清楚自己將遇到怎樣的情況。那些官員告訴我們，這些移工對出國工作的收入期望過高，也不知道他們在外國的居住環境可能有多差。我們的尼泊爾籍博士生謝斯塔（Maheshwor Shrestha）決定展開研究，以瞭解這些官員講的是否正確。[63]他留在加德滿都護照辦公室的一個小團隊裡，潛在的移工會去那裡申請護照。他訪問了三千多名勞工，問他們一些具體的問題，關於他們認為自己將得到怎樣的工資、要去哪裡，以及對國外居住環境的看法之類。

謝斯塔發現，這些準移工確實對自己的收入前景有些過度樂觀。具體而言，他們高估了出國打工的收入約二五％；這可能有很多原因，包括提供工作機會的招聘者可能對他們說謊。但他們犯的真正大錯誤，是他們嚴重高估了出國工作的死亡機率。典型的準移工認為，一千名移工出國工作兩年，約有十個人將躺在棺材裡回來。但事實是只有一．三個人。

謝斯塔接著隨機向一些尼泊爾準移工提供真實的工資或死亡風險的資訊，有一些準移工則同時得到這兩種資訊。他比較獲得這些資訊的準移工與沒獲得資訊的準移工的出國決定，發現證據有力地證明這些資訊是有用的。得到工資資訊的人降低了他們對出國工作收入的預期，得到死亡率資訊的人也降低了他們對死亡風險的估計。此外，這些資訊確實影響了他們是否出國；謝斯塔數週後檢視那些準移工的情況，發現得到工資資訊的人比較可能仍在尼泊爾。另一方面，那些得到死亡率資訊的人比較可能已經出國。此外，因為準移工對死亡風險的錯估比他們對工資的錯估要嚴重得多，所以同時得到兩種資訊的人比較可能已經出國。因此，整體而言，錯誤資訊讓準移工傾向於留在尼泊爾，這與尼泊爾政府以為的相反。

為什麼人們會系統性高估死亡風險？謝斯塔提出一個答案：尼泊爾某個地區（小地區）若有一名移工在國外死亡，該地區隨後前往那個國家的移工人數會顯著減少。[64]準移工顯然會注意本地消息。問題似乎在於媒體報導來自某地區的移工死亡事件時，並不會同時提到該地區有多少移工在外工作。準移工因此不知道是一百名移工還是一千名移工當中死了一個人；在資訊不足的情況下，他們往往反應過度。

尼泊爾有許多職業介紹所，大量工人出國回國，政府也真心關注其國際移工的福祉；如果連在這種情況下，尼泊爾人都未能掌握重要的正確資訊，其他國家的準移工面臨的是什麼樣的情況也就不難想像。當然，未能掌握正確資訊有兩種可能影響：一種是像尼泊爾那樣，比較多準移工因為資訊錯誤而留在國內；另一種是準移工對出國工作過度樂觀，因此踴躍出國。那麼，為什麼會出現阻礙人們遷移的系統性偏誤？

風險與不確定性

尼泊爾準移工誇大的死亡率估算，或許應該看作是象徵了一種普遍的不祥預感。畢竟遷移就是離開熟悉的環境去擁抱未知的世界，而未知並非只是像經濟學家喜歡描述的那樣，不過是一系列的不同潛在結果，各有特定的發生機率。事實上，經濟學有一個區分可量化風險與不可量化風險的悠久傳統，至少可追溯至奈特（Frank Knight）。可量化風險是你知道可能出現哪些結果以及每一種結果發生的機率（例如A結果發生的機率是五〇％，B結果發生的機率也是五〇％），不可量化風險則是倫斯斐（Donald Rumsfeld）所講的「未知的未知數」（unknown unknowns）[65]，或奈特那一派經濟學家所講的**不確定性**。[66]

奈特確信，人類對（可量化的）風險與不確定性的反應非常不同。多數人不喜歡面對未知的未知數，他們如果無法掌握問題的確切輪廓，將會不遺餘力地避免做決定。

站在孟加拉農村潛在移工的立場，城市是一個充滿不確定性的沼澤（其他任何一個國家當然也是）。除了不知道自己的技能在市場上值多少錢，他們還必須擔心可以在哪裡找到潛在的雇主，是否會面臨其他勞工的競爭，是否會受到某個雇主剝削，自己需要怎樣的推薦人，多久才能找到工作，找到工作之前如何維持生活，以及自己將住在哪裡之類。他們通常沒有什麼經驗可以做為指引，各種情況發生的機率必須自己編造。因此，許多可能遷移的人猶豫不決也就不足為奇。

對著模糊不清的鏡子

遷移是投入未知的世界，這可能使人特別不願意這麼做，即使當事人原則上可以藉由儲蓄來應付可能發生的各種財務狀況。問題在於未來不確定，而不是有風險。此外有充分的證據顯示，人尤其討厭自己造成的錯誤。世界充斥著不確定性，當中有很多是人類無法控制的。這種變幻無常使人感到痛苦，但更痛苦的可能是自己主動做了一些決定，結果純粹因為運氣不好，個人的處境變得比什麼都不做更差。現狀，也就是順其自然的結果，是自然的基準。相對於這個基準的任何損失都使人感到痛苦。這就是康納曼（Daniel Kahneman）和特沃斯基（Amos Tversky）所講的損失厭惡（loss aversion）。這兩位心理學家對經濟學有不可思議的巨大影響。（康納曼二〇〇二年獲得諾貝爾經濟學獎，而特沃斯基如果不是英年早逝，很可能也會得獎。）

自從他們提出這個概念以來，大量文獻證明了損失厭惡現象的存在，以及它可以解釋許多看似奇怪的行為。例如多數人為自己的房屋保險支付巨額保費，以獲得低免賠額的保險。[67] 他們因此可以避免自己的房子意外受損之後，被迫自掏腰包修復並為此肉痛不已。為了獲得低免賠額的保險，他們現在必須多付很多保費，但他們不會為此肉痛，因為他們永遠不會發現這是否是錯誤的選擇。同樣的邏輯也解釋了為什麼易受騙的消費者經常購買貴得離譜的「延長保固期」服務。究其本質，損失厭惡使我們極度擔心我們主動的決定造成的任何風險，即使只是小風險。除非其他人都這麼做，移民正是這樣一種主動決定，而且是一個重大決定；因此，許多人不願嘗試移民是不難想像的事。

最後，許多人認為移民失敗攸關個人榮辱。他們聽過太多以欽佩語氣講述的移民成功故事，因此確信如果自己移民失敗，那就是暴露了自己的某些缺陷。一九五二年，艾絲特（本書作者）的祖父艾伯特．格朗戎（Albert Granjon）帶著妻子和四名年幼的孩子從法國前往阿根廷，當時他們必須為此坐船數週。艾伯特原本是一名獸醫，在法國利曼（Le Mans）經營一家屠宰場。他受到冒險的渴望驅使，懷著一個有點含糊的計畫：他想在阿根廷與幾個熟人合夥養牛。他們一家到達阿根廷後不到一年，這個計畫就失敗了。阿根廷農場的條件比他想像的更艱苦，他與生意夥伴也發生爭執，他們抱怨他沒有帶來足夠的資金發展養牛事業。這個年輕的家庭身陷陌生國度的偏遠地區，而且沒有收入。那個時候，回去法國是相對輕鬆的選擇。在戰後法國經濟繁榮時期，艾伯特應該可以輕易找到工作。他有兩名經濟寬裕的中產兄弟，他們可以替他支付回法國的路費。但艾伯特決定不回法國。多年後，他的妻子伊芙琳（Evelynne）告訴艾絲特，向兄弟們乞求路費之後空手回到法國，對艾伯特來說是無法接受的丟臉行為。於是這個家庭在異鄉忍受了兩年極度貧困的生活，而他們看待當地人的那股不合宜的優越感使他們的生活變得更難過。孩子們在家裡不准說西班牙語。艾絲特的母親維歐蘭（Violaine）靠法語函授課程完成她的全部學業（她在阿根廷從未上過學），有空時就做家務，替孩子們穿的布鞋補破洞。直到艾伯特終於找到一份工作，替法國藥廠梅里埃研究所（Institut Mérieux）

管理一座實驗農場，家裡的經濟狀況才得以改善。他們在阿根廷住了超過十年，然後去過祕魯、哥倫比亞和塞內加爾。艾伯特在健康狀況惡化之後回到法國（雖然他當時還頗年輕），此時他的事業歷程可說是一場成功的冒險。但是，多年的艱苦生活無疑損害了他的健康，他回到法國之後不久就去世了。

害怕失敗是阻礙人們冒險的重要因素。許多人寧願不嘗試。畢竟我們多數人希望維持聰明、勤奮、正直的自我形象，一來是因為承認自己愚蠢、懶惰、不道德是非常不愉快的，二來是因為維持良好的自我評價有助我們保持動力，積極面對現實生活迫使我們面對的一切。

如果保持某種自我形象很重要，那麼擦亮這種形象也是有意義的。我們會為此過濾掉一些負面訊息。另一種方法是避免採取有可能暴露我們某些缺點的行動。如果我跨越馬路避開一個乞丐，我就不必面對自己不夠慷慨的事實。一名好學生可能故意不在考試前好好準備，那麼他如果考得不好，就會有現成的藉口可以使他繼續認為自己是聰明的。一個可以移民的人選擇留在家鄉，他就可以一直保持這種想像：如果他移民，一定會成功。

要克服這種維持現狀的傾向，當事人必須有能力替自己創造夢想（艾絲特的祖父艾伯特當年移民是為了尋求冒險，而不是要逃離惡劣的處境），又或者必須過度自信。這或許解釋了為什麼移民者往往不是最富有或教育程度最高的人，而是那些有某種特殊動力的人，至少那些並非因為走投無路而出走的人是這樣，這也解釋了為什麼那麼多成功的企業家是移民。

托克維爾之後

但美國人據說是這個規則的例外。多數美國人願意承擔風險，願意遷徙以把握機會，至少神話一直是這樣流傳的。托克維爾（Alexis de Tocqueville）是十九世紀的法國貴族，他視美國為自由社會的典範。他認為民眾不安於現狀正是美國與眾不同的原因之一：美國人總是在改變，有跨領域也有跨職業的改變。托克維爾將這種不安於現狀的現象歸因於美國沒有世襲的階級結構，以及美國人想要累積財富的恆常渴望。[69]每個人都有致富的機會，他們因此有責任追隨機會，無論機會出現在哪裡。

美國人仍然相信這個美國夢，但事實上，現今的美國人經濟狀況如何，比歐洲人更受家世背景影響。[70]這可能與美國人不再那麼積極求變有關。美國人不但對國際移民變得沒那麼寬容，他們自己的移動性也變差了。在一九五〇年代，每年有七%的美國人遷移到另一個郡。到了二〇一八年，這個比例降至不到四%。這個比例下跌始於一九九〇年，跌勢於二〇〇〇年代中期加速。[71]此外，國內移民的形態也出現了顯著的變化。[72]截至一九八〇年代中期，美國富裕州的人口成長速度比其他州快得多。自一九九〇年之後的某個時候起，這種現象消失了；整體而言，富裕州不再吸引人口流入。高技能勞工繼續從窮州遷往富裕州，但低技能勞工如果還有遷移，看來主要是從富裕州遷往窮州。這兩種趨勢意味著自一九九〇年代以來，美國勞動市場以技能水準區隔勞工的情況愈來愈顯著。東西兩岸吸引愈來愈多受過良好教育的勞工，教育程度較低的勞工則似乎集中在內陸地區，尤其是東部的老工業城市，例如底特律、克里夫蘭和匹茲堡。這導致不同群體的美國人在收入、生活方式和投票模式上出現顯著的差異，也製造出一種混亂感（某些地區遙遙領先，另一些地區則被拋在後頭）。

加州帕羅奧多（Palo Alto）或麻州劍橋強烈吸引受過高等教育的軟體或生物科技工作者，這並不令人驚訝。在這些城市，受過良好教育的勞工工資較高，而且他們比較有機會找到自己喜歡的朋友和生活設施。[73]

但為什麼教育程度較低的勞工沒有跟著他們前往這些城市？畢竟律師需要園丁、廚師和咖啡師的服務。受過良好教育的勞工集中在某地，理應創造出對教育程度較低勞工的需求，並鼓勵他們遷移到當地。此外，這裡是美國而非孟加拉，幾乎人人都負擔得起跨州甚至是跨國旅行的費用。而且這裡資訊高度流通，人人都知道眼下哪些城市十分興旺。

部分原因是：只擁有高中學歷的勞工若前往興旺城市，可以得到的工資漲幅低於高技能勞工。[74]但這只能是部分原因。低技能勞工在興旺的城市也可以享有較高的工資。根據網路上揭露工資的網站，星巴克咖啡師在波士頓的時薪約為十二美元，在波伊西（愛達荷州首府）則只有九美元。[75]這種溢價低於高技能勞工可以得到的，但並非微不足道（而且波士頓的咖啡師通常態度高傲）。

但是，恰恰因為愈來愈多高技能勞工湧入，帕羅奧多和劍橋之類的地方居住成本暴漲。律師和工友在紐約的收入都遠高於他們在深南部（Deep South）的收入，但律師在兩地的收入差距（四五％）大於工友（三二％）。但是在紐約，居住成本僅為律師工資的二一％，而工友則必須花費五二％的工資在居住上。因此，律師在紐約扣除生活成本之後的實質所得確實比在深南部高得多（三七％），但工友的情況則是相反（在深南部可以多賺六％）。工友沒有理由遷往紐約。[76]

舊金山教會區（Mission District）已經成為這種現象的象徵。直到一九九〇年代末，教會區還是一個勞工階級社區，居民以西班牙語裔新移民為主，但它的位置對於科技業的年輕員工很有吸引力。一房公寓的平均租金急遽上漲，從二〇一一年的一九〇〇美元漲至二〇一三年的二六七五美元，二〇一四年再漲至三二五〇美元。[77]如今教會區公寓的平均租金是賺最低工資的人完全負擔不起的。[78]「教會區杜絕雅痞計畫」（Mission yuppie eradication project）是當地驅逐科技業員工的最後努力，手段包括毀壞他們的汽車。這個計畫讓很多人注意到教會區仕紳化的問題，但最終仍宣告失敗。[79]

當然，我們可以在興旺的城市附近蓋更多房子，但這需要時間。此外，美國許多歷史較久的城市有嚴格的土地規劃法規，導致當地很難蓋高樓或提高建築密度。例如法律可能規定新建築物不能與既有建築物截然不同，建築用地必須符合最低面積要求之類。因為這些法規，房屋需求增加時，這些地方很難發展出高密度社區。一如開發中國家，新來的移民因此面臨相當可怕的抉擇：如果不願意住在距離工作地點很遠的地方，那就必須承受非常高昂的居住成本。[80]

美國近年的經濟成長集中在擁有強大教育機構的地區。這些地方往往是歷史較悠久的城市，既有的房地產不但昂貴，還難以擴張。許多此類城市也比較「歐洲化」，有較強的動機保護具歷史價值的建築物免受發展的力量摧毀，當地的土地規劃法規因此較為嚴格，租金也高昂。一般美國人如今不願遷往經濟成長強勁的地方，這可能正是原因之一。

如果有個人因為所在的地區受到經濟衰退打擊而失業，因此考慮搬到另一個地方找工作，他必須面對的房產問題會更複雜。只要他還擁有自己的房子，即使房子的轉售價值可能變得很低，至少他還可以住在那裡。如果他的房子是租的，他因為當地經濟衰退導致房租下跌而得到的好處，仍比高技能勞工來得多，因為房租占他收入較大的一部分。[81]因此，經濟衰退經常造成的地方房市下挫，往往反而會阻止窮人遷移到其他地方。

即使本地機會稀少而其他地方有更好的發展機會，往往還有其他因素阻止人們遷徙。例如在美國，因為法規嚴格和政府補貼不足，托兒服務費用高昂。低薪勞工根本不可能支付市價購買托兒服務，他們只能求助於祖父母或其他親友。除非幫你照顧孩子的人跟你一起走，否則遷居根本是不可能的。在多數女性不工作、能夠照顧小孩的年代，這還不是個大問題，但如今它可能是關鍵問題。

此外，現在的工作可能不會長久存在。失業可能導致你失去居所，而如果你沒有一個地址，你將很難找到新工作。[82]在這種時候，家庭提供了經濟和情感上的安全網；失業的年輕人會搬回父母家。處於黃金工作年齡但失業的男性有六七%與父母或近親住在一起（二〇〇〇年這項比例為四六%）。[83]很多人不願意為了遷往另一個城市而放棄這種舒適和安全的生活，是很容易理解的事。

有些人職業生涯的大部分時間都在家鄉替一家公司工作，可能從事製造業，而如果他們剛失去工作，除了面臨前述問題，還必須面對被迫重新開始的創傷。他們不但無法像自己的父親那樣從舒服的工作中優雅退休，還會被要求重新設定自己的期望，搬到一個沒人認識他們的小鎮，從社會底層重新開始，做一些他們不曾想像自己有天會做的工作。難怪他們寧願留在原來的地方。

復興城市之旅

既然人們難以遷離那些經濟衰落的地方，何不在當地創造就業機會？在這些地方，企業倒閉釋出許多勞動力，工資和租金都顯著下降，其他企業無疑可以好好利用這些有利的條件。這種構想已經有人提出。二〇一七年十二月，美國在線（AOL）共同創始人、億萬富翁凱斯（Steven Case），以及哀嘆美國舊心臟地帶衰落的《絕望者之歌》（*Hillbilly Elegy*）作者凡斯（J. D. Vance）成立了「餘者崛起」（Rise of the Rest）投資基金。它的資金來自美國最著名的一些富豪（包括亞馬遜創辦人貝佐斯和Google前執行長史密特），目的是投資在科技業向來忽視的州。稱為「復興城市之旅」（Comeback Cities Tour）的巴士旅程將一群矽谷投資人帶到這樣的地方：俄亥俄州的揚斯敦（Youngstown）和亞克朗（Akron），密西根州的底特律和弗林特（Flint），以及印第安納州的南本德（South Bend）。基金的發起人很快就指出，這不是一個社會影響力基金（social impact fund），而是傳統的營利基金。《紐約時報》報導了復興城市之旅[84]和這個基金本身[85]，許多矽谷投資人強調指出舊金山灣區十分擁擠、孤立、生活成本高昂，「心臟地帶」則蘊含大好機會。

雖然這些人講了很多好聽的話，我們卻有理由持懷疑態度。這個基金的規模僅有一．五億美元，對那些出資的富豪來說是小菜一碟。貝佐斯支持這個基金，但沒有支持到讓他將底特律列入亞馬遜

第二總部所在地的決選名單。基金發起人顯然是希望製造一些刺激，催生一些企業，在早期投資人中引起一些轟動以鼓勵其他人。這種做法在哈林區奏效了，為什麼就不能在亞克朗奏效？但哈林區位於土地稀缺的曼哈頓，那裡有許多令人興奮的事物和便利設施。哈林區復興是總有一天會發生的。我們對亞克朗（或南本德或底特律）就沒那麼樂觀。這些地方很難提供現今富裕的年輕人多數嚮往的那些誘人設施，例如高級餐廳、華麗的酒吧，以及可以向高傲的咖啡師買到昂貴濃縮咖啡的咖啡館。換句話說，這是一個雞與蛋的問題：如果沒有這些設施，受過良好教育的年輕勞工不會去那些地方，但如果像他們這種人不夠多，這些設施就難以生存。

事實上，幾乎每個產業的公司都傾向聚集在某地。假設你對著一幅美國地圖隨意擲飛鏢，你會發現飛鏢留下的洞通常大致平均分布在地圖上。但是，任何一個產業的業者分布圖就完全不是這樣：它看起來像是有人把所有飛鏢都擲在同一個地方。[86]這可能與信譽有關；如果一家軟體公司的所在地周遭都是玉米田，顧客可能會有疑慮。此外，如果你每次需要一名新員工都必須說服某個人長途跋涉遷移到你公司所在的地方，招聘就會很困難；如果你公司就在同業群聚的地方，你大可從某同業那裡挖走一個人。此外還有法規方面的原因：土地規劃法規往往試圖將汙染嚴重的產業集中在某個地方，同時將餐廳和酒吧集中在另一個地方。最後，同一行業的人往往有相似的偏好（科技業者喜歡咖啡，金融業者喜歡炫耀昂貴的葡萄酒）。產業群聚之下，為業者提供他們喜歡的設施會容易一些。

因為這些原因，群聚是有道理的，但這也意味著要從很小的規模發展起來會艱難許多。要成為阿帕拉契（Appalachia）地區唯一一家生物科技公司總是很困難的。我們希望「復興城市之旅」成功，但我們並未對此熱切期待（也不打算在底特律購屋）。

艾森豪與史達林

真正的移民危機不是國際移民太多。移民通常完全不會造成本地居民的經濟損失，而且可以帶給移民者一些明確的好處。真正的問題是人們往往沒有能力或不願意遷徙以把握經濟機會——無論是在本國境內遷徙還是跨國移民，都有這個問題。這是否意味著高瞻遠矚的政府應該獎勵遷徙者，甚至懲罰那些拒絕遷徙的人？

這聽起來可能有些奇怪，因為眼下的討論主要集中在如何限制移民，但在一九五〇年代，美國、加拿大、中國、南非和蘇聯的政府全都曾大力推行或多或少強制的重新安置政策。這些政策往往有不言明但殘忍的政治目標（鎮壓造成政府麻煩的族群是其一），但它們往往以現代化的語言掩飾，強調傳統經濟安排的經濟缺陷。開發中國家的現代化計畫往往從這些例子中得到啟發。

開發中國家還有一種悠久的傳統：政府利用物價和賦稅政策，犧牲農村以嘉惠城市。許多非洲國家在一九七〇年代創立他們稱為「農業行銷委員會」的組織。這是個殘酷的笑話，因為這些委員會往往旨在**阻止**農產品的行銷，好讓它們用最低的價格收購農產品，藉此替城市居民穩定物價。還有一些國家，例如印度和中國，則是禁止農產品出口，以便將農產品的價格維持在城市消費者樂見的水準。這些政策的副作用之一是農業變得無利可圖，進而鼓勵農民離開他們的農地。當然，這些政策傷害經濟體中最窮的人，也就是小農和沒有土地的勞工，他們可能沒有遷徙所需要的資源。

但是，這些不幸的歷史不應使我們忽視促進移民的經濟理由。人口移動（國內的與國際的）是一種關鍵管道，可以使各地區和各國的生活水準變得比較均等，還可以消化區域經濟的起伏。如果勞工遷徙，他們將能離開經濟受打擊的地區，前往其他地方把握新機會。經濟正是藉此消弭危機和適應結構轉變。

對我們這些已經生活在富裕國家和成功城市的人（包括多數經濟學家）來說，因為我們的生活顯然比生活在窮國和失敗城市的人好得多，我們可能會假定其他人都想來我們這裡。對經濟學家來說，成功的地方具有經濟吸引力基本上是好事。但另一方面，對開發中國家的城市居民或富國的居民來說，全世界的人都想湧向他們的所在地是令人害怕的事。他們想像大量人口湧入，和他們爭奪當地的稀缺資源，包括職位、公共住宅和停車位。他們最擔心移民流入損害本地人的工資和就業前景；雖然這種擔憂是錯誤的，但擔心過度擁擠並非完全沒有道理，在第三世界那些建了一半的城市尤其如此。

害怕被新移民淹沒也導致人們擔心同化問題。如果本地湧入太多文化不同的人（印度的鄉下人進城、墨西哥人定居美國都是），他們是會被本地同化還是會改變本地文化？又或者問題是：他們是否將被徹底同化，使他們原本的文化消失，結果人類只剩下一種統一而乏味的全球化混合文化？人類以完美而即時的人口移動回應經濟機會上的差異，這種烏托邦可能變成自身的反烏托邦。

但我們距離這種烏托邦／反烏托邦還很遙遠。艱苦度日的人往往希望留在家鄉，而非難以遏抑地被經濟成功的地方吸引。

由此看來，鼓勵國內和國際移民確實應該是一項政策要務，但正確的做法應該是消除一些阻礙移民的關鍵因素，而不是像過去那樣，強迫人們遷移或扭曲經濟誘因。

簡化整個流程並提升溝通效率，使勞工正確瞭解遷移的代價和報酬，對促進移民會有幫助。使移民與他們的家人可以更便利地相互匯款，也有助減輕移民的孤立感。考慮到人們非常害怕移民失敗，為移民提供某種保險也可能會有幫助。這種保險在孟加拉推出時，效果幾乎等同向潛在移民提供公車票。[87]

但是，幫助移民（因此或許也是鼓勵移民）並使本地人比較願意接受移民的最好方法，很可能是協助新移民融入本地社會。提供居住援助（租金補貼？）、遷移前安排工作媒合、提供托兒協助，諸如此類的措施可以確保新移民迅速在本地社會安頓下來。無論是國內還是國際移民，這些措施都適用。這種協助可以鼓勵那些猶豫的人決定遷徙，並使他們更快成為目的地正常既有結構的一部分。我們現在幾乎處於恰恰相反的狀態。除了一些組織致力幫助難民，我們根本沒做什麼去幫助新移民適應新生活。國際移民往往必須克服一些實在的障礙，才能獲得合法工作的權利。國內遷徙者常常沒有地方可住，而且即使似乎到處都有機會，他們往往好不容易才能找到第一份工作。

當然，我們不能忘記，應對移民的政治不僅是誤解經濟學的問題，也是身分政治（identity politics）的問題。經濟與政治脫節完全不是新鮮事。在歐洲移民的黃金時代，接收最多歐洲移民的美國城市在經濟上受惠於這些移民。儘管如此，移民流入引發了廣泛的不友善政治反應。那些城市削減稅收和公共支出來應對移民流入。在公共支出方面，削減幅度特別大的是那些促進跨族群接觸的服務（例如學校），或那些幫助低收入移民的服務（例如汙水處理和垃圾收集）。在接收最多移民的城市，支持移民流入的民主黨得票率下跌，相對保守的政治人物當選，尤其是那些支持一九二四年《國家起源法》（*National Origins Act*）的政客（這項法律終止了移民美國不受限制的時代）。那時候選民是對他們與新移民的文化距離做出反應，當時天主教徒和猶太人被視為無可救藥的異類，直到他們被美國社會同化。[88]

歷史確實會重演，但這並不意味著事情第二或第三次發生時就沒那麼難受。但或許這有助我們更明白如何回應這種憤怒。我們將在第四章討論這問題。

最後，我們也必須記住，無論有什麼誘因，許多人會選擇不遷徙。這種固定性違背所有經濟學家對人類理應有何行動的直覺，對整個經濟體有深遠的影響。如我們將在本書一再看到，它會影響許多不同經濟政策的結果。例如我們將在下一章看到，它有助解釋為什麼國際貿易遠遠沒有許多人期望的那麼有益，而在第五章，我們將討論它如何影響經濟成長。這要求我們檢討社會政策，將這種固定性納入考量，我們將在第九章討論這一點。

3 貿易帶來的傷痛

二〇一八年三月初，川普總統在戴著安全帽的鋼鐵工人圍繞下簽署命令，對美國進口的鋼鐵和鋁課徵新關稅。不久之後，本書第一章提到的布斯經濟學家調查詢問經濟專家（他們全都是頂尖大學經濟系的資深教授，有共和黨人也有民主黨人）是否同意以下陳述：「美國對鋼鋁課徵新關稅將促進美國人的福祉。」六五%的受訪者「強烈」不同意，餘下所有人則只是「不同意」。沒有人同意，甚至沒有人不確定。[1] 他們還被問到是否同意以下陳述：「對空氣調節設備、汽車和奶酥餅乾之類的進口產品課徵新關稅或提高關稅（以鼓勵廠商在美國生產這些產品）是個好主意。」所有經濟學家同樣全都不同意。[2] 自由派經濟學（liberal economics）的旗手克魯曼（Paul Krugman）支持貿易，但經常批評克魯曼觀點的曼昆（Greg Mankiw）也是——他是哈佛教授，在小布希任內擔任總統經濟顧問委員會主席。

相較之下，在美國，大眾對貿易的看法充其量是正反不一，而且現在往往是負面居多。在鋼鋁關稅問題上，大眾意見分裂。在二〇一八年秋的一項調查中，我們向一個具代表性的美國人樣本提出與布斯經濟學家調查完全相同的問題，結果只有三七%的人不同意或強烈不同意川普提高關稅的提議。三三%的人同意。[3]但是，較普遍而言，右派和左派似乎都認為美國對其他國家的商品過度開放。在我們的調查中，五四%的受訪者認為，利用較高的關稅鼓勵廠商在美國生產是個好主意。只有二五%的人不同意。

經濟學家大多談論貿易的好處。自由貿易有益是現代經濟學最古老的觀點之一。當過股票經紀和國會議員的英國經濟學家李嘉圖（David Ricardo）在兩個世紀前解釋道，因為貿易使每個國家得以專注做自己最擅長的事，參與貿易的地方總收入應該會增加，貿易贏家的得益因此必然超過貿易輸家的損失。過去兩百年給了我們機會完善這個理論，但極少經濟學家能不被其基本邏輯折服。事實上，它在我們的文化中非常根深柢固，使得我們有時忘了自由貿易絕非不證自明。

首先，大眾無疑並未確信這個理論。他們並非看不到貿易的好處，但他們也看到貿易帶來的痛苦。他們確實看到能夠購買廉宜進口商品的好處，但他們也擔心這些好處被貿易造成的代價抵銷有餘——至少對那些被廉宜進口商品直接傷害的人來說是這樣。在我們的調查中，四二%的受訪者認為低技能勞工因為美國與中國進行貿易而受到傷害（二一%認為他們因此得益），只有三〇%的受訪者認為所有人都因為物價下跌而得益（二七%認為所有人都受到傷害）。[4]

那麼，究竟是大眾無知，還是他們憑直覺看到經濟學家忽略的東西？

烏蘭的挑戰

烏蘭（Stanislaw Ulam）是波蘭數學家和物理學家，也是現代熱核武器的共同發明人。他對經濟學的評價很低，或許是因為他低估了經濟學家（以他們自己的方式）摧毀世界的能力。烏蘭挑戰我們已故的同事、二十世紀的經濟學大將薩繆爾森（Paul Samuelson），請他「環顧所有社會科學，提出一個既正確又並非無關重要的見解」。[5] 薩繆爾森以貿易理論的核心概念比較優勢（comparative advantage）作答：「這個概念邏輯上正確，這一點不必在數學家面前爭論；它並非無關重要，這一點有成千上萬個聰明的重要人物可以證明——這些人一直無法掌握這個道理，別人給予解釋之後他們還是無法相信。」[6]

根據比較優勢這個概念，各國應該做它們相對擅長的事。要明白這個概念有多強大，拿它與絕對優勢（absolute advantage）對比會有幫助。絕對優勢的概念很簡單。蘇格蘭種不出葡萄，法國則沒有適合用來釀造威士忌的泥煤。因此，合理的安排是法國向蘇格蘭出口葡萄酒，而蘇格蘭則向法國出口威士忌。令人困惑的情況是有時會出現一個國家，例如像現在的中國，無論生產什麼好像都比其他多數國家擅長得多。在這種情況下，難道中國生產的商品不會征服所有市場，導致其他國家沒有立足之地？

李嘉圖一八一七年指出，即使中國（在他那個時代是葡萄牙）無論製造什麼都具有高人一等的生產效率，它也不可能壟斷所有商品的市場，因為如此一來，其他國家將賣不出任何東西，因此不會有錢向中國或其他國家購買任何東西。[7]因此，如果十九世紀有自由貿易，當時的英格蘭不會所有產業都萎縮。在這種情況下，如果英格蘭有任何產業因為國際貿易而萎縮，那顯然應該是生產力最差的那些產業。

基於這個論點，李嘉圖認為即使葡萄牙生產葡萄酒和織物的效率都高於英格蘭，一旦兩地之間展開貿易，它們最終將專注生產自己具有**比較優勢**的產品（具有比較優勢是指**生產那種產品的效率高於生產另一種產品**，在葡萄牙而言是葡萄酒，在英格蘭而言是織物）。兩國均將生產自己相對擅長生產的產品，並向其他國家購買其他產品（而不是浪費資源笨拙地生產那種產品），這必將提高國民生產毛額（GNP），也就是一國人民可以消費的商品總價值。

李嘉圖的洞見強調這一點：考慮貿易問題必須一併考慮所有市場。中國或許有能力在**任何一個**市場勝出，但它不可能在**所有**市場都勝出。

當然，國民生產毛額上升（英格蘭與葡萄牙皆然）並不意味著沒有輸家。事實上，薩繆爾森最著名的論文之一，正是聲稱要告訴我們確切誰是輸家。李嘉圖的整個討論假設生產只需要勞動力，而且所有勞工都是一樣的，因此經濟成長時人人都會得益。一旦在勞動力之外還有資本，事情就沒那麼簡單了。一九四一年，年僅二十五歲的薩繆爾森發表了一篇論文，當中提出的見解至今仍是國際貿易經濟學的基礎。[8]你一旦理解它，會發現當中的邏輯非常簡單，而精闢的洞見往往正是這樣。

有些商品的生產過程需要相對較多的勞動力，需要的資本較少，例如手工地毯相對於機器人製造的汽車就是這樣。如果兩個國家都掌握生產這兩種商品的相同技術，則勞動力相對充裕的國家在生產勞力密集型產品方面顯然具有比較優勢。

因此，勞動力充裕的國家應該會專注生產勞力密集型產品，停止生產資本密集型產品。相較於沒有貿易（或貿易受到較多限制）的情況，這個國家對勞動力的需求應該會增加，工資因此將上漲。相反，資本充裕的國家如果與勞動力充裕的國家展開貿易，該國應該會出現資本的價格上升（和工資下跌）的情況。

因為勞動力充裕的國家往往比較窮，而勞工通常比雇主窮，這意味著開放貿易應該對窮國的窮人有幫助，而貧富不均程度應該會降低。富裕國家的情況正好相反。因此，美國與中國之間開放貿易**應該會**損害美國勞工的工資（並嘉惠中國勞工）。

這並不意味著美國勞工的經濟狀況必然會變差。這是因為一如薩繆爾森在後來的一篇論文中指出，自由貿易推高國民生產毛額，意味著全體國民可以分享的經濟成果增加了，因此**如果對自由貿易的贏家課稅，並將這些錢分配給自由貿易的輸家**，則美國的勞工其實也可以變得比較富裕。[9] 問題是這個「如果」真的很不確定：勞工只能乞求政治運作最終產生對他們有利的結果。

美就是真，真就是美[10]

這個結果在經濟學上稱為斯托爾珀－薩繆爾森定理（Stolper-Samuelson theorem），以薩繆爾森和那篇論文的共同作者斯托爾珀命名。這項定理很美，至少跟經濟學中任何一個理論結果一樣美。但它正確嗎？這項理論有兩個明確而令人鼓舞的涵義，以及一個沒那麼鼓舞人心的涵義。開放貿易應該會提高所有國家的國民生產毛額，而窮國的貧富不均程度應該會降低；但是，富國的不均程度可能會加劇（至少在政府進行重分配之前是這樣）。這個理論遇到的小問題，是證據往往不支持它。

中國和印度經常被當成是貿易助長國民生產毛額成長的模範。經過了三十年的共產主義之後，中國於一九七八年開放國際貿易。在那三十年裡，中國幾乎不承認世界市場的存在。開放貿易四十年後，中國已成為世界出口強國，即將取代美國成為全球最大的經濟體。

印度的故事沒那麼戲劇性，但或許是更好的例子。在截至一九九一年的約四十年裡，印度政府控制著它所講的「經濟制高點」。進口商品需要許可證，而即使在最好的情況下，政府也只是不情不願地發出許可證，而且還要求進口商支付進口關稅，稅率高到可能使進口商品的價格變成原本的四倍。

汽車是根本不可能進口的商品之一。到訪印度的外國遊客會談到「可愛的」印度「大使」（Ambassador）汽車，而它基本是莫里斯牛津（Morris Oxford）一九五六年一個車款（一款沒什麼特色的英國轎車）的複製品，多年之後仍是印度道路上最常見的汽車。在當年的印度，汽車安全帶和吸撞緩衝區（crumple zones）是當地人聞所未聞的。阿比吉特仍記得他在一九七五年左右坐過一輛一九三六年的賓士（Mercedes-Benz），因為真正有力的汽車引擎帶給他的興奮感至今難忘。

一九九一年的前一年，海珊入侵科威特，最終引發第一次波灣戰爭。這導致伊拉克和波斯灣地區石油出口中斷，油價因此飆漲。受此影響，印度的石油進口成本暴增。與此同時，戰爭迫使大量印度移工逃離中東地區，他們因此無法再匯錢給印度的家人，這導致印度面臨外匯嚴重短缺的問題。

印度因此被迫求助於國際貨幣基金組織，這正是國際貨幣基金一直等待的機會。中國、蘇聯、東歐、墨西哥和巴西等國家當時已開始採取重要措施，讓市場決定誰應該生產什麼。印度當時是抵制這種潮流的最後一個大國，仍堅持一九四〇和五〇年代流行的反市場意識形態。

國際貨幣基金提出的協議改變了這一切。印度可以得到它需要的資金，但前提是開放貿易。印度政府別無選擇。結果印度廢除了進出口許可證制度，進口關稅大幅降低，從原本平均接近九〇%降至約三五%，部分原因在於印度經濟部許多重要人物早就渴望有機會這麼做，他們不想錯失這個好機會。[11]

不出所料，許多人預測印度將因此面臨災難。他們認為在高關稅壁壘下發展起來的印度產業效率太低，無法與世界強國的同業競爭。渴求進口商品的印度消費者將瘋狂購買進口貨，導致許多印度企業破產。

但是，他們的預測落空了。印度經濟在一九九一年大幅萎縮之後，一九九二年的國內生產毛額（GDP）成長率已經回到一九八五至一九九〇年的成長趨勢，每年約為五·九%。[12]印度經濟既沒有崩潰，也沒有戲劇性地起飛。整體而言，印度經濟成長率在一九九二至二〇〇四年間小幅上升至六%，然後在二〇〇〇年代中跳升至七·五%，此後或多或少一直保持這個水準。

那麼，我們應該視印度為貿易理論智慧的光輝典範，還是比較接近相反的例子？一方面，印度經濟成長順利度過了轉型期的震盪，呼應了貿易樂觀派的預測。另一方面，印度經濟成長在一九九一年之後花了超過十年才顯著加速，這似乎令人失望。[13]

凡是不可說的，都應該保持沉默[14]

這項爭論並沒有真正的解答。世上只有一個印度，而歷史無法重來。我們無從知道如果印度當年並未遇到危機而當局並未在一九九一年拆除貿易壁壘，印度一九九一年之前的經濟成長是否會延續下去。令問題更複雜的是，印度的貿易自由化在一九八〇年代已逐漸展開，一九九一年只是（大幅）加快了這個過程。那些霹靂手段是必要的嗎？除非歷史可以重來而且印度走上另一條路，否則我們永遠不會知道。

但並不令人意外的是，經濟學家很難對這種問題置之不理。問題主要不在於印度本身。無可否認的事實是：在一九八〇或九〇年代某個時候，印度的經濟成長率出現了重大變化，而這與印度從（某程度的）社會主義轉向資本主義有關。在一九八〇年代中之前，印度的經濟成長率約為四%，如今是接近八%。[15]這種變化相當罕見，而尤其罕見的是它看來是持久的。

與此同時，貧富不均的程度嚴重惡化。[16]中國在一九七九年，韓國在一九六〇年代初，以及越南在一九九〇年代都發生了類似的事，甚至可能更戲劇性。很明顯，這些經濟體在自由化之前國家嚴厲控制一切的模式非常有效地壓低了貧富不均的程度，但它們在經濟成長方面付出了高昂的代價。

人們的意見分歧大得多、我們因此或許可以從中學到更多的問題是：政府一旦不再嚴厲控制一切，經濟運行的最佳方式是怎樣的呢？印度至今仍保留一些關稅保護措施，它們雖然今非昔比，但仍是重要的貿易壁壘；取消這些關稅對印度有多重要？經濟成長會因此進一步加速嗎？貧富不均程度會有什麼變化？川普的關稅會導致美國經濟成長徹底停頓嗎？它們是否真的可以幫到川普聲稱要保護的人？

為了回答這些問題，經濟學家經常會比較各個國家的情況。這種做法的基本思路很簡單：有些國家（例如印度）在一九九一年推行貿易自由化政策，但情況相似的另一些國家沒有這麼做。在一九九一年之後的數年裡，哪些國家的經濟成長比較快（在絕對基礎上或是相對於它們一九九一年之前的成長率而言）？是那些推行自由化政策的國家、一直開放的國家，還是一直封閉的國家？

關於這個問題有大量的文獻，因為經濟學家非常重視自由貿易，而且這在財經媒體也是熱門議題，這一點或許並不令人意外。答案五花八門，既有非常樂觀的看法（認為貿易可以顯著刺激國內生產毛額成長），也有保守得多的意見，但必須指出的是，幾乎沒有什麼證據顯示貿易對經濟成長有非常負面的影響。

對這種比較研究的懷疑來自三個方面。首先是因果關係有可能是反過來的。印度推動貿易自由化，而情況相似的另一個國家沒有這麼做，可能代表印度已經為經濟轉型做好準備，而**即使政府沒有改變貿易政策**，印度的經濟成長速度也可能快於它的比較對象。換句話說，會不會是經濟成長（或成長的潛力）導致貿易自由化，而不是反過來？

第二是這種比較忽略了一些重要的因果因素。印度貿易自由化只是規模大得多的一系列變革的一部分。當中一個事實是：政府基本上不再試圖告訴企業主應該生產什麼和在哪裡生產。此外，官僚和政治體系對商界的態度也出現了一種較為模糊但可能同樣重要的轉變：商業如今被視為誠實者從事的一種正當事業，甚至可以是很「酷」的。這些轉變的影響與貿易自由化的影響基本上不可能區分。

第三，怎樣才算是貿易自由化，其實不容易根據資料辨明。關稅高達三五〇%的時候，根本不會有進口，而即使這種稅率顯著調降也可能改變不了什麼。我們如何分辨有重要意義的政策轉變與沒有意義的政治姿態？此外，這種高得驚人的稅率容易引人反抗，人們會找到富創意的方法規避這種重稅。政府往往因此制定晦澀難懂的規則來誘捕違規者。隨著國家自由化，這種情況大多改變了，但不同國家改變的東西各有不同，改變的速度也不一樣。既然不同的國家選擇了不同的改革方式，我們如何判斷哪個國家的自由化幅度更大？

這些問題使跨國比較變得格外棘手。針對貿易政策如何影響經濟成長的問題，不同的研究者之所以得出不同的答案，很大程度上與他們在這些問題上所做的選擇不同有關，例如他們可能選擇以不同的方式衡量貿易政策的變化，而他們選擇容忍的因果關係不確定性也可能各有不同。

正因如此，我們很難對這種研究的結果有很大的信心。跨國比較總是有無數種做法，具體方式取決於你願意接受怎樣的大膽假設。

同樣的限制也阻礙我們檢驗斯托爾珀－薩繆爾森定理的另一項預測。窮國開放貿易後，國內的貧富不均程度會減輕嗎？針對這個問題的跨國研究相對較少，反映一種我們將一再看到的模式。貿易經濟學家傾向規避思考經濟大餅如何分配的問題，儘管（抑或是因為？）薩繆爾森早就警告，至少在富裕國家，開放貿易可能以犧牲勞工為代價。

當然也有例外，但這些例外無法賦予我們信心。國際貨幣基金兩名員工最近的一份研究報告指出，有些國家因為鄰近其他許多國家而有較多國際貿易往來，它們往往比較富裕，貧富不均的程度也相對較小。但他們忽略了一個令人尷尬的事實：歐洲有許多小國，它們之間有大量的貿易往來，而這些國家往往比較富裕，貧富不均程度也相對較小，但很可能主要不是因為它們在國際貿易上十分活躍。[17]

對這個相當樂觀的結論持懷疑態度的另一個原因，是它不符合一些開發中國家出現的實際情況。過去三十年裡，許多中低收入國家開放了貿易。引人注目的是，在接下來的那些年，它們的所得分配變化幾乎總是與斯托爾珀－薩繆爾森定理的基本預測背道而馳。在這些國家，低技能勞動力供給充裕（因此理應由此獲得益處），但這些勞工的工資隨後卻落後於技能較高或教育程度較高的勞工。

一九八五至二〇〇〇年間，墨西哥、哥倫比亞、巴西、印度、阿根廷和智利全都藉由單方面全面降低關稅開放貿易。這些國家的貧富不均程度在後來的同一段期間全都加劇，而且從變化發生的時間看來，似乎與貿易自由化有關。例如在一九八五至一九八七年間，墨西哥大幅縮減進口配額制度的涵蓋範圍，平均進口關稅也大幅降低。然後在一九八七至一九九〇年間，墨西哥藍領勞工的工資減少了十五％，白領勞工的工資則增加了十五％。其他指標也顯示貧富不均程度加劇。[18]

哥倫比亞、巴西、阿根廷和印度也出現相同的形態：貿易自由化之後，高技能勞工的收入相對於低技能勞工顯著增加，其他指標也顯示貧富不均的程度加劇。此外，隨著中國經濟自一九八〇年代起逐漸開放，並且在二〇〇一年加入世界貿易組織，該國的貧富不均程度嚴重惡化。根據世界不平等資料庫團隊的數據，在一九七八年，中國收入最低的五〇%人口與和收入最高的一〇%人口占全國所得的比例相同（均為二七%）。這兩個比例隨後開始產生差距，底層五〇%人口占全國所得的比例愈來愈低，頂層一〇%人口所占的比例則愈來愈高。到了二〇一五年，頂層一〇%人口占中國全國所得四一%，底層五〇%人口則僅占十五%。[19]

當然，相關不是因果。或許全球化本身並沒有導致貧富不均程度加劇。貿易自由化幾乎從不是發生在某種真空狀態中；在所有這些國家，貿易改革都是較廣泛改革計畫的一部分。例如哥倫比亞一九九〇和一九九一年推行了非常激烈的貿易自由化政策，當局還同時修改勞動市場法規，希望大幅提高勞動市場的彈性。墨西哥一九八五年的貿易改革，則是與私有化、勞動市場改革和解除管制同時進行。

如前所述，印度一九九一年的貿易改革伴隨著廢除產業許可證制度、資本市場改革，以及私營部門的權力和影響力普遍增強。中國的貿易自由化當然是鄧小平推行的大規模經濟改革的關鍵部分，這些改革使中國原先禁止了三十年的私營企業合法化。

此外，墨西哥和其他拉丁美洲國家經濟開放恰恰發生在中國也正開放經濟的時候，它們因此都面臨一個勞動力更充裕的經濟體的競爭。這或許正是這些經濟體的勞工受傷害的原因。

僅靠跨國比較很難得出有關貿易的明確結論，因為經濟成長和貧富不均都可能取決於很多不同的因素，貿易只是其中之一（也可能實際上是結果而不是原因）。但是，一些非常出色的單一國家內部研究確實使人懷疑斯托爾珀－薩繆爾森定理是否正確。

不願面對的事實

檢視一個國家內部不同地區的情況，顯然可以減少可能同時影響結果的因素之數量，有助釐清貿易的影響，因為這些地區通常有共同的政策體制、歷史和政治運作方式，比較它們之間的異同因此具有較強的說服力。問題是貿易理論的核心預測本質上涵蓋了經濟體中每一個市場和地區，而非只是進出口涉及的市場和地區。

在斯托爾珀－薩繆爾森的世界觀中，技能相同的勞工工資全部都一樣。一名勞工的工資僅取決於他的貢獻，與他所在的部門或地區無關。這是因為賓州一名鋼鐵工人如果因為國際競爭而失業，就應該立即遷往他能找到工作的任何地方，可能是蒙大拿州或密蘇里州，可能是改行去做餐飲業或製作盤子。在短暫的過渡期之後，技能相同的勞工全都將賺到相同的收入。

如果真是如此，那麼想瞭解貿易的影響，合理的比較對象只能是整個經濟體。比較賓州與密蘇里州或蒙大拿州技能相同的勞工，無法告訴我們任何東西，因為他們的工資全都相同。

因此，相當弔詭的是，如果我們相信斯托爾珀－薩繆爾森理論的假設，那就幾乎不可能檢驗這個理論，因為我們只能觀察到國家層面的影響，而我們才剛剛說明了跨國比較和國家案例研究的許多陷阱。

但是，正如我們討論移民問題時看到的，勞動市場往往具有**黏性**。即使勞動市場的情況顯示某些勞工應該遷移，他們也往往不會這麼做；正因如此，同技能勞工的工資不會自動變得一致。事實上，同一國家內部有許多個經濟體，而只要貿易政策的變化對這些子經濟體的影響各有不同，比較它們的異同或許可以告訴我們很多東西。

年輕的經濟學家托帕洛娃（Petia Topalova）在麻省理工學院攻讀博士時，決定認真研究這問題，並且以人們可能會困在某個地方和某個行業動彈不得為前提。在一篇重要的論文中，她分析了印度一九九一年貿易大幅自由化之後的情況。[20]雖然在我們的認知中，印度經歷了貿易自由化，但影響印度不同地區的貿易政策變化其實大有不同。這是因為雖然所有關稅最終都降至大致相同的水準，但因為某些產業起初受保護的程度高得多，所以有些產業的關稅降幅也就大得多。此外，印度有超過六百個地區，各地區的企業類型差別很大。有些地區主要從事農業，有些地區有鋼鐵廠或紡織廠。因為不同的產業情況各有不同，不同的地區在自由化政策下的關稅降幅差別很大。托帕洛娃為印度每一個地區建立一個指標，反映該地區受自由化影響的程度。例如倘若某地區主要生產鋼鐵和其他工業製品，而這些商品的關稅從接近一〇〇％降至約四〇％，她會說這個地區受自由化政策強烈影響。如果另一個地區只是種穀物和油籽，而這些商品的關稅基本上沒有改變，則它幾乎完全不受自由化影響。

托帕洛娃利用這種指標，檢視印度在一九九一年前後的情況。印度全國貧窮率在一九九〇和二〇〇〇年代迅速降低，從一九九一年的約三五％降至二〇一二年的十五％。[21] 但是，在這種美好的背景下，一個地區如果受貿易自由化的影響較大，當地貧窮率降低的速度會明顯比較慢。托帕洛娃發現，印度的情況與斯托爾珀－薩繆爾森理論的預測相反：貿易對一個地區的影響愈大，當地貧窮率降低的速度就愈慢。在隨後的一項研究中，托帕洛娃發現，在受貿易影響較大的地區，童工減少的幅度小於印度其他地區。[22]

經濟學界對托帕洛娃的研究發現出乎意料地苛刻。她受到許多非常不友善的評論轟炸，這些評論暗示即使她的方法是正確的，她的答案仍是錯誤的。貿易怎麼可能使窮人增加？正統理論告訴我們，貿易對窮國的窮人有利，托帕洛娃的數據因此肯定有錯誤。托帕洛娃遭受學術界菁英排斥，最後在國際貨幣基金找到工作；這多少有點弔詭，因為國際貨幣基金多年來致力推動大幅自由化的政策，結果對托帕洛娃研究的態度反而比學術界開放。

托帕洛娃的論文最終催生了專門討論這個問題的許多文獻，但頂級經濟學期刊卻拒絕刊出她的論文。如今有很多論文將托帕洛娃的方法應用在其他地方，結果在哥倫比亞、巴西，以及（下文將討論的）美國都得出相同的結果。[23] 數年後，刊出這篇論文的期刊頒發最佳論文獎給她，總算得到學界經濟學家某程度的肯定。

托帕洛娃一直堅稱，她無意宣稱有人因為貿易自由化而受到傷害。因為她是比較同一國家之內的不同地區，她能說的只是某些地區（受貿易影響最大的地區）在降低貧窮率這件事上落後於其他地區。這個現象與她在論文中小心強調的這種可能性完全一致：在自由化浪潮下，所有的船都升高了，只是升高的幅度各有不同。她的研究並未暗示印度整體的貧富不均程度惡化，只是指出在受貿易影響較大的地區，不均程度惡化的情況較為顯著。事實上，因為受自由化影響最大的地方往往原本比較富裕，它們在自由化之後表現並不特別好，反而弔詭地降低了印度整體的不均程度。在其他論文中，托帕洛娃及其同事證明了貿易自由化對印度整體經濟產生了一些顯然正面的影響。例如印度企業因為面臨尋找新市場的挑戰，開始推出它們如今可以銷往海外的新產品。此外，因為它們現在可以進口比較便宜也比較好的材料，是以前在印度甚至也找不到的材料，從而可以為本地和國際市場生產新的產品。[24] 印度企業的生產力因此顯著上升，加上政府在一九九〇年代初推行的其他改革（以及幸運地遇到全球經濟的成長期），造就了印度經濟自一九九〇年代以來的快速成長。

儘管如此，我們不難明白貿易經濟學家為何覺得托帕洛娃的論文對他們構成威脅。在傳統理論中，貿易的好處源自資源重新配置。托帕洛娃發現，受貿易影響程度不同的各個地區，經濟表現顯著有別，此一事實告訴我們，資源（勞動力，以及資本）並不容易流動——這是我們稍早已經討論過的。如果資源迅速有效地流動，各地同技能勞工的工資將會大致相同。托帕洛娃不是唯一發現這一點的人；其他人的一些研究也發現，資源重新分配的證據少之又少。[25] 但是，如果我們不再認為人力和資本會有效地流動以追逐機會，我們要怎麼堅持貿易是好事這個信念？

如果勞工不容易跨區找工作，他們也有可能不容易轉業從事新工作。這與我們對勞動市場的認識完全一致。在印度，托帕洛娃發現，某些邦的勞動法規相當嚴格，解僱員工和縮減不賺錢的業務（以便賺錢的業務取而代之）因此非常困難，結果貿易自由化對貧窮率的負面影響因此加劇。[26]

此外也有許多可靠的證據顯示，至少在開發中國家，土地不容易易手。資本也往往具有黏性。[27] 銀行業者的授信決定往往姍姍來遲，不但遲遲未切斷給予經營不善企業的貸款，放款給經營良好的企業也十分遲緩，原因很有趣：許多決定是否放款的授信主管害怕要為放款變成壞帳負責。避免負責最簡單的方法就是不做決定；無論過去別人做了什麼決定，現在只需要因循下去，未來發生什麼事讓別人去處理就好。不幸的是，唯一的例外發生在放款即將淪為壞帳的時候，此時銀行業者會為掙扎求存的企業提供新貸款，好讓它們償還舊貸款，希望藉此延後違約，或許還能從起死回生的公司賺到一筆。銀行業將這種現象稱為貸款「長青」（evergreening），這也是許多銀行的資產負債表看似無懈可擊，但忽然大難臨頭的主要原因之一。放款具有黏性意味著本應任其倒閉的公司常常得以苟延殘喘。同時，這也意味著新企業難以籌集資本，尤其是在貿易自由化造成許多不確定性之際，因為授信主管往往不願承擔新風險。

因為這些不同形式的黏性，外部競爭加劇的壞消息傳來時，可能會出現這種情況：人們並未積極面對新環境，並未調整資源配置以盡可能提升效率，反而因循怠惰，期望問題自行消失。結果是企業裁員，員工退休不補人，工資開始逐漸下跌。企業主的利潤嚴重受挫，貸款重新協商，一切都是為了盡可能維持之前的現狀。效率沒有提高，與失去保護的產業有關的所有人都必須承受收入萎縮的打擊。

這似乎有些極端，但托帕洛娃在印度的資料中發現了類似情況。首先，在受自由化影響的地區，居民外移的情況少之又少。[28] 即使在一個地區之內，資源跨產業流動的速度也很慢。

更令人驚訝的是，企業內部的情況也是這樣。許多印度企業生產多種產品，人們因此會預期這些企業將結束與較便宜的進口商品競爭的產品線，把資源轉移到競爭條件較好的產品線。即使在勞動法規使公司難以解僱人的地方，也沒有什麼可以阻止企業這麼做，但托帕洛娃的研究發現，這種「創造性破壞」極少發生。印度企業似乎從不停掉已經過時的產品線。或許這是因為管理層發現這種轉變成本高昂：員工必須重新培訓，公司必須購買和安裝新機器。[29]

保護誰？

雖然存在這些內部障礙，但資源最終還是會移動（至少在某些國家是這樣），而東亞非凡的經濟成就就十分倚賴出口。但無論你從川普總統等人那裡聽到什麼，這不是因為富裕國家天真地歡迎外國商品進口。富國其實嚴格規範進口，進口的商品必須符合安全、勞動力素質和環境標準方面的嚴格要求。

一直有人認為，政府的規範管制往往旨在將進口商品拒之門外。在加州酪梨業者的遊說下，美國聯邦政府從一九一四至一九九七年間完全禁止墨西哥哈斯酪梨進口。當局的理由是防止墨西哥害蟲進入美國，但事實是墨西哥與美國接壤，害蟲要越境進入美國並不需要簽證。一九九七年，當局解除聯邦禁令，但加州仍禁止墨西哥酪梨進口至二〇〇七年。較近期而言，研究人員發現，二〇〇八年美國爆發金融危機期間，美國食品藥物管理局突然變得比較可能以食品安全為理由，拒絕來自開發中國家的食物進口；在那段期間，開發中國家的出口商因為貨物被拒絕進口而蒙受的損失增加了三倍！墨西哥出口至美國的酪梨顯然不會因為美國爆發次貸危機而改變，但因為美國市場對酪梨的需求萎縮，此時拒絕墨西哥酪梨進口以保護美國本地業者就變得更有價值。[30]經濟不景氣的時候，國內要求政府祭出保護措施的壓力會顯著變大，而安全法規常常成為當局保護本地業者的藉口。

不過，相關標準也有一些反映消費者對安全（例如中國製造的一些玩具被發現含鉛）、環境保護（例如農產品使用殺蟲劑的問題）或勞動狀況（例如童工問題）的真實偏好。事實上，公平貿易推廣成功，就證明了如果業者能確保產品符合某些環境和道德標準，許多消費者願意為此多付一些錢。受此啟發，如今許多知名品牌定出高於法規要求的品質標準，使新出口國家更難打進相關市場。

名字有何意義？

開發中國家要成為下一個中國，還有一個非常實在的難題必須克服。

世界貿易組織二〇〇六年設立「貿易援助」（Aid for Trade）計畫，截至二〇一七年中，已經投入逾三千億美元在幫助開發中國家發展貿易的各種專案。[31] 所有這些努力都是基於這個信念：貿易是這些國家的脫貧之路。美國非政府組織「援助工匠」（Aid to Artisans，以下簡稱ＡＴＡ）致力幫助開發中國家的手工製品業者打入國際市場，該組織的一個專案使研究人員得以檢驗貿易乃開發中國家的脫貧之路這個假設。[32]

二〇〇九年十月，ＡＴＡ獲得資金在埃及執行一個新專案。這個專案遵循標準程序。首先，ＡＴＡ尋找一種在高收入市場具有吸引力，又能在埃及以相對低廉的成本生產的產品。研究團隊幫助ＡＴＡ找到了手工地毯這種理想產品。手工地毯是埃及重要的就業來源，而美國對這種產品有需求。

ＡＴＡ的第二步是找一個地方。他們選擇了福華（Fowa）這個位於亞歷山大港東南方兩小時車程的小鎮，那裡有數百家生產某種地毯的小公司。這些公司往往只有一名男性在經營（絕不會是女性！），業主就在自己家裡或棚子裡操作一臺織布機。

第三，ＡＴＡ總是與瞭解當地情況的在地公司合作，由合作夥伴負責接訂單和尋找當地小型廠商生產所需要的產品。ＡＴＡ的計畫是在當地運作數年後離開，由足夠強大的合作夥伴維持專案的運作並擴大規模。就此而言，福華鎮的一大有利條件是當地既有的公司哈米斯地毯（Hamis Carpets）很適合成為ＡＴＡ的合作夥伴。哈米斯本來就已負責福華鎮許多地毯的行銷工作，雖然多數地毯並不出口。

哈米斯地毯和ＡＴＡ隨後著手確定要生產哪一種地毯、尋找買家並爭取訂單。這是很費工夫的事。ＡＴＡ將哈米斯的執行長帶到美國參加培訓課程，聘請了一位義大利顧問來設計地毯樣品，帶著產品參加每一個禮品展銷會，並向他們認識的每一個進口商介紹哈米斯的產品。儘管如此，他們仍然必須努力尋找客戶一年半之久，才從一名德國買家那裡替哈米斯地毯爭取到第一筆重要的出口訂單。

從那時起，生意愈來愈好。二〇一二至二〇一四年間，訂單快速湧至，而在專案啟動五年後，訂單總金額超過了十五萬美元。一家人脈良好和資金充裕的美國非政府組織，一個由非常投入工作且才華橫溢的年輕研究人員組成的無畏團隊，以及一家在地聲譽良好、可以信賴的公司，花了五年時間才爭取到規模像樣的訂單，讓三十五家小公司有足夠的工作。如果沒有ＡＴＡ提供外來助力，本地業者很可能根本無法完成這項任務。

為什麼會這麼難？問題很大程度上似乎是：站在外國買家（通常是大型零售商或有品牌的網路商店）的立場，向埃及一家小型地毯廠商進貨有如賭博。對他們來說，產品品質至為重要。顧客期望買到完美無瑕的地毯。時間同樣重要。如果地毯來不及在推廣春季新品系列時上市，零售商會大受打擊。此外，零售商不可能把所有風險轉嫁給製造商。雖然如果遇到產品品質太差或交貨延誤可以拒絕付款，相較於名譽受損（想想消費者在線上家用品網站Wayfair買到劣質產品憤而上網貼文的影響）或錯過春季新品上市時機的損失，零售商透過退貨或拒絕付款所能減少的損失實在微不足道。原則上，企業之間的合約也可以載明罰則（例如製造商交貨每延誤一天將賠償多少錢），但是要從一夜之間就可能消失的埃及小鎮企業收到錢，真的必須有很好的運氣。零售商也不可能仔細檢查每一張地毯以保護自身聲譽，因為這會耗費員工太多時間。

另一種可能是以非常便宜的價格銷售產品，使消費者願意承受產品有缺陷的風險，因為他們知道自己總是可以退貨。為什麼要堅持提供近乎完美的產品，為此押上公司的信譽呢？何不降低產品售價，同時降低顧客的期望？

事實證明這並非總是行得通，因為在很多情況下，價格不可能低到使消費者願意浪費時間在他們不信任的產品上。有一次我們在巴黎買了一部ＤＶＤ播放器。到貨之後，我們發現那個將光碟送進機器裡的匣子卡住了。我們花了約一個小時試圖把它修好，又花了一個小時在製造商的網站上尋求技術協助，然後我們上網聯絡到一名友善的亞馬遜員工，他容許我們全額退款。為了拿到退款，我們必須把ＤＶＤ播放器送到家裡附近的一家雜貨店。

阿比吉特第一次去那家雜貨店時，店主拒絕收下ＤＶＤ機，因為他們店裡的亞馬遜包裹太多了。他第二次去時等了二十五分鐘，店主才收下機器，因為他忙著登記另一批包裹。與此同時，我們從另一家零售商買了另一部ＤＶＤ播放器（我們急著買，因為想在女兒生日那天使用）。不幸的是，到貨之後，我們才發現它不能搭配家裡那臺電視使用。我們試著上網退貨，但因為這筆交易在系統裡顯示仍未完成，我們必須再等幾天才能退貨。我撰寫本文時，第二部ＤＶＤ機就放在我們家門口的桌子上，已經重新打包但尚未完成退貨。與此同時，我們放棄購買ＤＶＤ播放器。艾絲特的父親借了一部給我們。

為什麼要費唇舌講述我們購買DVD機的不幸經歷？因為這段故事告訴我們，對最終消費者來說，時間就是金錢，產品可靠也是金錢，而且這種金錢一旦損失就永遠無法挽回。阿比吉特去兩次雜貨店花了不少時間，試圖修好機器花了兩個小時，但亞馬遜不會賠償他的時間損失。

又或者想像一下這種情況：你在某個網站買了一件很便宜的漂亮T恤，但跟它一起洗的所有衣服都染上了它鮮豔的藍色。你那件一百美元的上衣如今前面全都是藍色汙漬，誰會賠償你？你之前跑了很多家舊衣寄賣店，花了很多時間才找到這件心愛的上衣，誰會賠償你的那些時間？

這正是亞馬遜費盡心思維護其優質服務信譽的原因。例如在某些情況下，為了保護顧客的時間，他們不會要求顧客退回有問題的產品。因為同樣的原因，亞馬遜希望合作的廠商是可以完全信賴的，最好是曾經合作過，或至少是以優質產品和優質服務著稱的公司。無論是對顧客還是零售商來說，時間就是金錢。

全球貧富不均的結構是這樣的：西方國家那些會買手工地毯或手工印製T恤的顧客（窮國在製造這些勞力密集型產品方面具有比較優勢），往往比這些產品的生產者富裕得多，因此新進業者即使以較便宜的價格爭取顧客，顧客可以省下的錢也不足以補償他們可能損失的時間或被毀掉的心愛上衣。

我們來看埃及T恤廠商試圖與中國競爭的例子。中國勞工平均每月工資為九一五美元，埃及則約為一八三美元。[33] 假設每週工作四十小時，則中國勞工的時薪約為五美元，埃及則是一美元。因此，在埃及手工印製一件需要一個小時才能完成的T恤（一件非常非常好的T恤），最多可以節省四美元的勞動成本。事實上，因為T恤廠商支付的工資往往比平均工資低得多，可節省的勞動成本很可能遠低於四美元。我們這些買家多數很樂意多花四美元，以確保自己買到優質T恤。亞馬遜知道這一點。既然如此，如果它在中國有相熟而可靠的供應商，它為什麼會想試著與埃及陌生的廠商合作呢？

在埃及地毯的例子中，發展出口市場需要一個中介機構（實際上是兩個：ATA和哈米斯地毯），因為當地每一家手工地毯生產商的規模都太小，不可能在國際市場建立自身的信譽。哈米斯至少有足夠大的業務量可以確立它的績效紀錄，證明它有能力找到優秀的生產商並有效監督他們的工作，因此建立起供應優質地毯的信譽。它也能夠教導那些生產商改善地毯品質：參與出口生意的廠商非常迅速地提升品質，在技術上很快就拋離了那些未能參與出口的類似業者。但是，因為埃及以外的人都不知道哈米斯，所以起初幾乎沒有人想和它做生意或給它機會建立信譽，也就並不令人意外。

更糟的是，哈米斯終於有機會出口地毯時，卻必須處理相反的問題。外國買家可能因為受到誘惑而行為不端，例如下了訂單但不付款，或臨時改變產品要求。哈米斯必須是買家和生產商都信任的中間人。曾有買家要求把地毯泡在茶裡又灑上酸液，使它們看起來像古董。不幸的是，買家收到地毯時對結果很不滿意，因此責怪生產商。

在這種情況下，哈米斯左右為難。它可以嘗試反擊買家，但它不可能有足夠的文件證明訂單交貨之前與買家的所有溝通（「沒錯，是有一封電子郵件，但別忘了我們在電話裡說過的話」）。因此，哈米斯會陷入各說各話的局面，而做為一名新進業者，而且來自埃及，它不大可能在這種爭執中得到好結果。另一方面，埃及的生產商覺得自己已經按要求做了該做的事，如果收不到錢，他們將會非常不高興。他們承受不起這種損失。結果哈米斯常常被迫吸收這些損失。

一九九〇年代末，在新生的印度軟體業，我們首度認識到建立聲譽的辛勞。印度軟體業最初是在南部城市班加羅爾發展起來的，當時班加羅爾是個懶洋洋的城鎮，以氣候宜人著稱（現在則是個無序擴張、交通極有問題的大城市）。印度軟體業者專門為客戶提供客製化產品。如果有家公司想要新的會計軟體，印度軟體業者可以基於標準會計軟體提供客製化的版本，又或者從頭開始設計一套新軟體。

印度在這個領域有幾個明顯的優勢，包括以技術卓越著稱的工程學院畢業生源源不絕，良好的網路連接，以英語為第一語言，以及時區跟美國不同——印度軟體工程師的工作時間因此可以與美國客戶錯開。軟體工作需要的基礎設施非常少：一間辦公室、一個小團隊，加上幾部電腦，就可以開始工作。班加羅爾早在一九七八年就建立了名為電子城（Electronic City）的工業園區，專為後來稱為資訊科技部門（infotech sector）的公司而設，確保電力供應和通訊線路穩定可靠；這對印度軟體業的發展大有幫助。

拜這些條件所賜，任何人只要有合適的文憑，而且願意努力工作，都不難創立自己的軟體公司。但是，要在這一行生存下來並不容易。

一九九七至九八年冬，我們訪問了超過一百家印度軟體公司的執行長，瞭解他們最近兩個專案的工作經歷。對這些年輕企業的執行長來說，生活不但不光鮮，還很辛苦。客戶會詳細說明他們想要什麼，公司會盡力照客戶的要求去做，但最後客戶往往會說公司交出來的東西不是他們確切想要的。那些執行長幾乎總是覺得是客戶改變了想法，但客戶則往往認為是軟體公司沒有正確瞭解客戶的要求。但無論如何，與客戶爭執通常徒勞無功，因為年輕的軟體公司與客戶簽的幾乎總是固定價格合約，無論做了多少工作都是收固定的費用，而且客戶必須滿意服務才會付款。

我們猜想，客戶選擇這種類型的合約，是因為他們覺得自己委託遠在印度的不知名公司做事是在冒險。我們觀察到這種與我們的猜想一致的現象：隨著軟體公司變得成熟和比較有名，它們與客戶簽的合約從固定價格合約變成了成本加成合約，也就是軟體公司提供的服務無論用了多少時間和材料，客戶都會承擔這些成本。[34] 我們的研究也解釋了以下現象：年輕的軟體公司偶爾也會與客戶簽訂成本加成合約，這通常是因為該公司之前已經替那名客戶完成了一個專案，因此建立了自己的聲譽。

我們遇到的一名年輕執行長筋疲力盡。他覺得自己為了維持生計必須日以繼夜工作，工作內容不但無趣，還必須根據客戶的要求不斷調整。他當時接了一個千禧蟲（Y2K）專案，必須為客戶檢查無數行程式碼，將寫成「1/1/99」的日期改為「1/1/1999」。當時許多人警告，進入二〇〇〇年之後，電腦可能誤將代表一九九九年的「99」視為二〇九九年，這可能會造成各種災難。企業因此急著修正自身數據庫裡的日期問題。

這種專案的工作內容是可預料的，成本災難性失控的風險也不高，但工作實在枯燥。這名執行長當時正考慮結束業務，然後自己加入一家比較大型的公司。他創立自己的公司、開始實踐軟體創業夢想時，期望的生活並不是埋首於枯燥乏味的專案，與不知道自己想要什麼的客戶討價還價，然後不時擔心自己是否付得起租金。

沒有聲譽的年輕企業必須有雄厚的財力，才可以支撐下去。沒錯，人們經常提起Infosys——這家公司一九八一年由七名工程師創立，二五〇美元的資本是向公司首任執行長的太太借來的，如今它是印度第三大軟體公司。但是，印度目前最大的兩家軟體公司是Wipro和塔塔顧問服務（TATA Consultancy Services）很可能不是巧合：前者由一個家族擁有，這個家族在發展軟體業務之前已擁有成功的食用油業務；後者是塔塔集團的一部分，這個大型工業集團生產許多不同的產品，從鹽到鋼鐵皆在其中。當然，財力雄厚不是成功需要的唯一條件。這兩個案例都需要高瞻遠矚、才能出眾的人。但財力雄厚顯然有幫助。

擁有品牌也有幫助。古馳（Gucci）起初只賣高級皮具，如今產品無所不包，包括汽車座椅和香水；法拉利（Ferrari）起初只賣跑車，如今產品包括眼鏡和筆記型電腦。這一切絕非巧合。購買古馳香水或法拉利筆記型電腦的人，很可能並不期望這些品牌提供特別創新的產品。他們看重的很可能是古馳和法拉利因為非常重視自己的好名聲，所以絕不會賣劣質產品，此外也可能是因為購買這些顯然昂貴的商品使他們得到炫耀的權利。

品牌的價值在於它能擋開競爭者。在買方比生產者富有得多的情況下，賣方或中介機構有必要重視產品的品質而非價格。相較於優質產品對買方的價值，付給供應商的錢往往只是一小部分，新進業者要靠低價打敗既有業者因此更加困難。事實上，品牌和分銷成本往往比製造成本大得多。就許多商品而言，生產成本僅為零售成本的一〇%至十五%。這意味著效率較佳的生產商實際上很難顯著影響產品的最終價格。即使把生產成本降低五〇%，將產品交到買家手上的總成本最多也只能降低七．五%。

這可能仍是數量可觀的一筆錢，但許多文獻告訴我們，買家關心的似乎是比例變化。在一個經典實驗中，一組人被問到是否會為了買一部十五美元的計算機可以省五美元而開車二十分鐘，另一組人被問到是否會為了買一部一二五美元的計算機可以省五美元而開車二十分鐘。同樣是開車二十分鐘，同樣是省五美元，但兩組人的選擇大不相同：「六八%的受訪者願意多走一趟，為購買一部十五美元的計算機省五美元；但如果計算機的價格是一二五美元，則只有二九%的受訪者願意這麼做。」關鍵在於五美元是十五美元的三分之一，但僅為一二五美元的四%，這正是兩組人的選擇顯著不同的原因。消費者不大可能為了節省七．五%而另找賣家。[35]

這意味著中國的價格可以在沒有真正被注意到的情況下顯著上漲。此外，這些價格短期內沒有理由顯著上漲。中國是個大國，有很多非常窮的人願意接受既有的工資水準，成本因此可以維持在相當低的水準。越南和孟加拉等國家渴望成為下一個中國，為世界提供各種廉價工業製品，但它們可能必須等待很久。而一旦越南和孟加拉已經富裕到不想再當世界工廠，賴比瑞亞、海地和剛果民主共和國會希望取而代之，但想想這些國家必須等多久實在有點嚇人。

聲譽的巨大作用意味著並不是價格好、想法好、關稅低、運輸成本低廉就能在國際貿易中成功。新業者很難打進並控制一個市場，因為他們一開始沒有聲譽。加上勞動市場的黏性，這意味著人員和資金在現實中沒那麼容易流動，但這種流動卻是自由貿易仰賴的，也是支撐斯托爾珀－薩繆爾森定理的基礎。

你的同伴

更慘的是，新業者若想打進國際市場，攸關成敗的並非只是他自己的名聲。日本車出了名製造精良，義大利車以有型著稱，德國車則是以駕駛體驗美好著稱。新進日本業者，例如一九八二年才進入美國市場的三菱汽車，很可能顯著受惠於日本同業已經建立的良好聲譽。相反，買家不大可能會想試用孟加拉或蒲隆地生產的汽車，即使它們是按照最嚴格的標準生產、價格低廉，而且得到很好的評價。買家心想：天知道幾年後會出什麼問題。他們很可能是對的。要知道如何製造一輛好車，可能需要為本地市場生產汽車很多年的經驗。豐田、日產和本田都是這麼發展起來的。

但是，對新來者的懷疑也可能變成一種自我實現預言。如果幾乎沒有人買新業者生產的汽車，這家公司將會倒閉，客戶服務將會終止。又或者如果人人都預期埃及生產的地毯會褪色，這些地毯將只能以很低的價格出售，而埃及企業家也就沒有理由投資生產較高品質的地毯。這是一種惡性循環。[36]

低期望的詛咒有時很難克服。即使業者選擇提供最高品質的產品，但買家只要夠悲觀，就會認定品質降低只是遲早的問題。在這種情況下，適當的人脈關係非常有用：如果有熟人為你擔保，問題往往就能解決。

在西方國家生活和工作過的印度人和中國人回國之後，在各自母國的轉型過程中發揮了重要作用，這絕非偶然。他們利用自己建立的聲譽和人脈關係，向買家（往往是他們工作過的公司）保證一切都會順利。

出現一些成功案例有時可以開啟良性循環。買家往往會湧向取得成功突破的公司，其他人繼續與這些公司做生意使買家感到安心。年輕的賣家接到訂單時，多數會意識到這可能是他們打破低期望惡性循環的唯一機會，因此會盡力交出最好的產品或服務。

例如在肯亞的玫瑰出口市場，當地生產者與中介機構合作，將他們的玫瑰出口至歐洲。[37]在這一行，買賣雙方都不可能光靠正式合約來確保對方正派行事。玫瑰很容易腐壞，因此買家收到貨物時，總是可以聲稱玫瑰的品質不可接受，並拒絕付款。但另一方面，賣家也可以聲稱是買家為了不付款而毀壞了玫瑰。這意味著建立可靠的信譽十分重要。二〇〇七年總統選舉出現爭議之後，肯亞經歷了一段政治動盪時期，期間勞動力不足，運輸相當危險，尚未建立起聲譽的新業者竭盡全力，繼續向買家供貨。有些業者甚至僱用武裝警衛保護他們送出的玫瑰。結果買家都很滿意，肯亞玫瑰市場安然度過了這段動盪期。

當然，業者即使採取這種極端措施，也未必一定可以毫髮無傷。產業的整體聲譽很重要，有時只需要少數害群之馬，就能毀掉整體素質良好的一個產業。各國政府認識到這一點，因此設法懲罰在品質方面作弊的個別廠商。二〇一七年，中國政府決定加重這種懲罰。《中國日報》引述中國國家市場監督管理總局質量發展局局長黃國梁的話：「現行法律對違反產品品質法的人一般處以行政處罰，這太溫和了……如果我們的制度使違法者必須承受非常嚴重的後果，將可以產生阻嚇作用。」[38]

在這個聲譽脆弱且互有關聯的世界裡，最好的情況通常是建立「產業群聚」，也就是同一產業的公司集中在一個地方，所有公司都受惠於這個群聚的聲譽。

印度城市蒂魯普（Tirupur）一九二五年起就有針織品工廠，這個產業在一九六〇和七〇年代持續成長，主要生產印度男性穿在襯衫裡面的白色棉背心。一九七八年，義大利成衣進口商維羅納先生迫切需要一大批白色T恤。孟買的成衣出口商協會建議他前往蒂魯普尋找合作廠商。他很滿意蒂魯普廠商提供的第一批T恤，因此回去繼續採購。一九八一年，歐洲第一家大型服裝連鎖店C&A跟著維羅納先生來到蒂魯普。直到一九八五年，當地出口的商品仍只有一百五十萬美元，但隨後就出現指數型成長。到了一九九〇年，蒂魯普的出口額已經超過一．四二億美元。[39]當地出口在二〇一六年達到十三億美元的高峰，但因為面臨中國、越南和其他國家新進業者的競爭，這個產業如今承受巨大的壓力。[40]

中國有很多非常大型的專業製造群聚——「襪子城」、「毛衣城」、「鞋都」之類。例如浙江湖州的織里鎮就有超過一萬家企業生產童裝，僱用三十萬名工人。二〇一二年，這個產業貢獻了當地GDP的四〇%。美國也有產業群聚，它們的知名程度各有不同。波士頓有生物科技群聚。洛杉磯附近的卡爾斯巴德（Carlsbad）專門生產高爾夫用具，而密西根州則有時鐘業。[41]

蒂魯普成衣業的組織方式揭示了名聲的價值。當地整個產業圍繞著小型承包商組織起來，他們負責生產過程的一個或數個階段，也有可能負責部分貨物的整個生產過程。這些承包商是外界不知道的。買家與當地若干知名業者往來，這些業者負責接單，然後將訂單分配給承包商。這種生產方式的優點是：即使沒有人有足夠的財力投資建立一家大型工廠，當地還是可以非常大規模地生產成衣。每一名業者都量力投資，然後由中間人負責整合產業的資源。這是該產業必須建立群聚的另一個原因。

開發中國家的許多大型出口群聚也以類似模式運作，由少數業者的聲譽確保其他許多業者可以接到訂單。這些產業靠中間人（例如埃及的哈米斯地毯或蒂魯普的知名成衣公司）調解生產者與外國買家的關係。任何承包商的品質出問題都可能造成重大損失，這些中間人因此非常努力做好品質控管。一如哈米斯地毯的例子顯示，雖然初期會有很多麻煩，但最終的報酬很可能相當可觀。

有趣的是，這種模式可能正在改變。亞馬遜和阿里巴巴是全球最成功的其中兩家公司，它們的商業模式很大一部分是以自己的網站取代產業中間人：個別生產商付費在亞馬遜和阿里巴巴的網站上建立自己的聲譽，不需要中間人當他們的保證人。這正是為什麼你收到自己在亞馬遜網站訂購的商品之後，賣家會一再請求你提供評價。為了得到顧客的良好評價，那些賣家以驚人的低價賣給你襪子或玩具。他們希望有天能累積到足夠多的好評價，屆時就能決定產品賣多少錢。當然，這些新興線上市場需要一些時間才能確立它們只賣優質產品的的聲譽（而且可能會失敗）。在它們成功之前，孤立的第三世界廠商基本上不可能在國際市場上與人競爭，無論它們的產品有多好，價格有多便宜。

它值二·四兆美元嗎？

義大利特立獨行的馬克思主義者葛蘭西（Antonio Gramsci）曾寫道：「舊世界正在死去，新世界還無法誕生；在此期間，各種病態的症狀全都出現了。」[42] 這句話用來描述貿易自由化之後的世界看來完全合適。如前所述，現實世界裡各種資源大有理由具有黏性，在開發中國家尤其如此，要打入出口市場一點也不容易。此一事實的後果之一是：無論在哪裡，貿易自由化都可能不是經濟學家經常暗示的那樣，可以輕易帶來經濟效益。工資可能不漲反跌，即使是在勞動力充裕、勞工理應受惠於貿易的開發中國家也是這樣，因為勞工發揮生產力所需要的一切——資本、土地、管理者、企業家和其他工人——從舊工作轉移到新工作的速度相當慢。

如果舊經濟部門繼續占用機器、資金和勞工，轉移到潛在出口部門的資源將會少掉很多。在印度，一九九一年的自由化並未導致進出口量突然大幅改變。一九九〇至一九九二年間，印度經濟的開放程度（進出口總額相較於GDP的百分比率）僅略為上升，從十五・七%升至十八・六%。但進口和出口最終都增加了，如今印度經濟的開放程度其實高於中國和美國。[43]

資源最終還是轉移了，新產品開始面世。而因為既有生產商如今比較容易進口他們需要的東西，他們生產出來的東西品質進步了，外銷能力也提高了。例如印度軟體業受惠於能夠順利進口所需要的硬體，軟體出口蓬勃發展。進口商品變得便宜後，印度企業迅速轉用進口貨。此外，他們最終還利用這些便宜的進口貨，（針對國內和國際市場）推出了新產品線。但這一切需要時間。[44]

許多政策制定者認為，加快此一過程的最好方法是採取「出口擴張政策」，幫助出口商增加出口。這種觀點得到一些證據支持。戰後東亞所有的成功案例（日本、韓國、臺灣，以及最近的中國）都用了某種策略幫助出口商加速擴張業務。例如多數觀察者認為，中國在整個二〇〇〇年代（直到二〇一〇年左右）藉由賣出人民幣和買進外幣，系統性地將人民幣匯率維持在偏低的水準，藉此使中國的出口商品在美元計價的基礎上，相對於競爭對手的商品顯得便宜。

二〇一〇年，克魯曼指中國的政策是「有史以來任何一個大國所奉行的最扭曲的匯率政策」。[45] 因為這種政策並不便宜：中國已擁有二・四兆美元的外匯儲備，而且每個月還增加三百億美元。中國的出口能力很強，中國的消費者又非常節儉，中國自然傾向賣多買少，這應該會推高人民幣匯率，進而抑制出口成長。但中國的匯率政策阻止了這種情況發生。

促進出口在經濟上是明智的嗎？這種做法可能確實幫助了出口商，因為他們以人民幣計算的利潤增加了（如果你以相同的美元價格賣出鞋子，則本幣匯率愈低，你以本幣計算的收入就愈高）。中國出口商因此比較容易維持較低的美元出口價格，鼓勵外國人購買中國貨，從而幫助中國產品建立聲譽。這也有助出口商累積更多資本和增聘人手。

另一方面，中國消費者為此付出代價：他們必須以偏高的價格購買進口商品（這是本幣弱勢的另一面）。如果中國並未採取這種政策，情況將會如何並不容易確定。首先，中國政府也採取了有利於出口商的一系列其他政策。中國在二〇一〇年之後停止操縱匯率，但仍可維持競爭力。第二，即使之前出口擴張的速度沒那麼快，國內市場可能會成長得快一些並吸收了過剩的產出。中國的出口如今僅為國內生產毛額的二〇%左右。

即使出口擴張政策對中國真的有用（事實可能正是如此），同一策略也不大可能對其他許多國家有效，至少在不久的將來是這樣。問題某程度上在於中國自身。中國的成功和它巨大的規模使其他國家較難成功。建立聲譽的過程隨時可能出錯，適當的人脈至為重要，加上成功需要各種突破，這一切使我們懷疑致力打入國際貿易市場是否為一般窮國的正確發展道路。

來自中國的衝擊

凡斯（J. D. Vance）二〇一六年出版的《絕望者之歌》（*Hillbilly Elegy*）是替美國社會底層訴說苦況的著作，但閱讀此書時，你會感受到作者深刻的矛盾心理：他不確定那些受害者的苦況多大程度上要怪他們自己。[46] 該書的背景是阿帕拉契（Appalachia）部分地區經濟空洞化，而這個現象有一部分是美國與中國的貿易往來造成的。根據斯托爾珀－薩繆爾森定理，我們知道美國的窮人將會因為美中貿易而受到傷害：在富裕國家，勞工會因為國際貿易而蒙受損失。令人驚訝的是，這種傷害在地域上非常集中。被拋在後頭的人住在被拋在後頭的地方。

托帕洛娃研究貿易自由化如何影響印度各地區的方法，被奧托（David Autor）、多恩（David Dorn）和漢森（Gordon Hanson）用來研究美國的情況。[47] 中國的出口高度集中在製造業，而且是集中在製造業中特定類別的產品。例如在服飾業，美國銷售的部分商品，像是女性的非運動鞋或防水外套，完全由中國主導，但另一些商品，例如塗層織物，則幾乎沒有來自中國的。

一九九一至二〇一三年間，美國遭受了「中國衝擊」。中國占全球製造業出口的比例從一九九一年的二．三％增長至二〇一三年的十八．八％。為了研究這對美國勞動市場的影響，奧托、多恩和漢森設計了一種指數，反映美國每一個**通勤區**受中國衝擊影響的程度。（一個通勤區就是構成一個勞動市場的數個郡，區內居民可以在各郡之間通勤工作。）這種指數的設計理念是：如果中國出口至美國以外國家的某種商品特別多，那就意味著中國在那個產業相當成功，生產那種商品的美國通勤區受傷害的程度，將比生產其他商品的通勤區嚴重。例如因為中國加入世界貿易組織之後，中國的女性非運動鞋產業成長得特別快，因此在一九九〇年那個時候生產大量鞋類的美國通勤區受中國衝擊影響的程度，將大於主要生產塗層織物的通勤區，因為中國不怎麼出口塗層織物。因此，「中國衝擊指數」考慮每一種產品中國對歐盟的出口規模，藉此衡量美國每一個地區的產業結構面對中國競爭的脆弱程度。

研究結果顯示，美國各通勤區的表現差別很大，主要取決於它們原本生產什麼。受中國衝擊影響較嚴重的地區，製造業就業人口的萎縮幅度顯著較大。更引人注目的是，勞動力**並沒有**重新分配到新類型的工作。一個地區損失的職位**總數**往往超過受打擊產業損失的職位，相反的例子極少。這很可能是我們稍早談到的群聚效應的結果。失去工作的人勒緊腰帶，導致所在地區的經濟活動進一步減少。非製造業的就業情況未能改善以彌補製造業的就業損失，否則我們會看到受影響最嚴重地區的非製造業就業人口增加。事實上，就低技能勞工而言，受影響通勤區的非製造業就業成長幅度低於其他地區。相較於美國其他地區，這些地區的工資也下跌了（這是美國整體工資成長停滯的一段時期），尤其是低薪勞工。

雖然附近有些通勤區基本上不受中國衝擊影響（還有一些通勤區其實受惠於中國衝擊，例如它們可以從中國進口某些零組件），但受打擊的勞工並未遷移至這些地區。在受打擊的通勤區，勞動年齡人口並未減少。很多人失業之後就再也找不到工作。

這種經歷並非美國獨有。中國衝擊也對西班牙、挪威和德國造成類似的傷害。[48]在這些案例中，黏性的經濟都變成了黏性的陷阱。

他X的群聚！

這個問題因為產業群聚而加劇。如前所述，產業群聚大有理由，但潛在的負面後果之一是貿易衝擊可能特別猛烈，集中在該地區的所有企業都可能會受影響。二〇一六年十月至二〇一七年十月這一年間，印度T恤廠商群聚的蒂魯普出口額就萎縮了四一%。[49]

這可能會引發惡性循環。失業的勞工緊縮支出，花在本地企業（例如商店和餐廳）上的錢因此減少。他們的房子價值下跌，有時是災難性下跌，因為房子的價值很大程度上取決於鄰居的房子保養得多好。如果一個街區之內多數房子的狀況開始惡化，則區內所有房子的價值都會下跌。房子價值跌幅較大的家庭會遇到信用額度被調降和再融資能力萎縮的問題，他們的消費因此進一步減少。[50]當地的商店和餐廳因此受到打擊，有一些最後停止了營業。這些設施逐漸消失，良好的街區嚴重不足，加上當地稅基災難性萎縮導致供水、教育、照明和道路服務難以維持，最終可能使整個地區完全失去吸引力，變得難以回復。沒有新公司願意搬到那裡去取代已經倒閉的公司。

這種情況對美國的製造業群聚如此，對印度或中國的製造業群聚也是一樣。例如田納西州曾有許多產業群聚在生產與中國直接競爭的產品，包括家具和紡織品。這些公司的倒閉在田納西州製造出一系列的鬼城。《大西洋雜誌》（*The Atlantic*）報導過的田納西州布魯斯頓鎮（Bruceton）曾是亨利席格爾公司（Henry I. Siegel）工廠的所在地。在鼎盛時期，這家公司在布魯斯頓的三家大型工廠生產牛仔褲和西裝，僱用一千七百名員工。該公司的業務在一九九〇年代開始縮水。二〇〇〇年，它解僱了最後的五十五名員工。根據《大西洋雜誌》的報導，當地隨後的情況是這樣的：

這個小鎮一直勉力尋找生存之道。亨利席格爾公司以前那三家巨大的工廠如今空置在那裡，窗戶破了，油漆剝落。數家新製造業者曾經來到鎮上，但它們也已經撤走。在布魯斯頓和鄰近的空石鎮（Hollow Rock），大街上的商店一家接一家倒閉，製造出現代鬼城。在布魯斯頓鎮中心，銀行消失了，超市和時裝店都倒閉了，有座停車場以前是另一家超市。鎮中心只剩下一家藥房，老人家去那裡配藥。

鄰近的麥肯西鎮（McKenzie）在一九九〇年代失去它的睡衣工廠和一家製鞋公司。它如今仍在努力遊說新企業落戶當地。這個鎮一旦聽說有工廠想搬遷，市政員工就會打電話給決策者，努力遊說他們搬來麥肯西。確實有些公司因此有興趣，但至今還沒有一家真的搬來。《大西洋雜誌》的文章寫道：

鎮長霍蘭表示，招商不成功的原因之一，是鎮上的商業大街景況蕭條。曾有一家公司想落戶於麥肯西，但公司管理層來到鎮上，看到商業大街的店舖空空蕩蕩，就決定不讓他們的家人住在這裡。「他們說，這裡看起來像是原子彈爆炸後的城鎮。他們因此不再回頭，甚至不給我們第二次機會。」[51]

這並不是阻止產業群聚的理由，因為群聚的利益可能非常大。這只是提醒我們，產業群聚瓦解時，必須積極介入處理各種後果。

忘掉失敗者

貿易理論家顯然高估了市場對於受到貿易直接打擊的人的照顧，但他們一直知道貿易會傷害一些人。他們的回應一直是：因為貿易確實嘉惠很多人，我們應該樂於補償那些受傷害的人，也有能力這麼做。

奧托、多恩和漢森檢視美國政府如何幫助那些受美中貿易打擊的地區。他們發現，雖然這些地區從政府那裡得到的資助稍多一些，但根本不足以補償當地居民的損失。例如拿受影響最大的通勤區與受影響最少的通勤區進行比較，前者成年居民人均所得的跌幅比後者多五百四十九美元，但每一名成年居民得到的政府福利僅增加五十八美元。[52]

此外，這些政府福利支出的組成方式可能使失業勞工的處境雪上加霜。因為貿易而失業的新失業者，原則上主要由貿易調整協助計畫（Trade Adjustment Assistance）照顧。在這個計畫下，符合資格的勞工只要接受轉業培訓，就可以延長失業保險三年。他們在遷徙、求職或醫療方面也有可能得到資助。

貿易調整協助計畫是一九七四年起就存在的長期計畫，但它僅占受打擊地區得到的額外資助極小的一部分。在受影響最大地區每名居民得到的五十八美元額外資助中，只有二十三美分來自貿易調整協助計畫。顯著增加的一個項目是失能保險（disability insurance）給付；因為貿易而失業的美國勞工，每十人就有一人領取失能給付。

失能給付大幅增加令人擔憂。貿易不大可能直接影響那些勞工的身體健康，尤其是因為美國損失的工作往往正是體能要求最高的類型。有些勞工無疑有憂鬱症狀，但有些勞工卻是以領取失能給付做為一種生存策略。無論如何，不幸的是，領取失能給付往往導致當事人永久失業。例如一項研究顯示，有個照顧退伍軍人的計畫改變了政策，容許受橙劑影響的退伍軍人以罹患糖尿病為理由申請失能給付，結果因此領取失能給付的退伍軍人，每一百人就有十八人永遠退出勞動市場。[53] 在美國，領取失能給付的人極少可以不再仰賴這種給付[54]，部分原因在於被視為失能者使他們很難重新投入就業市場。遭受貿易衝擊之後，為了維持生活被迫領取失能給付，很可能導致一些本來可以找到新工作的人永遠退出勞動市場。

對那些為求生存被迫仰賴失能給付的勞工來說，被視為失能者是在受打擊之餘遭受侮辱。長期從事高體能要求工作的勞工變成失能者，意味著他們不但失去工作，也喪失了尊嚴。因此，美國不但未能充分補償因為貿易而受到損害的勞工，既有社會保障提供的一點協助，似乎還會導致那些勞工覺得自己受到羞辱。

政黨之間的鬥爭也是造成這種災難的原因之一。美國的失業者理論上可以藉由「歐巴馬健保」（Obamacare）得到醫療保障。不幸的是，共和黨控制的多個州，包括堪薩斯、密西西比、密蘇里和內布拉斯加，決定取消當地民眾的這個選擇，藉此展現抵抗聯邦政府的姿態。這促使一些人申請成為失能者，以便獲得醫療保障。事實上，確立歐巴馬健保的《平價醫療法》通過之後，在那些拒絕擴大醫療補助計畫（Medicaid）的州，失能給付申請增加了一％，而在擴大了醫療補助計畫的州，失能給付申請則減少三％。[55]

但問題有更深層的原因。美國政界對補貼特定產業相當謹慎（因為其他產業會覺得自己被忽視，因此會遊說政府保護它們），這很可能是貿易調整協助計畫的規模一直相當小的原因之一。經濟學家向來不願意支持以地方為基礎的政策（他們認同的口號是「幫人而非幫地方」）。莫雷蒂（Enrico Moretti）是少數真的研究過那種政策的經濟學家，他非常不喜歡那種政策。他認為將公共資金導向表現不佳的地區，只是持續花錢打水漂。衰敗的城鎮注定要萎縮，由其他城鎮取而代之。這是歷史規律。公共政策該做的是幫助人們遷往有前途的地方。[56]

這種分析似乎不夠重視實際情況。如前所述，支持群聚發展的因素也是群聚可能迅速瓦解的原因。理論上，群聚瓦解顯然應該促使大量人口外移，但正如我們看到，這種情況在現實中並未發生。至少是人口外移得不夠快。在現實中，美國一個地區如果受中國衝擊傷害，結婚的人會減少，生孩子的人會減少，而在出生的孩子中，非婚生子女會變多。年輕男性大學畢業的可能性降低了，年輕白人男性尤其如此。[57]濫藥、酗酒和自殺導致的「絕望死」（deaths of despair）暴增。[58]這些都是一種極深的絕望感的症狀，這種絕望感曾流行於美國舊城區的黑人社區，但如今出現於東海岸和中西部東側（eastern Midwest）地區的白人郊區和工業城鎮。這種損害有很多是無法逆轉的，至少短期內無法逆轉。輟學者、癮君子和酗酒者，以及成長過程中沒有父親或母親的孩子，前途全都受到損害。而且是永久受損。

貿易值得嗎？

美國總統川普決定用關稅解決貿易的負面影響。他歡迎貿易戰。貿易戰始於二〇一八年頭幾個月：美國對進口的鋁和鋼鐵徵收新關稅。川普隨後談到要對中國商品徵收五百億美元的關稅，而在中國報復美國之後，他提議對中國商品再徵收一千億美元的關稅。

消息曝光後股市大跌，但美國兩大黨都有很多人認同這種基本直覺：美國應該收緊經濟開放程度，尤其是應該保護經濟免受中國傷害。

與此同時，經濟學家激動不已。他們提醒眾人注意歷史教訓：一九三〇年的《斯姆特霍利關稅法》（*Smoot-Hawley Tariff Act*）確立了「史上最惡劣的關稅」，對美國進口的兩萬種商品課徵關稅，引發了一場全球貿易戰。《斯姆特霍利關稅法》剛好出現在美國陷入大蕭條的時候，而雖然大蕭條可能是也可能不是它造成的，但它無疑使全面課徵關稅的政策蒙上不好的名聲。

讀過經濟學研究所的人，全都深信貿易增加（整體而言）是好事。一九三〇年五月，超過一千名經濟學家寫信給胡佛總統，敦促他否決《斯姆特霍利關稅法》。但是，還有一件事是經濟學家確實知道但往往不告訴別人的：對於像美國這樣的大型經濟體來說，貿易帶來的總利益其實相當少。

事實是，如果美國回到完全自給自足的狀態，結束所有對外貿易，它會變得窮一些。但不會窮很多。科斯蒂諾（Arnaud Costinot）和他的長期合作夥伴羅德里格斯－克萊爾（Andrés Rodríguez-Clare）因為指出了這一點，在貿易經濟學家圈子中變得臭名昭著。二〇一八年三月，他們適時發表了新文章〈美國的貿易得益〉（The US Gains from Trade），第一段頗有先見之明：

> 美國每一美元的消費，約有八美分是花在進口商品。如果因為一堵牆或其他極端的政策干預，這些商品全都無法進入美國，那會怎樣呢？美國消費者願意付出多少錢來阻止這種假設性政策變化發生？這個問題的答案代表經濟自給自足的福祉代價，也相當於貿易帶來的福祉得益。[59]

這篇文章的基礎是兩人好幾年來所做的一系列研究（包括與其他人合作的研究），以及數十年來有關貿易的研究。該文的關鍵論點是貿易的得益主要取決於兩個因素：我們進口多少東西，以及這些進口受關稅、運輸成本和國際貿易其他成本影響的程度。如果我們根本不進口任何東西，則即使我們築起一堵牆並阻止商品進口，顯然也沒有關係。第二，即使我們大量進口，但如果進口價格稍微上漲我們就不再進口（因為進口商品變貴了一點），那麼這些進口商品在我們這裡一定有很多替代品，這就意味著進口的價值並不高。

計算貿易得益：略為技術性的枝節

基於這個概念，我們可以計算貿易的得益。如果美國只進口香蕉和生產蘋果，這種計算會很容易。我們可以看看香蕉占消費的比例，以及隨著香蕉與蘋果的價格改變，消費者願意在多大程度上以香蕉替代蘋果或以蘋果替代香蕉（這就是經濟學家所講的交叉價格彈性）。但事實上，美國進口的商品約有八千五百個類別，因此要做好這種計算，我們必須知道各種產品之間的交叉價格彈性，以及每一種產品在世界各地的價格（蘋果與香蕉，日本汽車與美國大豆，哥斯大黎加咖啡與中國內衣）——這種方法因此並不可行。

但我們其實不必逐一檢視各種商品。我們可以假設所有進口貨物為無差別的單一商品，它們或是被直接消費掉（進口商品占美國消費八%），或是成為美國生產作業的投入要素（相當於消費的三．四%）；這樣也可以估算出接近事實的貿易得益。[60]

為了估算貿易的最終得益，我們必須知道我們的進口商品對貿易成本有多敏感。如果它們非常敏感，那就意味著我們進口的商品很容易以本地生產的東西替代，這代表我們與其他國家的貿易不是很有價值。另一方面，如果即使成本改變，進口的價值保持不變，那就意味著我們真的很喜歡進口貨，以及貿易顯著增進了我們的福祉。這種估算涉及一些猜測，因為我們其實是在談論一種並不存在的商品——它是數千種非常不同的商品的綜合體。科斯蒂諾等人因此根據多種不同的情況估算結果，包括進口商品很容易以本地商品替代的情況（貿易得益相當於GDP的一%），以及進口商品很難以本地商品替代的情況（貿易得益相當於GDP的四％）。

規模很重要

科斯蒂諾和羅德里格斯－克萊爾認為美國的貿易得益很可能約為GDP的二．五％。這真的不算多。美國經濟二〇一七年成長二．三％；[61] 也就是說，只需要一年的不錯成長，就能抵銷美國經濟永遠徹底閉關自守的代價！他們是不是算錯了什麼？他們的計算有許多細節可以爭論，但數量級應該是正確的。簡而言之，雖然美國開放貿易，但其進口比例（相當於消費的八％）在世界各國當中幾乎是最低的。[62] 國際貿易帶給美國的利益因此不可能很大。相對之下，在比利時這個小型的開放經濟體，進口比例超過三〇％，貿易對比利時因此重要得多。

這並不令人驚訝。美國經濟規模非常大，也非常多樣化，因此有足夠的生產能力滿足本地大部分消費需求。此外，很多消費是花在服務上（類型多樣，從銀行服務到家居清潔皆是），而這些服務通常無法靠國際貿易提供（至少目前還不行）。即使是工業製品的消費，也涉及相當一部分的本地服務。美國人購買在中國組裝的iPhone時，同時也付錢購買了美國的設計、廣告和行銷服務。iPhone在光鮮亮麗的蘋果商店出售，這些商店是在地公司建造的，由在地的科技愛好者提供服務。

但是，我們不應被美國的例子沖昏頭腦。像美國和中國這樣的大型經濟體不缺技能和資本，可以在國內某個地方以很高的效率生產多數商品。此外，它們的國內市場夠大，足以消化許多領域的許多工廠以適當規模生產出來的東西。它們不會因為終止國際貿易而蒙受很大的損失。

國際貿易對經濟規模較小、相對貧窮的國家重要得多，例如非洲、東南亞或東南歐的許多國家就是這樣。在這些國家，技能和資本都不足，而且因為收入低、人口少，當地對許多商品（例如鋼鐵和汽車）的需求不多，不足以支持當地大規模生產這些商品。不幸的是，正是這些國家在發展國際貿易時會面臨最大的障礙。

但是，對印度、中國、奈及利亞或印尼等大型開發中國家來說，更大的問題往往是內部整合。許多開發中國家受到內部連接不足的問題困擾。全球有接近十億人住在距離柏油道路超過一英里的地方（當中三分之一在印度），附近也沒有鐵路。[63] 國內政治運作有時令這種問題變得更嚴重。中國有很好的公路，但中國各省都有辦法阻止當地企業從外省採購東西。[64] 印度最近引進統一的商品和服務稅之前，每個邦都有權設定自己的稅率，而各邦經常以此為手段偏袒本地廠商。

小即是美？[65]

但或許是比較優勢這個概念本身被高估了，即使是小國也可以自給自足。這項道理更進一步的推論是：或許每一個社區都可以學會生產自己需要的東西。

這種觀念由來已久，但在歷史上留有惡名。在中國的大躍進時期，毛澤東認為只要有足夠的意志力，中國每一個村子都可以工業化，家家戶戶都可以煉出鋼鐵。大躍進以慘敗告終：農民遵照毛主席的指示，拿出家裡的鍋子和犁頭做為材料，忙著土法煉鋼，任由田地荒廢或作物在田裡腐壞。許多中國觀察家認為，這可能造成了一九五八至一九六〇年的中國大饑荒，導致超過三千萬中國人死亡。

自給自足的鄉村社區也是甘地經濟哲學的核心。在甘地的願景中，人們以手織品為衣服，主要靠耕種生活。這種思想對印度獨立後的經濟政策產生了持久的影響。在世界貿易組織二〇〇二年迫使印度廢除這項政策之前，根據印度政府的規定，七九九種商品，從醃漬食品到鋼筆、染料和許多衣物，只能由可以在村莊裡設立的微型企業生產。

當然，問題在於小並不美。生產規模必須達到某個門檻，企業才有能力僱用專業人才或使用高生產力的機器。阿比吉特的母親尼瑪拉・班納吉（Nirmala Banerjee）是觀點相當左派的經濟學家，她在一九八〇年代初調查了加爾各答和附近的小企業，對它們生產效率之低下感到震驚。[66]後來出現的證據證實了她的洞見。在印度，小企業的生產效率遠低於大公司。[67]

但是，市場如果不夠大，企業也大不起來。亞當斯密一七七六年曾寫道：「分工受市場的規模限制。」[68]這正是貿易有價值的原因。孤立的社會不可能有高生產力的公司。

事實上，鐵路建設造就的國家內部整合改變了許多經濟體的面貌。一八五三至一九三〇年間，英國殖民政府在印度監督修建了近四萬二千英里的鐵路。鐵路出現之前，商品運輸靠牛車走泥路，每天最多能走二十英里。有了鐵路之後，同樣的商品一天可以走接近四百英里，而且成本低得多，貨物損壞的風險也小得多。拜鐵路所賜，原本幾乎與世隔絕的內陸地區得以與其他地區連接起來。

[69]鐵路網大大降低了貿易成本。公路運輸每英里成本幾乎是鐵路的二．五倍。鐵路連接起來的地方彼此間的貿易與日俱增，這些地方因此變得比較富裕；相較於不通鐵路的地區，通鐵路地區的農業產值成長速度快十六％。

美國是幾乎同一時期靠巨大的鐵路網整合起來的另一個大國。雖然鐵路在美國經濟發展中的作用一直有爭議，但最近的研究顯示，如果沒有鐵路建設，美國農地的價值會比現在低六四％。[70]這些農地的價值反映了農民預期可以從更好的交通網中得到的全部利益，而這種得益主要在於各地區得以專注種植當地擅長的農作物。一八九〇至一九九七年間，美國農業的在地專業化程度愈來愈高。愈來愈多農民根據每塊田地的條件（氣候、土壤之類）選擇種植最合適的作物，結果農業整體生產力和收入均大幅成長。[71]

內部整合不佳也是經濟黏性的來源，這可能導致一般人完全無法從國際貿易中得益，甚至可能因此蒙受損失。道路狀況惡劣會使鄉下人不願去城裡找新工作。在印度，鄉村連接主要道路的泥路狀況不佳，已證實會阻礙農村居民離開他們的村莊去找非農業工作。[72]因為崎嶇不平的道路會大幅推高商品的最終價格，偏遠鄉村的消費者完全享受不到國際貿易的好處。在奈及利亞和衣索比亞，進口商品即使真的運送到偏遠的鄉村，當地居民也負擔不起。[73]無論是就投入要素還是最終產品而言，運輸條件惡劣都會蠶食廉價勞動力造就的成本優勢。國家內部的聯繫必須改善，國際整合才可能帶來好處。

貿易戰不可取

本章的例子和分析來自最受尊敬的經濟學系所做的尖端研究，但主要結論似乎與數十年來的傳統觀念相左。每一名經濟學大學生學到的都是：貿易可以帶給來巨大的總得益，只要我們能夠重新分配這些利益，每個人的境況都可以變得更好。但本章的三個主要結論卻顯然沒那麼美好。

首先，對於像美國這樣的大型經濟體來說，國際貿易可以帶來的得益相當少。第二，雖然對較小和較窮的國家來說，貿易可以帶來的得益可能大得多，但發展貿易並沒有速效的靈藥。正如我們在第二章討論移民時看到，開放國界不足以促使很多人遷徙，消除貿易障礙也不足以確保後進國家能夠充分參與國際貿易。宣布奉行自由貿易政策並不是發展經濟的速效靈藥（甚至不是發展貿易的速效靈藥）。第三，事實證明，貿易得益的重分配極其棘手，受貿易打擊的人已經承受了巨大的痛苦，而且至今仍在受苦。

整體而言，商品、人員、思想和文化的交流使世界變得豐富許多。幸運兒得天時地利之助，掌握適當的技能或思想，變得非常富有（有時富裕到驚人的程度），受惠於在全球舞臺上發揮自身特殊才能的機會。其他人就沒那麼幸運了。有些工作流失之後，沒有新工作可以彌補。所得增加創造出一些新的工作機會（例如廚師、司機、園丁和保姆），但貿易也創造出一個比較動盪的世界——有些工作可能突然消失，然後出現在千里之外。結果是貿易的得益與代價分配極其不均，而我們顯然已經開始嘗到苦果；貿易和移民這兩大議題如今決定了我們的政治論述。

那麼，保護主義關稅有幫助嗎？答案是沒有。現在重新引入關稅對多數美國人沒有幫助。原因很簡單：我們至今的主要論點之一，是我們必須關注轉型變遷的問題。因為中國衝擊而失業的很多美國人一直無法恢復體面的生活，因為經濟的黏性導致他們無法跨行業或跨地區重新投入工作，而資源也不會流向他們所住的地方。

但是如果美國現在斷絕與中國的貿易，顯然會製造新一批失業者，而這些新輸家有很多會住在我們至今沒聽過什麼消息的地方，因為那些地方的經濟狀況原本一直不錯。事實上，二〇一八年三月二十二日和四月二日中國宣布要課徵關稅的一二八種商品多數是農產品：它們是a.p.p.（蘋果、梨子和豬肉），不是apps（應用程式）。美國農產品出口近數十年來穩定成長（從一九九五年的五六〇億美元增加至二〇一七年的一四〇〇億美元）。如今美國生產的農產品有五分之一出口至外國，最大的市場是東亞。光是中國就購買了美國十六%的出口農產品。[74]

因此，美國若與中國展開貿易戰，首波影響很可能是美國農業和支援農業的產業會損失大量工作。美國農業部估計，在二〇一六年，美國有超過一百萬個職位有賴農產品出口，當中近四分之三是在非農業部門。[75]農業就業人口比例最大的五個州是加州、愛荷華州、路易斯安那州、阿拉巴馬州和佛羅里達州。[76]正如在賓州失去製造業工作的人無法在家裡附近找到其他工作，在農業大州失去農業工作的人也不會在當地找到製造業工作。我們在本章和上一章看到，製造業勞工失業之後往往不會遷移到其他地方，而因為同樣的原因，農場工人失業之後也很可能不會搬家。阿拉巴馬州和路易斯安那州是美國最窮的十個州其中兩個，[77]發動貿易戰將是對它們落井下石。

對美國來說，貿易戰不會是我們想像中的世界末日。不過，雖然貿易戰或許可以幫助美國鋼鐵業留住一些工作，但很可能會對其他行業造成新的重大損害。美國經濟整體而言不會有大問題，但將有數十萬人大受打擊。

如果不能用關稅，那該怎麼辦？

貿易的主要問題，在於它製造出來的輸家比斯托爾珀－薩繆爾森理論所暗示的要多許多。因此，任何解決方案似乎都應該包括減少輸家（幫助受貿易打擊的人遷徙或轉業），又或者設法提供他們更好的補償。

貿易的負面影響十分集中有個好處：我們確實知道要去哪裡找受害者。何不動用部分資源直接幫助受中國衝擊傷害的產業的勞工？事實上，這正是貿易調整協助計畫背後的理念。貿易調整協助計畫替失業者支付培訓費用（每年可達一萬美元），而接受培訓者可以獲得長達三年的失業給付；這恰恰是為了給予因貿易而失業者一些時間恢復體面的生活。但如我們所見，唯一的問題是這項計畫的規模一直很小。

遺憾的是，這並不是因為貿易調整協助計畫的理念沒有效用，而只是因為該計畫資金嚴重不足。要獲得貿易調整協助計畫的援助，勞工必須向美國勞工部申請。勞工部會指派一名個案負責人接手申請人的檔案，他在研究之後將判定這名勞工之前的工作之所以消失，是因為進口商品帶來競爭、美國公司業務外移，還是與勞工前雇主有業務往來的公司受到貿易影響陷入困境而引發的漣漪效應。

這個決定涉及複雜的判斷，而一些個案負責人比其他個案負責人熱心許多，非常樂意做出有利於勞工的決定，使失業者可以得到貿易調整協助計畫的援助。一項研究認為，申請案件分配給哪些個案負責人大致上是隨機的，最終的決定因此也是大致隨機的。[78] 這項研究利用一個含有三十萬宗申請的資料庫，將遇到寬鬆與嚴厲個案負責人的勞工加以比較。結果顯示，勞工如果遇到比較寬鬆的個案負責人，比較有可能獲得貿易調整協助計畫的援助，因此也更有可能接受培訓、轉業和增加收入。整體而言，獲得貿易調整協助計畫援助的勞工最初必須放棄一萬美元的收入（因為他們接受培訓期間不能工作），而政府則為培訓花費一些錢，但在接下來的十年當中，接受再培訓的勞工比未接受培訓的勞工多賺了五萬美元。接受再培訓的勞工與未接受培訓的勞工的薪資水準，需要十年的時間才趨於一致。因此，這對失業勞工來說是值得做的一項投資，但沒有政府的援助，他們便無法做這項投資，因為他們幾乎不可能申請到銀行貸款來做這件事。

那麼，為什麼像貿易調整協助計畫這樣的有效做法會遇到資金不足和未充分利用的問題？部分原因是政策制定者和公眾都不知道貿易調整協助計畫是有用的，直到上述研究的結果最近揭曉。這很可能反映貿易經濟學家對這些類型的政策興趣缺缺。經濟學家也不喜歡十分仰賴酌情判斷的計畫，因為他們擔心計畫遭到濫用。在政治層面上，政府在貿易調整上花大錢會使人更清楚認識到，貿易調整的成本實際上很大，而這可能是政界不想看到的。

因此，顯而易見的一個方法就是擴大貿易調整協助計畫這樣的做法，提供比較慷慨的援助，並且放寬資格條件。例如新的貿易調整協助計畫可以仿效退伍軍人援助計畫（GI Bill），為經歷貿易衝擊的「老兵」提供充分的資助，使他們可以藉由接受教育重新開始。退伍軍人援助計畫提供可長達三十六個月的教育補助，就讀公立學校學費全免，替全日制學生支付多達一九九四美元的學費（非全日制學生按比例支付），此外還有房屋津貼。[79]新的貿易調整協助計畫可以模仿這種安排，並且在當事人接受教育期間持續提供失業保險。而因為我們知道貿易衝擊對某些地區的影響特別強烈，貿易調整協助計畫可以對這些地區慷慨一些，以免當地勞動市場陷入惡性循環。

較普遍而言，貿易造成的許多困苦與人員和資源難以流動有關。商品跨境自由流動，但各國內部的人員和資源卻並未相應地有效流動。我們在第二章末談到的鼓勵國內移民的各種措施，以及幫助遷徙者順利融入目的地的各種安排（補貼、居住、保險、育兒協助之類），都有助於人們調整適應貿易衝擊。

但是，無論是否靠貿易調整協助計畫的推促，並非所有勞工都適合轉業或遷徙。有些人可能沒有意願或能力接受再培訓；有些人可能不想換工作，尤其是如果他們必須為此搬家的話。年長的勞工可能尤其如此。對他們來說，接受再培訓相當困難，而即使完成這種培訓，他們找到新工作的可能性往往低於比較年輕的勞工。事實上，一項研究發現，企業大規模裁員之後，年紀較大的勞工很難找到新工作。在失去工作兩年和四年之後，五十五歲時在大規模裁員中失去工作的男性和女性失業的可能性，比五十五歲時並未失去工作的人高至少二十個百分點。[80]這種失業對年輕勞工也有永久的影響，但影響遠遠沒那麼大。[81]

被裁掉的年長勞工也往往是從事某種工作很多年的人。對他們來說，工作提供了一種自豪感和認同感，並決定了他們在自身社區中的地位。邀請他們接受培訓去做某種完全不同的工作，很難稱得上是對他們的補償。

既然如此，何不補助那些受貿易打擊的企業（尤其是那些在受影響最嚴重地區的企業），只要它們繼續僱用年長的勞工？桑默斯（Larry Summers，二〇〇九至二〇一一年擔任美國國家經濟委員會主席）和格雷瑟（Edward Glaeser）最近主張在特定領域降低薪資稅。[82]但是，如果一家公司已經失去競爭力，減稅可能不足以說服它留住員工。政府可以比較明確地針對最需要幫助的行業和地區，並將資助對象限制在五十五至六十二歲的已受僱勞工（六十二歲就可以開始領取社會保險給付並退休），這樣就有可能大幅提高每一名受助者得到的資助，或許可以使企業僱用一名全職員工的成本獲得補償有餘（如果真有必要這麼做的話）。雖然這無法拯救每一家公司，但或許可以在至關緊要之處保住數量可觀的職位，防止社區崩潰，成為必要的長期轉型措施的一部分。這種計畫需要的資金應該來自一般稅收。我們某程度上全都受惠於貿易，我們因此應該共同承擔貿易的代價。僅僅為了保住鋼鐵業勞工的工作而要求農業勞工承受失業的苦果是毫無道理的，而那正是關稅措施可能造成的後果。

當然，這個建議並非沒有實務上的困難。政府必須辨識受影響的公司，無疑也會有人展開遊說和試圖繞過規則。這個建議也可能被視為一種貿易保護措施，違反世界貿易組織的規則。但這些問題是可以解決的。有關鑒定受貿易衝擊影響的公司，貿易調整協助計畫已確立相關原則，並發展出裁決機制。為了避免被視為貿易保護措施，計畫的適用範圍可以擴大至科技發展導致的就業損失。

這當中最重要的啟示是：貿易可能迫使我們改變和遷徙，迫使我們放棄對何謂美好生活和美好工作的理解，我們必須處理因此造成的痛苦。經濟學家和政策制定者早就知道，富裕國家的勞動階級很可能因為貿易而受到傷害，貧窮國家的勞工則可能受惠，但世人對自由貿易充滿敵意的反應仍使他們大感意外。這是因為他們想當然地認為勞工能夠轉業或遷徙（或既轉業又遷徙），而如果他們做不到，那就是他們的問題。這種觀念影響了社會政策，我們如今經歷的「失敗者」與其他人的衝突也正是拜它所賜。

4 喜歡的、想要的跟需要的

針對人種、宗教、族群甚至性別與自己不同的人，愈來愈公開地表達不加掩飾的敵意，已經成為世界各地民粹領袖的基本發言內容。從美國到匈牙利，從義大利到印度，這些領袖以種族歧視或偏執心態為政策綱領，如今正成為政治面貌的關鍵特徵，是塑造選舉和政策的一股基本力量。在二〇一六年的美國，共和黨支持者是否非常重視自己的白人身分，是最能預測他們是否支持川普的因素之一，遠比經濟焦慮之類的因素重要。[1]

這些領袖經常使用惡毒的言語，這使得公開表達某些人可能已經有、但很少說出來或付諸行動的觀點似乎變得正當。舉一個日常種族歧視的例子：一名白人女性在美國一家超市根據她無意中聽到的一段電話對話，懷疑一名黑人女性試圖出售食物券，於是打電話報警，並在過程中意味深長地喊道：「我們將會建造這堵牆。」表面看來，這句話毫無道理：被指控的黑人和指控人的白人都是美國公民，都身處假想中那堵牆的同一邊。

但我們當然都知道她想說什麼。她是在表達她的偏好：她希望川普總統倡導的那堵圍牆可以分隔不同的種族，使社會上沒有與她不同的人。這正是為什麼「川普圍牆」已成為美國政治的引爆點，成為一方夢想和另一方恐懼的一個象徵。

在某個層面上，偏好就是偏好。經濟學家明確區分偏好與信念。偏好反映我們喜歡蛋糕還是餅乾，喜歡海灘還是高山，喜歡棕色人種還是白人。我們並非不知道各個選項的優缺點、因此可能受到資訊影響，而是在知道我們可能需要知道的一切之後，形成了自己的偏好。人可能有錯誤的信念，但不可能有錯誤的偏好——超市裡那名白人女士可以堅持她沒有義務講出道理來。但是，在我們進一步陷入種族歧視的泥沼之前，嘗試瞭解人們為什麼會有那種觀點是值得的，尤其是因為，如果對那些偏好代表什麼和來自哪裡沒有基本的認識，我們根本無法思考本書將談到的政策抉擇。我們討論經濟成長的極限、貧富不均的痛苦，或保護環境的代價與利益時，不可能不去處理個人需要的與想要的之間的差別，以及整個社會應如何評價這些欲求。

不幸的是，傳統經濟學在這方面幫不了什麼忙。主流經濟學的態度基本上是寬容對待人們的觀點和意見；我們或許不同意那些見解，但我們有什麼資格去評斷呢？我們可以大聲說出事實以確保人們掌握正確的資訊，但只有他們可以決定自己喜歡什麼。此外，人們往往寄望市場解決偏執的問題。偏好狹隘的人應該被市場淘汰，因為寬容才是有利於做生意的態度。例如若有烘焙師不想為同性婚禮做蛋糕，他就會失去所有同性婚禮的生意。這些生意將流向其他烘焙師，他們可以賺到錢，而他則賺不到。

但事實並非總是如此。拒絕同性婚禮生意的烘焙師或許不會破產，因為他們可能會贏得許多同道者支持。至少對某些人來說，偏執可能是做生意的好態度，而且似乎也可能是從政的好態度。因此，經濟學近年不得不研究偏好問題，而我們也得出了一些有用的見解，有助我們擺脫當前的困境。

品味無可爭論？

一九七七年，貝克（Gary Becker）和史蒂格勒（George Stigler）——兩人皆為諾貝爾經濟學獎得主和芝加哥經濟學派的關鍵人物——發表了〈品味無可爭論〉（De Gustibus Non Est Disputandum）這篇著名的論文，針對經濟學家為何應該避免糾纏於試圖理解偏好背後的東西，提出了富影響力的理由。[2]貝克和史蒂格勒認為，偏好是我們本質的一部分，反映我們是怎樣的人。如果在檢視過手上有的一切資訊之後，你和我對香草冰淇淋是否好過巧克力冰淇淋或北極熊是否值得拯救仍有不同意見，我們理應假定這反映了我們本質上的差異。我們所見不同，不是心血來潮或回應社會壓力所致，而是深思熟慮之後的判斷，反映出我們重視哪些東西。雖然貝克和史蒂格勒承認這項見解並非總是正確，但他們認為這仍是我們著手理解人們行為背後原因的最佳起點。

我們某程度上認同這項見解：人的抉擇是連貫一致的，也就是經過慎重考慮而非一連串隨機奇想的結果。在我們看來，僅僅因為別人的行為與我們不同，就假定對方一定犯了大錯，是既傲慢又剛愎的表現。但是，社會慣常否決人們的選擇，尤其如果他們是窮人，理由是為了他們好，例如我們有時會給窮人食物或食物券而非現金。我們替這種做法辯解的理由，是我們比受助者更清楚知道他們真正需要什麼。為了對這種態度提出局部反對意見（我們只是局部反對，因為我們不否認人們判斷錯誤是常有的事），我們在《窮人的經濟學》一書費了一些工夫，說明窮人的抉擇為什麼往往比我們所想的更有道理。[3]例如我們講了一個摩洛哥人的故事。他在令人信服地說明了他和家人真的吃不飽之後，向我們展示了他那臺可以收看衛星電視節目的大電視。我們可能會以為他一時衝動買了這部電視，然後就後悔了。但他所講的完全不是這樣。他告訴我們：「電視比食物更重要。」他的堅持促使我們追問原由，而我們很快發現，這個偏好背後的理由其實不難理解。村子裡沒什麼事可做，而他又不打算遷移到其他地方。因此，對他來說，改善飲食除了可以吃飽一點，似乎沒有重大意義，而他即使吃不飽，也已經有足夠的體力去做他可做的事。在這種偏遠的鄉村，日常生活極度枯燥，當地往往連一個茶攤都沒有，電視因此是當地居民調劑生活的重要工具。

那個摩洛哥人非常堅持他的偏好是有道理的。他好幾次告訴我們，既然他已經有了電視，接下來如果有更多錢，他將用來購買更多食物。這與他認為電視比食物更重要的觀點完全一致，但違背了多數人的直覺和經濟學中的許多標準觀點。因為他在家裡食物不足的情況下買了一部電視，我們會假定他一旦拿到更多錢，就會迅速胡亂花掉，因為他顯然是那種容易屈服於不理性衝動的人。這是反對送錢給窮人的基本理由。但是，我們在《窮人的經濟學》指出那個摩洛哥人知道自己在做什麼之後，世界各地的一些研究發現，隨機選出一些很窮的人接受政府提供的額外現金，他們確實會將這些額外現金的很大一部分花在食物上。[4] 可能是在他們買了電視之後，就像那個摩洛哥人承諾的那樣。

因此，我們因為願意暫停懷疑，相信人們知道他們想要什麼而學到了一些東西。但是，貝克和史蒂格勒希望我們更進一步，假定偏好是穩定的，也就是不受我們周遭發生的任何事情影響。根據這種觀點，無論是學校、父母或牧師的規勸，還是我們在廣告看板或各種螢幕上看到的東西，都不會改變我們真正的偏好。這意味著我們不會因為遵從社會規範或受同儕影響而改變偏好，例如因為別人都有紋身你就去紋身，因為別人期望你戴頭巾你就戴，因為鄰居買了引人注目的汽車你就也買一輛。

貝克和史蒂格勒是出色的社會科學家，他們因此都知道，現實中的情況並非總是這樣。但他們認為，比較有用的做法是去思考看似不理性的選擇為何其實有道理，而不是拒絕思考這種選擇潛在的理由，視之為某種形式的集體歇斯底里。這種觀點的影響力非常大；許多經濟學家（或許是多數經濟學家）認同應該堅持所謂的標準偏好立場，也就是認為人的偏好是連貫而穩定的。舉個例子：許多年前，阿比吉特住在曼哈頓，同時在普林斯頓大學教書，因此常搭火車。他注意到，人們常在月臺上特定位置排隊等車，但人龍最前面卻經常不是靠近車門的地方。這種人龍是短暫的流行現象。

一種自然的結論可能是：人們只是隨波逐流，因為他們喜歡和別人做一樣的事。這違背偏好穩定論，因為他們對月臺上候車位置的偏好取決於那個位置有多少人。為了解釋人們為何參與短暫的流行現象但不假定他們只是剛好想和別人做一樣的事，阿比吉特提出了以下論證。假設人們猜想其他人知道某些事（例如列車車門會停在月臺上某個位置），他們因此跟隨其他人排隊候車（可能因此忽略他們自己掌握的資訊，例如他們可能知道車門很可能將停在哪裡）。如此一來，同一位置候車的人會增加，新來的人看到更長的人龍，因此更有可能認為這景象傳達了有用的訊息。他們可能出於同樣的原因而加入那些人龍。換句話說，看似從眾的現象可能是許多個體理性決策的結果，而他們完全無意從眾，只是認為其他人可能掌握了更好的資訊。阿比吉特將以上論證稱為「羊群行為的簡單模型」。[5]

雖然每一個人的決定都是理性的，但結果不會因此就變得可取。羊群行為會產生資訊流瀑（informational cascades）：第一個人做決定所根據的資訊，將對其他人的想法產生特別大的影響。最近一個實驗對於隨機的第一步產生資訊流瀑的能力提供了良好證明。[6]研究人員與一個網站合作，這個網站蒐集民眾對餐飲和其他服務的意見，用戶可以貼出評論，其他用戶可以選擇表達贊同或反對意見。在這個實驗中，這個網站隨機選出一小部分評論，並在評論一貼出來的時候就特意給它一個贊同。他們也隨機選出一小部分評論，在評論一貼出的時候就特意給它一個反對。實驗結果顯示，最初的贊同顯著提高了下一名用戶投贊同的機率，幅度達三二%。五個月後，那些被安排一開始得到贊同的評論獲得最高評級的可能性，遠高於那些被安排一開始得到反對的評論。雖然這些評論的瀏覽次數高達一百萬，但最初那一票的影響力依然存在，而且還愈來愈大。

因此，短暫的流行現象未必與標準偏好範式不一致。即使我們的偏好並不直接取決於其他人做什麼，但其他人的行為可能釋出一種訊號，改變了我們的想法和行為。如果沒有有力的理由使我相信其他可能，我可能會根據別人的行為推斷出這些想法：紋身確實好看，喝香蕉汁可以使我變得苗條，這個看似無害的墨西哥男人實際上是個強姦犯。

但是，我們如何解釋人們有時只是因為他們的朋友這麼做，就去做一些他們**明知**不符合自身直接利益的事（例如紋一個他們覺得難看的紋身，或冒著被捕的危險對一名穆斯林男子動用私刑）？

集體行動

事實證明，標準偏好論不但可以賦予短暫流行現象合理的解釋，還能賦予堅守社會規範合理的解釋。其基本觀念是違反規範者將受到社區裡其他人的懲罰。而如果你拒絕懲罰違規者，或拒絕懲罰那些拒絕懲罰違規者的人，你也將受到懲罰。賽局理論的偉大成就之一是無名氏定理（folk theorem），它從形式上證明了上述論點可以用邏輯連貫的方式提出，因此可以成為解釋規範為何如此有力的候選理論。[7]

歐玲（Elinor Ostrom）是第一位榮獲諾貝爾經濟學獎的女性（譯按：本書作者艾絲特・杜芙若是第二位），她整個職業生涯都在提出證明上述道理的例子。她的許多例子來自小社區，例如瑞士的起司生產者、尼泊爾的森林使用者、緬因州海邊或斯里蘭卡的漁民；[8]這些社區都有期望成員遵守的行為規範，而社區成員也都堅守這些規範。

例如在阿爾卑斯山區，瑞士的起司生產者多個世紀以來一直仰賴一塊共有的牧草地牧牛。如果社區成員對如何使用那塊牧草地沒有共識，這可能會造成災難。那塊地可能因為過度放牧而荒蕪，因為它不屬於任何一個人，而人人都有理由多利用它來養自己的牛，可能因此不惜犧牲其他人的利益。但是，當地對於在這個共有的牧場上放牛可以做什麼和不能做什麼有一套明確的規則，當地人也都遵守這些規則，因為違規者會被剝奪未來放牧的權利。歐玲因此認為，集體所有制實際上比私有產權制度更符合每一個人的利益。如果將那塊牧草地分成許多小塊，每一小塊歸一個人所有，將會增加風險，因為任何一小塊地的牧草都有可能感染某種疾病。

這種道理也解釋了為什麼在許多開發中國家，部分土地（例如村莊邊緣的森林）總是共有財產。只要當地人節制使用共有土地，它就能為陷入經濟困境的村民提供應急的資源：在森林裡尋找食物，或是從共有土地割草出售，可以幫助這些村民度過困境。在這種情況下引入私有產權（通常是受不瞭解這種安排的道理和熱愛私有產權的經濟學家慫恿），往往是一場災難。[9]

這也暗示村民互助有個自私的理由：他們期望自己遇到困難時，可以得到類似的幫助。[10] 用來維持此一規範的懲罰，是拒絕助人者未來不會得到社區中其他人的幫助。

如果有些社區成員在社區以外有發展機會，互助系統就容易崩潰。因為對這些人來說，在社區內遭到排斥變得沒那麼可怕，他們可能因此拒絕履行助人的義務。社區成員想到這一點，可能變得更不願意助人，於是違反社區規範的誘惑變得更強了。整個互助系統可能因此徹底瓦解，導致每一個人的境況都變差。社區因此非常警惕危及社區規範的行為，會設法防止規範遭破壞。

集體反動

經濟學家通常強調社區發揮的積極作用。[11]但是，規範不會因為可以自我執行就一定是好的。規範強加的紀律可能被用在反動、強暴或毀滅性的事情上。一篇已成經典的論文清楚告訴我們，**就算沒有人真的在乎種族或種姓**，種族歧視和印度臭名昭著的種姓制度也可以藉同樣的邏輯維持下去。[12]

假設沒有人真的在乎種姓，但在性關係或婚姻上跨越種姓界線的人會被視為犯忌並遭到排斥，也就是沒有人會與犯忌者家族中的人結婚、交友或往來。再假設任何人違反此一規範與犯忌者結婚，也將變成遭排斥的犯忌者。如此一來，只要人們有足夠的遠見，而且想結婚，這就足以阻止他們打破此一規則，即使人人都覺得這個規則實在不合理。當然，如果開始違反規範的人夠多，這種情況就可能會改變。但沒有人能保證它一定會改變。

雷迪（Pattabhi Rama Reddy）導演的一九七〇年印度電影傑作《儀式》（*Samskara*）講的就是這樣的故事。在電影中，一名婆羅門（也就是最高種姓的成員）因為與一名低種姓的妓女上床而「受汙染」。他突然死去之後，其他婆羅門害怕因為接觸他而被汙染，全都拒絕將他火化。他的屍體被丟在公共場所，任其腐爛。正是因為社區堅持執行自己的標準，規範變成了社區規則的扭曲表現。

博士與聖人

凝聚人的群體與欺侮人的群體之間的這種緊張關係，當然是由來已久，而且相當普遍。它轉化為保護個體的國家與損害群體的國家之間的緊張關係，這正是各個差異很大的國家（例如巴基斯坦和美國）正在經歷的鬥爭的核心。這種鬥爭一方面是為了反對國家干預帶來的官僚化和不近人情的問題，另一方面是為了維護群體追求自身目標的權利——即使這些目標往往包括歧視族群或性偏好與己不同的人，以及以宗教勒令凌駕國家規定（例如把創世論視為科學理論教導學生）。

在印度民族運動中，甘地是以下觀點的著名代表：新的印度國應該以權力分散、自力更生的村莊為基礎，這些村莊是印度人和平友愛的安身處。甘地寫道：「印度的未來在於它的村莊。」在這場運動中，他最傑出的對手是後來起草印度憲法的安貝卡博士（Dr. B. R. Ambedkar）。安貝卡出生於最低等的種姓，印度的地方學校甚至不准他進入教室，但他非常優秀，後來取得兩個博士學位和一個法律學位。在他的名言中，印度村莊是「地方主義的汙水溝，無知、偏狹和社區主義的巢穴」。[13] 他認為法律、負責執法的國家，以及賦予法律力量的憲法，是弱勢者權利的最佳保障，可以保護弱勢者免受地方的強權暴政侵犯。

印度獨立之後，在種姓融合方面做得不錯。例如傳統弱勢種姓（表列種姓與表列部落）和其他種姓的工資差距從一九八三年的三五％縮減至二〇〇四年的二九％。[14] 這成績看起來似乎沒什麼，但優於差不多同一時期美國黑人和白人工資差距的改善幅度。這在某程度上是拜安貝卡推行的積極補償政策（affirmative action policy）所賜，這些政策使歷來受歧視的群體得以優先就學、成為公務員和進入各種立法機構。經濟轉型也起了一定的作用。城市化提高了人們的匿名程度，使人可以減少倚賴村莊網絡，因此促進了種姓融合。新的就業機會降低了種姓網絡對人們求職的重要性，也增強了低種姓年輕人接受教育的誘因。在某些方面，村莊社區也可能沒有安貝卡擔心的那麼壞。事實證明，村莊有能力完成跨越種姓界線的集體行動，例如它們支持普及小學教育和在學校為所有孩子（無論種姓）提供免費膳食。

這並不是說種姓問題已經解決。在地方的層面，種姓歧視仍然普遍。一項針對印度十一個邦五六五個村莊的研究發現，雖然國家有法律禁止這種歧視，但在近八〇%的村莊，仍有針對「賤民」的某種歧視。在近一半的村莊，達立人（又稱賤民）不能賣牛奶。在約三分之一的村莊，達立人不能在當地市場賣任何東西，在餐館必須使用特別的餐具，而他們的農田在灌溉用水方面也受到限制。[15]此外，雖然傳統形式的歧視正在減弱，上層種姓因為下層種姓經濟狀況改善而感受到威脅，有時會訴諸暴力。二〇一八年三月，古加拉特邦一名年輕男賤民因為擁有一匹馬和騎馬而被殺，當地顯然只容許上層種姓做這種事。

令問題變得複雜的是，一種新的衝突模式正在出現；種姓群體如今比較平等地看待彼此，但也視對方為爭奪權力和資源的潛在對手。[16]在政治上，選民在投票方面的種姓分化現象愈來愈嚴重；上層種姓投票給印度人民黨的比例愈來愈大，該黨是唯一沒有承諾支持積極補償政策的政黨。[17]此外也出現了專門迎合不同種姓群體的政黨。這種極化現象會造成一些後果。在印度人口最多的北方邦，政治面貌在一九八〇至一九九六年間發生了巨大的變化。低種姓人口為主的地區愈來愈集中支持迎合低種姓群體的兩個政黨，高種姓人口為主的地區則繼續投票給傳統上與他們親近的政黨。與此同時，貪腐案件暴增。愈來愈多政治人物受到調查，有些甚至在監獄裡競逐連任（並勝選）。阿比吉特和潘德（Rohini Pande）發現兩者之間有關係：在以高種姓或低種姓人口為主的地區，貪腐案件增加最多。[18] 在這些地區，因為選民基於種姓投票，代表主要種姓的候選人幾乎鐵定當選，即使他極其腐敗而對手較為廉潔。種姓均勻的地區則完全沒有這種現象。

與此同時，重視種姓忠誠也使群體得以控制其成員，即使這種控制往往明確違反當地法律。例如種姓事務委員會（實質上是地方的種姓協會）就以維護傳統的名義，積極抵制國家關於性關係和婚姻的法令。在恰蒂斯加爾邦的一宗荒誕事件中，一名十四歲的女孩遭一名六十五歲的男性強姦，但當地的種姓事務委員會勸那名女孩不要報警。女孩堅持報警，結果遭到社區裡一些長者痛打，打人者有男有女。強大的社區可以壓迫它最弱勢的成員（以前是賤民，如今是年輕女性），而國家基本上無力阻止，部分原因在於多數社區成員認為維護社區的控制能力符合他們的利益。只要他們順從，種姓群體會在成員需要時為他們提供各種支持和慰藉，而雖然群體殘酷的陰暗面可能不時會困擾他們，只有勇敢的男性或女性才會站出來對抗整個群體。

「黑人要求國家改變」[19]

諷刺媒體《洋蔥報》（*The Onion*）二〇〇八年一篇文章的標題「黑人要求國家改變」（Black Guy Asks Nation for Change），展現了歐巴馬競選總統對美國的意義何其非凡。英文標題則語帶雙關（可理解為黑人向人乞討零錢），凸顯黑人吃白食這種刻板印象與黑人歐巴馬是鼓舞人心的領袖（尋求改變文化）之對比。人們很容易遺忘這個事實：從一九六三年美國爭取黑人民權的大遊行到黑人當選美國總統，不過是四十五年的時間。自民權運動以來，種族關係大有改變，很多變化是向好的方向發展，美國因此有可能選出歐巴馬當總統。另一方面，二〇一九年印度的總統和總理都來自以前的低等種姓，這在四十五年前同樣是不可思議的。

另一方面，雖然現在美國黑人的教育程度遠優於一九六五年那個時候，但教育程度相若的白人與黑人的所得差距卻愈來愈大，如今高達三〇%，比印度的表列種姓與其他種姓的所得差距更大。[20]美國黑人的向上流動率比白人低得多，向下流動率則比白人高得多。[21]這顯然與黑人男性的監禁率遠高於其他所有群體有關（這是引起廣泛討論的現象）[22]，但也與社區和學校中持續存在的隔離有關。

雖然美國白人男性似乎沒有理由覺得自己在經濟上受黑人威脅，但有證據顯示，近年表達反黑人情緒的案件增加了（或至少這種情緒的表達比以前更公開）。聯邦調查局的數據顯示，仇恨犯罪案件二〇一七年增加了十七%，是連續第三年增加。此類案件的數量在長期持平或減少之後，從二〇一五年開始增加。五分之三的仇恨犯罪是針對受害者的族群。[23]在二〇一八年的美國國會選舉中，有九名候選人自稱是白人至上主義者或與白人至上主義者關係密切。[24]

這次不一樣

但是，自二〇一六年大選以來，美國的主要故事不是黑人不受信任，而是許多人公開表達對外來移民的憤怒，怒氣之盛遠遠超出純粹的經濟不滿。

外來移民不但「搶走」「我們的」工作，他們還是可能使白人無法生存下去的「罪犯和強姦犯」。有趣的是，在美國，一個州的外來移民愈少，當地人愈不喜歡外來移民。在幾乎沒有外來移民的州，例如懷俄明、阿拉巴馬、西維吉尼亞、肯塔基和阿肯色，近一半的居民認為外來移民對美國的文化和價值觀構成威脅。[25]

由此看來，這種憂慮主要是與身分認同而非經濟焦慮有關。這當中的邏輯可能是：在接觸不多的情況下，人們很容易想像自己不熟悉或未見過的群體與自己根本不同。

這種現象在二〇一六年之前就出現了，但川普當選美國總統使公開表達反移民情緒變得容易得多。在一個凸顯這一點的聰明實驗中，研究人員在八個深紅州招募了一些線上受訪者；這八個州是阿拉巴馬、阿肯色、愛達荷、內布拉斯加、奧克拉荷馬、密西西比、西維吉尼亞和懷俄明。[26]在二〇一六年大選前夕，研究人員向這些受訪者提供財務誘因，鼓勵他們捐錢給一個反移民公益團體。

具體做法是：他們要求受訪者授權他們以受訪者的名義向該組織捐出一美元，如果受訪者同意，將可獲得五十美分的獎勵。根據實驗的設計，部分受訪者的決定完全不會被別人知道。而針對另一些隨機選出的受訪者，實驗的設計使他們意識到，他們可能會接到研究團隊的成員親自來電核實他們的決定——這樣一來，至少會有一個人知道他們的決定，並與他們討論（但可能性不大）。在大選之前，第二組人同意捐款的可能性顯著小於可以完全保密的第一組人（三四％對五四％）。但是，研究人員在大選之後再做這個實驗，卻發現兩組人的差異完全消失了！公然表達反移民觀點的川普當選總統，使受訪者不再害怕別人知道自己捐錢給反移民組織。

或許令人欣慰的是，美國之前接收的好幾波移民曾遇到類似的排斥，但最終都獲得主流社會接受。富蘭克林（Benjamin Franklin）當年就很厭惡德國人：「來到這裡的德裔，往往是德國人當中最無知、最愚蠢的人。因為不習慣自由，他們連稍微運用自由都不懂。」傑佛遜認為德裔移民無法融入美國社會。他寫道：「至於其他外國人，最好不要讓他們大量定居在同一個地方，以免他們像我們這裡聚居的德裔那樣，長期保留他們自己的語言、習慣和治理原則。」[27]美國早在十九世紀就試圖限制華人移民流入，最後還曾禁止華人移民美國。一九二四年，美國引入配額制度以限制來自東歐和南歐（義大利和希臘）的移民。[28]

但是，每一波外來移民最終都獲得接受，而且被同化了。他們為孩子取的名字、最終從事的職業、投票的方式、消費和飲食習慣都與本地人變得很相似。另一方面，本地人也接受了一度顯得很異國的名字和食物：洛基（Rocky）成為美國英雄，披薩成為美國五個基本食物類別之一。

同樣的現象也發生在法國。法國人曾排斥義大利人，然後排斥波蘭人，然後排斥西班牙人和葡萄牙人。每一波外來移民最終都融入了法國社會，但在每一波移民潮開始時，法國人都認為「這次不一樣」。到了二〇一六年，遭排斥的變成穆斯林。這些偏好和態度從何而來？為什麼我們在與先前眼中的敵人和解之際，似乎就在尋找新的敵人？

統計歧視

針對其他群體的偏執行為，可能有一些簡單的經濟解釋，它們非常符合貝克與史蒂格勒標準模型的精神。恐嚇有時是出於經濟目的。一九五〇至二〇〇〇年間，如果印度某個城市某一年穆斯林社群剛好相對富裕，印度教徒與穆斯林激烈衝突造成暴動的可能性就高得多。相反，如果印度教徒社群剛好相對富裕，發生暴動的可能性就低得多。[29] 這與人們對一些大規模暴動的具體描述一致：在這些暴動中，穆斯林企業成為攻擊目標，雖然那些暴力事件可能看似隨機發生。暴力常常是掩護盜竊的方便手段。

個體為了對所屬的群體表示忠誠，有時可能覺得自己必須展現偏執和歧視的態度（即使他們並未真正認同那些觀點）。例如，在印尼經濟危機期間，《古蘭經》讀經會的成員增加了。表現出強烈的宗教虔誠，在當地是對社群忠誠的標誌，有助當事人在互助圈中贏得一席之地。[30] 在另一些情況下，人們有時會對種族歧視（或性別歧視）保持沉默，甚至附和這種觀點，因為他們不想失去工作或寶貴的社會關係。

最後還有經濟學家所講的統計歧視（statistical discrimination）問題。我們在巴黎遇到一名優步（Uber）司機，他對自己的工作充滿熱誠。他說，以前還沒有優步的時候，如果有像他這樣的北非人開一輛好車在路上，人人都會認為他是毒販，又或者偷了車。多數人正確地認為北非人一般相對貧窮，因此不大可能買得起好車，而基於這種統計關聯，他們假定開好車的北非人是罪犯。現在他們假定他是優步司機，這是明顯的進步。

統計歧視解釋了為什麼美國警察認為更常截停黑人司機是合理的，也解釋了為什麼印度北方邦的印度教多數派政府最近會說，被當地警察「意外」殺死的許多人是穆斯林是合理的。他們的理由是：罪犯當中黑人和穆斯林比較多。換句話說，看似赤裸裸的種族歧視現象未必真的是歧視，可能只是因為某些特徵（例如毒品交易、犯罪行為）成為當局針對的目標，而這些特徵剛好與種族或宗教**相關**。因此，原因可能是**統計**歧視，而不是老式的偏見——經濟學家所講的**基於品味**的歧視。不過，如果你是黑人或穆斯林，結果都一樣。

最近一項研究著眼於「禁掉那個欄位」（ban the box）政策如何影響年輕黑人男性的失業率，有力地證明了統計歧視的存在。「禁掉那個欄位」政策明令雇主不得使用求職者必須在某個欄位勾選是否有犯罪紀錄的申請表格。美國已經有二十三個州採用這種政策，希望提高年輕黑人男性的就業率，因為他們有犯罪紀錄的機率高得多，失業率是全美平均水準的兩倍。[31] 為了檢視這種政策的效果，兩名研究人員在紐約州和紐澤西州實施「禁掉那個欄位」政策的前夕和剛實施之後，向紐澤西和紐約市的雇主發出一萬五千份虛構的線上應徵表格。[32]他們在履歷表上使用典型的白人或黑人名字，刻意製造應徵者可能是哪種種族的聯想。如果雇主要求應徵者標注自己是否有重罪犯罪紀錄，研究者會隨機選擇是或否。

一如之前的許多研究者，他們發現雇主顯然普遍歧視黑人：內容相同的履歷表，白人應徵者獲得雇主回覆的次數比黑人應徵者多二三％。並不令人意外的是，對那些在「禁掉那個欄位」政策實施前就會詢問應徵者是否有犯罪紀錄的雇主來說，應徵者是否曾犯重罪的影響非常大：內容相同的履歷表，沒有重罪犯罪紀錄的應徵者獲得雇主回覆的機率，比有重罪犯罪紀錄的應徵者高六二％；無論應徵者是白人還是黑人，犯罪紀錄的影響都差不多。

但是，最令人驚訝的發現，是「禁掉那個欄位」政策大幅擴大了雇主回覆方面的種族差異。就那些受這項政策影響的雇主而言，在政策實施之前，白人應徵者得到的回覆比條件相若的黑人應徵者多七％。「禁掉那個欄位」政策實施之後，這個差距擴大至四三％。之所以如此，是因為在無法得知應徵者犯罪紀錄的情況下，雇主假定所有黑人應徵者比較可能有犯罪紀錄。換句話說，這項政策導致雇主以種族預測應徵者是否曾犯罪；這當然是統計歧視。

當然，人們運用統計邏輯並不意味著他們總是可以得出正確的推論。在一項研究中，研究人員安排以色列的德系猶太人（歐美猶太人及其後裔）與東方猶太人（來自亞洲和非洲的移民及其後裔）玩信任賽局。信任賽局是實驗經濟學的支柱之一。這個賽局由兩個人玩，其中一人是施者，另一人是受者。施者會拿到一定數額的金錢，並被要求將其中一部分送給受者，送多少完全由施者決定，也可以完全不送。不過，施者與受者都被告知，如果施者送出一部分錢，受者將收到數額三倍的金錢。受者可以完全控制收到的錢：他可以選擇與施者分享這些錢，也可以把所有錢留給自己。這個賽局的重點，在於我們可以看出施者對受者的想法：施者愈是認為受者並不自私，愈是應該多送一些錢給受者。

信任賽局已經在實驗室裡玩了數千次。施者通常會送出原始數額一半或以上的錢，然後收回超過送出的金額。這代表施者信任受者，而受者也值得信任。研究人員發現，如果玩這個賽局的兩個人都是德系猶太人，結果也是這樣。但如果受者是東方猶太人，結果就大不一樣。在這種情況下，施者送出的錢會減半（相較於受者是德系猶太人的情況而言）。這導致施者和受者拿到的錢都減少了。

之所以如此，可能是因為施者不相信東方猶太人受者會回禮。也可能是因為東方猶太人不受歡迎，德系猶太人施者因此願意損害自己的利益，只為了傷害東方猶太人。但是，如果賽局參與者被要求自願送一部分錢給對手，而且不能指望對方回禮，則他們送給東方猶太人的錢，與送給德系猶太人的錢差不多一樣多；信任賽局中的行為差異，似乎源自懷疑而非敵意。

有趣的是，信任賽局中的這種疑心也出現在東方猶太人施者身上。他們並不比其他人更信任自己的族群同胞。東方猶太人似乎有一種刻板形象，人人都認為他們確實就是那樣。問題是這種成見完全不公平。絕對沒有證據顯示東方猶太人在這種賽局中比較不可信任；他們的回禮表現與德系猶太人完全一樣。這個實驗的參與者認為自己的行為是理性的，但他們被自己沒有根據的猜疑誤導了。

自我強化的歧視

美國心理學家史提爾（Claude Steele）的一個著名實驗，有力地揭露了自我歧視（也就是歧視自己所屬的群體）非常普遍。在他最初的實驗中，他發現如果黑人學生被告知他們將要做的一項測驗是「實驗室裡解決問題的任務」，他們的表現會與白人學生相若。[33]但是，如果學生被告知這項測驗是為了測試他們的智能，黑人學生的得分則會比白人學生低得多。

容易受刻板印象威脅的並非只有少數族群。在一項艱深的數學測驗中，如果試卷開頭加上這句話「你可能聽說過女性的數學測驗成績通常不如男性，但這個測驗不是這樣」，則女大學生會有較好的表現。[34]相反，安排一些在學力性向測驗（SAT）的數學部分表現出色、大學主修數學或工程的白人男學生（他們對自己的數學能力很有信心）做數學測驗，並告訴他們實驗的目的是調查為什麼「亞裔在數學能力測驗中表現似乎優於其他學生」，則這些人的表現會變差。[35]研究人員在不同的脈絡下做了很多次此類實驗，以檢視不同類型的自我歧視偏見。

自我歧視通常是自我強化的；自我歧視者被提醒自己的群體身分之後，表現變差，這導致他們更加懷疑自己的能力。對其他群體的歧視也是這樣。在一九六〇年代一個臭名昭著（但一度享有美名）的心理學實驗中，研究人員誤導一些教師，使他們以為（占全班人數五分之一的）某組學生天資特別好，因此在智商方面料將比其他學生發展得更快。事實上，這組學生是隨機挑選的，天資與其他學生大致相同。[36]實驗結果顯示，老師寄予更高期望的那組學生一年下來智商提高了十二分，其他學生則僅提高了八分。這個實驗因為各種原因受到批評，包括這種干預的道德問題，但其他許多實驗證明了自我實現預言的力量。

在法國，一項研究著眼於一家連鎖超市的年輕收銀員，發現有偏見的主管投入較少精力管理下屬。[37]這些收銀員頗大一部分是來自北非和撒哈拉以南非洲地區的少數族群，他們在不同的日子跟隨不同的主管工作，實際上無法控制自己的工作安排。這項研究顯示，被安排與對少數族群有偏見的主管一起工作，對少數族群和非少數族群員工的工作表現有不同的影響。被安排與有偏見的主管一起工作的那些日子，少數族群收銀員比較可能不去上班。如果他們有上班，他們花在工作上的時間會減少；他們掃描商品的速度變慢，排隊的顧客必須等更長時間。這種影響完全沒出現在非少數族群員工身上。少數族群員工被安排與有偏見的主管一起工作時表現較差的原因，似乎主要不在於明顯的敵意（少數族群員工並未表示不喜歡與有偏見的主管一起工作，有偏見的主管也並未表示不喜歡少數族群員工），而是管理效能不彰。例如少數族群員工表示，有偏見的主管比較不會前往他們的收銀臺鼓勵他們好好工作。

對處於領導位置的女性的歧視，也往往含有自我實現預言的意味。在馬拉威的鄉村，一些男性或女性農民被隨機選出來學習一項新技術，隨後負責教導其他農民。[38]女性農民接受訓練時記住了更多資訊，她們教導其他農民時，如果受訓者認真聽講，確實會比其他人學到更多東西。但是，多數農民並不認真聽講，因為他們假定女性能力較差，因此不願認真聽她們講解。類似的情況也發生在孟加拉：當地一些女性接受培訓成為業務經理時，根據針對領導和技術能力的客觀評估，她們與男性一樣優秀，但她們的下屬卻認為她們能力不如男性。結果可能是受此影響，她們負責的業務績效受到負面影響，不幸地證實了她們管理能力較差的偏見。[39] 起初針對女性的無理偏見，結果真的導致女性表現不佳（並不是她們自己的錯），進而固化她們低人一等的地位。

非洲裔美國人會打高爾夫球嗎？

這些自我實現預言的奇特之處，在於它們非常好預料。被有偏見的自我實現預測所傷害的人，向來總是處於弱勢地位的人；除了運動，我們不曾聽過白人男性任何一方面的能力被系統性低估。這種偏見源自植根於社會脈絡的刻板印象。

一項針對普林斯頓大學非裔美國人與白人大學生的研究，證明了這種影響非常深。[40] 這些學生都不曾打過高爾夫球，他們被要求做一系列的高爾夫動作，動作的難度愈來愈高。

在第一個實驗中，一半的人在開始打球之前被要求在一份問卷上注明自己的種族（這是提醒他們注意自身群體身分的標準做法），另一半的人則不必這麼做。然後所有學生都被告知這個實驗是為了測試他們的「一般運動表現」。在並未提醒種族身分的情況下，白人與黑人學生的表現非常相似。但如果這些學生事先被提醒了他們的種族身分，因為高爾夫球普遍被視為白人的運動（這個實驗是在老虎伍茲成名之前做的），黑人學生的表現會變差，白人學生的表現則顯著進步，兩者的表現因此出現巨大的差距。

在第二個實驗中，研究人員並未提醒學生注意種族身分，而是將他們隨機分為兩組。[41] 兩組人都被告知他們要做的動作將愈來愈困難。在第一組，學生被告知實驗是為了測量與天生運動能力有關的個人因素。天生運動能力被定義為「一個人完成需要手眼協調的複雜任務的天生能力，例如射擊、投擲、擊球或擊打其他移動物體之類的任務」。第二組學生則被告知這個實驗是為了測量「運動智能」，也就是「與運動期間策略思考能力有關的個人因素」。在強調「天生能力」的第一組，黑人的表現比白人好得多。在強調「運動智能」的第二組，白人的表現比黑人好得多。每一個人，包括黑人本身，都接受了這種刻板印象：美國黑人是天生的運動員，白人則是天生的策略高手。而且這些人都是普林斯頓大學的大學生。

無論怎麼解釋，我們都很難說這項證據符合貝克和史蒂格勒的偏好連貫穩定論。這些群體看待自己（和他人）的方式，源自「運動智能」和「天生能力」這些短暫設立的社會建構，以及這些社會建構在人們的假定中與種族的關係。

學當白人

貝克和史蒂格勒希望我們迴避偏好背後的社會脈絡，但這些社會脈絡卻一直纏著我們。我們不但對吃什麼、住哪裡有偏好，對應該花時間與哪些人往來也有偏好。

我們會避開自己懷疑的人，搬到有更多像我們這樣的人的社區。因此造成的隔離現象會影響人生機會，滋生不平等。一個社區的居民如果以窮人和黑人為主，它得到的資源會比較少，而這一切對在那裡長大的孩子的人生會有持久的影響。在一九一五至一九七〇年美國所謂的大遷徙（Great Migration）期間，黑人搬到北方的白人城鎮，許多白人搬走，往往留下較差的學校、衰敗的基礎設施和較少的就業機會。[42]這些社區每況愈下，愈來愈貧窮和破落，愈來愈容易發生罪案，在經濟上愈來愈難成功。在大遷徙期間被白人遺棄的社區，黑人孩子從所得最低五分之一升至所得最高五分之一的機率，遠低於其他地區的孩子。[43]這當中顯然有許多因素，但其中之一是人們自覺或不自覺地按照所在社區的規則行事。在訴諸暴力是意料中事的社區，訴諸暴力變成了社區的常態，一如麻省理工的大學生在一學期只需要修四門課的情況下，通常會修五門課。

在一個證明這種規範的力量的聰明實驗中，洛杉磯一群西班牙語裔為主的高中生獲得報名參加一個免費SAT補習班的機會。[44]研究人員隨機選出一些學生，告訴他們不會有人知道他們是否選擇參加，同時告訴其他學生可能會有人知道他們選擇參加與否。在普通班（non-honors classes），後一組學生報名參加補習班的可能性較低（六一％對七二％），推測是因為他們不想讓朋友發現他們有學業上的抱負。

我們之前提到的無名氏定理，或許可以解釋這個實驗的結果。這些高中生如果被發現是書呆子，確實可能會失去所有朋友，而且與他們往來的人也會遭受排斥。西班牙語裔學生重視這種規範並非巧合，他們有怨恨白人文化規範的歷史，而這種怨恨有時大有道理；那些西班牙語裔高中生看來是擔心別人覺得他們「學當白人」（acting white）。這種擔憂在他們的歷史中根深柢固。我們從來沒聽說美國的亞裔孩子有排斥非常用功的朋友這種習慣。在貝克和史蒂格勒的理論中，規範之所以成為規範，只是因為人們對它的服從；既然如此，我們大有可能找到一些努力用功的西班牙語裔學生和一些懶散的亞裔學生。引導我們順從某種規範而非另一種規範的，似乎是歷史和社會脈絡。

我們來試著解釋品味[45]

為了研究社會脈絡如何影響我們，蘇黎世大學的研究人員招募了一群銀行業者參加一個實驗，要求他們擲十次硬幣，並在網上報告他們得到的結果。[46]研究人員告訴他們，如果他們擲出正面（或反面）的次數超過某個門檻，超過門檻的每一次正面（或反面）可以得到二十瑞士法郎（約合二十美元）。沒有人檢查他們是否如實報告結果，作弊的動機因此非常強烈。

這些銀行業者分成兩組，研究人員在實驗開始前問他們一些問題：第一組問的是他們喜歡哪些休閒活動，他們因此被提醒了自己的「正常人」身分；第二組問的是他們在銀行的工作，因此被提醒了他們的銀行業者身分。結果顯示，被提醒銀行業者身分的第二組人報告擲出正面的次數多得多，多到不可能純屬運氣。被提醒了正常人身分的第一組人的作弊率估計是三％，而第二組人的作弊率則估計達十六％。

這並不是因為銀行業者更擅長玩這種遊戲；參與遊戲的每一個人都是銀行業者，研究人員是隨機挑選一些人來提醒他們的銀行業者身分。但是，被提醒自身職業似乎引出了一個不同的道德自我，一個更願意作弊的自我。

換句話說，人們表現得像是有多重人格，而每一種人格都有不同的偏好。面對特定情況時，脈絡決定了我們以哪一種人格去做決定。在瑞士那個實驗中，脈絡是當事人是否視自己為銀行業者，但在生活中，決定我們的身分認同和塑造我們的偏好的，往往是我們與什麼人往來、上過什麼學校、工作或休閒做些什麼、屬於哪些俱樂部，以及希望加入哪些俱樂部。我們這些經濟學家忠於標準偏好論，非常努力想將這一切排除在外，但我們也愈來愈清楚看到這是不可能的。

有動機的信念

一旦我們開始承認，我們的信念，甚至我們視為自身深層偏好的東西是脈絡決定的，很多問題就迎刃而解。有一個重要的見解來自諾貝爾經濟學獎得主提霍勒（Jean Tirole）與貝納布（Roland Bénabou）關於有動機的信念（motivated beliefs）的研究。[47] 他們認為，理解信念非常重要的一步，是懂得避免過度重視它們的表面意思。我們有關自己的信念有一部分是我們的情感需求塑造的；我們令自己失望時，會覺得很難過。我們賦予自我信念的情感價值，也會導致我們扭曲自己對他人的想法；例如因為我們想保護自己免受自己的偏見影響，所以會像陳述客觀事實那樣表達自己的偏見（「我對來自北非的收銀員沒什麼意見，但因為他們對我的鼓勵不會有任何回應，我就省下力氣不去鼓勵了」）。

我們不喜歡改變自己的想法，因為我們不喜歡承認自己之前錯了。這就是為什麼阿比吉特堅持一定是軟體的錯。我們避開那些會迫使我們面對自身道德問題的資訊；我們跳過那些講述移民兒童拘留待遇的新聞，以免思考我們為何支持一個以這種方式對待兒童的政府。

我們不難看到，這些策略可能使我們掉入難以逃脫的陷阱。我們不想認為自己具有種族歧視，因此如果我們對其他族群有負面的想法，我們會很想責怪那些人，好讓我們的偏見顯得合理。我們愈是能使自己相信外來移民帶著他們的孩子到美國是他們的錯，我們就愈是不必擔心被關在小籠子裡的移民兒童。我們因此努力尋找支持我們想法的證據；任何消息只要是支持我們最初的立場，無論它實際上多麼薄弱，我們都會賦予它不成比例的重要性。

假以時日，我們起初出於本能的防禦反應被一套精心建構、看似可靠的論據取代了。在此之後，我們開始覺得因為我們的論據非常可靠，任何人質疑我們的觀點，必然是在影射我們道德失敗或質疑我們的智商。如此一來，我們的反應就可能變得非常激烈。

認清這些模式有若干重要涵義。首先，指責人們種族歧視，或像希拉蕊．柯林頓那樣說他們是「可悲的人」，是極差的做法。這會嚴重冒犯那些人對自己的道德觀感，使他們惱怒不已。他們會立即停止傾聽。相反，我們不難明白為什麼像川普總統那樣，將極端的種族主義者稱為「好人」，並強調「兩邊」都有壞人，顯然是爭取大眾支持的有效策略（無論這種手段在道德上多麼惡劣），因為這有助那些發表種族歧視言論的人保持良好的自我感覺。

這也解釋了為什麼事實或事實查核似乎對人們的觀點沒什麼影響，至少短期而言是這樣（我們在第二章討論移民問題時看到的正是這樣）。較長期而言，隨著「你怎麼敢質疑我的信念？」這種初始反應減弱，人們仍有可能調整他們的觀點。我們不應該停止說出真相，但以一種不評斷他人的方式表達會比較有用。

因為我們多數人都喜歡認為自己是正派的人，所以驅使人們在做出涉及他人的判斷之前先確認自己的價值觀，或許可以減少偏見。心理學家現在鼓勵父母做的，不是告訴孩子他們應該友善待人，而是告訴孩子他們是友善的人，只需要依照自己的友善天性行事。這一點適用於我們所有人。

在當事人的自尊尚未受損時，這種策略比較可能奏效。在反移民和反黑人情緒最強烈的地區，低收入白人的部分問題，在於他們的生活在某些看得見的方面非常接近他們鄙視的「他者」的生活。一九九七年，威爾森（William Julius Wilson）談到黑人社區的情況時寫道：「社區高失業率的後果比社區高貧困率的後果嚴重得多……如今舊城區貧民區的許多問題，例如犯罪、家庭解體、福利、社會組織不足之類，基本上是工作消失造成的。」[48]

二十年後，凡斯在《絕望者之歌》中寫道：「威爾森的書觸動了我。我想寫信告訴他，他完全說出了我家的情況。但是，他的書引起我如此個人的共鳴是很奇怪的，因為他描述的不是來自阿帕拉契的鄉下人，而是舊城區的黑人。」[49]

威爾森所描述的黑人社區的社會問題，幾乎正是現今「鏽帶」白人社區所面對的，這對那些白人來說真的是一種羞辱。因為他們的自我價值感與他們相對於黑人和外來移民的優越感掛鉤，社經狀況與黑人趨同加重了美國貧窮白人的危機感。

有兩種方法可以修復自我價值感。一種是拒絕面對現實（例如：「我們可以堅決反對墮胎，因為我們社區裡絕不會有女孩不慎懷孕」）。另一種是誇張地醜化他者，藉此擴大自己與他者的距離。對那些只能靠失能給付獲得福利的白人來說，指責黑人或拉美裔單親媽媽是「福利女王」（welfare queen）已經不夠有用——那是雷根時代侮辱人的方式。既然如今白人也要仰賴福利給付，這種侮辱必須升級：那些單親媽媽一定是黑道成員。

這凸顯了為什麼我們的社會政策不能只是滿足弱勢者的基本經濟需求，還必須嘗試幫助那些職業受科技進步、貿易和其他因素威脅的人重拾尊嚴。這些政策必須有效處理弱勢者喪失自信的問題；光靠老式的政府救濟是無效的。我們必須全面檢討社會政策體制，這是本書第九章的主題。

連貫一致的任意性[50]

我們知道，人們會非常努力迴避那種會迫使他們改變自身核心信念的證據，因為這與他們對自己的看法密切相關；他們認為這些核心信念屬於他們的核心價值體系（包括他們對其他種族或外來移民的看法）。不幸的是，雖然人們極力避免改變自己的核心信念，但他們形成這些初始信念時，卻未必經過深思熟慮。

行為經濟學最著名的實驗之一是康納曼和塞勒（Richard Thaler）做的，他們隨機挑選一些大學生，送他們一個杯子或一支筆。送出禮物之後，他們立即提出向這些學生買回他們剛得到的杯子或筆。與此同時，他們告訴那些沒被選中獲贈杯子或筆的學生可以出價購買自己沒有得到的那些東西。非常值得注意的是，學生願意接受把剛到手的杯子或筆賣出的價格，往往是沒拿到杯子或筆的學生願意購買的價格的二至三倍。[51]因為誰獲贈杯子或筆完全是隨機的，這項任意因素絕對沒有理由使那些學生對杯子或筆的價值估計出現那麼大的差異。這種差異一定是因為獲贈杯子或筆的人隨即變得十分重視他們拿到的東西，而由此看來，人們對杯子或筆之類物品的價值評估，很可能不涉及什麼內在或深層因素。

另一個實驗揭露了一種更戲劇性的任意性。研究人員要求一些學生出價購買軌跡球、酒瓶和書籍。在出價之前，他們被要求寫下自己的社會保險號碼的最後兩個數字，並在前面加上美元符號，然後想像這可能就是他們想買的東西的價格。他們顯然知道自己的社會保險號碼與一個酒瓶的價格毫無關係，但他們還是受他們寫下來的「價格」影響。針對同一商品，社會保險號碼最後兩位數為八〇或更大數字的學生所出的價格，比社會保險號碼最後兩位數為二〇以下的學生高二〇〇%至三五〇%。在其他方面，他們多數依照標準模式行事：例如隨著價格上漲，他們會變得比較不願意購買，他們也最有可能購買比較便宜的東西。但他們似乎完全不知道這些東西對他們有多大的絕對價值。[52]

但是，杯子和筆當然不是外來移民和穆斯林。我們真的認為人們對這些重要得多的事情的偏好，也可能出現這種任意性嗎？沒錯，我們確實認為是這樣。

羅伯斯山洞

社會偏好，也就是經濟學家所講的與他人有關的偏好，也呈現類似情況。一九五四年，謝里夫夫婦（Muzafer Sherif and Carolyn Wood Sherif）做了一個實驗，邀請二十二名十一或十二歲的男孩到奧克拉荷馬的羅伯斯山洞州立公園參加一個夏令營。[53]這些男孩被隨機分成兩組，然後各自在州立公園的不同地點住一些時間，因此他們起初並不知道對方的存在。到了某個時候，研究人員介紹兩組人認識，並安排他們比賽，例如拔河。這導致兩組人之間出現敵意：他們相互謾罵，並試圖破壞對方的東西。在最後幾天，研究人員刻意製造缺水問題，使兩組人合作變得有用。他們起初有所猶豫，接著開始合作，基本上忘了彼此間的敵意。

這個實驗的某個版本已經重複做了很多次，其基本洞見已證實非常可靠。有趣的是，即使群體成員之間並未經歷建立感情的階段，任意的標籤仍對他們的忠誠有重大影響。你只需要隨機選出一組人，並給予該群組一個不同的名字，成員就會喜歡自己的組名多過其他名字。成年人和十一歲的孩子都是這樣。

羅伯斯山洞實驗的兩個教訓都很重要：製造分裂很容易，但重新團結起來也是有可能的。正因為製造分裂很容易，我們大有理由對目前許多國家的掌權者就是仇外分子或是以憤世嫉俗的方式操縱仇外情緒感到極度恐懼。他們造成的傷害不是永久的，但除非小心加以修復，這種傷害有可能使國家留下可怕的傷痕。在盧安達，比利時殖民者當年為了在統治上確立盟友關係，製造出圖西人優秀、胡圖人低劣的神話，即使這兩個是大致同質的族群。在殖民時代剛結束的時期，圖西人致力維持他們的優越地位，引起胡圖人的強烈怨恨，這成為一九九四年盧安達那場恐怖種族屠殺的關鍵因素。[54]

與此同時，因為偏好未必是內部一致的，給其他人貼上人身攻擊的標籤（例如「種族主義者」、其他的「某某主義者」或「可悲的人」）是否恰當大有疑問，因為很多人既可以說是種族主義者，也可以說不是，他們表達偏見往往是在宣洩內心的痛苦或沮喪。那些曾投票給歐巴馬、四年後投票給川普的人可能不是很清楚這兩名候選人各自代表什麼，但在他們投票給川普之後將他們斥為種族主義者，則是既不公平也無益處。

同質相吸

我們的偏好受我們往來的人強烈影響，社會分界的代價因此尤其高昂，因為人們很少跨越這些分界線互相往來；人們傾向與那些和自己相似的人往來。在美國的學校，黑人青少年主要與黑人往來，白人主要與白人往來。[55]這就是社會學家所講的同質相吸（homophily）。因為顯而易見的原因，學校裡屬於最大社群的學生尤其如此。屬於少數群體的學生則別無選擇，只能在自身群體之外結交較多朋友。[56]

這不一定是強烈偏見存在的證據。屬於最大群體的學生不與屬於其他群體的同學往來，其實很容易解釋：這些學生很容易遇到和他們相似的同學，因此只要他們略為喜歡自己的群體多一點，他們就沒有理由去接觸屬於其他群體的同學。

這種喜歡自身群體多一點的溫和偏好，未必源自對其他人的負面看法；它可能只是因為與同質者往來比較輕鬆自在，畢竟大家說相同的語言，使用相同的手勢，有共同的幽默感，看同樣的電視節目，喜歡同樣的音樂，對何謂恰當行為有相同的未言明假設。阿比吉特來自印度，他對自己可以輕鬆自在地與巴基斯坦人交談總是感到驚訝，畢竟印度與巴基斯坦七十年來處於敵對關係。阿比吉特說，他們所有南亞人都本能地知道什麼東西有趣，什麼是隱私（注意：南亞人愛打聽別人的事），什麼東西會創造親近感，什麼東西會損害親近感；南亞人的這種直覺，是國家之間的敵對關係也無法破壞的。

當我們遇到來自其他群體的人，這種非常自然的行為模式的缺點就變得很明顯。我們會退縮；我們如履薄冰，因為擔心被人誤解而吝於予人人性溫暖。我們也有可能笨拙地犯錯，即使無意仍冒犯了別人。無論如何，某種要素遺失了，我們因此不大可能與來自其他群體的人順利溝通。

這正是多數人與背景和自己相似者結婚的部分原因。一九六七年，具里程碑意義的羅汶夫婦訴維吉尼亞州案（*Loving v. Virginia*）推翻了美國的異族通婚禁令。半個世紀之後，只有約六分之一的美國新婚夫婦是跨種族通婚。[57]在印度，七四％的家庭表示，他們認為婚姻不應該是跨種姓的。我們的研究顯示，這在某程度上是因為每個種姓中的男性都在尋找與他們的姊妹相似的女性為配偶，而女性也是尋找與自己的兄弟相似的男性為配偶；換句話說，他們都想找到自己覺得熟悉的人為配偶，而尋找這種對象最好的地方自然是他們所屬的群體。[58]

回音室與全像術

這種行為導致了意料之外且可能大致上是無意識的隔離。我們可能沒有意識到，如果我們所有人都選擇與像自己的人往來，我們最終會形成由相似的人組成、完全分離的許多個島嶼。如此一來，明顯怪異的偏好和極端的政治觀點更容易加劇。僅與相似者往來的一個明顯缺點，是我們不會接觸到他者的觀點。因此，即使在事實問題上（例如疫苗接種是否會導致自閉症、歐巴馬出生於哪裡），人們仍可能持續有不同的意見，涉及品味的問題就更是這樣。我們之前看到，人們可能會為了從眾而理性地選擇壓抑自己的意見，但當然，不接觸自身群體以外的任何觀點只會令事情變得更糟。我們最終形成了多個封閉的群體，各群體的觀點截然不同，而且幾乎完全沒有能力在互相尊重的基礎上溝通交流。哈佛大學法學教授、歐巴馬政府成員桑思汀（Cass Sunstein）形容這些群體是「回音室」，所見略同的人在裡面只聽彼此的話，結果使自己變成狂熱者。[59]

這個現象的後果之一，是我們在理應屬於客觀事實的問題上也出現非常嚴重的意見分歧，例如四一％的美國人認為人類的活動導致全球暖化，但認為暖化是自然循環造成的（二一％）或根本沒有暖化（二〇％）的人也有四一％。皮尤研究中心（Pew Research Center）的調查顯示，美國民眾對全球暖化的看法嚴重對立與他們的政治立場大有關係：「民主黨支持者相信地球氣溫正上升的可能性遠高於共和黨支持者（八一%對五八%），他們認為人類的活動乃是全球暖化根本原因的可能性也高得多（五四%對二四%）。」[60]這並不表示民主黨支持者一定更相信科學。例如科學界的共識是基因改造食品對人類健康無害，但絕大多數民主黨支持者認為它們有害，並贊成貼上標籤讓消費者可以辨識。[61]

經常與同一群人交談的另一個結果，是這個群體的成員通常對多數問題持共同的觀點。面對立場堅決的群體，折衷的政治立場愈來愈站不住腳，即使群體的立場絕對錯誤。事實上，民主黨人與共和黨人甚至不再說同一種語言。[62]經濟學家暨頂尖媒體學者根茨柯（Matthew Gentzkow）和夏皮洛（Jesse Shapiro）針對美國聯邦眾議員寫道：「民主黨人講『遺產稅』、『無證勞工』和『為有錢人設計的租稅減免』，共和黨人則說『死亡稅』、『非法移民』和『租稅改革』。二〇一〇年的《平價醫療法》對民主黨人來說是『全面的醫療改革』，對共和黨人來說則是『華府接管醫療照護』。」如今只需要注意眾議員的措詞，就有可能料到他們的政治立場。並不令人意外的是，黨派性（以觀察者憑國會議員的一句話推斷出該議員所屬政黨的容易程度為指標）最近數十年間大幅提升。一八七三年至一九九〇年代初，黨派性指標大致不變，在這段期間從五四%升至五五%。但這項指標在一九九〇年之後急升，到第一一〇屆國會（二〇〇七至二〇〇九年）時高達八三%。

正因為觀點與措詞密切相關，臉書的資料對劍橋分析（Cambridge Analytica）和英美政治運動的操盤人極其有用。例如因為多數麻州民主黨人對許多不同的問題看法大致相同，而且使用相同的詞彙，有心人只需要取得有關我們觀點的少數資料，就能料到我們的政治立場、應該如何針對我們做宣傳，以及我們喜歡或討厭什麼類型的故事。而當然，一旦現實中的人認同人就是這麼可預料，創造人物、虛構個人資料和安排虛構人物參與線上對話，就會變得容易得多。[63]

不同群體之間少有往來，也使技能出色的政治創業者得以向截然不同的群體展現截然不同的自己。莫迪在二〇一四年的選舉中以壓倒性優勢當選印度總理，他在競選期間利用立體全像術同時出現在多個集會上，許多選民視之為莫迪真人現身。在意識形態方面，他也成功創造出許多個分身。對印度那些有全球人脈、雄心勃勃的年輕城市人來說，莫迪是政治現代化的化身（強調創新、創投，並展現圓滑的親商態度）；壯大中的中產階級的新成員認為他最有可能維護他們植根於印度教傳統的民族主義願景；對經濟上受威脅的上層種姓來說，他是抵抗（很大程度上想像出來的）穆斯林和下層種姓日增的影響力的壁壘。如果這些群體的成員聚在一起並各自描述「他們的」莫迪，其他群體的成員恐怕會覺得那個莫迪很陌生。但因為這三個群體運作的網絡分得很開，莫迪的形象因此不必具有內部一致性。

新公共空間？

選民急遽分化遠非只是政策見解不同的問題。政治顏色不同的美國人已開始積極地互相仇視。一九六〇年，約有五％的共和黨人和民主黨人表示，如果他們的兒子或女兒與自己政黨以外的人結婚，他們會「感到不悅」。到了二〇一〇年，近五〇％的共和黨人和逾三〇％的民主黨人「對跨黨聯婚的可能感到有點不高興或非常不高興」。一九六〇年，三三%的民主黨人和共和黨人認為自身政黨的普通成員是聰明的，二七%認為另一大黨的普通成員是聰明的。到了二〇〇八年，這兩個數字分別是六二%和十四%！[64]

我們該如何解釋這種極化現象？黨派偏見自一九九〇年代初起開始嚴重惡化，而同期最重要的變化之一是網際網路擴張和社群媒體爆發成長。截至二〇一九年一月，臉書（Facebook）在全球擁有二二·七億名月度活躍用戶，而推特（Twitter）則有三·二六億。[65]在二〇一四年九月，超過五八%的美國成年人和七一%有上網的美國人使用臉書。[66]（這不包括我們，因此我們針對這些網絡所講的一切都是二手的。）

虛擬社群網絡最初被標榜為新的公共空間、新的聯繫方式，因此理應有助減輕同質相吸的問題。原則上這些網絡使我們有機會基於某種共同的興趣，例如寶萊塢電影、巴哈清唱劇或養育幼兒，與遠方的人建立聯繫。這些人在其他方面可能都跟我們不一樣，我們可以結交的朋友因此變得比較不拘一格（相較於現實中可能碰到的人而言）。他們彼此之間幾乎沒有任何關係，因此如果我們就共同興趣以外的議題交流意見，我們全都可以接觸到各種各樣的觀點。事實上，在臉書上，二十億名用戶有九九·九一%屬於「巨型組件」（giant component）；也就是說，幾乎每一個人都是其他人的朋友的朋友的朋友。[67]在這個巨型組件中，任何兩個人之間只有約四·七個「分離度」（將兩個人連起來必須跨越的「節點」數目）。這意味著原則上我們很容易接觸到幾乎所有人在社群網絡發表的觀點。

但是，虛擬社群網絡基本上未能在引起不和的議題上整合用戶。一項研究著眼於推特上美國二二〇萬名政治活躍用戶（也就是在二〇一二年選舉期間追蹤至少一個與美國眾議院候選人有關的帳戶的推特用戶），結果發現雖然這些用戶彼此間建立的關係總數多達約九千萬，保守派用戶的追蹤者高達八四%為其他保守派用戶，自由派用戶則有六九%的追蹤者為其他自由派用戶。[68]

臉書和推特就像回音室那樣。民主黨支持者傳遞民主黨候選人創造的資訊，共和黨支持者也為共和黨候選人做同樣的事。民主黨候選人發出的推文，八六%的首次轉發是自由派選民做的。至於共和黨候選人，這個數字更高達驚人的九八%。將轉發考慮在內，自由派有九二%的訊息來自自由派，保守派則有九三%的訊息來自保守派。引人注目的是，這種情況並非僅限於政治推文；政治活躍用戶接觸的非政治推文，同樣一面倒地來自相同政治立場的人。即使是在推特上談論飛蠅釣（fly fishing），人們顯然也傾向以同為自由派或保守派的用戶為對象。社群網絡所創造的虛擬社群充其量是個碎片化的公共空間。

社群媒體是否有特別之處造成這種極化現象？分化民眾和散布假新聞的政治策略，早在臉書面世前就已存在。報紙一直具有很強的黨派性，政治抹黑在殖民時期的美國就已經是印刷媒體賴以為生的手段，這種現象也延續至美國獨立初年（在音樂劇《漢彌爾頓》中，漢彌爾頓正是因為害怕下流的新聞報導，因而被迫承認他的婚外情）。在《共和黨的噪音機器》（*The Republican Noise Machine*）這部著作中，布羅克（David Brock）有力地記錄了有線電視和電臺談話節目如何在一九九〇年代使黨派宣傳機器達致完美狀態。[69]

盧安達種族屠殺事件更有力地證明了舊媒體的毀滅性。在這場屠殺開始前和進行期間，盧安達千丘自由電臺（RTLM）以自衛的名義呼籲消滅他們稱為「蟑螂」的圖西人，並經常談論圖西族民兵盧安達愛國陣線據稱犯下的暴行。相較於因為山區地形而收不到千丘自由電臺訊號的鄉村，那些可以收聽電臺節目的鄉村殺人顯著較多。總體而言，估計約十分之一的屠殺（相當於五萬條圖西族的人命）可歸咎於千丘自由電臺的宣傳。[70]

根茨柯和夏皮洛為二〇〇九年的線上和線下新聞各計算出一個「隔離指數」（isolation index，二〇〇九年在某種意義上像是已經過去很久，但網路活動當時已經相當活躍）。隔離指數是指保守派接觸到的保守傾向新聞的比例與自由派接觸到的保守傾向新聞比例之間的差額。他們的發現似乎顯示，線下世界的極化程度與線上世界不遑多讓。保守派在網路上看到的保守觀點平均占他們看到的所有新聞資訊的六〇・六％，相當於一個人完全仰賴 usatoday.com 做為新聞來源的情況。自由派接觸到的保守觀點比例平均為五三・一％，與 cnn.com 提供的新聞相若。網路新聞的隔離指數因此僅為七・五個百分點（兩個比例的差額），略高於廣播新聞和有線電視新聞的隔離指數，但低於美國全國性報紙的隔離指數。事實上，這種隔離程度遠低於美國人的面對面接觸。早在二〇〇九年，保守派就已經是主要與保守派交朋友，自由派則是主要與自由派交朋友。線上新聞的隔離指數之所以不高，是因為在根茨柯和夏皮洛的數據中，保守派和自由派用戶主要瀏覽「中立」網站，而那些最有可能上極端主義網站（例如 Breitbart）的用戶也看其他許多網站，包括立場相反的網站。[71]

雖然網路使用者的極化程度確實加重了，但生活中其他領域也是這樣。事實上，雖然自一九九六年以來，所有人口群體的極化程度都有所加劇，但情況最嚴重的是六十五歲或以上的群體（他們上網的可能性最低），情況最輕微的是最年輕的群體（十八至三十九歲）。[72]傳統新聞媒體的極化程度也加劇。一項針對有線電視新聞內容的文本分析顯示，自二〇〇四年以來，福斯新聞（Fox News）使用的語言愈來愈偏向右派，而MSNBC則向左派靠攏。[73]觀眾的分化程度也加重了。直到二〇〇八年，共和黨人占福斯新聞觀眾的比例保持在約六〇%的穩定水準。二〇〇八至二〇一二年間，這項比例上升至七〇%。多年來，福斯新聞變得愈來愈保守，因此吸引了更多保守派選民，結果他們導致福斯新聞變得更保守。這已經開始影響投票形態。我們之所以知道這一點，是因為在美國的一些郡，福斯新聞臺被安排在頻道表上較容易遭忽略的位置（完全出於偶然因素），當地民眾因此較少收看它的節目。[74]在這些郡，民眾比較不傾向投票支持保守派政客。

那麼，到底發生了什麼關鍵改變？根據根茨柯和夏皮洛的研究，國會的轉折點似乎出現在一九九四年，那是金里奇（Newt Gingrich）接管共和黨並提出他的《美利堅契約》（*Contract with America*）的一年。[75]那也是政治顧問在設計和測試宣傳訊息方面發揮關鍵作用的第一年；做為對設計和測試創新（包括訊息傳播）感興趣的社會科學家，我們對此一發展感到相當不安。

網絡失靈

雖然政治極化早在網路普及之前就發生了，但是關於虛擬社群網絡和網際網路對我們的政策偏好及其表達方式的影響，我們很難完全樂觀。首先，我們無法真正知道如果沒有這些創新發明，世界會是什麼樣子。因為許多明顯和沒那麼明顯的原因，比較上網與不上網的人，例如年輕人與老年人，並不能回答這個問題。尤其值得注意的是，謠言往往是先在網路上製造出來並廣為傳播，然後才傳到福斯新聞之類的媒體，此時年紀較大的人才接觸到它們。年輕人可能比較不受這些謠言影響，因為他們知道網路上充斥著錯誤和誇張的資訊，懂得適當防範，而年長者則因為向來相信權威的電視主播，從而比較容易相信假消息。

此外還有令人擔憂的其他問題。首先，新聞在社群媒體上流傳，眼下正在扼殺可靠的新聞和分析之製作。製造假新聞當然是成本低廉，而且經濟效益非常好，因為假新聞不受現實約束，很容易捏造出受眾恰恰想要的東西。而即使不想捏造資訊，你還可以抄襲。一項研究發現，法國新聞網站和媒體傳播的內容有五五%幾乎完全是複製貼上的東西，但這些內容只有五%會提到資訊來源。[76] 如果一組新聞工作者製作的新聞發表後立即被複製轉貼到其他許多網站，內容原創者要怎麼得到報酬？難怪美國的新聞工作者人數近年銳減，從二〇〇七年的近五萬七千人縮減至二〇一五年的三萬三千人。[77] 新聞工作者總數減少了，每家報社的新聞工作者也減少了。維持新聞業做為「公共空間」（和正確資訊提供者）的經濟模式正在崩潰。在無法得知正確事實的情況下，人們更容易沉溺於無稽之談。

第二個令人擔心的問題，是網路容許無止境的重複。回音室的問題不僅在於我們只接觸到自己喜歡的觀點，我們還會一遍又一遍、沒完沒了、整天接觸到它們。有心人在臉書上利用假帳號「推廣」某些故事，加上真實用戶收錢去「讚」某些內容，強化了某些訊息重複出現、獲得其自身生命力的自然傾向。無止境的重複使人變得狂熱（就像政治集會重複喊口號那樣），使眾人更難停下來檢視故事的真假。

而且即使最終真相大白，謬論多次重複仍可凸顯造成分裂的議題並強化極端觀點。我們只記得關於墨西哥人的無休止議論（我們無論如何從不信任他們），但會忘記這個事實：第一代的外來移民，無論是否合法入境，犯罪的機率其實低於土生土長的美國人。[78] 有心人因此有非常強烈的誘因去製造鋪天蓋地的「另類事實」。在二〇一六年美國總統選舉投票之前，坊間流傳的一一五條支持川普的假新聞累積了三千萬的瀏覽數（支持希拉蕊．柯林頓的假新聞也存在，但瀏覽數只有八百萬）。[79]

第三個問題，是網路上流行的尖酸言語（推特將它發揮至極致）鼓勵直接和簡略的表達方式，公民話語規範因此受到更嚴重的侵蝕。推特因此變成惡意宣傳的實驗室。政治創業者樂於在推特上發表他們最瘋狂的言論，然後觀察外界的反應，藉此瞭解它們是否過火了。如果瘋言看來有效，至少是對目標受眾有效（例如可用轉發或點讚數來衡量），他們就會把它收進未來或許可用的招數中。

第四個問題是自動客製化。桑思汀二〇〇一年撰文討論回音室問題時，擔心的是用戶有機會選擇閱讀什麼新聞。但現在用戶愈來愈沒有需要自己選擇。精細的演算法利用機器學習預測技術，根據我們的身分、我們之前搜尋過什麼之類的因素，預料我們喜歡接收什麼資訊。這種做法的目標很明確，就是為用戶提供他們喜歡的內容，誘使他們花更多時間在那個網站。

臉書也因為它用來向用戶推送貼文的演算法而受到批評壓力。二〇一八年，臉書承諾調整內容顯示的優先順序，優先呈現用戶的朋友和家人的貼文而不是媒體提供的內容。但你即使不是在臉書上，也會遇到資訊內容過度迎合用戶偏好這種問題。二〇一八年七月二日，艾絲特的個人Google首頁提供了以下內容：《大西洋雜誌》一篇文章，標題為「貿易赤字是中國的問題」；克魯曼在《紐約時報》的最新專欄文章；《紐約時報》一篇關於千禧世代社會主義者的文章；一篇關於足球世界盃的文章；《波士頓環球報》一篇關於哈佛大學新校長巴考（Lawrence Bacow）的文章；一篇關於席蒙・維爾（Simone Veil）葬禮的文章；《賀芬頓郵報》一篇文章，有關參議員蘇珊・柯林斯（Susan Collins）對最高法院大法官最新人選的看法；以及無法避開的關於Google產品Pixel Watch的一篇文章。整個頁面上只有兩則資訊是艾絲特並非顯然有興趣的：一則是講一名囚犯搭直升機逃離法國一座監獄（艾絲特看完覺得非常有趣），一則是福斯新聞有關藝人碧西飛利浦（Busy Philipps）因為機票改期問題與達美航空爭執的新聞。最後那一則是她那天接觸到的僅有的右翼媒體內容。這種資訊客製化現象無所不在。甚至連美國國家公共廣播電臺（NPR）的應用程式NPR One也自稱是「公共廣播電臺的潘朵拉」——應用程式潘朵拉（Pandora）會根據用戶過去聽過什麼音樂，提供用戶喜歡的音樂。在NPR這個自由派思想的回音室裡，一種演算法為用戶過濾出他們很可能想聽的內容。

這很重要，因為如果用戶主動選擇他們接收的資訊，他們至少意識到自己在做什麼。他們可能比較喜歡閱讀熟悉的來源提供的文章，但也足夠成熟，知道這些資訊來源反映了他們自己的偏見。韓國一個不尋常的實驗證明了這種成熟表現是非常真實的。二〇一六年二月至十一月間，兩名韓國年輕人創造了一個應用程式，為用戶提供從媒體上選出來的熱門議題的文章，並定期詢問他們對那些文章和議題本身的看法。起初所有用戶都會收到隨機挑選的文章，每個議題各一篇。數輪之後，研究人員隨機選出一些用戶，容許他們選擇接收的文章來源，其他用戶則繼續接收隨機供應的文章。這個實驗產生了三個重要結果。第一，用戶確實對他們所讀的文章有反應：他們遵循那些文章的引導，更新了自己的觀點。第二，一如預期，那些可以選擇內容的用戶所選的文章，大致與他們的黨派偏好一致。第三，到實驗結束時，相對於不能挑選文章的用戶，可以挑選文章的用戶以較大的幅度更新了自己的觀點，而且他們的立場是向中間靠攏！這與回音室效應恰恰相反。總體而言，容許用戶選擇反映其偏好的資訊，反而減輕了他們的黨派偏見。這是因為他們確切知道他們所選的資訊來源有多大的偏見，並且在接收資訊的同時消除了部分偏見；而用戶如果接收隨機挑選的文章，因為不知道它們有多大的偏見，對內容始終保持懷疑，結果是他們的觀點並未顯著改變。[80]

在美國重做這個實驗應該很有趣。結果如何可能也取決於讀者的政治投入程度。美國的許多網路讀者是否會有意識地努力糾正所接收資訊的偏見，我們並不完全清楚。但這項研究也指出了無縫客製化（seamless customization）的一個關鍵問題：它太無隙可尋了。想要糾正偏見，就必須知道資訊來源有何偏見。如果我們總是閱讀同一來源提供的新聞，我們會很熟悉它。但如果一種演算法以整個網際網路為資訊來源為我們挑選文章，有些來自我們熟悉的來源，有些來自我們較為陌生的來源，還有一些完全是假資訊，我們可能就不知道該糾正的偏見是什麼。而且因為文章不是我們自己選的，我們甚至可能會忘了要糾正偏見。

一起跑步

隨著我們喪失相互傾聽的能力，民主制度的意義也跟著受到損害，變得比較像是各族群的人口統計：各族群主要基於對自身族群的忠誠投票，而不是明智地權衡事情的輕重緩急。最大的族群聯盟在選舉中勝出，即使代表它的候選人是已知的兒童猥褻犯，甚至更惡劣的人。勝利者甚至不必帶給支持者經濟或社會利益，只要這些支持者非常擔心對立的族群會勝出；因為知道這一點，候選人會全力煽動這種恐懼。在最壞的情況下，贏家可以利用以這種方式取得的權力控制媒體，扼殺所有異見，使他不必再擔心其他人與自己競爭。匈牙利總理奧班（Viktor Orbán）已經成功做到這一點，而其他許多國家的領袖正緊隨其後。

此外，世界各地的暴力事件正在蔓延，在美國是針對黑人、女性和猶太人，在印度是針對穆斯林和低等種姓，在歐洲是針對外來移民。這些暴力行為很可能與當前極化趨勢所縱容的肆無忌憚的謾罵有關，包括出自國家元首的謾罵。印度和巴西兇殘的暴民，以及最近美國和紐西蘭的槍手和土製炸彈製造者，似乎全都源自那些偏執思想的漩渦；在這種漩渦中，同樣的謬論一再重複出現。問題還沒達到內戰或種族屠殺的程度，但歷史教訓告訴我們，這是有可能的。

正如我們已經看到，我們對他人的反應和我們的自信程度密切相關。社會政策必須以尊重個人尊嚴為基礎，一般民眾才有可能比較容易接受寬容的思想。

在群體的層面介入或許也會有效。就許多人而言，種族歧視、反移民觀點和欠缺跨黨派交流都源自起初缺乏接觸。哈佛大學心理學教授奧波特（Gordon Allport）一九五四年提出他的接觸假說（contact hypothesis），認為在適當的條件下，人際接觸是減少偏見最有效的方法之一。[81]藉由與他人相處，我們學會理解和欣賞他們，而拜這種新的欣賞和理解所賜，偏見應該會減少。

學術界對接觸假說有深入的研究。最近一篇綜合評論找出了研究這項假說的二十七個隨機對照試驗。總體而言，這些研究發現接觸可以減少偏見，但那篇評論也提醒人們：接觸的性質很重要。[82]

果真如此的話，學校和大學顯然可以發揮關鍵作用。它們把來自不同背景的年輕人集合在一個地方，而這些年輕人正處於可塑性相當高的年紀。在美國一家大型大學，室友是隨機分配的，而一項研究發現，白人學生如果剛好分配到黑人同學為室友，他們支持積極補償政策的可能性顯著較高。此外，如果白人學生分配到任何少數族群的同學為室友，過了一個學年之後，他們在可以完全自由選擇與什麼人往來的情況下，比較可能繼續與其他族群的成員保持社交互動。[83]

這種社會化過程甚至可以更早開始。印度德里的一項政策變化，證明了集合背景非常不同的孩子可以產生奇妙的作用。從二〇〇七年開始，德里的菁英私立學校必須為貧困學生提供一定數量的學額。在一項關於此一政策變化如何影響學生的巧妙研究中，一些隨機選出來的孩子被賦予了為接力賽挑選隊友的責任。[84]他們當中有些人就讀於已經有貧困學生入學的學校，有些則就讀於還沒有貧困學生入學的學校。此外，在學校裡，有些孩子被安排在有貧困同學的學習小組裡（根據學生名字的第一個字母分組），有些則在沒有貧困同學的學習小組裡。為了幫助他們挑選接力賽隊友，他們都被安排觀察潛在隊友在一場模擬賽跑中的表現。不過，這當中有個「圈套」：他們必須同意邀請他們挑選的隊友到自己家裡玩。這項研究發現，那些來自富裕家庭、在學校沒有接觸過貧困同學的學生，會避免選擇貧困同學為隊友（即使他們跑得更好），以免必須和他們相處。但是，拜新政策所賜，那些在學校裡接觸過貧困同學的學生則很可能傾向選擇跑得最好的人當隊友，即便這個同學來自貧困家庭，因為他們已經不會害怕邀請貧困同學到家裡玩。那些與貧困同學在同一個學習小組的學生，邀請貧困同學當隊友並與他們一起玩的機率特別高。因接觸而熟悉產生了奇妙的作用。

哈佛大學招生爭議

這項證據的涵義之一，是教育機構當中學生群體的多樣性本身很有價值，因為它會持久影響學生的偏好。在美國，積極補償政策的最初設想，一方面是對歷史不義的補償，另一方面是為了幫助其他族群與白人較公平地競爭（白人因為很多代的人接受高等教育而占有優勢）。但這種政策的意義遠非如此而已。關於人際接觸如何減少偏見的二十七個隨機對照試驗告訴我們，這種融合是我們可用來促進社會更寬容更廣納的最有力手段之一。問題是積極補償政策如今本身就是一種導致人們極化的構想。

二〇一八年春，紐約市在重新設計菁英公立學校的招生制度時遇到了困難；現行制度以一項考試為基礎，結果僅錄取很少拉美裔和黑人學生。與此同時，亞裔美國人控告哈佛大學歧視，理由是哈佛為了達到多樣性目標，人為限制它錄取的亞裔美國學生人數。此外，川普政府敦促學校停止在錄取決定中考慮種族因素。美國最高法院迄今一直頂住壓力，並未禁止任何基於種族的差別待遇，但它能堅持多久並不清楚。

在印度，爭論主要圍繞著歷史上受歧視的種姓在受教育機會和公務員職位方面實際得到的配額。上層種姓非常不滿這種配額，經常抗議和提起訴訟質疑相關法律的效力。他們特別仰賴的理由，是這些保留名額不成比例地落入下層種姓當中社經地位較高的人手上，而他們可能不大需要這種優待。（他們被詩意地稱為「奶油層」。）印度的法院同情這種不滿，因此要求得到保留名額的人必須符合收入限制：你必須夠窮才有資格獲得這種優待。與此同時，其他社會群體一直在遊說政府將它們納入保留名額的照顧範圍，一旦成功將稀釋這種安排提供的好處。因此，保留名額制度引發的爭鬥在印度各地幾乎不斷發生，暴力事件也並非罕見。

「素質」（merit）是相關辯論中的關鍵概念。爭論的核心是以下見解：考試分數是個人素質的客觀指標，反映當事人有多值得得到某個職位或大學名額，積極補償政策因此歧視（在印度稱為）「素質優秀」（meritorious）的競爭者。基於本章已經指出的各種原因，這種觀點看來幾乎不可能成立。自我歧視會打擊自信和損害考試成績。因為剛好出身於某個群體而一直被老師和主管低估、以施恩的態度對待、忽視或鄙視，會使你更難成功。此外，我們都知道，如果你在書香門第長大，家裡到處都有書，餐桌上經常深入討論數學或哲學，無論你是否喜歡這種環境，有一天你必須寫大學論文時，這將成為你的顯著優勢。一名下層種姓的孩子如果在高中畢業考試中取得與阿比吉特一樣優秀的成績，他必然是克服了更多障礙才有此表現，而正因如此，他很可能更有天賦。

卡德（David Card）和阿西迪亞科諾（Peter Arcidiacono）這兩位一流的實證經濟學家在哈佛招生歧視案（*Students for Fair Admission v. Harvard*）各自效力其中一方，他們爭論的焦點正是素質這概念的模糊性。在原告那一邊，阿西迪亞科諾指出，哈佛錄取的亞裔學生取得的成績和考試分數高於其他所有群體，亞裔因此必然是受到歧視。也就是說，如果考試分數相同，亞裔學生獲哈佛錄取的可能性低於白人學生（或黑人學生）。

在哈佛那一邊，卡德對阿西迪亞科諾的分析提出若干異議，包括指出這一點：哈佛希望所錄取學生的父母背景和主修選擇保持一定的多樣化，追求這種目標是正當的。不過，最顯著的差異在於他們對「人格評分」(personality rating）的理解。人格評分旨在評價申請人的領導素質和誠信。相較於其他群體，亞裔學生的學業和課外活動評分通常較高，但人格評分較低，而一旦考慮到這一點，我們就能看到，亞裔學生獲哈佛錄取的機率並不低於白人學生。

卡德認為這證明哈佛並沒有歧視亞裔學生。阿西迪亞科諾則表示，人格評分恰恰是哈佛歧視亞裔學生的手段。在這場辯論中，歷史上相當諷刺的類似情況並未遭到忽視。在一九二〇年代，當時的哈佛校長羅威爾（Abbott Lawrence Lowell）試圖引入配額制度以限制哈佛錄取的猶太裔學生人數。雖然此舉失敗，但羅威爾建立了「整體」(holistic）錄取制度；這項制度重視學業成績以外的個人特質，被用來限制猶太裔學生人數。哈佛招生歧視案的原告希望說服人們相信這種情況又發生了。

這場辯論說明了「素質」這個概念的奸詐本質。一方面，「個人素質」可能反映（或許是無意的）某種群體認同——那些群體的成員以一般公立學校不教的某種祕密方式互打招呼。人格評分或許真的就是一種並不那麼微妙的手段，旨在排斥特定類型的學生（無論他們是不是亞裔），確保菁英地位可以順利代代相傳。但另一方面，在申請入學的人當中，黑人學生的人格評分普遍高於白人或亞裔學生，這項事實大有可能反映我們稍早提到的一點：因為獲哈佛錄取必須具有優秀的學業成績，來自弱勢背景的孩子必須具有相當不尋常的個人特質才有可能獲得哈佛考慮錄取，尤其是因為這些孩子之前很可能必須克服就讀的學校和家庭環境較差造成的困難。

哈佛招生問題沒有顯而易見的解決辦法。做為培養新一代領袖的旗艦院校，哈佛顯然必須容納來自所有社會群體的學生，而在一個民主國家，任何一個社會群體的學生所占的比例如果遠高於該群體占全國人口的比例，那就不但令人反感，還很可能引起政治問題。但我們必須針對積極補償政策的設計展開更透明的社會對話。積極補償政策的現行執行方式總是設法避免直接面對種族這個概念，這很可能非常不理想。哈佛面臨的挑戰是無可避免的，但或許也是可取的，因為它迫使社會面對自身的矛盾。

增加不同社會群體之間的接觸或許可以減少偏見，就這個較狹隘的目標而言，積極補償政策引起愈來愈多怨恨確實構成了問題。根據奧波特的原始假說，接觸可以減少偏見，但前提是必須有某些條件配合。他特別指出，如果群體之間有平等的地位、共同的目標、相互合作，而且獲得政府當局、法律或習俗支持，則群體之間增加接觸可以減少偏見。極具爭議的融合不大可能造就這些條件。例如倘若高中生覺得他們必須與來自其他群體的同學競爭大學名額，而且自己在這種競爭中被不公平地置於不利的位置，他們可能會變得更加怨恨其他群體。

板球的啟示

最近一項聰明的研究證明了這絕非庸人自擾。[85]在印度的北方邦，一名研究人員組織了一個為期八個月的板球聯賽，共有八百名年輕球員參加，他們是從一二六一個人當中隨機選出的。在這個聯盟中，約三分之一的球員被分配到單一種姓球隊（所有球員來自同一種姓），餘者被分配到混合種姓球隊。一如其他研究，這項研究也發現涉及合作的接觸有許多正面作用。相對於加入單一種姓球隊的年輕人，加入混合種姓球隊的年輕人在實驗結束後更有可能與來自其他種姓的人成為朋友，而且並非僅限於球隊中的其他種姓隊友。他們有機會挑選球員組織球隊時，會選出更好的球隊，因為他們是基於球員的素質而非種姓選人。

不過，對手是什麼人也有重要影響。那些被隨機安排與其他種姓球隊比賽的人與其他種姓交朋友的可能性，低於那些只與相同種姓球隊比賽的人，也低於那些從不曾上場比賽的人。由此看來，競爭損害了接觸的作用。

這些沒那麼樂觀的結果指出了一個重點：光是接觸可能不足以造就寬容的態度，有時可能還需要共同的目標。一九九八和二〇一八年，法國足球隊勇奪世界盃，對整個法國恰恰產生了這種影響。尤其值得注意的是，巴黎一些郊區以房屋破敗和燒車騷亂著稱，但世界盃冠軍球隊的部分成員正是在那些地區長大和習得球技，這項事實確實創造出一種親善感和彼此有共同目標的感覺。在那個時候，人人都能看到，九十三區（巴黎北邊一個貧困的行政區）的孩子並非都是逃課和犯一些小罪的懶蟲。在法國黑白阿（黑人、白人、阿拉伯人）足球隊奪冠的背後，是數萬名孩子自律的努力。

追求和平的都市規劃

因為利用大學促進融合有明顯的局限，混合型社區（mixed neighborhood）是一種有用的替代方案。但是，混合型社區的問題在於它有不穩定的傾向，這是諾貝爾經濟學獎得主謝林（Thomas Schelling）已經證明的。[86]假設屋主樂於住在混合型社區，但不願意住在由其他族群主導的社區。既然如此，他們必然擔心有一天可能出於偶然，自身族群有幾戶人搬走，取而代之的是另一族群的人。如此一來，這個社區對他們這個族群的吸引力將會降低，而現在他們全都開始擔心，如果再有幾戶本族群的人搬走（比如是因為他們也在擔心同一問題，又或者因為他們比較不包容），他們也將被迫遷離。一直擔心這種情況是否會發生或何時發生，可能會使人緊張到無法忍受，因此有能力離開的人都會離開。這就是謝林所講的臨界點（tipping point）。

卡德研究了美國在一九七〇、八〇和九〇年代出現的族群隔離程度加劇現象，發現當中似乎確實有這種臨界點特性。[87]如果社區中黑人人口比例低於某個數字，那麼該比例會保持穩定；但一旦它超過那個數字，隨後數年白人會大量遷離。研究發現芝加哥的臨界點特別低。在一九七〇年的芝加哥，如果一個社區裡黑人人口低於五%，它隨後將保持在這個水準，但一旦它超過五%，白人人口比例很快就會急跌。卡德和他的同事發現，美國各城市的臨界點一般介於十二%至十五%之間。

有一種方法可以防止臨界點現象可能導致的族群隔離：為低收入居民建造公共房屋，將這種房屋分散蓋在城市裡的每一個社區，這樣就不會再有「純淨」的社區。我們在巴黎某高級社區住過一年，所住房子旁邊就是一些公共房屋。那裡的孩子全都上社區裡同一間學校，在同一個公園玩耍。他們在那個年紀顯然生活在同一個世界裡。許多地方可能無法像新加坡那麼進取，以嚴格的配額制度確保每一棟住宅或每一個街區都維持某程度的族群混合，但在每一個社區保留一定比例的公共房屋似乎仍是可以做到的。

執行這種政策的挑戰主要是在政治面。如果政治意志夠強，如何做好這件事似乎不難想像：將公共房屋分散蓋在各社區，分配一個號碼給符合資格的每一戶，一有新的公共房屋落成就進行公開抽籤，同時提供便利的查詢功能，確保中籤者分配到房子。困難在於高級社區的公共房屋非常誘人，地方政客很想以它做為施恩的工具，但如果政治意志夠強，這種困難是有望克服的。

但是，在未來一段時間，多數窮人仍將住在低收入社區，我們可以利用族群混合學校促進族群融合。要做到這一點，許多孩子必須跨區上學。波士頓就曾經為了提高學校的族群多樣性，以巴士載送大量孩子跨區上學，但這種做法不受歡迎，原因之一大有道理：小孩子不喜歡搭巴士上學。最好的辦法可能是容許特定低收入社區的孩子去其他社區上學。美國的大都會教育機會委員會（METCO）安排少數族裔兒童跨區到多數族裔學校上學，證明對少數族裔兒童有益，而且完全不影響多數族裔兒童的成績。如果沒有這種安排，後者終其一生大部分時間將生活在白人為主的環境中，但他們因為這種計畫而接觸到更多不同族群的人，而如我們所見，這對他們的世界觀和偏好有持久的影響。[89]

徒勞無功？

面對感覺像是一場海嘯的偏見潮，我們所有的建議加起來似乎遠遠不足以解決問題。但如果你這麼想，那就是忽略了本章的這個重點：偏見既是問題的起因，也是問題的症狀，甚至是症狀多一些。偏見往往是一種防禦反應，是我們對自己看到的世上許多不對的事、我們承受的經濟苦難，以及我們不再受尊重或重視的感覺的防禦反應。

這有四個重要涵義。第一點最顯而易見：種族主義情緒的基礎是覺得自己在世上不再受到尊重，對那些表達種族主義情緒、與種族主義者稱兄道弟或投票支持種族主義者的人（那些「可悲的人」）表示蔑視只會強化這種情緒。第二，偏見不是一種絕對的偏好；即使是所謂的種族主義選民也關心其他事情。在一九九〇年代和二〇〇〇年代初，印度北部經歷了一段主要基於種姓的極化時期。但到了二〇〇五年，這種趨勢已經告一段落。一些明確基於種姓爭取支持的政黨（莫迪總理所屬的印度人民黨不是明確地以種姓為基礎）本來得到許多下層種姓選民忠心的支持，但這些選民開始質疑這些政黨是否給予他們足夠多的好處。瑪雅瓦蒂（Mayawati）是當中一個政黨的領袖，她決定重塑自己的形象，以所有窮人（包括上層種姓中的窮人）的領袖為定位，並在此基礎上贏得二〇〇七年北方邦的選舉。她選擇追求廣泛的包容性，而非狹隘的宗派主義。

近年在美國，一度廣受厭惡的《平價醫療法》（又稱「歐巴馬健保」）的奇特經歷使我們印象深刻。在反對者眼中，這個法案是可鄙的肯亞黑人穆斯林歐巴馬的標誌性政策倡議，許多共和黨籍州長與它劃清界線，拒絕接受聯邦政府支持擴大醫療補助計畫（Medicaid）的補助金——擴大醫療補助計畫是《平價醫療法》為更多民眾提供健保的關鍵機制。但是，到了二〇一八年的期中選舉，猶他、內布拉斯加和愛達荷這三個深紅州（共和黨穩占優勢的州）都舉行了有關是否擴大醫療補助計畫的公民投票，而且都通過了擴大醫療補助計畫的提案。堪薩斯州和威斯康辛州也選出了新的民主黨籍州長，他們矢言擴大醫療補助計畫（之前的共和黨籍州長沒有這麼做）。這並不是因為這些地方的人都變成民主黨的支持者：他們仍投票選出觀點往往非常保守的共和黨籍眾議院和參議員。但在健保問題上，許多人似乎已經決定無視共和黨當局的警告，根據他們對自身利益的理解行事。經濟理性戰勝了川普。

這與我們要講的第三點有關。選民重視種族、族群或宗教，甚至重視種族歧視觀點的表達，未必代表他們對這些東西有非常強烈的感情。選民確實意識到，政治領袖會把握時機打族群牌或種族牌。他們仍投票給那些政治人物的原因之一，是他們深信所有政治人物都很相似，因此對政治體制有很深的懷疑。在此情況下，他們大有可能寧願投票給看起來或聽起來像他們的人。換句話說，基於族群或偏見的投票行為往往只是表達一種冷漠的態度。但這也意味著藉由凸顯選舉涉及的利害來改變他們的想法，往往出奇容易。二〇〇七年，在以種姓政治著稱的印度北方邦，阿比吉特和他的同事成功促使一〇%的選民放棄支持代表他們種姓的政黨，而他們的方法不過是唱歌、木偶戲和街頭劇表演——全部都傳達這個簡單的訊息：「請根據發展議題投票，而不是根據種姓投票。」[90]

由此就講到我們的最後一點，可能也是最重要的一點。對抗偏見最有效的方法，可能不是直接與人們討論他們的觀點，雖然這似乎是很自然的做法。最有效的方法可能是說服民眾，使他們相信參與其他政策議題是值得的。一些政治領袖對選民做出大量承諾，甚至做了許多有意兌現承諾的漂亮姿態，但最後可能交不出什麼實際成績，部分原因在於真正有所作為並不容易。換句話說，我們必須重建公開的政策對話的信譽，證明這種政策對話不只是用誇誇其談來替無所作為辯護的方式。此外，我們當然還必須盡力舒緩許多人感受到的憤怒和被剝奪感，同時承認這既不容易，也無法快速做到。

正如我們在第一章解釋的，這就是我們在本書開始的旅程。我們從移民和貿易談起，這是人們知道和理解最多的兩個議題。但即使就這些議題而言，經濟學家仍強烈傾向提出不容爭論的見解（「引進移民是好事」、「自由貿易比較好」），並且不附加詳細的解釋和必要的警告；這嚴重損害了這些見解的可信度。接下來我們要談一些爭議性高得多的議題（即使在經濟學家圈子裡也是），包括經濟成長的前景、貧富不均的起因，以及氣候變遷的挑戰。

我們將同樣試著破解這些議題涉及的迷思，同時承認我們必須提出的一些見解偶爾將以較為抽象的論點為基礎，而且相對缺乏證據支持（相較於本書截至本章的內容而言）。儘管如此，這些議題對我們如何看待未來（和現在）至關緊要——若不積極加以處理，如何制定更好的經濟政策根本無從談起。

在這一切之中，偏好的作用至關重要。談論經濟成長、貧富不均和環境問題時，不可能不考慮我們所需要的和想要的，因此也就不可能不考慮偏好。我們已經看到，想要的未必是需要的（人們似乎會根據自己的社會保險號碼而非喝酒的樂趣來評估一瓶酒的價值），需要的也未必是想要的（電視機是你需要還是想要的東西？）。這些當然將是接下來各章關注的核心問題，它們將或明或暗地出現在我們闡述的論點和世界觀中。

5 經濟成長的終結？

經濟成長約莫結束於一九七三年十月十六日，而且一去永不返——這是戈登（Robert Gordon）在他一本精采著作中提出的充滿自信的判斷。[1]

在那一天，石油輸出國組織（OPEC）成員國宣布實施石油禁運。到一九七四年三月禁運解除時，石油價格已經上漲了三倍。當時世界經濟愈來愈依賴石油，普遍面臨原料短缺的問題，物價因此節節上升。西方富裕國家隨後經歷了黯淡的十年「滯脹」（經濟停滯伴隨著通貨膨脹）。人們以為經濟成長緩慢的時期會過去，誰知道成長緩慢的問題自那時起一直揮之不去。

這種情況發生在這樣一個世界裡：這些富裕國家的多數公民在成長過程中形成了經濟將無止境擴張、國家將愈來愈繁榮的期望，而政治領袖則習慣了以單一標準衡量他們的成就，那就是本國的國內生產毛額（GDP）成長率。我們很大程度上仍活在這樣的世界裡，而在某種意義上，我們仍在討論一九七〇年代那個關鍵時刻。當時到底哪裡出錯了？是政策失誤嗎？我們可以把經濟成長哄回來並留住它嗎？我們需要按哪一個神奇按鈕？中國可以不受成長放緩的大趨勢影響嗎？

經濟學界一直忙著解答這些問題。經濟學家針對這些問題寫了無數的書籍和論文。諾貝爾經濟學獎頒了很多次。經歷了這一切之後，對於如何提高富裕國家的經濟成長速度，我們可以自信地提出什麼見解？抑或相關著述已經那麼多，代表我們其實毫無頭緒？抑或我們根本不必為此操心？

光輝三十年

在二戰結束至石油危機爆發的三十餘年裡，西歐、美國和加拿大的經濟成長速度，比歷史上其他任何時期更快速。

一八七〇至一九二九年間，美國人均GDP以當時前所未聞的每年一．七六％的速度成長。在一九二九年之後的四年裡，美國人均GDP災難性地萎縮二〇％（那段時期稱為大蕭條不是沒有道理的），但隨後恢復得夠快。一九二九至一九五〇年的年均成長率，實際上略高於前一段時期。但在一九五〇至一九七三年間，年均成長率上升至二．五％。[2]一．七六％與二．五％看似相差不多，但兩者的差異其實意義重大。人均GDP如果每年成長一．七六％，需要四十年才能增加一倍，但如果每年成長二．五％，倍增只需要二十八年。

歐洲一九四五年之前的歷史較為曲折，部分原因在於戰爭頻仍，但在一九四五年之後，歐洲經濟爆發成長。艾絲特出生於一九七二年末，當時法國的人均GDP是她母親一九四二年出生時的四倍左右。[3]這是西歐經濟體的典型情況。一九五〇至一九七三年間，歐洲人均GDP年均成長三・八％。[4]法國人將二戰之後的三十年稱為「光輝三十年」不是沒有原因的。

那段時期的經濟成長靠勞動生產力（勞工每工作一小時的產出）迅速成長驅動。當時美國的勞動生產力每年成長二・八二％，也就是每二十五年增加一倍。[5]因為勞動生產力成長得夠快，足以抵銷那段時期人均工作時間**減少**的影響還有餘。在二十世紀下半葉，美國和歐洲的勞工每週工作時間縮減了二十小時。而戰後的嬰兒潮降低了勞動年齡人口占總人口的比例，因為嬰兒潮世代在當年，嗯……就是嬰兒。

勞工的生產力為何提高了？部分原因在於他們的教育程度提升了。一八八〇年代出生的人一般僅上學到七年級，一九八〇年代出生的人則平均上過兩年大學。[6]此外，勞工可以用的機器增加了，而且品質變得更好。電力和內燃機在這個時代發揮了核心作用。

基於一些大膽的假設，我們可以估計這兩個因素產生了多大的作用。戈登估計，在這段時期，教育程度提高可以解釋勞動生產力約十四％的成長，而資本投資使勞工可以使用更多而且更好的機器，則可以解釋勞動生產力十九％的成長。

勞動生產力的成長還有很大一部分無法以經濟學家可以衡量的變化加以解釋。為了使我們感覺好一些，經濟學家替它取了「總要素生產力」（total factor productivity）這個名字。（著名的成長經濟學家梭羅〔Robert Solow〕將總要素生產力稱為「衡量我們無知程度的指標」。）分析生產力成長時，剔除了我們可以衡量的促進生產力的所有因素之後，剩下的就是總要素生產力的成長。它反映這項事實：教育程度相同的勞工利用同樣的機器和投入（經濟學家稱之為資本），如今工作一小時的產出高於去年。這是有道理的。我們一直在尋找更有效利用既有資源的方法。生產力提升某程度上有賴於技術進步：電腦晶片變得更便宜更快速，因此一名祕書現在花數小時就可以完成過去需要一個小團隊去做的工作；人類開發出新的合金；農場引進了生長速度更快而且用水量較少的新品種小麥。但是，如果我們找到新方法減少浪費或縮短原料或勞工被迫閒置的時間，總要素生產力也會提高。生產方法的創新，例如鏈式生產（chain production）或精實製造（lean manufacturing），可以提高總要素生產力，建立一個運作良好的拖拉機租賃市場也可以。

相對於歷史上的大部分時間，一九七〇年之前的數十年之所以不同尋常，是因為總要素生產力成長得特別快。在美國，一九二〇至一九七〇年間的總要素生產力成長速度是一八九〇至一九二〇年間的四倍。[7] 事實上，一九二〇至一九七〇年這段時期之所以神奇，正是拜此所賜，而不是因為期間勞工的教育程度或人均可用資本大有提升。歐洲的總要素生產力成長速度甚至快過美國，尤其是在二戰之後，原因之一是歐洲採用了美國已經發展出來的新技術。[8]

快速成長並非僅出現在國民所得統計上。無論以什麼標準衡量，一九七〇年的生活品質皆與一九二〇年根本不同。在西方國家，一般人的飲食大有改善，冬天可以住得暖一些，夏天則涼快一些，可以選擇的消費品更豐富多樣，而且人們普遍活得更久更健康。[9] 隨著每週工作時間縮短和退休年齡降低，人們的生活不再以單調乏味的日常勞動為主。童工在十九世紀十分常見，但如今在西方國家已大致消失。在這些國家，兒童至少可以享受他們的童年。

沒那麼光輝的四十年

但是到了一九七三年（或這一年前後），快速成長全部終止。在接下來的二十五年裡，總要素生產力的成長率平均僅為一九二〇至一九七〇年間的三分之一。[10]隨著一場有明確起始日的經濟危機展開、甚至有一組外國勢力可以責怪的狀況，變成了一種新常態。經濟放緩的持續性當時並非立即顯而易見。學者和政策制定者因為在經濟成長的黃金時期出生和長大，最初認為這只是暫時現象，很快就會自行糾正。等到人們清楚認識到經濟成長緩慢並非只是一種異常現象的時候，許多人的最新希望是計算能力進步很快將促成一場新的工業革命。當時計算能力正以愈來愈快的速度提升，電腦應用變得非常普及，一如電力和內燃機曾經出現的情況。這必將轉化為生產力成長的新時代，進而帶動經濟成長。後來這真的發生了。自一九九五年起，總要素生產力有幾年時間以較快的速度成長（但成長率仍顯著低於黃金時期）。可惜好景很快告一段落。自二〇〇四年以來，美國和歐洲的總要素生產力和GDP成長率似乎都回到了一九七三至一九九四年低迷時期的水準。[11]在美國，GDP成長率在二〇一八年中有所回升，但總要素生產力成長仍然緩慢。這一年總要素生產力的成長率僅為〇．九四%[12]，遠低於一九二〇至一九七〇年間的一．八九%。

最新一波放緩引發經濟學家之間的熱烈辯論。成長放緩似乎和我們從周遭聽到的一切格格不入。矽谷人士不斷告訴我們，眼下是創新和顛覆不斷發生的時代：個人電腦、智慧型手機、機器學習技術正在改變世界。創新似乎無所不在。但是，既然創新層出不窮，怎麼可能完全看不到經濟成長加速的跡象？

相關辯論圍繞著兩個問題。第一，生產力是否終將恢復持續的快速成長？第二，衡量GDP充其量只是一種猜測，這項指標是否因為某些原因，完全未能反映新經濟帶給我們的所有歡樂和幸福？

經濟成長是否已經終止？

芝加哥西北大學的兩位經濟史學家是這場辯論的核心人物。

戈登是其一，他認為高成長時代不大可能重現。我們只見過戈登一次。他予人矜持的印象，但他的著作卻絕非如此。另一位是我們熟悉得多的莫基爾（Joel Mokyr），他非常活潑，眼睛閃閃發亮，待人非常和善；他的文字充滿令人動容的活力，風格與他對未來大致樂觀的態度一致。

戈登非常大膽地預測未來二十五年經濟平均每年僅將成長〇．八％。[13] 他與莫基爾辯論時說：「無論去到哪裡，我舉目所見都是停滯的現象。我看到各地的辦公室在用桌上型電腦和軟體，跟十年或十五年前沒什麼不同。我看到零售商店使用條碼掃描器結帳，一如既往；貨架仍是靠人手而非機器人補貨；櫃檯後面還是有人在切肉和起司。」在他看來，現今的發明不可能像電力和內燃機那樣根本改變世界。戈登的著作尤其大膽。他興致勃勃地列出未來學家預測的一系列未來創新，逐一解釋為什麼在他看來，它們沒有一樣能像電梯或空調技術那樣改變世界，以及為什麼它們全都無法使我們回到經濟快速成長的時代。例如他告訴我們：機器人不能摺衣服；三D列印技術不會影響大規模製造作業；人工智慧和機器學習「毫不新鮮」。[14] 它們至少從二〇〇四年起就已經存在，但迄今對經濟成長毫無貢獻。

當然，戈登所講的一切並未排除這種可能：某種完全意料之外的東西，可能是以我們迄今想像不到的方式將我們熟悉的事物組合起來，最終將改變世界。戈登認為不會出現這種東西，但這只是他的直覺。

另一方面，莫基爾看到了經濟成長的光明前景，因為各國競相成為科技領導者，創新因此將迅速普及至全世界。他認為雷射技術、醫學、基因工程和三D列印有很大的發展潛力。針對戈登聲稱人類的生產方式過去數十年沒有根本變化，莫基爾反駁道：「我們現今擁有的工具，使我們一九五〇年時擁有的一切相較之下像是拙劣的玩具。」[15] 但最重要的是，莫基爾認為世界經濟的運作方式已經改變，加上經濟全球化，已經創造出有利於創新湧現和改變世界的環境，而這一切將如何發生甚至是我們目前無法想像的。他預料有個因素將加快經濟成長：我們將能減慢大腦衰老的速度。果真如此，我們當然將有更多時間去想出更好的主意。莫基爾雖然已經七十二歲，但工作精力和創造力未見衰退——他自己就是支持這項論點的一個好例子。

兩位傑出學者就經濟成長前景得出如此截然不同的結論，凸顯了此一課題很傷腦筋。在經濟學家試圖預測（而且通常失敗）的所有事情當中，經濟成長是我們的表現特別可悲的領域。就舉一個例子：一九三八年，就在美國經濟經歷了大蕭條之後正回到高成長模式之際，漢森（Alvin Hansen）創造了「長期停滯」一詞來描述當時的經濟狀況（漢森不是無名小卒；他是哈佛大學的教授，還是IS-LM模型的共同創造者，這個模型是多數經濟學學生上完總體經濟學第一堂課之後會記得的東西）。他當時認為美國經濟永遠不會再成長，因為支持成長的所有力量都已經耗竭，尤其是技術進步和人口成長這兩個因素。[16]

在西方國家長大的人，成長過程中多數見證了快速的經濟成長（又或者父母那一輩對經濟快速成長習以為常）。戈登提醒我們注意較長遠的歷史。一八二〇至一九七〇年那一百五十年才是例外情況，而不是一九七〇年之後的低成長時期。在西方，一八二〇年代之前幾乎沒有人知道經濟可以持續成長。在一五〇〇至一八二〇年期間，西方的人均年度GDP從七八〇美元增加至一二四〇美元（以定值美元衡量），年成長率僅為〇．一四％。在一八二〇至一九〇〇年間，年成長率升至一．二四％，是之前三百年年成長率的九倍，但仍遠低於一九〇〇年之後達到的二％。[17]如果戈登的預測正確，也就是我們未來的經濟年成長率僅為〇．八％，我們也只是回到非常長期（一七〇〇至二〇一二年）的成長率平均水準。[18]這不是新常態；這只是常態。

事實上，我們在二十世紀大部分時間看到的經濟持續成長是前所未有的，但當然，這並不意味著它不可能再發生。目前世界的富裕程度和世人的教育程度皆處於空前的高位，創新的誘因也空前強烈，而且可能領導新一輪創新潮的國家愈來愈多。未來大有可能一如某些科技熱衷者所想：在第四次工業革命推動下，經濟在接下來數年間再度爆炸式成長，而驅動成長的可能是智慧型機器，它們有自學能力，可以比人類寫出更好的司法案例摘要和講出更幽默的笑話。但未來也有可能如戈登所想，電力和內燃機對人類生產和消費方式的影響可一不可再，經濟成長持續緩慢。我們花了一段時間才達到當前這個新高原，經濟在此過程中快速成長，但我們沒什麼理由期望這種情況再發生。不過，或許應該補充指出，我們也沒有這種情況不會再發生的確鑿證據。我們確實知道的主要是我們不知道未來會怎樣，而且除了等待，沒有辦法找到答案。

花朵之戰

因為父母親不相信玩具對孩子真有好處，阿比吉特小時候常在漫長的下午以花朵為道具玩戰爭遊戲。仙丹花的花蕾有長莖和尖頭，是遊戲中的敵人，會向阿比吉特的步兵扔石頭——步兵是馬齒莧又長又多肉的葉子。夜來香是他的醫務兵，用牙籤為受傷者做手術，並以柔軟的茉莉花瓣為傷者包紮。

阿比吉特至今還記得，那是他當年一天之中最快樂的時光。這當然應該是幸福。但是，GDP的傳統定義並未涵蓋這種快樂。經濟學家一直知道這一點，但它值得我們提出來強調。在阿比吉特的家鄉加爾各答，如果一名人力車車夫某天下午休息，去和他的情人共度美好時光，GDP會減少，但福祉怎麼可能沒有提高呢？奈洛比（肯亞首都）一棵樹被砍下時，GDP計算的是因此耗費的勞動力和產生的木材，但不會扣去因此失去的樹蔭和美景。GDP僅計算有價有市的東西。

這很重要，因為經濟成長總是以GDP衡量。二〇〇四年，總要素生產力繼一九九五年起顯著加速成長之後再度放緩，臉書正是在這一年開始逐漸成為我們生活中非常重要的一部分。隨後推特和Instagram分別於二〇〇六和二〇一〇年面世。這些社群媒體平臺的共同之處，是它們名義上免費、營運成本低廉，以及極受歡迎。我們在這些平臺上觀看影片或更新資料（發出貼文），這些活動有多大的價值？現在我們計算GDP時，是以人們所付的費用（通常是零）或建立和經營這些平臺的成本來估算這些活動的價值，這可能會嚴重低估這些平臺對我們福祉的貢獻。當然，如果你確信焦急地等待別人替你的最新貼文按讚一點也不好玩，但因為你所有的朋友都在臉書上，所以你無法戒掉臉書，那麼GDP統計也可能高估了臉書對人類福祉的貢獻。

無論如何，臉書的營運成本（以此計算臉書在GDP中的貢獻）與它創造的福祉（或不幸）幾乎沒有關係。近年統計數據呈現的生產力成長放緩現象適逢社群媒體的爆炸式成長，這促使我們思考一個問題，因為GDP所計算的產出，以及理應算進福祉中的貢獻，這兩者間的差距剛好在此時擴大，是完全可以想像的事。是否有可能實質生產力成長了（也就是實質福祉增加了），但我們的GDP統計完全忽略了這一點？

戈登對這種想法非常不以為然。事實上，他認為臉書流行很可能正是生產力成長放緩的原因之一——太多人在理應工作的時候浪費時間玩臉書。但是，他這想法似乎無關宏旨。如果人們現在確實比以前快樂得多，我們有什麼資格去評斷他們的時間是否花得有價值？如果我們沒有資格去評斷，我們當然也就不能反對將他們從這些活動中得到的快樂納入福祉統計中。[19]

無限的歡樂

社群媒體被忽視的價值，是否足以抵銷統計數據顯示的富裕國家生產力成長放緩？回答這個問題之所以困難，當然在於我們不知道這些免費產品有多大的價值。但我們可以試著估計人們願意為它們付出多大的代價。有人為此計算人們花多少時間上網，以此做為這種活動對他們的價值的指標。這種做法假設人們可以把上網的時間用來工作賺錢。以這種方法估算，美國人平均每人每年因為上網而得到的價值，從二〇〇四年的三〇〇〇美元增加至二〇一五年的三九〇〇美元。[20] 如果我們把這些被忽視的價值加到二〇一五年的GDP當中，可以補足那一年三兆美元「消失的產出」的三分之一（假設二〇〇四年之後的成長並沒有放緩，二〇一五年原本可以達到的GDP與那一年實際GDP的差距，就是「消失的產出」）。[21]

以這種方式估算上網的價值有一個問題：它假設人們可以選擇延長工作時間以增加收入，而不是把時間用來上網。但朝九晚五的上班族多數不是這樣；他們每天必須設法使自己在工作之餘，保持愉快（或至少避免捲入麻煩）約八小時。如果他們把時間用來上網，這意味著他們喜歡上網多過看書或與親友相處。如果他們不是特別喜歡交際，也不喜歡看書，我們很難說上網對他們很有價值；他們每人每年因為上網而得到的價值，可能遠低於三九〇〇美元。

但是也有相反的問題。例如有些人無法想像沒有網路的生活，他們每天早上必須花一個小時上推特，否則會坐立不安。這第一個小時帶給他們近乎無限的歡樂。但這個小時結束時，所有敵人都已經抨擊過了，所有的妙語都已經處理過也傳播出去了。如果再花一小時在這上面，一切將變得索然無味，無聊到不可能會有第三個小時。另一方面，有些人同樣上網兩小時，但只是漫不經心地在臉書上回應朋友或有關朋友的貼文，而那些朋友是他們近乎遺忘或想要遺忘的。在統計數據中，兩者被視為相同，都是以兩小時的時間價值當作上網的價值。但它們顯然並不一樣，將它們當作相同的東西處理，可能導致我們嚴重低估網路對人的價值。

因為這種方法可能嚴重高估或低估網路的價值，學者便設法尋找其他方法來衡量網路對消費者的價值。有幾個隨機對照試驗特別值得注意：研究人員在參與者同意的情況下，針對一組隨機選出來的人，在一段不長的時間裡阻止他們上臉書（或所有社群網絡）。在當中最大的一個實驗裡，研究人員付錢給逾兩千名參與者，請他們停用臉書一個月，結果發現根據當事人自評的一系列快樂與幸福指標，停用臉書的人變得比較快樂，而且有趣的是，停用臉書不會使他們覺得更無聊（他們的無聊感可能減輕了）。他們似乎找到了其他方法保持開心，包括花更多時間與朋友和家人相處。[22]

在實驗結束、可以恢復使用臉書之後，那些停用了一個月的人恢復使用臉書的速度相當慢，數週之後使用臉書的時間比實驗開始前少了二三%。與此一致的是，在他們停用臉書那一個月結束時（也就是在他們已經體驗過沒有臉書的生活之後），若要他們再停用臉書一個月，必須付給他們的金錢補償估算比第一次少得多。

這一切似乎非常符合以下觀點：臉書使人上癮，令人難以想像沒有它的生活，但如果你真的放棄它，卻會發現生活並沒有明顯變差。但有趣的是，那些實驗參與者停用臉書一個月之後，若被要求放棄臉書，仍希望得到補償；他們並沒有覺得可以擺脫臉書真是值得感恩。研究人員假定這是因為他們其實想念臉書（雖然想念的程度可能沒有他們原本以為的強烈），並得出臉書為每一名用戶創造了超過二千美元福祉的結論。

但如前所述，停用臉書平均而言使當事人變得比較快樂，此一事實與上述結論該如何調和？首先，「平均而言」當然總是掩蔽了部分事實，例如在這個例子中就掩蔽了有些人真的很愛用臉書這個事實。此外，那些實驗參與者之所以認為停用臉書代價高昂，部分原因很可能是停用使他們成為朋友當中唯一不在臉書上的人，而停用愈久，這種不便愈嚴重（離開社群網絡一段時間是沒問題的，但徹底離開的代價就相當高昂）。如果世上沒有臉書，就不會有這問題。

總體而言，這一切似乎未能明確解答我們的問題。我們比較有把握的是：臉書並非像它的愛好者所期望的那樣顯然造福全人類，雖然它帶給某些人的價值超過他們付出的代價，至少在當前情況下（他們所有的朋友都在臉書、Instagram或推特上）是這樣。如果我們以這些新技術的「真實價值」衡量它們，經濟成長是否會比現行數據呈現的速度快得多？根據現有的證據，答案很可能是不會。

我們可以頗有把握地指出，既有證據中完全沒有什麼可以使人相信，富有國家的GDP可以回到歐洲光輝三十年和美國黃金時期那種快速成長的狀態。

梭羅的直覺

這不應該是我們完全沒有料想到的。值得注意的是，在戰後經濟成長達到高峰的一九五六年，梭羅寫了一篇論文，預告經濟成長終將放緩。[23]他的基本論點是隨著人均GDP上升，人們會增加儲蓄，將有更多資金可用來投資，勞工人均可用資本隨之增加。這將導致資本的生產力降低；如果某家工廠以前只有一臺機器，現在有兩臺機器，那麼同樣的勞工就必須同時操作兩臺機器。當然，一家工廠的機器如果增加了，它可以增聘人手。但是，整個經濟體一旦耗盡它的勞動力儲備，人手就無法增加（假設移民情況保持不變）。因此，以額外的儲蓄購買的額外機器，只能由較少的勞工負責操作。每一臺新機器對GDP的貢獻將會愈來愈少，每一單位額外資本的貢獻也是這樣。經濟成長將會放緩。此外，資本的生產力降低也將導致它的財務報酬降低，這會使人愈來愈不想儲蓄。人們最終將停止儲蓄，經濟成長將會放緩。

這種邏輯是雙向的。資本稀缺的經濟體成長速度較快，因為新投資的生產力很高。富裕的經濟體通常資本充裕，成長速度往往慢一些，因為新投資的生產力沒那麼高。這意味著勞動力與資本的相對規模若嚴重失衡，應該會得到糾正。勞動力過剩的經濟體以較快的速度成長，而因為所得以較快的速度成長，儲蓄也是這樣。這些經濟體因此以較快的速度累積資本，最後資本變得充裕。反過來說，一個經濟體如果資本過剩（相對於勞動力而言），它累積資本的速度會比較慢。

因此，資本成長率與勞動力成長率若出現巨大的差異，是不可能長期維持的，因為如果資本的成長速度快過勞動力，一段時間之後，這個經濟體將出現資本（相對於勞動力）過剩的情況，屆時成長就會放緩。短期而言可能會有失衡的狀況（例如美國的勞工所得占GDP的比例目前正在下跌[24]），但長期而言，經濟自然傾向維持接近均衡成長的狀態，也就是勞動力和資本成長速度相若，而因為同樣的原因，人力資本（體現在勞工技能上的那一部分資本）也以大致相同的速度成長。梭羅認為GDP也將以同一速度成長（畢竟GDP是勞動、技能和資本的產物）。

有效勞動力的成長取決於過去的生育率和人們的工作意願，而在梭羅看來，這兩個因素主要受人口而非經濟因素影響，因此主要取決於這個國家的歷史和文化，而不是該國的經濟或經濟政策現狀。不過，影響有效勞動力的還有總要素生產力——如果拜科技進步所賜，一名勞工如今可以做原本需要兩個人的工作，有效勞動力就增加了一倍。梭羅假定這種轉變也與這個國家的當代經濟狀況和政策無關；如此一來，有效勞動力的成長率實際上是在經濟學的範疇之外。這就是為什麼梭羅將有效勞動力的成長率稱為「自然成長率」，而根據他的理論，長期而言，GDP的成長速度必然與有效勞動力相同，也就是以自然成長率成長。

梭羅的理論有若干涵義。第一，經濟因為戲劇性的轉變而經歷了一段快速成長期之後，一旦回到均衡成長狀態，成長就很可能放緩。這顯然與歐洲一九七三年之後的情況一致。歐洲在經歷了二戰的摧殘之後，資本稀缺，必須奮力追回先前荒廢的經濟發展，而到了一九七三年，歐洲的追趕型成長時期已經結束。在美國，梭羅設想的那種投資驅動型成長在戰後明顯放緩，但快速的總要素生產力成長適時取而代之，直到一九七三年。如前所述，從那一年起，連美國也出現了成長放緩的趨勢。整個西方世界都出現利率持續下跌的趨勢，似乎反映這些國家資本充裕——這與梭羅模型所講的完全一致。

趨同發展？

梭羅理論的第二個涵義（可能也是它最受矚目的涵義），是經濟學家所講的趨同（convergence）。資本稀缺而勞動力相對充裕的國家（也就是多數窮國），經濟將以較快的速度成長，因為它們尚未達到均衡成長狀態。它們仍可以藉由促進勞動力與資本之間的平衡來促進經濟成長。因此，我們會預期各國之間勞工人均GDP的差異，將隨著時間的推移逐漸縮小。在其他所有條件相同的情況下，較窮的國家將追上較富裕的國家。

梭羅本人相當審慎，並未保證這一定會發生。如果一個國家有大量的勞動力但資本非常少（許多窮國起初正是這樣），該國將只有一小部分勞工可以受僱於工資足以維持基本生活的工作（其他人可能完全沒有工作可做）；因此，這個國家將無法從它充裕的勞動力中得到很多好處。趨同即使真的發生，速度也可能非常緩慢。

雖然梭羅提出了警告，但這種願景（隨著落後國家迎頭趕上，最終達到經濟均衡成長的理想狀態，起初赤貧的國家將有序地發展成相對富裕的國家），加上全球生活水準趨同發展的希望，為資本主義下的進步提供了一種令人欣慰的敘事，使得經濟學界花了約三十年時間，才開始注意到這個模型與現實不大契合。

首先，在現實中，**窮國的經濟成長速度通常沒有快過比較富裕的國家**。一九六〇年各國人均GDP與隨後經濟成長率的相關性非常接近零。[25]既然如此，我們該如何解釋二戰之後西歐的經濟表現追上美國這個事實？梭羅有一個可能成立的答案。他的模型實際上是說，**在其他方面完全一樣的國家**，彼此間的經濟表現差異會逐漸縮小。這可能正是西歐與美國經濟表現趨同的原因，因為兩者在許多方面非常相似。另一方面，在梭羅的世界裡，天生比其他國家節儉並將更多產出用於投資的國家，長期而言將會比較富有。此外，在達至自然成長率並穩定下來之前，那些投資較多、起初貧窮的國家在邁向較高的人均GDP的過程中，也會有一段時間以較快的速度成長。

開發中國家的經濟表現與西歐和美國不同，投資不足有可能是原因之一嗎？我們隨後將看到，答案似乎是否定的。

成長無法強求

梭羅模型的第三個（也是最激進的）預測，是經濟一旦達到均衡成長狀態，相對富裕國家的人均GDP成長率可能相差不多。究其本質，在梭羅的世界裡，這些差異必然源自總要素生產力成長率的差異，而梭羅認為，至少就這些富裕國家而言，總要素生產力的成長率應該大致相同。

如前所述，梭羅認為總要素生產力的成長是自然而然的，基本上不受政策制定者控制。許多經濟學家對他這項觀點不是很滿意。因為經濟成長率是決定國際競爭力排名的關鍵指標，梭羅拒絕保證奉行「良好」經濟政策的國家比較有望取得較高的總要素生產力成長率，確實可能令人非常不悅。他是故意不顧現實嗎？畢竟我們不是看到富裕國家採用的最新科技比其他國家多很多嗎？

梭羅認為一國經濟的均衡成長率不容易受政策影響，這項觀點受到抵制或許是意料中事。但這種抵制在好幾個方面忽略了梭羅思想的微妙之處。首先，梭羅提出的問題是：科技已處於尖端水準的國家，靠什麼驅動技術升級？創新構想的流動想必是促進這些國家經濟成長的重要因素，但這些構想顯然有可能跨國流傳。例如德國發明了一種新產品，它或許可以同時在其他數個國家開發生產，可能是由母公司在那些國家的子公司負責。如此一來，這些國家的生產力將以大致相同的幅度提升，雖然發明那個產品的只是其中一個國家。

第二，梭羅談論的是國家達到均衡成長狀態之後的經濟成長，而雖然一些富裕國家可能已經達到這種狀態，但那些資本仍然稀缺的國家則很可能還有很長的路要走。等到肯亞或印度達到梭羅所講的均衡成長狀態時，它們必然會比現在富裕得多，而且將採用許多（或所有的）最新科技。它們目前在科技上相對落後，可能只是它們資本不足的一個症狀。

最後是可能最難理解的一點：正邁向均衡成長狀態的國家，技術升級的速度可能快過已達到均衡成長狀態的國家。當然，最引人注目的技術突破，例如自動駕駛汽車和3D列印機，總是會出現在比較先進的國家，但多數技術升級只是從前天的技術升級至昨天的技術。這通常比技術創新容易，因為這種技術升級已經有其他國家做過，我們完全知道怎麼做。這只是拿現成的東西來用，不必創造出新東西來。

出於這些很好的理由，梭羅慎重地選擇了研究不同國家的均衡成長率差異從何而來。他簡單地假定總要素生產力的成長率是一些神祕力量的產物，而這些力量與這些國家的文化、政策體制性質之類毫無關係。這意味著一旦資本積累過程已充分發揮其作用、資本報酬率已跌至夠低的水準，對於我們可以為長期成長做些什麼，梭羅幾乎沒有什麼話可說。梭羅的模型就是經濟學家所講的外生成長模型，而「外生」（exogenous）一詞是指受外部影響或力量驅動，使用這個詞就是承認我們完全沒有能力影響長期成長率。簡而言之，經濟成長是我們無法控制的。

給我一個槓桿[26]

證據顯示許多窮國的經濟沒有成長，加上梭羅的模型無法就如何影響長期成長提出有用的建議，最終促使經濟學家另尋出路。他們迫切希望能夠提出如何幫助國家發展經濟的見解。盧卡斯（Robert Lucas）是芝加哥反凱因斯總體經濟學派的元老之一，也是當代影響力最大的經濟學家之一。他在一九八五年廣被引用的馬歇爾演講中承認，他想知道，「是否有某些行動是印度政府如果採取了，可以使印度經濟像印尼或埃及經濟那樣成長？如果有，確切是什麼行動？如果沒有，那是怎樣的『印度本質』導致的？這些問題對人類福祉的潛在影響大得驚人，因此你一旦開始研究，就很難去思考其他任何問題。」[27]

但盧卡斯可以貢獻的並非只是一個抱負。他還認為我們忽略了一些重要的東西，而印度之所以貧窮，不可能只是因為技能和資本不足。他認識到，印度的資本和技能比美國少，而這可能是印度的被殖民歷史或種姓制度造成的。但是，如果僅以資源不足來解釋兩國人均GDP的巨大差異，那麼這些資源必須極度稀缺。如果它們真的如此稀缺，它們應該非常寶貴。例如倘若數千人耕種的數百塊田地只有一臺拖拉機可用，這臺拖拉機將受到非常密集的使用，而且它的租金將會非常高。基於這個邏輯，盧卡斯估算，如果美國與印度的人均GDP差異完全是印度資本稀缺造成的，那麼印度的資本必須稀缺到這種程度：資本在印度的價格（付給為這個經濟體中的機器提供資金之人的補償）必須高達資本在美國的價格的五十八倍。[28]盧卡斯心想，這樣一來，美國所有的資本不是應該流到印度去嗎？因為這種情況顯然沒有發生，他斷定資本在印度的價格實際上不可能那麼高。換句話說，資本在印度的內在生產力一定低於在美國的內在生產力，如此方能解釋為什麼雖然印度顯然資本稀缺，但資本在印度不能獲得盧卡斯所估計的極高報酬率——採用梭羅的說法則是：印度的總要素生產力一定遠低於美國。

盧卡斯對市場的運作過於樂觀，這或許並不令人意外。我們現在知道，現實中經濟具有黏性，資源不會非常快速流動，當然也不會快速從美國流到印度。儘管如此，盧卡斯基本見解的某個版本，一再被遇到總要素生產力難題的人重新發現。舉個例子，如果你試圖僅以各國資源多寡的差別來解釋國家之間的GDP差異，你很快就會發現，即使貧窮國家確實面對技能和資本嚴重不足的問題，它們的人均GDP仍顯著低於根據這種資源不足的情況所預測的水準。[29]換句話說，窮國之所以貧窮，很大程度上是因為它們沒有善用自己擁有的資源，而即使在資源相同的窮國之中，還是會有國家取得較好的經濟表現。問題是：為什麼會這樣？

盧卡斯熱切呼籲我們尋找更好的方式解釋經濟成長，他的博士生羅默（Paul Romer）是呼應這項呼籲的人之一。尋找更好的方式解釋經濟成長之所以困難，是因為梭羅的答案是以經濟學中最基本的兩個觀點為基礎。第一個觀點是資本家投資是為了追求高報酬；報酬若是降低，資本積累通常就隨之放緩。第二個觀點是隨著資本家階級累積了愈來愈多資本，資本的生產力會降低，因為沒有足夠的勞工去善用那些資本。在經濟學中，這種現象稱為**報酬遞減**。它有悠久的淵源。曾短暫出任法國財政部長的法國經濟學家杜爾哥（Anne Robert Jacques Turgot）一七六七年曾撰文討論這種現象；他與其他許多專家曾致力阻止法國猛然陷入經濟混亂，但未能成功，而經濟混亂最終引發了法國大革命。[30]馬克思則把報酬遞減當作一項前提，認為這正是資本主義注定滅亡的原因：資本家階級貪得無厭地追求累積愈來愈多資本，這將導致資本報酬率跌至極低的水準（馬克思主義的說法是「利潤率下降」），最終引發終結資本主義的危機。[31]

根據我們的直覺，報酬遞減這項假設有一定的道理。如果沒有工人操作新機器（或沒有工程師替新機器編寫程式，或沒有銷售人員去賣產品），購置新機器有什麼意義？當然，現實中也有反例。亞馬遜能夠壓低成本，很大程度上顯然是拜銷售規模巨大所賜。亞馬遜的倉儲和配送系統非常有名，建立那個系統需要非常多資本；如果市場不是對亞馬遜販賣的各種商品持續有需求，建立這種系統就不合道理。如果亞馬遜的規模只有它實際規模的百分之一，它就不可能賺到錢。事實上，亞馬遜起初一直沒賺到什麼錢，直到營運規模變得非常大，它的盈利才飆升。亞馬遜二〇一八年第二季的盈利達到二十五億美元。[32]

規模愈大愈好的現象（亞馬遜當前主導地位的根源），經濟學界稱之為報酬遞增，而梭羅那一代的經濟學家知道有此可能。但是，報酬遞增有個顯而易見的涵義：最大的公司應該最賺錢，因此最有條件以較低的價格打擊同業，最終將它們趕出市場。這樣的市場注定以獨占為結局。這確實正是線上零售業正在發生的事。但是，雖然我們的確看到某些行業由少數業者支配（社群網絡和五金店皆是這樣），但多數的重要市場（例如汽車、服飾和巧克力）都有許多業者。正因如此，經濟學家傾向迴避那些過度仰賴報酬遞增的理論。

羅默希望堅持單一企業仍受制於報酬遞減法則這個觀點。他的見解是：只要我們能夠假定**整體而言**，一個經濟體資本較多，其資本存量（capital stock）的生產力也較高，我們就能推翻梭羅的說法。羅默認為即使每一家公司都面臨報酬遞減的現象，因此企業沒有成為獨占巨頭的傾向，資本較多的經濟體仍有可能擁有生產力較高的資本存量。為了解釋這如何可能發生，羅默邀請我們思考矽谷之類的地方如何產生新構想，儘管他的論文發表了多年之後，矽谷才建立它的標誌性地位。[33] 矽谷的公司與梭羅世界裡的公司非常相似，但有一個重要差別：矽谷企業比較仰賴的不是我們通常想到的那種資本（機器、建築物），而是經濟學家所講的人力資本——它們本質上是不同類型的專業技能。許多矽谷公司投資在聰明的人身上，希望他們想出一些有市場價值的傑出構想，有時候這真的會發生。

報酬遞減的慣常力量也出現在這些公司。如果公司裡有太多喜怒無常的天才，同時沒有腳踏實地的人去做好資金管理，並確保工作時間玩遊戲的情況得到控制，則情況可能很快會變得不可收拾。羅默認為，不同之處在於矽谷的整體環境：無論是在咖啡店、小麥草汁吧、派對或公共交通工具，隨處都可以聽到各種構想。永遠不會再碰面的某個人隨口說出的某個想法，可能刺激你產生另一個想法，它們累積成一整套的構想，最後重塑了世界。重要的不僅是你與多少聰明人共事而已，你與多少聰明人競爭、甚至多少聰明人剛好出現在矽谷也很重要。在羅默的理論中，矽谷之所以成為現在這個模樣，是因為它集結全球最優秀的人才，並且賦予他們一種有利於互相啟發的環境。此處的報酬遞增現象是在產業、城市甚至地區的層面上。即使每一家公司都面臨報酬遞減的情況，矽谷的高技能人才增加一倍仍可提升他們的集體生產力。

羅默認為所有成功的工業城市都是這樣，包括十八世紀中葉的曼徹斯特、處於金融創新不同時期的紐約和倫敦，以及現在的深圳或舊金山灣區。他認為在所有這些地方，源自土地和勞動力稀缺的報酬遞減力量（勞動力之所以變得稀缺，部分原因在於土地稀缺使這些地方的生活成本變得非常高昂），被優秀人才交流互動和產生新想法造就的強勁活力蓋過了。因此，即使沒有梭羅神祕的外生生產力成長提供助力，隨著愈來愈多高技能人才聚集一地，高成長也可以一直維持下去。

在整個國家經濟的層面消除報酬遞減效應，也有助我們解釋為什麼資本並未流向印度。在羅默的世界裡，資本在印度和美國得到的報酬大致相同（儘管印度的資本少得多），因為在梭羅的模型中有利於印度的報酬遞減法則，被富裕經濟體中較快的思想流動抵銷了。問題是：這是否只是一種聰明的智力操作、一個我們用來安慰自己的故事，抑或羅默強調的力量真的非常重要？

經濟成長的故事

在討論那個問題之前，我們有必要談談細心的讀者可能已經注意到的一件事：我們開始談論經濟成長理論之後，對話頓時變得抽象得多。梭羅和羅默都是在講述整個經濟體很長一段時間內發生的事。他們為此將現實世界裡數量驚人的複雜情況套入寥寥數個因素裡。例如梭羅就賦予總體經濟層面的報酬遞減現象核心地位。羅默則是認為企業之間的創意流動至為重要，但我們不曾看到那些創意本身，只看到它們在總體經濟層面據稱產生的利益。因為構成一個經濟體的職業、企業和技能非常多樣，我們很難對這些非常寬泛的概念真有感覺（遑論提出實證證據）。梭羅希望我們思考一個經濟體裡面可用的總資本增加時會發生什麼事。但累積資本的不是經濟體，而是個體。然後他們決定如何利用這些資本：借給別人，開一家新麵包店，買個新房子，諸如此類。這種決定每一個都會改變很多事情：房價可能會上漲，麵包價格可能會降低，優秀的烘焙師傅可能會變得比較難找。梭羅希望把所有的複雜情況簡化為一種變化：可用的勞動力相對於可用資本的變化。同樣的，如果大量科技人才湧進某個城市，很多事情會改變（例如當地會出現更好的濃縮咖啡，而許多低收入居民將被迫遷離），但羅默僅強調關鍵的一件事：思想交流。羅默和梭羅對於什麼事物具有真正重要性的猜測大有可能正確，但要把他們的抽象概念與現實世界對應起來則相當困難。

更慘的是，我們迄今主要仰賴的數據在此對我們幫助不大。因為這些理論是在整個經濟體的層面運作，我們要檢驗這些理論就必須比較不同的經濟體（國家或城市），而不是比較個別的企業或人。但正如我們在討論貿易那一章所講，這總是相當困難，因為各個經濟體往往在許多方面互不相同，因此很難比較。

此外，即使我們願意比較各個經濟體以得出結論，我們也很可能不確定可以從中學到什麼。以整個經濟體層面的報酬遞減概念為例。我們想檢驗的是：一個國家的資本如果顯著增加，資本的生產力是否會降低？此時我們又會遇到這個問題：累積資本的不是國家，而是個體。這些個體可能把這些資本投資在企業上。這些企業購買機器和廠房之類，然後僱用勞工來利用新設置的資本。企業對勞動力的競爭因此加劇，導致它們被迫接受以較少的勞工維持運作（它們原本希望多請一些人），而這正是導致資本生產力降低的原因。現在假設我們確實觀察到，資本流入使資本的生產力降低了。但我們怎麼能確定此事發生的原因正是梭羅所想的？畢竟資本的生產力降低，可能是因為資本投資在錯誤的地方，又或者資本根本沒用來投資。如果投資得當，資本的報酬率實際上可能會上升（而不是像梭羅所想的那樣下跌）。

最後，成長經濟學提出的很多觀點，都是關於長期而言會發生什麼事。在梭羅的世界裡，長期而言經濟成長會放緩，在羅默的世界裡則不會。但多久才算長期？是否觀察到經濟放緩就夠了？抑或放緩只是暫時的波動，源自很快就會過去的壞運氣？

因此，雖然我們會努力為這些理論拼湊最好的證據，但結果始終不是確定的。我們已經看到，經濟成長難以衡量。但更困難的是瞭解驅動成長的因素，然後據此制定政策以促進成長。正因如此，我們要指出，經濟學界或許是該拋棄對經濟成長的癡迷了。就富裕國家而言，在我們可以提出有用見解的問題中，最重要的不是如何令這些國家變得更富有，而是如何改善一般民眾的生活品質。在開發中國家，經濟成長有時會因為經濟邏輯受到嚴重濫用而停滯不前，我們或許可以就此提出有用的見解，但正如我們將看到的，即使在這方面，我們可以說的也非常有限。

規模巨大的新投資案

羅默的樂觀敘事仰賴的關鍵要素是外溢效應。根據外溢效應這個概念，各種技能相輔相成，將技術人才集結在一個地方可以產生重要作用。矽谷人顯然相信這一點。加州有很多地方比矽谷更美，而且成本多數更加低廉。為什麼企業仍想落戶矽谷？美國各州各市和其他國家很多地方都提供大量補貼欲吸引企業進駐。二〇一七年九月，威斯康辛州向富士康提供了至少三十億美元的財政優惠，換取該公司投資一百億美元在該州建立一座液晶顯示器製造廠。[34]這相當於威州為該投資案承諾創造的每一個職位補貼二十萬美元。松下電器將北美總部遷至紐澤西州紐華克市，也獲得逾一億美元的補貼（相當於每個職位十二萬五千美元）；伊萊克斯在田納西州孟菲斯市開設新工廠，則獲得一億八千萬美元的減稅獎勵（每個職位十五萬美元）。[35]這種競爭的最新例子備受矚目，就是各地大力爭取亞馬遜選擇當地建設該公司的第二總部。亞馬遜總共收到二三八個提案，最後選擇了維吉尼亞州阿靈頓郡以及紐約市（後來放棄了紐約市）。[36] 這兩百多個地方顯然相信外溢效應。

亞馬遜顯然也相信。在為第二總部選址時，亞馬遜列出的偏好條件包括「人口超過一百萬的都會區」，以及「有潛力吸引和留住優秀技術人才的市區或郊區地點」。[37] 亞馬遜的理論似乎是：身處「稠密」市場是有價值的，因為這種市場有很多賣家（在亞馬遜的例子中是出售勞動力的技術勞工），公司比較容易找到、留住和替換員工。

你可能還記得，羅默的理論重視的是許多從事相關工作的人齊聚一地時發生的非正式交流。若干證據顯示，這種外溢效應確實存在。例如我們知道，發明者比較可能引用同一城市其他發明者的專利；這意味著他們知道這些專利的可能性較高。[38]

羅默假說有個不只適用於矽谷及其模仿者的變體：一個地方的高教育程度人口若顯著增加，當地所有人的生產力將會上升。但是，支持這項假說的證據並不是特別強。我們確實觀察到，在高教育程度人口較多的城市，人們的收入比較高，但這可能是出於各種原因。高教育程度人口較多的城市可能會吸引較多高薪企業進駐（例如高科技公司、比較賺錢的公司、比較重視工作品質的公司），因為這些地方比較容易找到公司需要的員工。問題是我們較難找到這種例子：當地人口的整體教育程度顯著提高，期間其他情況（政策、投資之類）沒有改變。

但是，有明確的證據顯示，城市整體而言可以從大規模投資中得益。葛林史東（Michael Greenstone）、霍恩貝克（Rick Hornbeck）和莫雷蒂（Enrico Moretti）提出這個問題：一個地方爭取到備受矚目的大型投資案，例如亞馬遜的第二總部，是否能使當地整體得益？[39]（莫雷蒂是《新創區位經濟》〔*The New Geography of Jobs*〕的作者，該書認為外溢效應是城市能夠成長而農村地區停滯的原因。[40])為了回答這個問題，他們比較了招商競爭的勝利者與第二名的落敗者。他們發現在招商成功的地方，既有企業的總要素生產力隨後顯著上升，符合外溢效應強勁的假設：新廠房落成五年後，勝出地區的總要素生產力平均比第二名落敗的地方高十二％，相當於勝出地區每年多賺四．三億美元。勝出地區的工資和就業率均往上升。在許多案例中，我們不知道勝出的州或城市付出了多大代價吸引新廠房落戶，但有些例子我們是知道的。例如寶馬汽車的工廠落戶南卡羅萊納州格林維爾－斯帕坦堡（第二名落敗者為內布拉斯加的奧馬哈），當局提供的補貼為一．一五億美元。如果當地的得益為平均水準（總要素生產力比第二名落敗者高十二％），那麼這筆投資的報酬顯然很豐厚。紐約市提供補貼爭取亞馬遜第二總部落戶當地，理由就是這筆投資非常划算。[41]

吸引企業落戶某地的另一種方法是興建基礎設施。這正是田納西河谷管理局（TVA）一九三〇至一九六〇年間為田納西及鄰近各州所做的事：該局利用公共資金，在當地修建公路、大壩和水電站等設施。這種做法的理念是基礎設施可以吸引企業進駐，然後這些企業將會吸引其他企業前來，諸如此類。珍．雅各（Jane Jacobs）是二十世紀美國影響力最大的都市學家之一，她對此表示懷疑。她在一九八四年寫了一篇文章，標題正是「為什麼TVA失敗了」。[42]

但TVA並沒有失敗。莫雷蒂和他的同事比較了TVA地區和另外六個地區——後者原本應該得到同一類型的投資，但因為各種政治原因，最後沒有得到那些投資。他們發現，一九三〇至一九六〇年間，相對於那六個地區，TVA地區的農業和製造業就業皆有增加。TVA投資計畫得到的外部資助於一九六〇年終止之後，農業方面的得益確實就此消失，但製造業的得益不但沒有消失，還一路增強至二〇〇〇年；這現象符合人們普遍相信的這個觀點：相較於農業，外溢效應對製造業更加重要。TVA產生了巨大的作用：莫雷蒂及其同事估計，長遠而言，TVA為該地區創造的利益比建立TVA的成本多六十五億美元。[43]

這是否意味著各國可以藉由促進區域發展（可能是同時促進多個地區的發展），為永久加快經濟成長創造條件？這未必可行，原因有兩個。首先，企業從初始投資中得益，可能並不足夠。它們的得益必須大到足以克服導致經濟成長放緩的常見因素，包括土地、勞動力和技能短缺。莫雷蒂估計，當前就業成長一〇%可提高未來就業二%，而這不足以創造長期的持續成長；最初的刺激作用很快就會衰竭。[44]

第二，地區的經濟成長與全國層面的成長不同，因為一個地區的成長有可能在某程度上損害到其他地區的成長——它可能搶走了其他地區的資本、技能和勞動力。成功吸引亞馬遜前往投資的城市將能成長，但這某程度上是以犧牲美國其他城市的成長為代價。莫雷蒂估計，這兩種影響實際上可能互相抵銷，結果是全國經濟成長大致不受影響。[45]

莫雷蒂閱讀所有文獻後得出結論：區域發展不大可能幫助我們避免成長無以為繼。[46]他的評估或許略嫌悲觀，但他的警告無疑是對的。個別城市試圖搶走其他城市的就業機會可能有其道理，但國家整體而言不大可能因此顯著得益，除非是非常小的國家（例如新加坡這種城邦），因為這種小國才有可能藉由損害其他國家來成就自身的經濟成長。

特許城市

不過，值得強調的是，這些證據主要來自美國或歐洲。開發中國家在這方面可能相當不同。在多數開發中國家，高品質的城市基礎設施高度集中於少數幾個城市，因此我們或許可以主張建設更多「高品質」城市，同時改善既有的少數大城市的生活品質，藉此促進經濟成長。這是世界銀行的一個關鍵政策重點。例如二〇一六年一份世界銀行的報告就強調，印度城市化有「混亂」和「隱蔽」的問題，貧民窟和城市無序擴張的現象十分常見。[47]關鍵在於印度的城市水平擴張，超越它們的正式界限，而不是藉由建設品質較佳的高樓垂直發展。南亞共有一億三千萬人（比墨西哥人口還多）住在非正式都市聚落。這些地方的居民通勤距離很長，交通非常不便，汙染也十分嚴重。這導致城市較難吸引人才，也限制了城市做為生產和交易場所的效能。建設比較美好的城市，或許可以帶給這些國家全新的成長機會，而且完全不會損害其他地方的成長。

羅默本人有數年時間專注研究第三世界的城市（在他出任世界銀行首席經濟學家之前就已開始研究，而他在世銀的這份工作只做了很短的時間，期間遇到很多困難），至今這仍是他重視的研究領域。他希望第三世界國家建設一些不同凡響的城市，可以吸引許多富創造力的人聚居當地，在相互交流啟發中產生大量新構想。這些城市不但對商業發展友善，還真正適合居住——就像沒有汙染和不塞車的深圳。不同尋常的是，羅默這個成功學者因為篤信和重視自己的見解，特地成立一家非營利智庫幫助相關國家創建他所講的「特許城市」（charter cities）。特許城市是受保護的巨大飛地（羅默希望世界各地可以建立數百個特許城市，每一個最終會容納至少一百萬人），在不奉行羅默規則的國家裡奉行羅默規則。特許城市所在國家的政府將簽定契約，同意讓已開發國家的第三方政府負責執行這些規則。迄今只有宏都拉斯一個國家接受這種發展方式，該國政府打算建立多達二十個就業和經濟發展區（ZEDE）。不幸的是，儘管宏都拉斯政府宣稱ZEDE的靈感源自羅默的構想，但它似乎比較接近聯合水果公司（United Fruit）及其競爭對手在二十世紀上半葉經營的香蕉王國——在那種飛地裡，水果公司的命令就是法律。宏都拉斯當局決定不靠第三方政府監督ZEDE的運作，從一開始就偏離了羅默的構想。最後事實證明宏都拉斯政府主要是想利用羅默的名氣而非藉助他的指導：當局與一名美國企業家簽約發展ZEDE，而那個人熱愛的是完全不受管制的資本主義，此時羅默決定退出計畫。這個故事告訴我們，特許城市不大可能成為開發中國家持續成長的關鍵，理由難以駁斥：特許城市想要頂住的內部政治強制力，往往可以找到方法反撲。

創造性破壞

總結之前數節，區域外溢效應看來確實存在，但根據我們掌握的有限證據，這種效應很可能不足以維持國家層面的持續成長。或許因為預料到這一點，羅默另有錦囊妙計：他認為企業提出創新構想，進而發展出新技術提升生產力，可以驅動經濟成長。[48]

羅默描述了一種確保技術不斷進步的力量，尤其是在奉行促進創新政策的國家。與梭羅的世界不同的是，技術進步不再是一種我們無法控制的神祕力量。

要建立一個持續創新和成長不受限制的模型，羅默需要一種力量可以抵銷所有科學家和工程師都知道的一個因素：過去發明的東西愈多，提出原創構想就愈困難。羅默為此假定新構想一旦產生，其他人就可以自由加以利用。知識因此產生外溢效益。基於前人的構想創新，使新發明者有如站在巨人的肩膀上。發明者只需要稍微調整之前的發明，不必發明全新的東西。如此一來，成長就可以歷久不衰。

羅默是真正的樂觀主義者：他相信自己可以保護特許城市計畫不受惡名昭彰的宏都拉斯政治玷汙，或許正彰顯了這一點。他對創新過程的想像，也受同樣的樂觀精神影響。在他的世界裡，創新想法有如玫瑰的芬芳，隨著夏日微風四處飄散。

但在現實世界裡，新構想的產生似乎遠遠沒那麼樂觀。很多有市場價值的構想是企業提出的，而企業往往對它們的發現有很強的占有欲。例如藥廠和軟體公司會為了取得和保留對新構想的控制權而做很多事，包括一些可能不合法的事。產業間諜如今是一門全球大生意，而其對手專利法也是。在羅默發表論文數年後，阿吉翁（Philippe Aghion）和豪伊特（Peter Howitt）發表了一篇經典論文，指出即使在這種競爭激烈得多的環境下，靠創新帶動經濟成長仍是有可能的。[49] 在他們設想的世界裡，企業創新主要不是因為渴求知識，而是因為希望領先對手。但是，只要專利提供的保護並未完全阻止人們以過去的創意做為創新的基礎，新構想確實還是會不斷產生。

這種觀點上的轉變並非沒有後果。在羅默的世界裡，創新是創新者造福世界的作為。創新者確實賺到一些錢，但整個經濟體得到的價值遠高於創新者的所得，因為未來很多個世代可以免費在此基礎上繼續創新。羅默因此希望我們盡力使世界友善對待創新者，例如盡可能降低對利潤和資本所得課徵的稅率，設立創新育成中心，以及制定專利法以盡可能長久保護創新者的權利。

阿吉翁與豪伊特對創新者的看法就遠遠沒那麼浪漫。有趣的是，阿吉翁有機會近距離觀察創新的過程，這在經濟學家當中相當罕見。他母親來自一個講法語的猶太家庭，一九五〇年代初被迫離開埃及的家，搬到法國後創立了著名的設計師品牌Chloé。Chloé發展成一個全球品牌的那些年正是阿吉翁成長的歲月。不過，因為受熊彼得（二十世紀中期的哈佛經濟學家，也是吹牛大王[50]）啟發，阿吉翁視創新為一種創造性破壞的過程，認為每一項創新都涉及創造新事物和破壞舊事物。[51]在他設想的世界裡，有時創新以創造新事物為主，但有時以破壞舊事物為主；新事物被創造出來，有時不是因為它們有用，而是因為它們可以破壞別人的既有專利。因此，提高創新的獎勵可能適得其反。創新者可能會擔心，從他們取代舊專利到他們的專利被別人的發明取代，時間可能短得令人沮喪。專利提供的保護對鼓勵人們創新很重要，但這種保護容易變得過度，導致獲得保護者不思進取。我們必須在保護創新成果與容許創意被別人利用之間取得平衡。

減稅

你可能還記得，盧卡斯等經濟學家不滿梭羅模型的原因之一，是它沒有為急切的政策制定者指出任何方向。羅默的模型則有，而且他的建議不是革命性的，因此方便政府採納。羅默尤其認為政府必須停止扼殺人們努力工作、發明可以提升所有人生產力的新技術的誘因。換句話說，他認為政府應該減稅。

羅默是美國的民主黨人——至少經濟學界的傳言是這麼說的。他父親是民主黨人，曾擔任科羅拉多州州長。但低稅率可以鼓勵創新而促進長期成長，卻是美國共和黨人熱愛的觀點。從雷根到川普，共和黨從政者一貫承諾減稅，而他們一直以來的理由就是減稅可以促進經濟成長。他們說，低稅率對頂層人士是必要的，因為這樣才可以使比爾・蓋茲之類的人有誘因努力工作、發揮創意，並創造出下一家微軟來提升我們所有人的生產力。

但是，美國政界並非一直都那麼喜歡低稅率。一九三六至一九六四年間，美國最高稅率一直高於七七%，而且期間約有一半時間高於九〇%——主要是在一九五〇年代，期間執政的是堅定中間偏右的共和黨政府。一九六五年，較為偏左的民主黨政府將最高稅率降至七〇%，此後逐漸降至三五%左右。每一屆共和黨政府都試圖進一步降低最高稅率，每一屆民主黨政府都試圖稍微調升最高稅率，雖然他們總是戰戰兢兢。有趣的是，在二〇一八年，最高邊際稅率調升至七〇%以上的想法在民主黨人當中獲得了一些支持，這是逾五十年來首見的情況。

但是，檢視一九六〇年代以來的經濟成長率，我們可以看到，雷根開創的低稅率時代並沒有帶來更快速的成長。雷根任內初期，美國經濟衰退，隨後是一段追趕期，期間經濟成長率回到正常水準。柯林頓執政期間，成長率稍高一些，隨後有所降低。整體而言，如果我們著眼長期表現，也就是看消除經濟週期波動的十年移動均值，則美國的經濟成長率自一九七四年以來一直相對穩定，持續介於三%至四%之間。根本沒有證據顯示，雷根減稅、柯林頓調升最高邊際稅率，或小布希減稅，對改變長期成長率有任何作用。[52]

當然，一如前眾議院議長、共和黨人萊恩（Paul Ryan）指出，其實也沒有證據顯示這些政策對長期成長率沒有影響。那段期間發生了其他許多事情。萊恩煞費苦心地向一名記者解釋為什麼這些事令加稅顯得英明、減稅顯得不智：

> 我不會說相關就是因果。我會說柯林頓任內出現了科技發展帶動的生產力成長，產生了巨大的作用。柯林頓執政期間，貿易障礙正在減少。他享受著和平紅利……相對之下，小布希執政期間，經濟被迫面對科技泡沫破滅、九一一恐怖攻擊、數場戰爭和金融崩盤的後果……這一切有一部分只是時機問題，不是人的問題……凱因斯主義者說，如果沒有〔歐巴馬簽署的〕刺激方案，經濟表現會更差；站在我們的立場，這道理也成立〔如果不是小布希減稅，經濟表現會更差〕。[53]

萊恩有一點說對了。如果只看隨著時間的推移而發生的變化，我們很難斷定稅率與經濟成長之間是否有因果關係。兩者之間確實可能有關係，但被同期發生的其他許多事情掩蓋了。不過，針對各國稅率變化的研究發現，經濟成長率與稅率缺乏相關性。一個國家在一九六〇年代與二〇〇〇年代之間的減稅幅度，與該國同期的經濟成長率變化完全沒有關係。[54]

在美國，個別州的經驗也很能說明問題。二〇一二年，堪薩斯州的共和黨領導層通過大幅減稅的方案，並向民眾保證這可以刺激經濟。但減稅看來對該州經濟完全沒有幫助。堪薩斯州反而財政破產，被迫縮減教育預算，每週上課時間減至四天，引發教師罷工抗議。[55]

芝加哥大學布斯商學院（這個地方並非以社會主義傾向著稱）最近一項研究利用一個聰明的方法回答以下問題：嘉惠有錢人的減稅與嘉惠一般人的減稅，哪一種對促進經濟成長有較大的作用？美國各州的所得分配情況大不相同，嘉惠有錢人的減稅對各州的影響因此也應該大不相同。舉個例子，康乃狄克州的有錢人就比緬因州多很多。布斯商學院的研究利用二戰以來的三十一次賦稅改革，發現嘉惠頂層一〇％人口的減稅並未促成就業和所得顯著成長，而嘉惠底層九〇％人口的減稅則有這種作用。[56]

我們也可以直接觀察較高的稅率是否會損害高收入人士的工作積極性。相對於稅改如何影響總體經濟成長，這個問題的答案可以精確得多，因為稅改對不同的人有不同的影響，我們因此可以比較受影響較多者與受影響較少者的行為變化。這方面最受敬重的其中兩位專家賽斯（Emmanuel Saez）和史蘭洛（Joel Slemrod）檢視大量文獻得出的關鍵結論是：「迄今為止，沒有令人信服的證據顯示，實體經濟活動對所得分配頂層的稅率有反應。」[57]

迄今為止，絕大多數經濟學家看來有此共識：為高收入人士減稅，本身未必可以促進經濟成長。這反映在針對川普二〇一七年減稅政策的布斯頂級經濟學家調查結果。那次減稅為企業提供持久的大幅減稅，包括將公司稅率從三五％降至二一％，此外也將有錢人的最高稅率從三九．六％降至三七％，提高適用最高稅率的所得門檻，並且取消遺產稅。其他納稅人得到的減稅幅度則小得多，而且多數減稅只是暫時的。布斯調查要求經濟學家回應以下陳述：「如果美國通過參議院和眾議院目前正在審議的稅改法案或類似法案，同時假定賦稅和支出政策沒有其他變化，相較於維持目前的情況，十年後美國的GDP將高出許多。」結果只有一個人同意該陳述，不同意或非常不同意的人多達五二％（餘者為不確定或沒回答）。[58]

雖然經濟學界有此共識，美國財政部卻發出一份備忘錄談該法案的財政影響，在未說明任何理據的情況下，假定減稅將可提高美國經濟年成長率〇．七個百分點。[59]為什麼他們可以發表這種沒有人會真正相信的聲明而且安然無事？原因之一當然是這個政府常做這種事，也就是以不符合事實的理由支持其決定。但我們懷疑，大眾之所以如此容易相信為有錢人減稅可以促進經濟成長，部分原因在於他們多年來一直從上一個時代的許多著名經濟學家那裡聽到這個訊息。在那個年代，實證證據相當稀少，在沒有數據的情況下基於直覺，根據「第一原理」提出主張是很正常的。好幾個世代的嚴肅經濟學家反覆念誦這句真言，使它變得像催眠曲，予人一種安心的熟悉感。誇誇其談的財經專家至今仍經常提出這項見解，他們到現在仍認為自己可以不理會實證資料。為有錢人減稅可以促進經濟成長，如今已成為「常識」的一部分。我們在針對一般民眾的調查中向受訪者提出類似布斯調查的問題，結果四二％的受訪者同意或非常同意川普減稅方案將在五年內促進經濟成長（在布斯調查中，只有一名經濟學家認為是這樣）。我們的受訪者有二〇％不同意或非常不同意。

雪上加霜的是，九名保守派學界經濟學家（多數有很好的聲譽，但屬於老一輩經濟學家）寫了一封信給政府表示支持減稅，認為可以促進經濟成長，「長期GDP水準可以增加略多於三%，也就是十年間每年增加〇．三%。」[60]立即有人指出，這封信同樣是基於第一原理，而且選用實證文獻的方式非常偏頗。[61]但它十分符合大眾和媒體對經濟學家的期望，因此聽起來完全合理。

這再次凸顯我們迫切需要撇開意識形態，基於最近的研究倡導多數經濟學家同意的主張。在一個基本上已經拋棄理性的政策世界裡，如果我們袖手旁觀，我們就有可能變得無關緊要。因此，我們要明確說出我們的共識：為有錢人減稅並不能促進經濟成長。

暗中變形

稅改至少是發生在公眾眼前，美國另一項可能直接影響經濟成長的重大變化卻是暗中發生的，那就是經濟活動愈來愈集中。在梭羅和羅默的模型中，長期成長靠技術創新驅動。因為人們不斷投資在新產品或更好的做事新方式上，總要素生產力因而得以成長，經濟便隨之成長。但是，正如阿吉翁和豪伊特提醒我們的，創新並不是憑空產生；必須有經濟誘因，才會有人去努力發明新東西。

創新的企業必須能夠進入市場銷售它們的產品。一些證據顯示，這對新進業者來說變得愈來愈困難。在美國整個國家的層面，多數產業（包括科技業，但並非僅限於科技業）受少數公司支配的情況愈來愈嚴重。例如總統經濟顧問委員會二〇一六年一份報告就指出，一九九七至二〇一二年間，美國多數產業最大五十家業者占全國總營收的比例都有所上升。[62] 這種集中現象主要是拜業界「超級巨星」的市占率愈來愈高所賜，而部分原因在於美國政府對企業併購持相當放任的態度。[63] 例如在每一個產業，前四大公司占產業總營收的比例全都往上攀升。在製造業，前四大公司占產業總營收的比例從一九八〇年的三八％升至二〇一二年的四三％。在零售業，這個比例上升超過一倍，從十四％升至三〇％。[64]

這種集中現象是否不利於消費者，目前不是很清楚。視資料來源和計算方法而定，有些經濟學家發現企業加成（業者收取的價格與產品成本的差額）大幅上升，[65] 但另一些經濟學家則並未發現這種情況。有一個現象保護了消費者：零售業在全國層面的集中程度有所上升，但在地方的層面則沒有。沃爾瑪之類的大型超市進駐城鎮時，會取代一些街坊小店。但對最終消費者來說，市場並未因此變得比較欠缺競爭；大型超市提供更多樣的商品，而且價格往往更低。[66] 另一方面，亞馬遜實際上促進了其平臺上賣家之間的激烈競爭。[67]

但是，全國層面的集中程度上升值得關注，因為它可能意味著業界巨頭面臨的競爭減少；果真如此，這可能會導致創新減少，因為新進業者如今必須克服更大的障礙才有可能顛覆產業秩序。根據阿吉翁和豪伊特的理論，因為有望藉由專利取得（暫時的）獨占權力而努力創新，結果產生了最終人人都能使用的新技術。這正是經濟成長的原因。但如果獨占地位無論如何都可以一直維持，創新和成長就可能放緩；獨占市場的業者可以安於現狀，永遠不發明新東西。若干證據顯示，類似情況正在發生。例如一項研究發現，如果某個產業有一個大型併購案因為意料之外的原因（例如法官較為嚴厲或交易破局）而功敗垂成，該產業隨後數年會保持相對激烈的競爭。這些差點出現業界巨頭的產業隨後有更多新公司加入競爭，出現了更多投資和更多創新。由此看來，總要素生產力相對較低的成長，部分原因可能正在於各產業的集中程度上升。[68]

走向全球

即使美國經濟成長放緩某程度上可歸咎於產業集中程度上升，但如果認為打破獨占就足以使經濟恢復快速成長，那是不合理的。畢竟歐洲也受成長緩慢的問題困擾，而歐洲監理機關反獨占的態度比美國當局積極得多。這再度說明了過去數十年唯一明確的教訓：我們不大清楚什麼可以使經濟一直以較快的速度成長。持續的較快速成長不知如何就發生了（或並未發生）。

但是，如果富裕國家的經濟成長不會大幅加快，這些國家要如何處理它們愈來愈充裕的資本（中國和智利等中等收入國家很快也將面對這問題）？商界有時很聰明，不會相信它向我們傳播的意識形態訊息。若干年來，商界一直致力為它手上充裕的資本另尋出路。我們約二十年前就注意到這一點。當時商界人士可能因為意識到不能指望西方國家提供可靠的經濟成長，忽然間開始積極詢問我們最熟悉的國家——它們全都是開發中國家。在此之前，我們已經習慣了這種有點尷尬的情況：多數商人一知道我們的工作是研究窮國，臉上就會出現有點不自在的表情——他們顯然想認識其他可以為他們提供較有用資訊的人，因此他們一知道我們的工作，就想在不冒犯人的情況下，盡快丟下我們。但在二十年前，許多商人忽然變得對窮國很有興趣。

窮國之所以引起他們的興趣，是因為當中有些國家的經濟正快速成長，而經濟快速成長的地方都需要投資，而參與這種投資或許可以解決困擾富裕國家的資本報酬遞減問題。避免成長放緩的方法之一，是向高生產力的國家輸送資本。這對富裕國家的勞工沒有幫助，因為生產活動不會發生在他們的國家，但至少國民所得將保持成長，因為資本的主人將從他們的海外投資獲得相當好的報酬。

一些好消息

當然，對多數經濟學家和許多商人來說，窮國的經濟成長之所以重要，也是因為它攸關人類的福祉。對世上的窮人來說，過去數十年是相當好的一段時期。一九八〇至二〇一六年間，全球底層五〇%人口的收入成長速度，遠快於在他們上面的四九%人口，後者包括歐洲和美國幾乎所有人。收入成長更快的是頂層的一%人口，他們是本已富裕國家裡的有錢人（加上開發中國家裡面人數日多的超級富豪），總共將世界GDP二七%的成長果實據為己有。相對之下，全球底層五〇%人口僅能分享十三%的全球經濟成長成果。[69]

儘管如此，可能是因為他們只看到有錢人變得更有錢，二十個美國人有十九個以為世界的貧窮率在這段時期有所上升或保持不變。[70] 事實上，絕對貧窮率（經購買力平價調整，每天生活費低於一・九〇美元的人口比例）自一九九〇年以來已經降低了一半。[71]

某程度上這無疑是拜經濟成長所賜。對極度貧窮的人來說，收入略為成長就足以改善他們的經濟狀況。因此，即使他們往往只是得到麵包屑，但那些麵包屑已經足以使他們每天可以花用超過一．九〇美元。

這可能是因為我們採用的極端貧窮定義把標準定得太低了。但是，過去三十年的情況不僅是貧窮率降低；我們還看到窮人的生活品質出現重大改善。自一九九〇年以來，嬰兒死亡率和產婦死亡率皆減半，[72]超過一億名兒童因此免於死亡。[73]現在除非發生嚴重的社會動亂，否則幾乎所有人，無論男女，都有機會接受初等教育。[74]成年人的識字率達到八六％。[75]就連愛滋病死亡人數，自二〇〇〇年代初觸頂之後也一直減少。[76]窮人的所得成長並非只是虛有其表。

聯合國新的「永續發展目標」提出在二〇三〇年之前終結極端貧窮（也就是不再有人每天生活費低於一．二五美元）。如果世界經濟保持類似過去的成長方式，這項目標大有可能達成，或至少可接近達成。

尋找經濟成長的靈藥

由此可見，經濟成長對非常貧窮的國家仍十分重要。對那些相信梭羅模型或羅默模型的人來說，世上至今仍存在的極端貧窮是一種可悲的浪費，因為問題其實有簡單的解決方法。在梭羅模型中，窮國可以藉由儲蓄和投資加快經濟成長。而如果窮國的成長速度沒有快過富裕國家，羅默模型告訴我們，那一定是因為窮國奉行了不好的政策。

羅默二〇〇八年寫道：「最窮的國家大幅提高人民生活水準所需要的知識，先進國家已經具備。」

他接著提出他對如何促進經濟成長的見解：

如果一個窮國投資在教育上，而且不破壞其公民從世上其他地方獲取知識的誘因，它將可以迅速利用全世界既有知識中公開的那部分。此外，如果它提供誘因鼓勵非公開的知識在境內投入應用（例如藉由保護外國的專利、版權和牌照；容許外國公司進行直接投資；保護財產權；以及避免嚴厲的規範管制和高邊際稅率），它的公民很快就能從事最先進的生產活動。[77]

這聽起來像是右派的老生常談：低稅，減少規範管制，政府減少介入——教育和保護私有產權是例外。羅默二〇〇八年寫這篇文章時，這種論調已經為人熟知，而我們也已經知道，這種觀點是否成立大有疑問。

在一九八〇和一九九〇年代，成長經濟學家最喜歡的實證研究之一是跨國成長迴歸分析。這種研究利用數據預測經濟成長表現，它所採用的數據幾乎涵蓋所有方面，包括教育與投資、貪腐與貧富差距、文化與宗教，以及國家與海洋或赤道的距離。其目的是找出一個國家有哪些政策有助預測其經濟成長表現（研究者希望這些政策能影響經濟成長）。但這種研究方式最終還是碰壁。

它遇到兩個問題。首先，正如伊斯特利（Bill Easterly）已經令人信服地證明，同一個國家的經濟成長率常常每隔十年或二十年就發生戲劇性的變化，但期間該國其他方面並未出現任何明顯的變化（伊斯特利常直言質疑「專家」是否有能力就如何促進經濟成長提出任何有用的見解）。[78] 在一九六〇和一九七〇年代，巴西的經濟成長速度位居世界前列；但從一九八〇年起，巴西經濟實質上停止成長二十年，直到二〇〇〇年代才恢復成長，然後在二〇一〇年之後又停止成長。本章稍早提到，盧卡斯在一場著名的演講中對印度經濟成長緩慢表示不解，但印度經濟差不多就在那場演講之後開始加速成長。過去三十年裡，印度是全球經濟中成長表現出色的國家之一。而另一方面，盧卡斯希望印度仿效的印尼和埃及，隨後卻陷入經濟困境。再舉一個例子：孟加拉在一九七〇年代曾被季辛吉（Henry Kissinger）稱為「癱瘓國」，但該國的經濟成長率在一九九〇和二〇〇〇年代多數年分達到五%或以上，二〇一六和一七年更是超過七%，使它成為世界上成長最快的二十個經濟體之一。

第二個問題可能更根本：試圖找出可以預測經濟成長表現的因素，其實並無意義。在國家的層面，幾乎所有事物某程度上都是其他事物造成的。以教育為例，這是早期的跨國成長文獻強調的一個因素。一個國家在教育方面的表現，某程度上顯然取決於政府在管理學校和資助教育方面的效能。擅長提供良好教育的政府很可能也擅長其他事情，例如這個國家的道路建設和管理也可能做得很好。如果我們發現教育辦得好的地方經濟成長較快，那可能是拜相關的其他政策所賜。此外，當然也有可能在經濟表現出色時，人們更有決心為他們的孩子提供良好的教育，因此經濟成長可能促進了教育，而非只是教育促進了經濟成長。

較普遍而言，各國之間有很多不同，各國的政策也有很多不同，結果我們試圖用來解釋經濟成長表現的因素比國家的數目更多，包括我們可能從未想到或無法衡量的許多因素。[79]因此，這些跨國比較分析的價值，很大程度上取決於我們對自己選擇納入的因素有多大的信心。因為我們其實沒有有力的理由支持這些選擇，我們認為唯一合理的做法就是放棄這種研究方式。

但這並不是說我們沒有從這種研究中學到任何東西。例如有些研究者試圖明確區分因與果，結果產生了一些令人非常驚訝的發現。艾塞默魯（Daron Acemoglu）、江森（Simon Johnson）和羅賓森（Jim Robinson）合撰的兩篇經典論文就提出了當中最受注目的發現（他們三人被親切地合稱為AJR）。[80]他們的研究發現，那些在歐洲殖民初期、殖民者死亡率高的國家，現在的境況往往仍然很差。他們認為這是因為歐洲人當年不想定居於那些地方，於是選擇建立剝削原住民的殖民地，在那裡建立使少數歐洲人可以統治大量原住民的制度，後者種植甘蔗、棉花或開採鑽石，然後由歐洲人賣出去。相對之下，那些起初人煙稀少、殖民者較少死於瘧疾之類疾病的地方（例如紐西蘭和澳洲），則有大量歐洲人定居。結果這些地方得到了當時歐洲人正在發展的制度，最後為現代資本主義奠定了基礎。艾塞默魯等人證明，數百年前的殖民者死亡率能夠良好預測一個國家現今的某些情況，例如當代制度對商業友善的程度。那些數百年前殖民者死亡率相當低、現在對商業友善的國家，往往比情況相反的國家富裕得多。

雖然這並未證明對商業友善可以促進經濟成長（因為真正重要的因素可能是歐洲人帶來的文化，或政治傳統，或一些完全不同的東西），但它確實意味著一些非常長期的因素與國家的經濟表現有很大的關係。此一寬泛見解已獲得若干其他研究證實，而其實在某種意義上，這也是歷史學家一直堅持的觀點。

但是，這一切對現在各國切實可以做什麼有何啟示？它告訴我們，如果你希望自己的國家在現代享有出色的經濟表現，那你的國家在一六〇〇至一九〇〇年間最好是人煙稀少、瘧疾之類的致命疾病較少，而且有大量歐洲人前來定居（雖然如果你剛好是那個年代的原住民，你會覺得這實在難以接受）。這是否意味著在如今截然不同的環境下，各國應該努力吸引歐洲人前來定居？幾乎肯定不是。在前現代時期，殖民者得以將他們的制度強加於殖民地，有賴一種無情地漠視原住民習俗與生命的態度，而這在今天已經不大可能（幸虧如此，感謝上帝）。

這一切也沒有告訴我們，現在建立某一套制度是否有幫助，因為那些證據強調的制度差異，根源在於數百年前發生的事件。這是否意味著制度需要經過數百年的發展才可能發揮作用？（畢竟現今的美國憲法與它面世時已大有不同，因為兩百年來的法學研究、公共辯論和公眾參與豐富了其內涵。）若是如此，肯亞或委內瑞拉的公民是否只能耐心等待？

此外，研究結果顯示，在那些對商業友善程度相若的國家中，總體經濟政策良好的傳統指標（例如開放貿易、低通膨之類，也就是羅默希望各國能堅持的）似乎都無法預測人均GDP。[81]另一方面，雖然奉行「壞」政策的國家確實成長得較慢，它們也比較可能有「較差」的制度（以這些文獻採用的標準來衡量，例如對商業比較不友善）；我們因此難以確定它們的經濟表現不佳是因為政策不好，還是因為它們不好的制度產生了其他副作用。沒有什麼證據顯示政策可以獨立產生作用，不受制度品質影響。

那我們究竟可以學到什麼教訓？相對明確的是，我們應該避開某些東西，例如惡性通膨；嚴重偏高的固定匯率；蘇聯、毛澤東或北韓模式的共產主義；以及印度一九七〇年代政府對私營企業那種全面控制（從造船到製鞋，一切由國家掌控）。這對我們解決現今多數國家面臨的問題沒有幫助，因為除了委內瑞拉的狂人，似乎沒有人對這些極端的選項真有興趣。例如越南和緬甸想知道的是，考慮到中國驚人的經濟成就，它們是否應該模仿中國的經濟模式，而不是該不該模仿北韓。

問題在於雖然中國很大程度上是市場經濟，一如越南和緬甸，但中國的資本主義模式與典型的盎格魯撒克遜模式或甚至歐洲模式相去甚遠。在二〇一四年的財星全球五百大公司中，中國有九十五家公司上榜，其中七十五家為國有企業，雖然它們的組織形式類似私營企業。[82]

中國的銀行多數是國有的。中國的土地和貸款如何分配，主要由地方政府和中央政府決定。政府也決定哪些人搬去哪裡，進而決定各產業的勞動力供給。人民幣匯率被維持在偏低的水準約二十五年，代價是中國以接近零的利率借了數千億美元的資金給美國。在農業方面，因為所有土地都歸國家所有，土地使用權的分配由地方政府決定。如果這是資本主義，那麼它無疑具有強烈的中國特色。

事實上，儘管中國奇蹟近年使許多人興奮不已，但在一九八〇年，甚至到了一九九〇年，很少經濟學家預料到今天的情況。我們在外面演講時，講完我們研究的國家之後，往往會有人站起來問我們：為什麼我們所講的國家（無論是哪一國）不直接模仿中國？但我們一直不確定應該仿效中國經驗的哪一部分。我們應該從哪裡開始？是鄧小平的中國嗎（當時中國非常貧窮，教育和醫療系統相對優秀，民眾收入非常平均）？還是文化大革命（那是一場徹底消除昔日菁英的文化優勢、賦予所有人均等競爭條件的勇敢嘗試）？還是一九三〇年代的中國（當時中國遭受日本侵略，中國人尊嚴受創）？抑或我們應該回顧五千年的中國歷史？

若想參考日本和韓國的經驗，也會遇到類似的困難：兩國政府最初都奉行積極的產業政策（某程度上至今仍是這樣），決定發展哪些產業成為重要的出口產業，以及決定投資在哪裡。新加坡方面，人人都必須將一大部分收入存入中央公積金，讓國家利用他們的儲蓄來建設居住基礎設施。

在所有這些案例中，經濟學家之間爭論的一直是：經濟成長是由於政府選擇了特定的非傳統政策，或者是雖然政府採行了這些政策，經濟卻仍得以成長？可以預料的是，每一個案例都沒有明確的結論。東亞國家是否只是走運，抑或它們的成就真有值得學習的寶貴經驗？這些國家在開始快速成長之前飽受戰爭摧殘，所以它們的快速成長有一部分可能只是自然反彈。有些人認為東亞經驗可以證明某種經濟發展方式特別有效，其實只是在做夢；根本沒有辦法能證明這種說法。

結論是窮國一如富裕國家，並沒有公認有效的方法可以促進經濟成長。如今連專家似乎也已經接受這一點。二〇〇六年，世界銀行邀請諾貝爾經濟學獎得主史賓斯（Michael Spence）去帶領世銀的成長與發展委員會。史賓斯起初拒絕，但後來受專家小組成員（包括梭羅在內的一群傑出學者）的熱情感動，接受了任命。但他們最終提交的報告承認，促進經濟成長並沒有普遍適用的原則，各國的成長經驗全都各有不同。伊斯特利對此結論的評價或許不大客氣，但相當準確：「由二十一名世界級領袖和專家組成的委員會、一個有十一名成員的工作小組，加上三百名學術專家工作了兩年，辦了十二個工作坊、十三場討論會，花了四百萬美元之後，對於如何達成高成長的問題，這些專家的答案是：我們不知道，但請相信專家會找到答案。」[83]

工程創奇蹟？

沐浴在矽谷熱情光芒下的年輕社會企業家，很可能沒看過史賓斯的報告。這些社會企業家認為我們確實知道如何促進開發中國家的經濟成長——它們只需要採用最新的科技，當中最重要的是網際網路。臉書執行長祖克柏（Mark Zuckerberg）強烈認為連上網際網路可以產生巨大的正面作用，而這項觀點在上百份報告和立場書中得到呼應。達堡顧問公司（Dalberg）的一份報告就表示，在非洲「網際網路是促進經濟成長和社會變革的一股無可爭議的巨大力量。」[84]

該報告似乎認為這項事實非常明顯，因此根本不必提出確鑿的證據；這是明智之舉，因為現實中根本沒有這種證據。畢竟在已開發國家，沒有證據顯示網際網路問世開啟了經濟成長的新時代。世界銀行的旗艦刊物《世界發展報告》二〇一六年討論數位紅利，長篇大論之後表示，有關網際網路的影響，目前還沒有定論。[85]

科技愛好者認為，許多科技不但可以在商業上成功，還能成為窮國的成長引擎，而網際網路只是其中一項。據稱可以改變窮人生活，並且由下而上驅動經濟成長的「金字塔底層」創新非常多，

（比較）乾淨的爐灶、遠距醫療、靠手搖發電的電腦，以及快速檢測水中含砷量的工具，只不過是其中幾項。

許多此類技術（不包括網際網路）的共同點是，它們都是由「節儉」的工程師開發出來的，例如麻省理工D-Lab的學生，或聰明人基金（Acumen Fund；著名的「社會」創投基金）支持的創業者。聰明人基金和其他類似基金背後的理念是這個可信的觀點：開發中國家之所以貧窮，原因之一是北方世界開發出來的技術不適合它們。這些技術消耗太多能源，需要太多受過良好教育的勞工和太昂貴的機器。此外，它們通常是北方世界的壟斷企業開發出來的，南方國家必須支付相當高的費用才能使用。南方需要自己的技術，因此需要市場不願提供的資本。這可能正是許多國家的經濟無法自行成長的原因，而聰明人基金正是希望填補這個缺口。

雖然聰明人基金認為自己是一種全新類型的組織，不是一個援助機構，而是服務窮國的一家創投基金，但在某種意義上，該基金以技術為導向的成長觀念可追溯至一九六〇年代，當時工程師主導國際援助界，試圖縮小「基礎建設差距」，結果卻損失重大——他們為窮國提供巨額貸款，支持它們修建水壩和鐵路，以為這可以幫助它們追上富裕國家。雖然沒有證據顯示這些做法有促進那些國家的經濟成長，但還是一直有人深信電力是落後國家成長和發展之源。厄瓜多目前正承受嚴重的財政壓力，因為它向中國借了一筆錢興建一座大型水壩，但這座水壩從未全面投入運作。聰明人基金的貸款規模較小，而且是借給私營企業而非政府，但他們的夢想仍是工程師將會解決世上的問題。聰明人基金著眼的一個關鍵領域是電力。理想的能源來源已經從大型水壩轉為穀物外殼或太陽能，而最新的「酷」構想是以「脫離電網」的方案為貧困社區提供電力；然而，對電力的迷戀可追溯至五十年前。

但事實證明，要開發出適合窮國使用而且有利可圖的技術一點也不容易。聰明人基金支持的大部分計畫都失敗了。社會投資界有一個經驗法則：一〇%的投資案會成功（餘者失敗），而只有一%可以達到相當大的規模。問題主要在於難以確定哪些新產品和服務真的能改變窮國民眾的生活，而且這種努力往往會遇到令人沮喪的情況：那些理論上可大大受惠的人對這些產品興趣缺缺。

電力就是一個好例子。在肯亞最近的一個隨機對照試驗中，研究人員與肯亞農村電力局（Kenya Rural Electrification Authority）合作，以不同的價格為不同的社區提供電力。隨著電價上升，需求便急遽下跌；村民願意付的電價，根本不足以回收接入電網的成本（建設電網的成本就更不用說了）。[86]「節儉工程界」充斥著類似的災難，包括據稱可促進教育發展的一百美元筆記型電腦（成本其實為兩百美元，而且已經證實對孩子們實際學到什麼沒有影響）[87]，沒人想要的乾淨爐灶[88]，各種濾水技術[89]，以及創新的廁所。[90] 很多問題似乎在於這些創新閉門造車，與它們想改變的生活聯繫不足。它們的核心構想往往相當聰明，仍有可能在未來大獲成功，但我們很難對此寄予厚望。

帶著手機去捕魚

我們討論過的所有成長理論都基於一個核心假設：資源順利流向它們可以發揮最大生產力的用

途。只要市場完美運作，這就是一個自然的假設。最好的公司應該吸引到最好的人才。最肥沃的土地應該最密集進行耕種，最貧瘠的土地應該成為工業用地。有錢可以借出去的人應該把錢借給最好的企業家。這種假設使總體經濟學家得以談論一個經濟體的「資本」或「人力資本」存量，雖然現實中的經濟體顯然不是這樣一臺巨大的機器：只要資源流向它們的最佳用途，每一家企業就像一臺順暢運轉的機器裡的一個齒輪。

在現實中，一個經濟體裡有生產力良好的企業，也有生產力低下的企業，而資源並非總是流向它們的最佳用途。

未能善用既有技術並非只是貧窮家庭的問題，看來還是開發中國家工業領域的問題。許多產業出現這種情況：最優秀的公司使用全球最新技術，其他公司則不是，即使就經濟效益而言，它們理應採用最新技術。[91]這往往是因為它們的生產規模太小。例如直到最近，印度典型的服裝生產商仍是自營作業的裁縫，在自己的作坊替客戶量身訂做衣服，而不是大規模生產服裝的公司。總要素生產力偏低不是因為裁縫使用了錯誤的技術，而是因為製衣公司規模太小，無法受惠於最好的技術。在某種意義上，令人困惑的是這些小公司為什麼會存在。

因此，開發中國家在技術方面的問題，主要不在於缺乏有利可圖的技術可用，而是經濟運作看來未能充分利用既有資源。而且問題並非僅限於技術，土地、資本和人才也都是這樣。有些公司人力過剩，有些公司卻沒有能力請人。有些創業者有極好的構想，但沒有財力付諸實行；有些創業者能力平庸，但在財力上獲得支持，可以持續經營下去——這種問題就是總體經濟學家所講的配置不當(misallocation)。

印度喀拉拉邦漁民使用手機對漁業的影響,為配置不當的問題提供了一個生動例子。喀拉拉邦的漁民一大早出海捕魚,上午十點左右回到岸邊出售漁獲。在使用手機之前,他們會在最近的海灘靠岸,在那裡把魚賣給顧客。市場會一直運作,直到沒有顧客或魚都賣完為止。因為每天的漁獲量可能出現顯著的變化,有些海灘會賣剩很多魚,另一些海灘則會有顧客買不到魚。這是配置不當的鮮明例子。當地引進行動通訊之後,漁民靠岸之前會先打電話詢問市場情況,然後去那些有很多人等著買魚但沒有很多漁船靠岸的地方。結果浪費漁獲的情況基本上消失了,價格也變得穩定,顧客和賣家都因此得益。[92]

這故事衍生了第二個故事。漁民的主要謀生工具是他的漁船,而好船比壞船耐用得多。製造漁船的技術總是一樣的,但有些工匠的手藝比其他工匠好得多。在使用手機之前,漁民通常是向最近的造船商購買漁船。但隨著他們開始前往不同的海灘賣魚,他們往往發現其他地方有更好的造船商,於是他們開始請這些造船商替他們製造新船。結果是優秀的造船商生意愈來愈好,而最差的造船商只能結束營業。當地漁船的品質普遍有所提升,而且隨著優秀的造船商取得更多訂單,他們可以更有效地使用他們的造船設備,因此得以降低船的價格。配置不當的情況減少了:造船需要的人力、設備、木材、釘子和繩索全都得到更有效的利用。[93]

這兩個故事的共同點,是溝通障礙導致配置不當。溝通改善之後,同樣的資源得到更好的利用,總要素生產力因此上升,因為同樣的投入產生更多的產出。

在開發中經濟體，配置不當的現象相當普遍。我們來看印度南部城市蒂魯普的例子，它是印度T恤之都，本書第三章已經講過。[94] 蒂魯普T恤產業有兩種創業者：一種是從外地來到當地創業的，一種是當地出生長大的。後者幾乎都是當地富農家庭的孩子，他們希望可以做一些不一樣的事。外來創業者生產T恤的能力通常優於當地業者；他們通常有親人從事T恤生意，而或許正因如此，外來業者可以用較少機器生產同樣數量的T恤，而且他們的公司成長速度快得多。

但是，阿比吉特與孟希合作的一項研究發現，雖然外來移民經營的公司生產力較高，但它們的規模小於本地人經營的公司，設備也比較少。當地富農把錢投資在自己子女經營的公司上，而不是做「高效率」的事：借錢給外來移民，然後將所賺的利息交給他們的孩子。高效率和低效率的公司因此可以持續存在於同一個城鎮。[95]

阿比吉特問一些富農為什麼選擇資助自己的兒子，而不是把錢借給能力較強的外來創業者以賺取利息。那些富農表示，他們不確定借出去的錢是否拿得回來。在沒有運作良好的金融市場的情況下，他們寧願把錢交給他們能力較差的兒子創業，賺取較低但相對安全的報酬。他們這麼做很可能還有一個原因：他們覺得自己對兒子有責任，不能只是給他們錢，還要幫助他們找到自己的生計，過體面的生活。

家族企業在世界各地都很常見（從小農場到大型家族企業集團都有），它們未必會因應「經濟」誘因合理地調整運作方式。例如即使女兒管理能力更強，公司還是會傳給兒子；[96] 即使家族裡的肥料相對平均地分給各人的田地使用比較合理，結果卻是全部用在其中一個（男）人的田地上。[97] 這種情況並非僅限於布吉納法索的小農場，或印度和泰國的家族企業，而是連美國也常見。一項研究檢視三三五家家族企業的執行長接班安排，發現其中一二二家是「家人接班」，也就是新執行長是原執行長的孩子或配偶（原執行長通常是公司創始人或創始人的孩子）。接班發生時，任命外部執行長的公司股價往往顯著上漲，而家人接班的公司則沒有。市場獎勵任命外人當執行長的家族企業，而市場顯然有其道理。相較於任命外人當執行長的公司，家人接班的公司隨後三年的績效大幅衰退：它們的資產報酬率下跌了十四%。[98]

這一切告訴我們，我們不能認為資源流向其最佳用途是理所當然的事。如果在一個家族或一個城鎮裡，資源並未流向其最佳用途，我們顯然不應該期望情況在整個國家的層面會有不同。資源配置不當，整體生產力就會降低。窮國之所以貧窮，部分原因正在於它們不大善於配置資源。反過來說，只要能夠改善既有資源的配置，就有可能促進經濟成長。總體經濟學家近年非常努力地試圖量化改善資源配置可以造就的成長。這很難做得完美，但結果非常令人鼓舞。一項非常重要的研究顯示，在一九九〇年，光是在範圍不廣的產業之中重新分配生產要素，就可以提升印度的總要素生產力四〇%至六〇%，而中國的總要素生產力則可以提升三〇%至五〇%。如果資源可以更廣泛地重新配置，效益想必更大。[99]

在此之外還有我們看不到的配置不當，也就是一些很好的構想從不曾有機會付諸實行。因為創投業者非常積極在美國發掘新構想，而印度創投業則遠遠沒那麼活躍，印度錯失的無名天才很可能比較多。

指望銀行業？

資源配置不當從何而來？印度企業的成長速度比美國企業慢得多，但倒閉的可能性也低得多。[100]換句話說，美國是個「不壯大就出局」（up or out）的經濟體：企業家嘗試創新，企業成功並壯大，又或者掙扎數年之後倒閉收場。相對之下，印度經濟黏性極強：好企業不怎麼成長，壞企業也不會死掉。

這兩個事實很可能密切相關：好企業無法快速成長，也是壞企業能夠生存的部分原因。如果最優秀的企業能夠快速成長，它們將會壓低所賣產品的價格，最終市場上將僅剩下效率夠高、在低價環境下仍能賺到錢的公司。同樣道理，它們將推高工資和原料成本，令低效率的企業承受更大的壓力。相反，如果最優秀的企業無法快速壯大，只能滿足有限的在地需求，則鄰近地區效率較差的同業將能輕鬆生存下去。

資本市場自然是禍首之一。蒂魯普的例子就顯然與資本市場有關：在印度生產力最高的T恤生產基地，生產力最高的業者因為無法籌措足夠的資金，結果業務規模無法追上生產力較差的當地同業。據估計，在印度和中國，光是在企業之間重新分配資本，就足以消除資源配置不當造成的大部分總要素生產力損失。[101]

這種看法與中國和印度銀行業存在嚴重問題這種普遍觀點十分吻合。印度的銀行以不想借錢給績優企業以外的任何人著稱（它們往往沒有意識到，昨日的績優企業往往就是今天的未爆彈）。中國銀行業自一九九〇年代以來經歷了重大改革，希望藉此引進不同的參與者，並改善國有銀行的治理，但四大國有銀行如今仍往往非常樂意放款支持還款能力可疑但政治後臺夠強的項目。[102] 年輕有大志的創業者如果有很好的構想但沒有很強的人脈，仍然很難籌措資金。

印度的銀行也面臨非常相似的問題，而且它們出了名冗員極多。冗員極多意味著銀行若不想虧損，就必須維持相當大的存放款利差，也就是它們的放款利率必須大幅高於提供給存戶的存款利率。正因如此，相較於其他國家，印度的銀行放款利率比較高，[103] 但存戶得到的利息卻非常微薄。[104] 這種情況對那些必須借錢才可以投資的人十分不利，同時有利於那些可以得到有錢親人支持的創業者，例如蒂魯普富農的孩子。壞銀行從兩個方面損害效率：拜它們所賜，儲蓄率低於應有水準，而儲蓄也未能獲得善用。

此外，企業需要風險資本；與銀行提供的資金不同的是，企業遭遇厄運時，風險資本會保護企業。股市可以提供風險資本，但中國的股市尚未得到人們的廣泛信任，而印度股市雖然歷史較久，而且運作得比較好，但至今仍是以績優企業為主。

土地市場不夠成熟是企業未能成長的另一個原因。為了成長，高生產力的企業必須取得更多土地和廠房，以便容納新的機器和員工。此外，土地和建築物也可以做為貸款的抵押。如果土地市場運作不順暢，這就會成為一個大問題。舉一個很常見的例子，在許多國家，土地和房產的所有權常有爭議。某人聲稱另一人的土地是他的，那塊土地就會受法院管轄，而爭端往往需要數年時間才能解決。最近的一項研究顯示，在印度，資源配置不當很大程度上與土地和建築物有關。[105] 事實上，在印度約一半的地區，生產力較高的企業擁有的土地和建築物，往往少於生產力較差的企業！在沒有明確界定土地產權的許多國家，這很可能是一個大問題。

只此一生

但是，最優秀的企業並未壯大並支配印度、奈及利亞或墨西哥的企業界，還有比較屬於心理層面的其他原因。或許那些企業的老闆希望公司由自己的孩子接手經營，因此不想因為接受外部融資而冒失去公司控制權的風險；例如公司若想在股市籌資，就必須設立獨立的董事會，而這個董事會可能對公司的接班計畫有意見。

說到底，那些企業主可能不是很關心公司的成長，因此不會竭盡所能壯大公司。如果其他企業都沒有快速成長，他們就不會面臨被擠出市場的危險。他們生活過得不錯，也有地方可以工作，為什麼要為了公司的成長而承受更多壓力呢？最近一項非常有趣的研究著眼印度企業的管理問題。[106] 若以美國的良好管理標準衡量，開發中國家的企業管理品質非常差。可能有人會認為這是對其他管理方式有偏見。例如印度人就對他們的小本經營方式非常自豪，他們稱之為jugaad。[107] 這種經營方式要求你發揮創意，善用手上的資源，或許這正是企業經理人在做的事。但這些經理人的一些失職表現簡直匪夷所思。例如他們容許垃圾堆積在工廠地上，直到它們成為火災隱患。他們也可能任由員工將未用的材料打包送進倉庫，但沒有貼上標籤或整理好庫存清單，因此這些材料極有可能就此湮沒。研究團隊（其中一名成員以前是管理顧問）隨機選出若干公司，免費派出一個高薪顧問團隊與公司經理人一起工作五個月，結果這些公司的盈利平均每家增加了三十萬美元（雖然這些公司規模不小，但這也不是小數目）。此外，造就這種績效進步的變化多數只是相對簡單的事，例如替庫存貼上標籤和清理垃圾。我們很難理解為什麼這些經理人要靠這種成本高昂的外來協助，才能夠提升公司的盈利（如果他們自己付錢，必須要支付二十五萬美元的顧問費用）。如果有人指出問題並使他們感到羞愧，他們會做明顯的改變，但如果任由他們自己去處理，他們就不會有任何改變。歸根究底，那些企業主必然是沒有強烈覺得自己必須盡力做到最好。

永遠的等待

企業也需要勞動力。你可能會想，在勞動力充裕的窮國，至少這不會是一個問題，但事實並非如此。在印度最窮的其中一個邦奧里薩，即使是沒有技能的勞工，也會堅持要求他們認為合理的工資，即使不接受較低的工資就會沒有工作；那些接受較低工資的人，會受到其他勞工的懲罰。[108]

根據具全國代表性的國家採樣調查，在二〇〇九和二〇一〇年，年齡介於二十至三十歲之間、受過至少十年教育的印度男性，高達二六%沒有工作。這不是因為市場上沒有工作：三十歲以下、受教育不超過八年的人，只有一．三%沒有工作。而事實上，三十歲以上、受過十年教育的人，只有約二%沒有工作。[109]我們在一九八七、一九九九和二〇〇九年都看到同樣的形態，因此這不是因為現在的印度年輕人變得比較不適合傭用。[110]

工作不缺，只是很多工作不是這些年輕人想做的。他們最終會接受年輕時不願接受的工作，很可能是因為隨著年紀漸長，他們面對更大的經濟壓力（為他們提供食宿的父母有天會退休或去世，他們也可能想要結婚），而他們可以選擇的工作也會減少（尤其是很多公務員工作超過三十歲就不能申請）。

艾絲特發現迦納也有非常相似的情況。十餘年前，研究人員找出約二千名迦納青少年，他們通過了升讀高中（大約相當於美國的十至十二年級）的（艱難）考試，但因為家裡缺錢，第一個學期沒有登記入學。[111] 研究人員隨機選出其中三分之一的人，為他們提供整個高中時期的全額獎學金。在被選中獲得獎學金之前，艾絲特及其同事問這些少年的父母，他們認為孩子上高中會有什麼經濟效益。這些家長普遍相當樂觀。平均而言，他們認為像他們的兒子或女兒這樣的人，如果讀完高中，收入可達完全沒讀過高中的人四倍。此外，他們認為這種差別主要在於高中畢業者比較有機會從事政府提供的工作，例如成為教師或護士。因為人們普遍這麼想，並不令人意外的是，獲得獎學金的孩子有四分之三欣然把握機會，完成了高中學業，而那些沒有獲得獎學金的孩子則只有約一半完成高中學業。艾絲特及其同事隨後一直追蹤這些青少年的發展，大約每年訪問他們一次。他們發現高中教育對這些少年有很多正面的作用：他們在學校學到有用的東西，生活因此在很多方面有所改變；在考驗他們能否應用知識解決具體問題的測試中，他們全都有較好的表現；受過高中教育的女孩較晚結婚，生的孩子也比較少。

但也有不是那麼好的消息：高中教育對他們的平均收入影響不是很大，只有當上公務員的少數人享有特別好的收入。那些父母有一點是對的：孩子們確實必須讀完高中才有機會上大學，然後找到夢寐以求的工作。高中畢業生確實更有可能成為教師、找到其他公務員工作，或是找到工資穩定而且有福利的民間部門工作。但那些父母有一點搞錯了：高中學歷是必要的，但只有高中學歷是不夠的。那些獲得高中獎學金的少年（尤其是女孩）比較有可能上大學，但機率還是相當低（獎學金得主有十六%上大學，對照組有十二%）。他們當中只有很少人找到公務員工作。高中獎學金提高了成為公務員的機率一倍，但也只是從三%增至六%，也就是機率從非常非常低變成非常低。

與此同時，雖然他們已經二十五或二十六歲，這些上過高中的年輕人多數仍在等待更好的工作。很大一部分人完全沒有工作：實驗組加上對照組的樣本中，過去一個月有收入的人只有七〇%。

因為很想知道這些沒有工作的年輕人在做什麼，我們探訪了當中幾個人。史蒂夫是和藹可親、談吐得體的年輕人，他在家裡接待我們。他高中畢業已經兩年多了，但期間不曾工作過。他希望上大學修讀政治學，目標是成為電臺主持人，但迄今為止，他還考不上大學。他一再重考。與此同時，他靠祖母的養老金生活。他認為目前還沒有理由放棄夢想。有一天他很可能會放棄，但他認為自己還年輕。

這個現象的另一面，是即使在失業率高得嚇人的國家，例如南非（十五至二十四歲的人有五四%表示自己失業[112]），企業仍抱怨找不到想要的員工，也就是受過一定程度的教育、工作態度良好，以及願意接受公司提供的工資的人。在印度，政府投入大量公共資源，希望使勞工為市場上出現的工作做好準備。數年前，阿比吉特曾與一家為服務業提供職業培訓和就業安置的公司合作。這家公司擔心他們在學生的就業安置方面做得不夠好。數據證實他們的擔心有道理。五三八名報讀該公司課程的年輕男女有四五〇人完成課程。當中一七九人獲得工作機會，九十九人接受了工作，但六個月後只有五十八人還在做那份工作，成功率略高於一〇%。另有十二人在其他地方工作。[113]其他人在做什麼呢？我們訪問了一些曾得到工作機會但沒有接受，又或者做了不久就離職的人。他們有些在考所謂的「競爭考試」（成功的話有機會成為公務員，或是進入準政府機構工作，例如公營銀行），有些在修讀學士課程，希望日後應徵公務員工作。還有一些人就待在家裡，雖然他們的家庭難以負擔他們無所事事。

為什麼他們不想做曾經到手的工作？我們聽到很多答案，但歸根究底就是他們不喜歡那些工作——工作太多，工作時間太長，站著的時間太長，太常出差，工資太低之類。

部分問題在於期望與現實出現顯著的落差。我們在印度訪問的那些年輕人成長於這樣的家庭：他們的父親平均受過八年的教育，母親則不到四年。在他們家裡，有人上中學已經是新鮮事。長輩告訴他們，他們只要努力念書，將來就能找到好工作，也就是成為教師或在辦公室工作。這在他們父母那一代比較接近事實（對歷史上的弱勢群體如低等種姓來說更是這樣，他們後來受惠於積極補償政策）。受財政壓力影響，公務員職位成長放緩，最後更是不再增加，[114]但受過良好教育的人口則繼續增加，連歷史上的弱勢群體也是這樣。[115]換句話說，標準已經改變了。

類似情況也發生在南非、埃及，以及中東和北非一些國家。它們的起步點高於印度，高中畢業是不夠的，曾有一段時間，學士學位是重要的篩選標準：如果你擁有學士學位，你就能得到公務員工作。現在已經不是這樣了，但這些國家仍在出產數以百萬計的文學士（主修阿拉伯語和政治科學之類），而市場對這種人才已經沒有需求。當然，世界各地都一直在抱怨現在的畢業生不具備雇主想要的技能，連美國也不例外。只是在我們討論的那些國家，情況相當極端。

現實與期望之間的落差，因為年輕人沒怎麼接觸過真實的勞動力市場而擴大。阿比吉特曾與塞奎拉（Sandra Sequeira）一起評估南非一個計畫，這個計畫資助一些年輕人的交通費用，鼓勵他們前往離家較遠的地方找工作；這些年輕人所住的小鎮，在種族隔離時代是黑人貧民區。那些被隨機選中獲得交通補貼的人確實活躍許多，他們到處去，但這對就業沒有影響。不過，他們對勞動市場的看法確實有所改變。幾乎所有人一開始都過度樂觀：他們期望的工資是條件類似的人實際工資的一．七倍。接觸過真實的勞動力市場之後，他們的期望降低了，期望的工資變得比較接近現實。[116]

現實與期望之間的這種嚴重落差阻礙了勞動力市場的運作，結果就是浪費資源。那些年輕人多數是在等待他們不會得到的工作。在印度，報紙經常報導人們瘋狂競逐公務員工作的現象，例如國有鐵路公司招聘九萬名基層員工，就吸引了二千八百萬人申請。[117]

就開發中國家而言，這些問題有一部分完全是它們自己造成的。部分問題在於有一小部分工作遠比其他工作誘人，而這與生產力毫無關係。公務員工作是最好的例子。在一些最窮的國家，公共部門與私營部門的工資有巨大的差距：平均而言，前者的工資是後者的兩倍以上，這還不包括公務員非常好的醫療和退休福利。[118]

這種差異可能使整個勞動力市場陷入混亂。如果公共部門的工作比私營部門的工作寶貴得多，而且非常稀少，許多人會覺得值得等待機會爭取這些工作。應徵這種工作往往必須通過一些考試，結果就會有人花很多年時間準備這種考試（只要家庭狀況容許，有些人會一考再考）。如果公務員工作不再那麼令人嚮往，浪費在追求無法實現的目標上的大量勞動力就有可能釋放出來，使經濟有所得益。當然，在其他國家，公務員工作往往也很吸引人，尤其是因為這種工作通常很有保障。但在許多國家，工資差距沒那麼大，等待機會爭取公務員工作的人也沒那麼多。

削減公務員的工資很可能涉及激烈的鬥爭，但政府可以做一些不是很難的事，例如限制一個人申請公務員工作的次數，或制定比較嚴格的年齡限制。這有助避免因為很多人等待機會爭取公務員工作而浪費大量人力資源。這可能使職位分配過程增添一些運氣成分，但結果未必不如現行制度，因為現行制度偏袒那些有能力等待的人。在迦納，史蒂夫無所事事之際，許多年輕的畢業生不得不找些事做，因為沒有人資助他們的生活。他們並不缺乏想像力：我們遇到一個種堅果的人，一名專門提供葬禮服務的ＤＪ，一個正接受訓練的牧師，以及兩名低級別聯賽的足球員。

不過，開發中國家的勞動市場問題並非僅限於公共部門工作極其誘人。在迦納，提供福利、高工資和某程度就業保護的一些私營部門工作也強烈吸引高中畢業生。在許多開發中國家，勞動市場具有這樣的二元特性：有一個巨大的非正式部門，當中的勞工沒有任何保障，許多人因為沒有更好的選擇而自僱；另有一個正式部門，員工不但待遇優厚，還享有很強的就業保障。某程度的就業保障當然是必要的；勞工不能任由雇主擺布。但這些國家的勞動市場法規非常嚴厲，結果嚴重妨礙市場有效率地重新配置資源。

人人都對，人人都錯

這一切對我們理解經濟成長有何啟示？嗯，梭羅是對的。國家的人均所得達到一定的水準之後，經濟成長似乎就會放緩。在技術先進的經濟體，也就是在富裕國家，總要素生產力的成長基本上是個謎——我們不知道是什麼推動它成長。

另一方面，盧卡斯和羅默也都是對的。窮國的人均所得並不會自動與富裕國家趨同。主要原因很可能不在於外溢效應，而是因為窮國的總要素生產力低得多——很大程度上是因為市場失靈。正因如此，只要對商業友善的制度有助於糾正市場失靈，艾塞默魯、江森和羅賓森也都是對的。

但與此同時，這些經濟學家也全都錯了，因為他們把經濟成長和一國的資源視為總體事物（「勞動力」、「資本」、「國內生產毛額」），這很可能導致他們忽略了關鍵點。根據我們對資源配置不當的認識，我們必須超越模型，考慮資源的使用方式。如果一個國家的資源配置起初非常差，一如共產時期的中國或極端干預（extreme dirigisme）政策時期的印度，則最早的改革紅利可能來自改善資源配置。有些國家（例如中國）的經濟可以快速成長頗長一段時間，原因可能在於它們起初有大量遭浪費的人才和資源——只要改弦更張就能好好利用這些資源。這既不是梭羅的世界，也不是羅默的世界——在他們的世界裡，國家的經濟要成長，需要新的資源或構想。這也意味著一旦被浪費的資源全都已經充分利用，成長變得仰賴投入額外的資源，經濟成長就可能迅速放緩。目前已經有很多文章討論中國經濟放緩的問題；中國的成長無疑正在放緩，這很可能是我們應該料到的。無論中國的領導人現在做什麼，放緩的趨勢幾乎肯定將持續下去。中國之前迅速累積資源，因為它有很大的進步餘地；在此過程中，最明顯的配置不當問題解決了，這意味著現在的進步空間沒有以前那麼大了。中國經濟之前倚賴出口做為技術、投資和（一段時間之內）無窮的全球需求的來源。但如今中國已成為全球最大的出口國，中國的出口也就不可能繼續以遠高於全球經濟成長率的速度增加。中國（和其他國家）不得不接受這個事實：經濟以驚人速度成長的時代可能即將結束。

展望未來，美國似乎可以稍為放鬆一點。一九七九年，哈佛大學教授傅高義（Ezra Vogel）出版《日本第一》（*Japan as Number One*）一書，預言日本很快將超越其他所有國家，成為世界第一的經濟超級強國。他認為西方國家必須學習日本模式。在他看來，良好的勞資關係、低犯罪率、優秀的學校，以及高瞻遠矚的菁英官僚是經濟永久快速成長的新祕訣。[119]

事實上，當年日本經濟如果繼續以一九六三至一九七三年間的平均成長率成長，日本人均GDP將在一九八五年超過美國，總GDP則會在一九九八年超過美國。但這並未發生。實際發生的事足以使人變得迷信：一九八〇年，也就是傅高義的《日本第一》出版翌年，日本的經濟成長率崩跌，至今不曾真正復原。

梭羅模型告訴我們，原因可能很簡單。因為日本生育率很低，而且幾乎完全不接受外來移民，它的人口多年前開始快速老化（趨勢至今未變）。日本勞動年齡人口在一九九〇年代末達到頂峰，此後一直萎縮。這意味著總要素生產力必須以更快的速度成長，經濟才可以保持快速成長。換句話說，因為我們仍沒有可靠的方法可以提高總要素生產力，日本必須奇蹟般提升既有勞工的生產力。

受一九七〇年代的亢奮影響，有些人認為這是有可能的，這或許可以解釋為什麼雖然經濟放緩，日本人在一九八〇年代仍繼續儲蓄和投資。在一九八〇年代的泡沫經濟中，太多的資金追逐太少的好標的，結果是銀行業出現大量不良貸款，日本在一九九〇年代爆發一場重大危機。

中國也面臨一些同樣的問題。中國人口正快速老化，部分原因在於之前的一胎化政策，而事實證明這項政策的影響難以扭轉。中國的人均所得最終或許仍將追上美國，但中國經濟放緩意味著這需要頗長一段時間。如果中國經濟年成長率降至五%（這並非不可能），隨後一直保持這個水準（這可能有點太樂觀），而美國經濟成長率則保持在一．五%左右，中國至少需要三十五年才能追上美國的人均所得。與此同時，中國當局可能應該放輕鬆一點，接受梭羅模型指出的規律。經濟成長將會放緩。

他們也意識到這一點，已經主動提醒中國人民注意此一事實，但他們設定的成長率目標可能還是太高了。危險在於這可能使中國領導層陷入困境，導致他們為了重振經濟而做出錯誤的決定，就像日本之前那樣。

如果經濟成長的一個基本驅動因素是糾正資源錯配，我們或許可以想出各種創造成長的非正統策略。此類策略旨在因應一個國家的具體情況，糾正資源運用不當的問題。例如中國和韓國政府之前做得相當好的一件事，就是找出規模太小、因此未能滿足經濟需求的一些產業（通常是為其他產業提供基本原料的重工業，例如鋼鐵和化工業），然後藉由國家投資和其他干預手段，引導資本投入這些產業。這可能加快了資源運用效率的提升。[120]

但是，這種做法在這兩個國家奏效，不代表每一個國家都應該效法。經濟學家通常對產業政策有很強的戒心，這是大有道理的。政府主導投資的歷史難以予人信心；當局的判斷經常出錯，即使官員並未刻意扭曲政策以圖利特定的人或集體（但這種事其實很常見）。這些是政府失靈的問題，就像市場失靈那樣，而因為這種例子非常多，盲目仰賴政府挑選贏家是非常危險的。但另一方面，因為市場失靈的例子也非常多，光靠市場正確配置資源也是不切實際的奢望；我們需要一種顧及這些政治局限的產業政策。

資源配置不當導致經濟成長緩慢的另一個涵義，是目前正快速成長的國家如印度應小心避免自滿。經濟如果從亂成一團的狀態起步，快速成長便相對容易，因為改善資源配置就能促進成長。二〇〇二年之後，印度製造業在工廠層面的技術升級大幅加快，而且各領域都有一些資源流向最優秀的業者。這個現象被稱為「印度神祕的製造業奇蹟」，而它似乎與任何經濟政策無關。[121] 但它其實不是奇蹟。歸根究底，這只是相對於一個慘淡起點的溫和進步，我們可以想像它發生的各種原因。或許是因為世代交替：那些公司的控制權由上一代傳到新世代手上，而新世代往往曾留學海外，比較雄心勃勃，而且更瞭解科技和世界市場。或許是那些公司長期累積並不豐厚的利潤，終於有能力建設更大更好的工廠。

但隨著經濟淘汰了最差的工廠和企業，進一步改善的空間自然縮小。一如中國，印度的經濟成長也將放緩，而且沒有人能保證成長開始放緩時，印度人均所得已經追上中國的水準。中國人均GDP處於印度當前水準時，它的經濟年成長十二%，而印度現在認為八%的成長率已經很好了。如果我們據此推斷，印度人均GDP將在遠低於中國的水準進入成長停滯的階段。經濟成長的浪潮確實會使所有船隻都漲上去，但並非所有船隻都會漲到同一水準——許多經濟學家擔心所謂的「中等收入陷阱」，也就是人均GDP中等的國家陷入經濟停滯或接近停滯的狀態。根據世界銀行的資料，一九六〇年的一〇一個中等收入經濟體，到了二〇〇八年只有十三個已經成為高收入經濟體。[122]馬來西亞、泰國、埃及、墨西哥和祕魯似乎都陷入了這種陷阱。

當然，這種推斷總是很容易出錯，它只是提出一種警告，而印度視之為一種警告即可。印度的經濟成長雖然有各種問題，但很可能與印度人的某種特殊才能沒什麼關係。它反而與資源配置不當的另一面大有關係：印度這個經濟體有大量的潛在創業者和未善用的資源可以利用。

追逐成長的幻影

如果真是如此，印度應該開始擔心，這些善用資源的機會開始耗盡時會發生什麼事。不幸的是，正如我們不知道如何創造經濟成長，我們也幾乎完全不知道為什麼有些國家陷入停滯而另一些國家卻沒有（為什麼韓國經濟可以持續成長而墨西哥不行），又或者一個國家怎樣可以擺脫經濟停滯的困境。一種非常實在的危險，是印度（和面臨經濟成長急遽放緩的其他國家）因為試圖保持快速的成長，將以維持未來成長的名義，奉行一些傷害窮人的政策。根據美國和英國在雷根和柴契爾年代的經驗，當局聲稱必須「對商業友善」以保護經濟成長，可說是為各種劫貧濟富的政策（例如政府提出紓困方案幫助過度負債的公司或有錢人）打開大門，結果是圖利所得最高的少數人，代價由其他人集體承受；與此同時，這些政策對經濟成長毫無幫助。

如果美國和英國的經驗具有參考價值，我們可以這麼說：要求窮人勒緊褲帶，期望有錢人得到的好處最終將下滲至社會底層，實際上對經濟成長毫無幫助，對窮人更是有害。在一個不再成長的經濟體中，貧富不均急遽惡化可能對成長前景非常不利，因為貧富不均惡化引起的政治反彈可能會導致民粹領袖當選，而他們鼓吹的神奇方案極少奏效，往往製造出委內瑞拉式災難。

有趣的是，國際貨幣基金長期以來捍衛成長優先的正統思想，但現在也承認犧牲窮人以促進成長是不好的政策。它現在要求其工作團隊在向各國提供政策指導和列出各國接受國際貨幣基金援助的條件時，將貧富不均納入必須考慮的因素之中。[123]

歸根究底，我們不能忘了GDP只是一種手段，不是目的。它無疑是一種有用的手段，尤其是如果它創造就業機會、提高工資或使政府預算更充足，可以做更多所得重分配。但最終目標仍是提高一般人的生活品質，尤其是窮人的生活品質。而生活品質並非只看消費多寡。如我們在上一章看到，多數人渴望覺得自己有價值和得到尊重，而如果他們覺得辜負了自己和家人，他們會感到痛苦。雖然改善生活品質確實與有能力增加消費有關，但即使是非常窮的人也關心父母的健康、子女的教育、自己的意見有人重視，以及能夠追求自己的夢想。提高GDP或許是改善窮人生活的一種方式，但也只是其中一種方式，而且我們不應假定這一定是最好的方式。事實上，同樣是中等收入國家，民眾的生活品質可以有很大的差別。例如斯里蘭卡的人均GDP與瓜地馬拉相若，但斯里蘭卡的產婦、嬰兒和兒童死亡率比瓜地馬拉低得多（比較接近美國的水準）。[124]

予人幸福

較廣泛而言，回顧過去數十年，許多重要的成就顯然都是直接源自聚焦於特定結果的政策，甚至在一些過去和現在都很窮的國家也是這樣。例如一些非常貧窮而且經濟成長速度不是特別快的國家，也大幅降低了五歲以下兒童的死亡率，主要是拜當局重視嬰兒護理、疫苗接種和瘧疾預防所賜。[125]這與減少貧困的其他許多手段沒有差別，無論手段是著眼於教育、技能、創業還是健康。我們必須聚焦於關鍵問題，並瞭解如何有效處理這些問題。

這是需要耐心的工作；光是花錢，不一定能成就真正的教育或良好的健康。但好消息是，不同於經濟成長，我們知道如何在這方面取得進展。聚焦於明確的干預措施的一大好處，是這些政策有可衡量的目標，因此可以直接評估。我們可以做實驗，放棄無效的措施，並改進有潛力的措施。

瘧疾近年的情況就是一個好例子。瘧疾是幼兒的最大殺手之一，而避免蚊蟲叮咬就可以預防這種疾病。自一九八〇年代以來，瘧疾致死人數年年上升，二〇〇四年達到一百八十萬的高峰。然後二〇〇五年出現了戲劇性的轉折點。二〇〇五至二〇一六年間，瘧疾致死人數減少了七五％。[126]

這很可能與許多因素有關，而廣泛發放以殺蟲劑處理過的驅蚊蚊帳幾乎肯定發揮了關鍵作用。整體而言，這種蚊帳的好處已有充分的證據支持。二〇〇四年，一項研究檢視二十二項嚴謹的隨機對照試驗，發現每年多發放一千個驅蚊蚊帳平均可以減少五．五例死亡。[127]但是，正如我們在《窮人的經濟學》中所說，當時關於蚊帳是應該（以補貼價）賣給受益者還是免費提供的問題，引起很大的爭議。[128]不過，杜帕（Pascaline Dupas）和柯恩（Jessica Cohen）所做的一項隨機對照試驗[129]（隨後其他幾個研究曾經重做）確定了以下事實：免費蚊帳的使用率不低於付費蚊帳，而且免費發放達到的有效覆蓋率高得多。《窮人的經濟學》二〇一一年出版之後，此一證據終於使關鍵參與者確信，大規模發放蚊帳是對抗瘧疾最有效的方法。二〇一四至二〇一六年間，全球總共發放了五．八二億個驅蚊蚊帳。當中五．〇五億個是在撒哈拉以南非洲地區發放，七五%是靠大型的免費蚊帳發放活動送出去的。[130]《自然》科學期刊的結論是，二〇〇〇至二〇一五年間，驅蚊蚊帳使四億五千萬人得以避免死於瘧疾。[131]

蒐集證據花了一些時間，但這是有用的，連懷疑者也被說服了。伊斯特利二〇一一年直言批評免費發放蚊帳，但他後來在推特上得體地承認，在這問題上，他的對手薩克斯（Jeff Sachs）比他正確。[132]拜正確的政策選擇所賜，我們在處理瘧疾致死這種可怕災難上取得了巨大進展。

重要的是，儘管好幾個世代的經濟學家竭盡所能，我們至今仍無法掌握經濟持續成長的深層機制。沒有人知道富裕國家的經濟是否將再度加速成長，或如何使這件事變得比較可能發生。好消息是，我們還是有事情可以做；無論是在窮國還是富國，我們都可以做很多事去消除經濟中最惡劣的浪費。雖然這些努力可能無法使經濟永久地以較快的速度成長，但它們可以顯著增進公民的福祉。此外，雖然我們不知道經濟成長的火車頭何時啟動，但它一旦啟動，窮人如果健康良好、有讀寫能力，而且有思考未來的餘裕，他們將更有可能搭上成長的列車。全球化的許多贏家是在共產主義時期大力投資於人力資本的前共產國家（中國、越南），或是受共產主義威脅並因此同樣大力投資於人力資本的國家（臺灣、韓國），這可能並非偶然。因此，像印度這樣的國家，最好的選擇是盡量善用既有資源改善國民的生活品質，例如改善教育、衛生、法院和銀行的運作，以及建設更好的基礎設施（例如更好的道路和更宜居的城市）。

對世界各國的政策制定者來說，這項觀點暗示，相較於找到辦法將富裕國家的經濟成長率從二%提升至二・三%，明確聚焦於社會底層的福祉有望創造出深刻得多的變革，根本改變數以百萬計的人的生活。在接下來幾章中，我們將更進一步指出，我們找不到辦法稍微提高富裕國家的經濟成長率，這對整個世界甚至可能更好一些。

6 水深火熱

在二〇一九年，我們考慮經濟成長時，不可能不面對它最直接的影響。我們已經知道，在未來一百年裡，地球將變得更暖，問題只是變暖多少。地球氣溫上升攝氏一．五度、二度或更多，氣候變遷的代價會有相當大的差別。根據聯合國政府間氣候變遷專門委員會（IPCC）二〇一八年十月的報告，如果是上升攝氏一．五度，七〇％的珊瑚礁將會消失。如果是二度，九九％的珊瑚礁將會消失。[1] 在這兩種情況下，海平面上升和可耕種的土地變為沙漠會直接影響到的人數也大不相同。

壓倒性的科學共識是人類活動導致了氣候變遷，而避免大災難的唯一辦法是減少碳排放。[2] 根據二〇一五年的《巴黎協定》，世界各國設定了將暖化幅度控制在攝氏二度以內的目標，同時力爭達成控制在攝氏一．五度以內這個比較進取的目標。根據科學證據，聯合國政府氣候變遷專門委員會的報告得出結論，為了將暖化幅度控制在攝氏二度以內，碳排放（以二氧化碳當量來衡量[3]）必須在二〇三〇年之前減少二五%（相對於二〇一〇年的水準而言），並在二〇七〇年之前降至零。若要將暖化幅度控制在攝氏一．五度以內，碳排放量必須在二〇三〇年之前減少四五%，並在二〇五〇年之前降至零。

氣候變遷是極不公平的。碳排放主要源自富裕國家，或為富裕國家生產商品的活動。但氣候變遷最大的代價將是由窮國承受。在此情況下，必須解決問題的人沒有強大的動力去解決問題，氣候變遷是否因此成了棘手的問題？抑或問題還是有望解決？

五〇／一〇法則

聯合國政府間氣候變遷專門委員會的報告詳細說明了為了減少排放並將暖化幅度控制在攝氏一．五度以內，我們必須做些什麼。有些事是我們已經可以做的，例如改用電動車、建造零排放建築、擴大鐵路建設，都對減排有幫助。但這一點至關緊要：即使科技上有進步，即使我們可以完全不再使用煤，如果人類不轉向更能長久持續的消費方式，未來的經濟成長一定會對氣候變遷產生巨大的直接影響。這是因為隨著消費增加，需要能源來生產我們消費的東西。我們不僅是在開車時排放二氧化碳，把車停在車庫也會產生二氧化碳排放，因為生產汽車和建造車庫都要耗費能源。即使是電動車也是這樣。許多研究著眼於收入與碳排放的關係，答案因氣候、家庭規模等因素而異，但兩者總是密切相關。平均而言，你的收入若增加一〇%，你的二氧化碳排放量估計會增加九%。[4]

這意味著雖然迄今歐美占全球排放很大一部分，但新興經濟體（尤其是中國）如今占全球排放的比例正與日俱增。事實上，中國是目前全球最大的碳排放國。但這很大程度上是因為其他國家消費的很多商品是中國生產的。如果我們根據消費估算各地造成多少排放，則北美每年每人造成的溫室氣體排放為二二·五噸二氧化碳當量，西歐為一三·一噸，中國六噸，南亞僅為二·二噸。

在開發中國家，有錢人造成的碳排放也遠多於窮人。印度和中國最富有的群體都屬於全球造成最多汙染的一〇%人口（分別占這群人碳排放量的一%和一〇%，或全球碳排放量的〇·四五%和四·五%）。相對之下，印度最窮的七%人口每年每人僅排放〇·一五噸二氧化碳。整體而言，碳排放看來遵循五〇／一〇法則：全球造成最多汙染的一〇%人口占二氧化碳排放量約五〇%，而汙染最少的五〇%人口僅占略多於一〇%。

富裕國家的公民，以及較廣泛而言，世界各國的有錢人，對未來的任何氣候變遷負有極大的責任。

沐浴於波羅的海

一九九〇年代初某個六月天，阿比吉特在他的朋友、經濟學家威布爾（Jörgen Weibull）鼓勵下，去了波羅的海游泳。他一跳進海裡就立刻上岸——他說接下來那三天，自己的牙齒一直在打顫。二〇一八年，同樣是六月，我們去了斯德哥爾摩的波羅的海海邊；這裡位於阿比吉特上次游泳的地方往北數百英里處。這一次在波羅的海游泳非常輕鬆，我們的孩子在水裡玩得很開心。

在瑞典，無論我們去到哪裡，異常溫暖的天氣都是一個話題。它很可能是人人感受到的一種凶兆，但當時瑞典人很難不對溫暖天氣帶來的戶外活動新機會感到欣喜。

在貧窮國家，人們就沒有這種矛盾心理。如果地球氣溫上升攝氏一至二度，北達科他州的居民多數完全沒有不滿。達拉斯的居民可能會有些不高興。德里和達卡（孟加拉首都）的居民將遇到更多難以忍受的酷熱天氣。舉個例子：一九五七至二〇〇〇年間，印度平均每年有五天的平均氣溫超過攝氏三十五度。[5]如果沒有有效的全球氣候政策，到本世紀末，這種酷熱的日子料將增加至七十五天。相較之下，一般美國居民每年只會遇到二十六天這種日子。問題在於窮國通常比較接近赤道，而這些地方的居民將承受氣候變遷帶來的真正痛苦。

更慘的是，窮國的居民比較沒有能力保護自己免受酷熱天氣傷害。他們沒有冷氣設備（因為他們窮），而他們往往在農地、建築工地或磚窯工作，這些地方都不大可能裝冷氣。

隨著氣候變遷而來的暖化將如何影響這些國家居民的生活？要回答這問題，我們不能只是比較溫暖與寒冷的地方，因為這些地方在氣溫之外還有很多不同之處。我們之所以能夠針對氣溫變化的潛在影響提出一些評估，是因為同一地點的氣溫會有變化——除了一天之內有變化，每年的氣溫也可能顯著不同。有些年分的夏季特別熱，有些年分的冬季特別冷，也有些好年分是夏季和冬季皆溫和。環境經濟學家葛林史東（Michael Greenstone）率先指出，我們可以利用這種每年的天氣變化，展望未來氣候變遷的影響。例如倘若印度某地區某年特別熱，那一年的農產品產量是否低於同一地區的其他年分，或沒那麼熱的其他地區？

因為各種理由，我們不能盲目相信這種方法。永久的氣候差異肯定會鼓勵人們努力創新以減輕氣候變遷的影響。我們不會從逐年變化的影響中看到這一點，因為創新需要時間。另一方面，永久的變化造成的一些代價，可能是暫時的變化不會造成的，例如地下水層的耗損。換句話說，這種方法產生的估計可能太小或太大。但是，只要這種估計的偏差在富國和窮國是一樣的，那麼比較這些預測仍有用處。一般而言，氣候變遷對窮國的危害嚴重得多。美國農業將會有損失，但印度、墨西哥和非洲的農業損失會大得多。在歐洲某些地區，例如莫澤河谷（Moselle Valley）的葡萄園，葡萄樹將得到更多陽光，莫澤葡萄酒的品質和產量估計均將提升。[6]

炎熱天氣對生產力的影響並非僅限於農業。天氣熱的時候，人的生產力會降低，尤其是如果必須在戶外工作。例如來自美國的證據顯示，相較於氣溫介於攝氏二十四至二十六度的情況，氣溫超過攝氏三十八度時，戶外工作的勞動力供給每天可能減少多達一小時。[7]至於那些不必日曬雨淋的工作（例如非製造業的室內活動），氣溫上升並未造成統計上可檢測到的影響。學年結束時如果天氣特別熱，學生的考試成績會比較差。但如果學校有冷氣，學生就不會受影響；因此，災熱天氣對窮人的孩子影響最大。[8]

印度很少工廠有冷氣。在印度一家成衣廠，一項研究檢視勞動生產力如何隨氣溫變化。[9]氣溫低於攝氏二十七至二十八度時，氣溫的變化對生產力的影響非常小。但如果一天的平均氣溫超過這個水準（約有四分之一的工作日是這樣），則氣溫每上升攝氏一度，勞動生產力就降低二%。一項研究發現，綜合所有因素，如果某年全球氣溫上升攝氏一度，人均所得會減少一．四%，但這種影響僅限於窮國。[10]

當然，暖化的影響並非僅限於所得。許多研究強調炎熱天氣會危害健康。在美國，相對於涼爽的日子（氣溫介於攝氏十至十五度），酷熱的日子（氣溫超過三十二度）增加一天會推高（經年齡調整的）死亡率約〇．一一%。[11]而在印度，這種影響要大二十五倍。[12]

救命的冷氣

美國的經驗也說明了國家比較富裕和科技比較先進，有助於減輕高溫的危險。在美國，一九二〇和三〇年代高溫對死亡率的影響，估計是當前時期的六倍。這種差異可能完全是因為冷氣如今普及得多，而冷氣正是富裕國家的居民適應高溫的關鍵工具。[13]這正是在炎熱的年分，富裕國家的能源需求大幅上升的原因。在冷氣相對罕見的窮國（二〇一一年，八七%的美國家庭有冷氣，印度則只有五%[14]），氣溫上升時，生產力的跌幅和死亡率的升幅都比較大。在這些地方，冷氣可能是適應高溫的關鍵工具——它不應該是奢侈品，但它事實上卻是。

隨著窮國變得比較有錢，它們將能負擔較多冷氣設備。一九九五至二〇〇九年間，中國城市的家用冷氣機數量對住宅戶數的比例從八%上升至一〇〇%以上（也就是城市裡每一戶平均擁有超過一臺冷氣機）。[15]但冷氣本身會加劇全球暖化。標準冷氣設備使用的氫氟碳化物（HFC）對氣候的影響特別惡劣，比二氧化碳危險得多。這使我們面對一個相當棘手的問題：有助保護人們免受氣候變遷影響的技術，恰恰會加快氣候變遷的速度。不使用氫氟碳化物的新型冷氣機可以減少汙染，但它們目前昂貴許多。像印度這樣的國家正開始有愈來愈多家庭負擔得起比較便宜的冷氣設備，因此面臨一種特別可怕的取捨：拯救現在的生命，或協助減輕氣候變遷以拯救未來的生命。

經過多年談判，國際社會二〇一六年十月在盧安達首都吉佳利達成一項協議，我們可以從中看到世界如何處理這種取捨（當它真的能處理的時候）。吉佳利協議確立了三條路徑：包括美國、日本和歐洲在內的富裕國家將從二〇一九年起逐步淘汰氫氟碳化物；中國和另外一百個開發中國家將從二〇二四年起這麼做；包括印度、巴基斯坦和若干波斯灣國家在內的少數國家將等到二〇二八年才開始這麼做。印度政府意識到，印度公民既是全球暖化的受害者，也是造成全球暖化的原因，當局選擇了拯救現在的生命，而不是立即處理暖化問題。印度政府很可能是寄望二〇二八年之前的經濟成長將使印度人到二〇二八年的時候能夠負擔較昂貴的新型冷氣設備（屆時這種設備也可能已經變得比較便宜）。但在這十年裡，使用氫氟碳化物的冷氣設備可能在印度迅速普及，尤其是因為這種冷氣機的製造商希望為產品找到市場，而這些機器將在二〇二八年之後繼續運作好幾年，並繼續造成汙染。印度等國家延後淘汰氫氟碳化物冷氣機可能會使地球付出相當大的代價。

現在就採取行動？

冷氣難題是特別令人心痛的例子，說明了印度覺得自己面臨的現在與未來之間的取捨。較普遍而言，在二〇一五年國際社會達成《巴黎協定》之前，印度根本拒絕考慮限制碳排放，理由是它承受不起阻礙自身經濟成長的代價，以及富裕國家理應擔起大部分的調整責任。隨著印度核准《巴黎協定》並提出具體的承諾，它的立場改變了。印度因此換來重要的國際援助：一個由富裕國家出資的國際基金，將資助印度的能源轉型。雖然印度的排放量目前占全球的比例並不大，但隨著印度規模日大的中產階級不斷增加消費，該國將成為關鍵的排放國。與美國不同的是，印度一大部分人口將因為氣候變遷而受到直接和嚴重的影響，因此有必要好好瞭解眼下的選擇涉及的代價。印度不願立即採取行動使人非常擔心，不但因為它會產生直接的影響，還因為它說明了政界普遍的短線思維。

關鍵問題是這種取捨是否像印度人（或美國人）所想的那麼嚴酷。我們真的必須放棄現在的一些東西嗎？如果我們開發出更好的技術並適時採用，使我們能夠在不必犧牲許多生活方式的情況下遏制全球暖化，或許我們其實可以魚與熊掌兼得。畢竟不過是數年之前，能源專家還嚴厲警告我們，再生能源（太陽能和風能之類）實在太昂貴，為了替代化石燃料而投資於再生能源是愚蠢的做法。但如今再生能源已經便宜許多，主要是拜相關領域的技術進步所賜。能源效率也顯著提高，而且還可能進一步提高。二〇〇六年，英國政府委託世界銀行前首席經濟學家史登爵士（Nicholas Stern）撰寫一份關於氣候變遷如何影響經濟的報告。《史登報告》的結論相當樂觀：[16]

但是，儘管歷史常態和基於目前情況的預測令人難以樂觀，世界其實不必在阻止氣候變遷與促進經濟成長和發展之間做出抉擇。能源技術和經濟結構的變化已經降低了碳排放與所得成長的對應程度，尤其是在一些最富裕的國家。如果我們能選擇經過深思熟慮的有力政策，已開發和開發中經濟體都有可能大規模「去碳化」以穩定氣候，同時雙雙保持經濟成長。

我們完全同意這個結論。但是，這並非毫無代價。《史登報告》指出，假設「綠色部門」保持過去一段時間的技術進步速度，為了穩定碳排放以阻止全球暖化，我們每年必須承擔的成本相當於世界GDP的一%左右。不過，如果真的可以避免危害世界的未來，這種代價看來真的不算高昂。

我們寄望的事情之一，是誘因能夠引起研發上的努力。[17] 創新發明的市場規模，對於研發支出有很大的影響。[18] 因此，如果以暫時的措施誘導資源投入研發環保技術以取代高汙染技術（例如可以課徵碳稅，提高使用舊技術的成本，或直接補助環保技術的研發），或許可以創造出需求，產生滾雪球效應。環保技術會變得比較便宜，因此更有吸引力；這會提高市場對它的需求，進而增加研發的報酬。環保部門最終會變得極有吸引力，足以根除高汙染部門，此時就已接近大功告成。我們的經濟引擎能夠回到均衡狀態，經濟就像以往那樣成長，靠風力、水力和太陽提供能源。一段時間之後，我們甚至可以終止支持環保能源的所有稅項和補助。

我們不難想像這種做法會如何奏效。但是，想像它會如何失敗也很容易，容易到令人害怕。畢竟高汙染的技術仍然存在。如果使用煤和石油的人減少，它們的價格將會大跌。這會使恢復使用煤和石油變得非常誘人。確實，因為煤和石油都不是可再生的，假以時日，它們的價格將會（隨著供應減少而）上漲，但尚未開採出來的煤和石油很可能足夠人類用到世界末日。我們很難完全樂觀。

免費午餐？

樂觀者期望的是最終會有免費午餐。隨著研發努力大大降低了環保技術的成本，企業和消費者採用它們將可以節省金錢。採用環保技術是對採用者和地球都有利的雙贏。免費午餐的希望總是非常誘人。事實上，因為極其誘人，這種希望經常支配了有關氣候變遷的討論。許多詳細的工程估算預料，提高能源效率的投資將能藉由降低能源支出來收回成本。麥肯錫二〇〇九年的報告《釋放美國經濟的能源效率》（*Unlocking Energy Efficiency in the U.S. Economy*）引起很大的關注。[19] 這份報告估計，以一種「全面的方式」投資在能源效率上，「總共可節省一．二兆美元的能源支出，遠多於截至二〇二〇年能源效率措施方面需要的前期投資五二〇〇億美元。」二〇一三年，國際能源總署估算，在沒有其他任何改變的情況下，單靠提高能源效率的措施就能達成我們必須達成的減排目標的四九％。[20]

果真如此，我們必須解決的問題可能相對簡單：我們只需要設法填補這個「能源效率缺口」。我們必須找出阻止消費者（和企業）做這些投資的障礙。或許他們不知道可以這麼做，或許他們借不到錢來支付前期成本，或許他們目光短淺，或許他們懶得改變。

遺憾的是，如果我們檢視這些據稱低垂的果實在現實中的表現，而非只看工程模型的預測，好消息就沒那麼多。聯邦政府的耐候化補助計畫（Weatherization Assistance Program）是美國幫助家庭提高能源效率的最大型計畫，自一九七六年啟動以來已經幫助了七百萬戶家庭。葛林史東和數名經濟學家獲得一個機會研究該計畫：他們從密西根州三萬戶家庭中隨機選出約七千五百戶參與該計畫。[21]被選中的家庭可以獲得逾五千美元的耐候化投資（隔熱、更換窗戶之類），完全不必自己出錢。研究人員隨後蒐集被選中者與落選者的數據。這個隨機對照試驗得出三個主要結論。首先，民眾參與計畫的意願非常低。雖然花了很多錢積極宣傳，（相對於對照組的）處理組最終只有六%的家庭接受耐候化補助。第二，能源效率提升是真的（參與計畫的家庭能源支出減少了一〇%至二〇%），但僅為工程估算預測的三分之一，節省的支出遠低於前期成本。第三，這並不是因為那些家庭想到能源支出可以降低而增加使用暖氣（這是所謂的反彈效應）；研究人員發現，這些家庭屋裡的氣溫並沒有上升。工程估算顯然並未完全反映現實中的真實情況；它們太過樂觀了。

工程估算太樂觀的問題，並非僅限於家庭。在古加拉特邦（印度工業化程度最高、汙染最嚴重的其中一個邦），一名研究人員與政府負責氣候變遷事務的部門合作，為中小企業提供高品質的能源效率顧問服務。[22]隨機選出的一些公司接受了免費的能源審計，每一家公司因此知道自己可以做哪些提高能源效率的投資，這些投資都是政府（在某項現行政策下）提供大量補貼的。研究人員再從這些公司當中隨機選出一些公司，定期派出能源顧問前往這些公司提供協助。能源審計本身對這些公司採用新技術的影響相當有限。顧問服務促使更多公司採用新技術，但也改變了這些公司的行為：它們開始增加生產，它們的能源需求因此增加了。整體而言，能源消費不受影響，而這一次是因為反彈效應。工程師對節能技術的減排作用又一次過度樂觀了。

我們的感覺是或許沒有那麼多免費午餐。採用更好的技術來減低排放可能是不夠的；人類的消費必須減少。我們可能不只需要低汙染的汽車，還需要比較小的汽車，或甚至完全不開車。

習慣問題

這不是我們的經濟學界同仁喜歡聽到的。首先是因為經濟學家一直喜歡把物質消費當作幸福的標誌，其次是因為他們對改變行為的努力抱持懷疑態度，尤其是在事情涉及改變偏好的時候。許多經濟學家從哲學上反對操縱偏好。

經濟學家的這種態度是因為他們長期以來相信人的偏好有「真實」的一面，而人的行為反映了他們根深柢固的欲望。因此，任何打算說服人改變行為（例如減少消費或改變消費的東西）的嘗試，都會侵犯這些偏好。但正如我們在第四章看到，現實中沒有真正的明確偏好這種東西。如果針對一盒巧克力或一瓶葡萄酒這些如此日常的東西，人們都不確定自己的感覺，我們為什麼要期望他們對氣候變遷有明確的偏好？我們大概也不能期望人們明確知道自己的孫輩應該生活在怎樣的世界裡、馬爾地夫群島如果被海水淹沒是不是他們的人民活該，以及自己願意在多大程度上改變生活方式以防止這些災難。

經濟學家通常假定多數人不會自願犧牲任何東西以影響未出生的人或遠方的人的生活。但事實很可能不是這樣，例如本書的讀者很可能不是這樣（否則你根本不會看到這裡）。其實多數經濟學家可能也不是這樣。許多經濟學家很可能確實關心許多對他們沒有直接影響的結果，即使他們很難賦予這些結果某個金錢價值。

這一點之所以重要，是因為它改變了我們對政策干預應有的想法。如果人人都有明確的偏好並據此行動（例如他們根本不在乎自身行為對他人的損害），理想的環境政策應該是為破壞環境設定一個價格，除此之外就由市場發揮其作用。這就是碳稅背後的理念，而現在包括我們在內的多數經濟學家都已經接受了這個理念。這個理念對二〇一八年諾貝爾經濟學獎得主諾德豪斯（William Nordhaus）的研究至為重要。必須為汙染環境付出明確的代價，無疑是企業認真看待的事。容許企業向那些積極減少汙染的企業購買汙染權（可買賣的碳排放額度正是基於這種構想），可能也是個好主意，因為它賦予無汙染企業誘因去積極尋找「去汙染」的方法，例如植樹。對汙染者課稅是有用的，因為這些稅收可以成為新環保技術的財源。

但除了碳排放額度，我們大有理由更進一步。想想這個例子：有人自認堅決支持對抗氣候變遷，但從不曾購買節能的發光二極體（LED）燈泡。原因可能是他不知道有這種燈泡，或他去商店時忘了買，或他無法確定自己願意為LED燈泡多付多少錢，因為他難以量化自己對於防止氣候變遷的在乎程度。如果政府禁止使用非LED燈泡，這個人的境況會變好還是變壞？

如果禁令顯得太極端，政府可以利用「推力」（nudge）這種手段，幫助民眾做出對環境比較好的選擇。例如我們現在可以安裝智慧電錶，針對尖峰時段的用電量收取較高的電價，其他時段則適用較便宜的電價；這對環境比較有利。最近加州沙加緬度的一項研究發現，當地可以安裝智慧電錶之後，只有二〇%的用戶主動選擇安裝。[23]但是，研究人員發現，如果隨機選出一組用戶，以安裝智慧電錶做為他們的預設選擇，並容許他們選擇用回傳統電錶，則有九〇%的用戶繼續使用智慧電錶，而且他們的用電量確實減少了。那麼，他們的真正偏好是什麼？是他們主動選擇的，還是他們並未選擇但願意接受的？政府可能會認為：既然這個問題沒有明確的答案，何不選擇一種對環境比較好的做法？

一個未有答案的更大問題是：能源消費多大程度上是習慣的問題？特定的消費方式可能變得像一種癮，原因不過是人們習慣了那麼做。在巴黎經濟學院，新的「綠色」建築提供的暖氣非常弱。我們在那裡工作時，冬天和春天總是很冷，我們經常抱怨。但不知道為什麼，許多個月下來，我們一直沒想到留一件厚毛衣在辦公室這個簡單的方法。不過，情況其實沒那麼糟。我們覺得難過，完全是因為我們多年來被美國過暖的辦公室寵壞了。我們學會在辦公室穿毛衣之後，就沒有再因為大樓暖氣不足而覺得難受。為環保盡自己一份力的道德滿足感，為我們提供了充分的補償。

影響能源消費的許多行為是重複性和習慣性的，例如選擇坐火車而非開車，離開房間時關燈之類。就這些行為而言，延續過去的一貫做法是最容易的。改變必須付出相當高的代價，但改變之後，維持新做法就容易得多。我們甚至可以選擇一種比較機械性的做法，例如買一個恆溫器，一勞永逸地將它設定為早晚提供較多暖氣，並在我們外出時進入節能模式。這意味著今天的能源選擇也會影響未來的能源消費。事實上，有直接證據顯示，能源選擇是持久的。在一項隨機對照試驗中，一些隨機選出來的家庭會定期收到能源報告，告訴他們相對於鄰居，他們用了多少能源。相較於沒收到報告的家庭，收到報告的家庭的能源消費開始減少，甚至研究人員停止提供報告之後仍是這樣。這看來主要是因為他們的習慣改變了。[24]

如果能源消費有點像一種癮，也就是現在用大量能源使我們未來也用大量能源，那麼適當的應對措施就是課以重稅，就像許多政府對香菸課重稅那樣。重稅起初將抑制我們想抑制的行為，然後一旦人們學會了適當的行為，重稅就可以維持下去但並未真正傷害任何人，因為人人都已經改變習慣以避免受重稅傷害。

當然，我們的能源消費並非只是使用暖氣、冷氣或交通工具。我們購買的一切也都會消耗能源，而我們的消費品味同樣不是突然就出現的。經濟學家已經開始認識到「習慣」如何影響我們的偏好：我們從小到大的消費形成了我們現在的品味。許多人移民之後並未改變飲食習慣，即使他們以前常吃的東西在原來的國家相當便宜，但在目前的國家卻很昂貴。[25] 習慣意味著改變行為在短期內相當痛苦。但行為是可以改變的。人們甚至似乎願意改變自己的行為，以便為將來的變化做好準備。[26] 因此，宣布未來將對消耗大量能源的商品加稅，可能有助於人們比較輕鬆地適應這種變化。

汙染致命

對於調整適應，富裕國家有巨大的優勢，因為它們必須犧牲的能源消費多數不是必要的（例如他們可以走路去超市卻選擇開車，可以轉用LED燈泡卻堅持使用傳統燈泡）。真正的考驗是在開發中國家。過去二十年裡，印度的用煤量增加了兩倍，中國增加了三倍，而美國和其他已開發國家則略有減少。在未來數十年裡，經濟合作暨發展組織以外國家的能源消費成長，預計將是經合組織成員國的四倍。

但對多數印度人來說，增加消費並不奢侈，增加能源消費尤其不奢侈。印度農村目前的能源消費之所以很低，是因為當地人過著一種經常令人不舒服，而且有危險的生活。他們不可能少用一些能源，而且應該有權利增加能源消費。在這種情況下，窮國是否有理由完全置身於氣候對話之外？又或者如果窮國必須有所犧牲，至少應該由它們最富有的國民承擔，因為他們的生活方式和排放量與美國的有錢人相若。

我們很難說不是這樣。世上的窮人為有錢人過去和現在的放縱付出代價，當然極不公平。不幸的是，這種立場有兩個問題。首先，一如我們已經討論過，開發中國家如果暫不收緊管制，可能會導致那些造成最嚴重汙染的技術延長壽命許多年。暫時的寬鬆政策可能會造成持久的後果。因為多數受害者將是開發中國家的民眾，已開發國家的人可能非常樂意接受這種做法。

其次，問題的真正癥結在於即使沒有全球暖化的威脅，開發中國家是否承受得起保持現行汙染水準（或甚至增加汙染）。溫室氣體排放與空氣汙染密切相關，而空氣汙染眼下直接影響到開發中國家的人民。中國和印度的環境退化速度非常快，使得汙染成為巨大而迫切的公共衛生危害，其他新興經濟體的情況也正在惡化。

這種汙染是致命的。在中國，淮河以北地區的燃煤室內暖氣獲得政府補貼，淮河以南地區則沒有補貼，理由是北方比較冷。如果你從南方往北跨過淮河，會發現空氣品質迅速嚴重惡化。事實上，當地居民的預期壽命也相應降低。[27]據估計，如果中國空氣中的懸浮微粒濃度能改善至世界標準，中國人的整體壽命將可增加三十七億年。

但是，相對於印度許多大城市，中國的空氣仍算相對清新。印度幾個城市，包括首都新德里，高居全球空氣汙染最嚴重城市前幾名。[28]二〇一七年十一月，德里首席部長將新德里比作是毒氣室。根據美國大使館的測量，當時新德里的空氣汙染程度達到世界衛生組織制定的指導水準的四十八倍。一如中國，這種程度的汙染無疑是致命的。[29]每年十一月，空氣汙染嚴重惡化時，新德里醫院入院人數也激增。全球而言，刺胳針汙染與健康委員會估計，二〇一五年共有九百萬人因為空氣汙染而過早死亡。[30]印度占其中逾二百五十萬人，是全球最多的國家。[31]

德里冬季空氣汙染嚴重，是多種因素共同造成的（包括純粹地理上的壞運氣），但也有一部分是拜可以改變的行為所賜。一個重要的汙染源，是德里周遭幾個邦焚燒作物收割後留下來的殘株。因此產生的煙霧與德里城內產生的各種汙染物混在一起，包括建築灰塵、汽車廢氣、燃燒垃圾的殘餘，以及窮人煮飯和在冬天取暖使用的明火。

因為德里的霧霾非常嚴重，立即採取行動的動力顯然存在。問題不涉及現在與未來的生活品質之間的取捨，因為眼下汙染正在奪走人命。唯一的取捨是減少消費或難以呼吸。但這個取捨可能也是虛幻的。兩項不同的研究（一項涵蓋印度一家紡織製造公司的工人[32]，另一項涵蓋中國的旅行社）顯示，在周遭汙染嚴重的日子，生產力顯著較低。因此，汙染惡化可能意味著消費將減少。[33]

德里是個相對富裕的城市。德里的居民完全負擔得起補償農民，請他們不要焚燒作物殘株，改用機器掩埋殘株，為下一次種植做好準備。政府可以禁止城裡居民用明火取暖，建立一些避寒設施供窮人必要時使用。政府也可以建立比較先進的垃圾收集和處理系統，取代焚燒垃圾。此外還可以禁止老舊汽車上路（或完全禁止柴油車），並引進擁擠附加費或其他形式的擁擠管理方式。[34]當局也可以比較積極執行嚴格的工業汙染標準（這些標準寫在法規上，但執行鬆散）。政府可以改善公共交通系統，也可以關閉或升級城內的大型火力電廠。這些措施可能沒有一項足以獨力解決問題，但結合起來肯定可以改善情況。

這一切並非遙不可及。例如提交給印度最高法院的一份「法院之友」文件指出，補助二百億盧比（約三億美元）就足以幫助旁遮普邦和哈里亞納邦的農民購買設備掩埋作物殘株。這相當於大德里地區居民人均付出約一千盧比（按當前匯率換算約為十四美元，經購買力平價調整後則是略多於七十美元）。令人驚訝（也令人沮喪）的是，雖然空氣汙染問題迫在眉睫，但要求採取這種應對措施的政治力量並沒有非常強大。部分問題可能在於抑制汙染需要很多人合作。不過，問題也在於人們並未充分意識到空氣汙染會危害健康。《刺胳針》最近一項研究發現，戶外空氣汙染造成的死亡很大一部分可歸咎於焚燒生物質（樹葉、木材之類）。[35]但這些生物質頗大一部分是在室內爐灶燃燒的，這造成了大量的室內空氣汙染。因此，民間似乎應該對低汙染爐灶有強勁的需求，因為這種爐灶可以改善室內和室外的空氣。但這種需求似乎不存在。一項又一項研究發現，人們對低汙染爐灶的需求非常低。[36]甚至曾有非政府組織免費送出這種爐灶，但因為人們對此興趣不大，在爐灶壞掉時懶得修理。[37]對清新空氣的需求不高，可能是因為許多非常貧窮的家庭未能將乾淨的空氣與健康、快樂和高生產力的生活聯繫起來。

這種情況可能會改變。研究顯示，德里貧民窟的居民被要求比較他們在城市與在農村的生活條件時，多數表示他們比較喜歡城市。[38]他們對德里唯一真正不滿的是環境，尤其是空氣。在二〇一七／一八年的冬季，德里終於出現了一些民憤。學校因為空氣汙染嚴重危害健康而關閉時，學生憤而上街抗議。甚至在並非民主國家的中國，公眾輿論壓力據說也促使政府希望在控制汙染方面有所作為。在印度，汙染問題可能很快將成為足夠重要的公共議題，促成一些變革。屆時的優先要務應該是制定政策促成比較環保的消費模式，即使大眾必須為此付出一些代價。但代價可能不是非常大。在許多情況下，印度能夠跳過老舊的技術，直接採用較環保的技術（例如在窮人終於有電力可用時，他們可以直接使用ＬＥＤ燈泡）。在某些情況下，新技術的成本可能高於舊技術（例如低汙染汽車可能比較貴）。這意味著窮人必須得到補償。但這麼做的總成本其實不高——只要有政治意志，菁英階層可以輕鬆承擔。

綠色新政？

綠色新政（Green New Deal）是二〇一八至一九年冬季的熱門話題，美國民主黨人士試圖利用這項倡議，將對抗氣候變遷與經濟正義和重分配議程聯繫起來。他們必須克服棘手的政治障礙。從巴黎到西維吉尼亞以至德里，對抗氣候變遷常被說成是菁英階層的奢侈品，卻以弱勢群體支付的稅款埋單。

舉一個我們親身經歷的例子：二〇一八年底法國爆發黃背心運動，針對政府計劃提高汽油稅的抗議每個週末都癱瘓巴黎的街道，法國政府因此承受巨大的壓力。政府最後被迫延後加稅計畫。黃背心抗爭者表示，可以搭地鐵上班、富裕的巴黎人透過提高汽油稅來安撫自己的良心，代價卻由郊區和農村居民承擔，因為他們別無選擇，只能開車。這說法確實有道理，因為同一個政府之前取消了財富稅。在美國，「抗煤戰爭」（war on coal）的幽靈成為自由主義菁英對窮人麻木不仁的象徵，被用來號召人們對抗這些菁英。當然，開發中國家的從政者經常抱怨，他們被迫承受富裕國家以前的選擇造成的代價，而這種抱怨是有道理的。

綠色新政正是希望彌合此一分歧，它強調這個事實：建設新的綠色基礎設施（太陽能電板、高速鐵路之類）既能創造就業機會，又有助對抗氣候變遷。它淡化碳稅的重要性，因為許多左派人士認為碳稅過度依賴市場機制，而且就像法國的情況那樣，只是迫使窮人承受代價的另一種方式。

我們知道，要說服人們接受碳稅並不容易（影響多數人的稅莫不如此），但我們認為如果能使人們清楚看到政府並非利用碳稅來增加收入，碳稅還是有可能在政治上行得通。政府應該以稅收中性（revenue-neutral）的方式設計碳稅，將碳稅稅收派發給低收入人士，使他們得到好處。如此一來，人們仍有動機節約能源、少開車或開電動車，而政府也可以藉此表明，沒有錢的人不會為高汙染活動埋單。因為能源消費受習慣左右，這種稅應該早早宣布，讓人有時間做好準備。

較普遍而言，我們清楚知道，防止氣候變遷和適應已發生的氣候變遷是需要花錢的。我們必須投資基礎建設，並且以有意義的重分配照顧生計受影響的人。在窮國，金錢可以幫助一般民眾提高生活品質，同時避免危害世界的未來。（例如就冷氣問題而言，為什麼不可以由富裕國家資助印度，使印度人能跳過舊技術，直接採用比較環保的冷氣技術？）因為窮人消費並不多，幫助世上的窮人稍微增加消費，同時改善空氣品質和減少碳排放，並不需要花很多錢。世界上最富有的那些國家可以輕鬆為此埋單。

重點是我們必須避免相關辯論把窮國的窮人與富國的窮人對立起來。富國藉由課稅和法規來抑制碳排放，同時資助窮國採用環保技術，大有可能會壓低富國的經濟成長率，雖然我們當然無法確定，因為我們不知道經濟成長從何而來。但是，如果大部分代價由富國的有錢人承受，而地球可以得益，我們就沒有理由畏縮。

在德里、華府和北京，政策制定者被要求制定或執行汙染法規時，總是以保護經濟成長的名義拖延。至於這種經濟成長造福的是什麼人，至今仍有爭議。

這種成長至上論的流行，經濟學家確實負有責任。我們的理論或數據都完全無法證明追求最高的人均ＧＤＰ是普遍可取的。但是因為我們從根本上相信資源可以重新配置，也會被重新配置，於是我們陷入了總是試圖把經濟大餅盡可能做大的陷阱。這種觀念直接違反最近數十年的經驗教訓。證據清楚顯示，貧富不均最近數十年間嚴重惡化，世界各地的社會因此承受了慘痛的後果。

7 自動鋼琴

《自動鋼琴》（*Player Piano*）是美國優秀寓言作家馮內果（Kurt Vonnegut）出版的第一部小說。[1]這本反烏托邦小說講述一個多數工作已經消失的世界。此書寫於一九五二年，正值戰後就業大擴張時期，因此作者若不是極有遠見，就是荒謬絕倫；但無論如何，《自動鋼琴》是我們這個時代的完美小說。

自動鋼琴就是可以自行彈奏的鋼琴。在馮內果的世界裡，機器自行運作，人類再無用處。人類得到供養，有機會做各種無謂的工作，但已經無法做任何有意義或有用的事。在馮內果一九六五年出版的另一部小說中，羅斯沃特先生說：「眼下的問題是：如何去愛完全沒有用的人？」[2]又或者問題甚至只是：如何使這些無用的人不厭惡自己？

機器人愈來愈精密，人工智慧持續進步，已經引起相當大的焦慮：如果將來只有少數人可以做有意思的工作，其他人不是沒有工作就是只能做很爛的工作，貧富不均因此嚴重加劇，我們的社會將會發生什麼事？尤其如果是我們基本上無法控制的力量造成這種結果，情況就更令人擔心。眼下科技巨頭正迫切希望找到辦法解決他們的技術可能造成的問題。不過，我們不必揣測未來，就能知道一個國家的多數公民無法分享經濟成長的果實，情況會是怎樣。因為這種情況已經發生了——美國自一九八〇年以來正是這樣。

盧德分子的教訓

愈來愈多經濟學家（和經濟評論者）擔心，人工智慧、機器人和自動化之類的新技術消滅的工作將多過它們創造的工作，許多工人將因此被淘汰，而工資占GDP的比例也將下跌。事實上，如今對經濟成長樂觀的人和對勞動前景悲觀的人往往是同一批人；他們都認為未來的成長主要將由取代人類勞工的機器人驅動。

我們的麻省理工同事布林優夫森（Erik Brynjolfsson）和麥克費（Andrew McAfee）在他們合著的《第二次機器時代》（*The Second Machine Age*）中，針對數位化對美國就業前景的影響提出了悲觀的看法。[3]他們估計，數位化將使擁有「普通」技能的勞工變得愈來愈多餘。隨著從汽車噴漆到試算表操作等工作變成由機器人或電腦負責，受過高等教育、適應能力強、能夠安裝機器人並為它們編寫程式的人將會愈來愈有價值，而可以被取代的勞工將會失業，除非他們願意接受極低的工資。在這種觀點中，人工智慧將是對這些普通勞工的最後致命一擊。

正如奧托（David Autor）指出，在第一次資訊科技革命中，許多重複性的例行工作被淘汰了。[4]需要快速判斷和主動性的工作得以保留。打字員和裝配線工人減少了，但行政助理和煎漢堡的人保住了工作。許多人說，這次不一樣。人工智慧意味著機器可以從經驗中學習，因此能夠執行愈來愈多非常規任務，例如下圍棋或摺衣服。二〇一八年六月，一家提供機器人製作漢堡的餐廳在舊金山開業。接單和醬汁製作仍是由人類負責，但機器人負責做漢堡，例如Tumami漢堡（《頂尖主廚大對決》（*Top Chef*）第十五季由Chef Tu設計的一款漢堡，材料包括煙熏牡蠣蒜粒蛋黃醬、椎茸醬、黑胡椒粉和鹽、泡菜、洋蔥和奶油萵苣）[5]，五分鐘即可完成，每個賣六美元。艾絲特的妹妹安妮．杜芙若（Annie Duflo）是一家大型非政府組織的執行長，她沒有人類助理，完全仰賴名為Fin的人工智慧助理。Fin為安妮訂酒店和機票，管理她的日程，並為她報銷旅行費用。令人遺憾的是，安妮對Fin的滿意程度遠高於她以前的人類助理。她付給Fin的費用遠低於她以前付給人類助理的費用，而且得到的服務可靠得多。Fin的背後確實有一些人提供支援，但這些人愈來愈少，而且這種服務的商業模式顯然是要盡可能減少人手。

因此，人工智慧革命勢將衝擊各行各業的勞工。會計師、房貸發放者、管理顧問、財務策劃師、律師助理和體育記者目前已經需要與某種形式的人工智慧競爭——如果還沒有，應該很快就會面臨這種競爭。憤世嫉俗的人可能會說，正是因為這些比較高端的工作受到威脅，我們才終於談論這問題；事實可能正是這樣。但是，人工智慧也將傷害貨物上架工、辦公室清潔工、餐廳員工和計程車司機。麥肯錫的一份報告指出，視工作內容而定，美國有四五%的工作面臨被自動化的危險。[6] 經濟合作暨發展組織則估計，會員國有四六%的勞工從事的職業面臨被取代或根本改變的高風險。[7]

當然，這種估計忽略了一點：隨著一些工作被自動化，它們對人力的需求減少，勞工可以轉移到別處工作。

那麼，淨影響有多糟？經濟學家當然對這項問題很有興趣，但他們完全未能達成共識。布斯經濟學家調查詢問了受訪者對以下陳述的看法：「假設勞動市場制度和職業培訓保持不變，增加使用機器人和人工智慧技術很可能會導致先進國家長期失業的勞工大幅增加。」結果二八%的受訪者表示同意或非常同意，二〇%不同意或非常不同意，二四%不確定！[8]

困難在於勞工的末日尚未來臨（如果真有這麼一天）。如前所述，戈登對現今的創新技術評價不高，他喜歡在旅行時玩「發現機器人」的遊戲。[9] 他說，儘管有關機器人的討論十分熱烈，替他登記入住飯店、打掃房間、為他端上咖啡的全都是人類。

目前人類還沒有被淘汰。我們在二〇一九年第一季撰寫這本書的時候，美國失業率正處於歷史低點，而且還在下跌。[10] 隨著愈來愈多女性加入勞動市場，勞動人口占總人口的比例大幅上升，直到二〇〇〇年之後開始穩定下來或有所回落。[11] 儘管節省勞力的技術迅速進步，想工作的人幾乎全都找到了工作。

當然，人工智慧助長自動化的過程很可能才剛開始。人工智慧是一種新技術，它可以發揮多大的作用因此難以預料。未來學家認為世界可能正邁向「奇點」（singularity），屆時智慧無限的機器將造就生產力戲劇性加速成長，但多數經濟學家很懷疑奇點是否真的即將來臨。不過，如果戈登幾年後再玩發現機器人的遊戲，很可能會有比較令人興奮的發現。

另一方面，雖然這一波自動化浪潮才剛開始，這種浪潮過去已多次出現。一如今天的人工智慧技術，多軸紡紗機、蒸汽機、電力、電腦晶片、電腦輔助學習工具過去全都曾促進自動化，降低了對人力的需求。[12]

當時發生的事非常可預料：機器取代了從事某些工作的勞工，自動化產生了強勁的替代效應，淘汰了一些勞工。工業革命剛開始時，熟練的紡織技工就被紡織機取代了。眾所周知，他們一點也不樂意。十九世紀初，盧德分子（Luddites）破壞機器以抗議紡織工作機械化，因為他們身為熟練紡織技工的生計受到威脅。盧德分子一詞如今通常作貶義詞使用，形容盲目拒絕進步的人；這個歷史例子常被用來駁斥人們對科技發展造成失業的擔憂。畢竟盧德分子錯了——工作沒有消失，今天的工資和生活條件遠優於十九世紀初。

但是，盧德分子其實沒有我們所想的那麼錯得離譜。他們的工作確實在工業革命中消失了，連同其他許多技術工作一併消失了。有人說，長期而言，一切都會很好，但長期真的很漫長。一七五五至一八〇二年間，英國藍領工人的實質工資近乎減半。一八〇二年是谷底，但藍領實質工資從一七五五年至十九世紀初一直處於下跌的趨勢，隨後才恢復成長，直到一八二〇年才回到一七五五年的水準，也就是花了六十五年。[13]

在英國，技術突飛猛進的這段時期，也是剝削嚴重和生活條件非常惡劣的時代。經濟史學家福格爾（Robert Fogel）指出，這段時期英國男孩嚴重營養不良，情況甚至比美國南部的奴隸惡劣。[14]從特羅普（Frances Trollope）到狄更斯（Charles Dickens），那個年代的文學作品描述了當時英國經濟和社會發生的事，情況相當恐怖。狄更斯的小說《艱難時世》正是時代的寫照。

我們知道，英國後來終於出現轉機。雖然有些勞工失去了工作，那些節省勞力的創新提高了其他投入要素的利潤率，因此推高了市場對生產這些東西的勞工的需求。紡織技術的進步，例如凱伊（John Kay）的飛梭，提高了對紗線的需求，進而在紗線生產領域創造出更多就業機會。此外，這些創新使一些人發大財，他們對許多新產品和服務的需求隨之增加（需要更多律師、會計師、工程師、訂製裁縫、園丁之類），因此創造出更多就業機會。

但是，沒有什麼能告訴我們轉機一定會發生。這一波自動化和人工智慧應用造成的勞動力需求萎縮，隨後大有可能不會有轉機。營利能力增強的行業可能會投資於節省勞力的新技術，而不是僱用更多員工。新創造出來的財富可能被用來購買其他國家生產的商品。

我們不知道這一次會發生什麼事，因為我們還沒有看到很長期的情況，但眼下這波自動化浪潮（始於一九九〇年，因此我們已經看到逾二十五年的情況）的影響迄今似乎是負面的。在一項關於自動化的影響的研究中，研究人員為每一個地區算出一個工業機器人應用指標，反映工業機器人在該地區的普及程度。[15]然後他們比較最受影響與最不受影響地區的就業和工資演變。這項研究發現，工業機器人的應用對就業和工資有很大的負面影響；研究人員大感意外，因為他們在之前一篇論文中強調，某些力量應會促成就業和工資好轉。[16]他們發現，一個通勤區內增加一個機器人，就業人口會減少六．二人，工資也會被壓低。就業影響在製造業最顯著，對沒有大學學歷的勞工影響最大，尤其是那些從事例行體力勞動的工人。此外，在就業或工資方面，其他職業和學歷群組都沒有因為機器人普及而顯著得益。機器人對就業和工資的這種局部影響，使人想起提高國際貿易開放程度的影響。它們令人驚訝的原因相同。隨著特定行業的許多工作自動化，我們可能以為被取代的勞工將在新公司找到工作（一個地區釋出大量勞動力，會吸引新企業前來加以利用），或是遷移到其他地區。同樣令人擔心的是，簡單的工作自動化並沒有促使企業僱用更多工程師來監督機器人。原因很可能一如其他國家與中國競爭會傷害低技能勞工：在具有黏性的經濟中，資源非常順暢地重新配置絕不是任何人可以保證的。

即使總就業人口沒有萎縮，這一波自動化傾向於淘汰需要一定技能的工作（例如簿記員和會計師），而增加的工作若不是需要很高的技能（例如為機器編寫程式），就是完全不需要什麼技能（例如遛狗），因為兩者都很難交給機器去做。隨著軟體工程師變得更富有，他們有更多錢可以請人幫他們遛狗，而假以時日，遛狗工作的報酬會降低，因為沒有大學學歷的人在就業方面沒有很多選擇。即使人們仍有工作，這種趨勢也將導致貧富不均加劇：頂層人士享有更高的薪酬，其他人則被迫從事不需要特別技能的工作，後者的工資和工作條件可能真的非常差。這正是一九八〇年代以來的明顯趨勢。愈來愈多沒有大學學歷的勞工被迫離開需要中等技能的工作（文書和行政工作之類），轉投低技能要求的工作（清潔和保安之類）。[17]

輕量版盧德主義？

那麼，我們是否應該阻止促進自動化？事實上，我們有很好的理由懷疑近年一些自動化做過頭了：有時即使機器人的生產力不如人類，企業仍決定把一些工作自動化。過度的自動化只會拖累GDP，而非促進GDP成長。

美國企業過度自動化與稅法有關：相較於動用資本，企業必須為僱用勞工承擔較重的稅。雇主必須為僱用勞工支付薪資稅（做為社會保險和聯邦醫療保險的財源），而使用機器人就沒有這個問題。企業投資在機器人上還可以立即獲得退稅，因為它們往往可以為相關資本支出提報「加速折舊」，而如果那些支出以貸款為資金來源，貸款利息還可以扣稅。這種稅法鼓勵雇主選擇自動化，即使留住員工其實比較省錢（如果沒有這種稅法的話）。[18] 此外，即使沒有稅法提供的好處，勞動市場的許多摩擦仍可能使企業經理人渴望工廠可以沒有工人。機器人不會要求休產假，也不會在經濟衰退時抗議公司減薪。零售業的自動化應用（例如自動結帳機器）是從工會勢力比較強大的歐洲開始的，這很可能不是巧合。

產業勢力集中在少數公司手上，甚至出現獨占者，也可能增強了此一趨勢。獨占者不用擔心競爭，沒有理由在產品或服務上不斷創新。獨占者因此傾向致力於可以壓低成本的創新，希望藉此提高利潤率。相較之下，必須與同業競爭的公司比較可能致力於較難成功的創新，希望藉此提高市占率。

即使企業採用了高生產力的新技術，導致一些勞工失業，生產力提升將創造出新的資源，可以用來替那些失業的勞工尋找新出路。對工人來說，最危險的技術是一些研究人員所講的「馬馬虎虎」的自動化技術；配合稅法賦予的好處，它們的生產力剛好堪用，將會導致一些勞工失業，卻不足以提高整體生產力。[19]

不幸的是，儘管技術熱衷者大談奇點，眼下大部分研發資源用在機器學習和其他大數據技術上，目的是把現在的一些工作自動化，而不是發明新產品，賦予勞工新角色，進而提供新的就業機會。[20] 因為以機器人取代勞工可以帶來財務利益，企業這麼做在經濟上可能是有道理的。但這種資源配置使研究人員和工程師難以專心致力於開創性的創新。例如我們如果能發明一些新的軟體或硬體，供醫護人員用來幫助病人在手術後在家而非在醫院進行復健治療，或許可以為保險公司省下很多錢、增進福祉，並創造出新的就業機會。但保險業者目前的自動化努力，主要是尋找演算法將保險理賠審核自動化。這可以替保險公司省錢，但會損害就業。這種致力將現行工作自動化的傾向，使當前這波創新潮更有可能重創勞工。

不受規範管制的自動化可能不利於勞工，這也是多數美國人的直覺，無論他們是左派還是右派。值得注意的是，民調顯示，共和黨和民主黨支持者所見略同的一件事，就是反對容許企業決定自動化的程度。八五%的美國人支持僅容許「危險和骯髒的工作」自動化，而且民主黨人和共和黨人意見相同。即使問題以比較政治化的尖銳方式提出（「就算以機器取代人類可以節省成本，企業可以用機器取代多少員工仍應該受到限制」），仍有五八%的美國人（包括一半的共和黨人）表示同意。[21]

自動化的這種力量令人更擔心一直存在的一個問題。一名勞工遭解僱，公司與他再無關係，但社會就要揹起協助他繼續好好生活的負擔。社會不希望他挨餓，也不希望他的家人無家可歸；社會希望他找到喜歡的新工作。我們擔心他變得憤怒，尤其是因為這可能導致他在選舉中支持立場極端的候選人（現今世界有許多蠢蠢欲動的極端分子），而解僱他的公司卻不必為他的再培訓、福利給付或憤怒造成的社會成本埋單。

這種論點以往常用來替規範企業、令它們難以解僱員工辯護。某些國家（例如印度）的勞動法使規模較大的企業幾乎不可能解僱任何人。另一些國家（例如法國）的勞動法則使企業難以解僱員工，而且即使決定解僱，結果也難以預料：遭解僱者可以上訴，成功的話可以復職，而且公司還可能必須補發工資。這種解僱代價的問題，在於企業經理人一旦遇到表現不佳的員工，或是公司必須迅速裁員以求生存時，日子可能非常難過。因此，這種困難可能會導致企業一開始就盡可能避免請人，而這可能會導致失業問題惡化。[22]

在某些行業，如果政府不想限制企業裁員或禁止使用機器人，可以選擇針對企業使用機器人課稅，而且這種稅必須夠重，使企業僅在可以大幅提升生產力的情況下使用機器人。這是眼下人們嚴肅討論的一個話題。比爾．蓋茲就推薦這種做法。[23]二〇一七年，歐洲議會曾考慮課徵機器人稅，但最終否決了議案，理由是擔心阻礙創新。[24]但差不多與此同時，韓國宣布了全球第一項機器人稅。韓國的方案是針對投資於自動化的企業減少租稅補貼，同時對外包（outsourcing）課稅，以免課徵機器人稅會促使企業將工作外包。[25]

問題在於雖然禁止自動駕駛汽車很容易（無論此舉是否明智），多數機器人的外觀並不像《星際大戰》中的R2-D2。機器人通常藏在仍有人負責操作的機械裡，只是需要的操作人員減少了；負責機關如何判定機械與機器人之間的界線？課徵機器人稅很可能促使企業尋找新方法規避它，導致經濟被進一步扭曲。

基於前述部分原因，我們估計當前以機器人取代人力的趨勢必將重創低技能勞工，使他們本來就在減少的好工作進一步大減——先是富裕國家受衝擊，然後很快就輪到所有國家。大部分已開發國家的勞動階級已經受中國衝擊和之前各章所述的其他變化打擊，自動化趨勢或多或少將使他們受到進一步的打擊。它可能導致失業率上升，或不穩定的低薪工作大增。

這種觀點使那些認為自己對這種狀況負有責任、同時因此受到威脅的菁英深感憂慮。這正是全民基本收入的構想在矽谷非常流行的原因。但是，多數人傾向認為在科技進一步發展之後，機器人引發的絕望將成為未來的問題。但在許多國家，嚴重而且持續惡化的貧富不均問題已經擺在我們眼前，尤其是美國。美國過去三十年的歷史應該足以使我們確信，貧富不均的演變不是我們無法控制的技術變革的副作用，而是政策決定的結果。

自己造成的傷害

在一九八〇年代，美國和英國不但面臨它們不習慣的低成長，還感到歐洲大陸和日本正迎頭趕上。經濟成長成為攸關國家自尊的問題。重要的不僅是成長，在與其他富裕國家的「競賽」中勝出也同樣重要。經過數十年的快速成長之後，國家自尊取決於GDP的規模及持續成長。

對英國的柴契爾夫人和美國的雷根來說，一九七〇年代末經濟衰退的原因顯而易見（但我們現在知道，他們其實並非真的明白）。他們認為英美都變得過度左傾——工會太強大，最低工資太高，稅太重，規範管制太專橫。若想經濟恢復成長，就必須降低稅率、放寬管制和去工會化，藉此善待企業主，還要設法降低國民依賴政府的程度。如前所述，稅率必須夠低才能避免災難的想法是新近出現的。在美國，從一九五一到一九六三年，最高邊際稅率保持在九〇%以上，隨後有所降低，但仍然很高。在雷根和老布希總統任內，最高稅率從七〇%降至三〇%以下。柯林頓任內提高最高稅率，但僅調升到四〇%。此後隨著民主黨人和共和黨人交替入主白宮，最高稅率有時調高、有時調降，但從不曾顯著高於四〇%。在減稅的同時，美國政府推行「福利改革」（其實就是削減福利；政策始於雷根政府，後來柯林頓執政期間更大力推行），理由是基於原則（窮人必須更負責任，單純的福利因此變成設有很多條件的工作福利〔workfare〕）和財政壓力（因為稅收減少了）。工會被馴化，一方面是靠修改法律，另一方面是直接動用國家權力對付工會（例如雷根曾動用軍方資源對付飛航管制員罷工）。工會會員此後一直減少。[26] 法規變得比較寬鬆，而且形成了一個新共識：必須有非常令人信服的理由，才可以容許「政府的重手」干預商業運作。

英國也經歷了類似的變化。最高稅率從一九七八年的八三%降至一九七九年的六〇%，後來再降至四〇%，此後一直維持在這個水準。戰後時期非常強大（太強大？）的工會遭到政府鐵腕鎮壓，從此一蹶不振（一九八四年礦工罷工是柴契爾夫人執政時期的一個關鍵時刻）。法規鬆綁成為常態，雖然鬆綁程度因為英國必須與重視管制的歐洲融合而受限。與美國不同的是，英國從不曾認真嘗試削減福利（柴契爾夫人顯然想這麼做，但她的內閣成員勸阻了她）。柴契爾執政期間，英國公共支出占GDP的比例確實從四五%降至三四%，但在隨後幾屆政府期間有所回升。[27]

如此根本的變革之所以能夠發生，很可能與經濟成長放緩造成的焦慮大有關係。雖然事實上沒有證據顯示為有錢人大幅減稅可以促進經濟成長（我們至今仍在等待美國和英國像主張減稅者承諾的那樣，扭轉經濟成長疲軟的困境），相關證據在一九七〇年代末遠沒有現在這麼清楚。因為經濟在一九七三年停止成長，當局的自然反應是求助於那些批評一九六〇和七〇年代凱因斯總體經濟政策的人，例如（右派的）芝加哥經濟學派教授、諾貝爾經濟學獎得主傅利曼（Milton Friedman）和盧卡斯。

這個時期的主流經濟思想稱為「雷根經濟學」（Reaganomics），它相當坦率地承認，經濟成長的利益是以某程度的貧富不均為代價。其理念是有錢人將首先得益，但窮人最終也將得益。這就是著名的涓滴理論（trickle-down theory），哈佛教授高伯瑞（John Kenneth Galbraith）對此有絕妙的評論。他說涓滴理論其實就是一八九〇年代的「馬與麻雀理論」：「如果你給馬餵足了燕麥，就會有一些燕麥落在馬路上給麻雀吃。」[28]

事實上，美國和英國的社會契約在一九八〇年代發生了巨大的變化。自一九八〇年以來，經濟成長的所有果實實際上都被有錢人吸走了。這是雷根經濟學或它的英國版本造成的嗎？

大逆轉

在一九八〇年代，經濟成長依然乏力之際，貧富不均嚴重惡化。拜皮凱提（Thomas Piketty）和賽斯（Emmanuel Saez）勤勉傑出的努力所賜，如今世人知道發生了什麼事：雷根一九八〇年當選美國總統。幾乎剛好在這一年，美國最富有一%人口占國民所得的比例扭轉了五十年來的下跌趨勢，開始持續攀升。在「咆哮的二〇年代」告終的一九二八年，美國最富有的一%人口占國民所得二四%。到了一九七九年，這個比例萎縮了約三分之二。到了二〇一七年（我們撰寫本書時可取得數據的最後一年），這個比例幾乎已經回到一九二九年的水準。在**所得**不平等加劇的同時，**財富**不平等也加劇了，雖然後者尚未回到一九二〇年代初的水準（所得是每年的收入，財富是累積下來的財產）。美國頂層一%人口占全國財富的比例，從一九八〇年的二二%上升至二〇一四年的三九%。[29]

英國的情況非常相似。轉折點約莫出現在一九七九年，也就是柴契爾夫人上臺那一年。一九七九年之前，頂層一%人口占國民所得的比例從一九二〇年的高位穩步降低。一九七九年之後，這個比例出現了與美國相似的升高趨勢，僅曾因為二〇〇九年的全球金融危機而短暫逆轉。與美國不同的是，英國的貧富不均程度還沒有回到一九二〇年代的水準，但其實已經相距不遠。[30]歐洲大陸的情況則截然不同。一九二〇年之前，法國或德國、瑞士或瑞典、荷蘭或丹麥最富有人口占國民所得的比例，與美國或英國相去不遠。但在一九二〇年後的某個時候，這些國家的貧富不均程度全都大幅降低（一如美國），隨後並未逆轉（與美國不同）。它們的不均程度多年來略有起伏，其中瑞典的不均程度從一九八〇年代某時候起顯著上升，但以美國的標準來衡量仍非常低。[31]

以上數據是在講稅前所得，也就是有錢人納稅和窮人獲得移轉支付之前的情況。它們因此並不反映政府「劫富濟貧」的重分配努力。因為美國大幅減稅，我們可能會認為在一九七九年之後，稅後所得不均惡化的程度比稅前所得不均更嚴重。《一九八六年租稅改革法》通過後，確實曾短暫出現這種情況，但在多數情況下，稅前和稅後所得比例的曲線呈現非常相似的走勢。[32]稅收對重分配很重要，但貧富不均加劇是一種深刻得多的現象，並非只是重分配減少的直接效應而已。

與此同時，約在一九八〇年，工資停止成長，至少低教育程度勞工是這樣。美國非管理職勞工經通膨調整的平均時薪在一九六〇和七〇年代上漲，在一九七〇年代中後期達到頂峰，然後在雷根和老布希執政期間逐漸降低，隨後再緩慢回升。因此，二〇一四年的平均實質工資並未高於一九七九年。在同一時期（一九七九年至現在），低教育程度勞工的實質工資其實降低了。在高中輟學生、高中畢業生和大學輟學生當中，二〇一八年全職男性勞工的實質每週所得比一九八〇年低一〇%至二〇%。[33]如果一如其倡導者宣稱，減稅真的會產生涓滴效應，工資理應在雷根和老布希執政期間加速成長。但事實恰恰相反。勞工所得比例（企業營收用於支付工資的比例）自一九八〇年代以來持續降低。在一九八二年，製造業有近五〇%的營收用於支付工人工資；到了二〇一二年，這個比例已降至約一〇%。[34]

這種大逆轉發生在雷根和柴契爾執政期間，很可能不是巧合，但我們沒有理由假定這一切是雷根和柴契爾造成的。他們當選也是當時的一種政治症狀，當時人們對經濟可能不再成長十分焦慮。假若雷根和柴契爾並未上臺，其他人執政或多或少會走相同的路，並非絕無可能。

更重要的是，雷根和柴契爾的政策乃是貧富不均加劇的主要原因並非不言而喻、顯而易見。如何分析此一時期實際發生的事、從中可以得出怎樣的政策教訓，至今仍是經濟學界爭論不休的話題；有些人（例如皮凱提）直接將期間的變化歸咎於政策，但多數經濟學家則強調，經濟的結構轉變和特別重要的技術變革也都是關鍵因素。[35]

這個問題之所以不簡單，是因為世界經濟在那段時期發生了重大變化。一九七九年，中國啟動市場改革。一九八四年，印度開始小步走向自由化。這兩個國家最終將成為全球最大的其中兩個市場。受此影響，全球貿易額相當於全球GDP的比例在此期間擴大了五〇%左右[36]，其後果我們已經在第三章討論過。

電腦開始普及是那個時代的另一項特徵。微軟創立於一九七五年；蘋果一九七六年推出蘋果一號個人電腦，一九七七年推出銷量大許多的蘋果二號；IBM一九八一年發表該公司第一款個人電腦。此外NTT一九七九年在日本推出第一個廣泛應用的行動電話系統。蘋果在二〇一八年八月成為第一家市值達到一兆美元的公司，主要原因是手機銷售強勁。

美國和英國貧富不均加劇的現象，多大程度上是技術變革和全球化造成的？多大程度上是拜政策（尤其是賦稅政策）所賜？

電腦化帶來了其他技術變革。這些技術變革或許未能像蒸汽機面世那樣成就一場革命（一如戈登所言），但同樣會淘汰許多工作，如同蒸汽機和隨後出現的內燃機。現在很可能沒有人靠打字工作維生了——除了三名年紀不確定的孤獨男子，他們坐在加爾各答一棵樹下（接近阿比吉特長大的地方），收一點小錢，替客戶將名字和地址打在政府發出的文件上。速記員也已經所剩無幾。即使在白宮，他們的日子看來也已屈指可數。這種技術進步很大程度上不利於條件較差的勞工。

這種技能偏向型的技術變革清楚解釋了為何大學教育對勞工變得更有價值。[37]但它無法解釋所得分配最頂層發生的事，除非我們認為最富有的極少數人的技能突然根本改變了。我們通常認為技能是隨著教育程度和工資水準而相對地持續提升。因此，如果最頂層的所得比例暴增完全是拜技術進步所賜，中上階層的所得比例理應也會顯著上升。但事實上，年收入介於十萬至二十萬美元之間的人，所得成長速度僅略高於平均水準，而年收入超過五十萬美元的人則是所得暴增。[38]

由此看來，技術變革應該無法解釋最頂層驚人的所得成長。就此而言，技術變革也無法解釋美國與歐洲大陸的差異，因為所有富裕國家的技術變革都相似。

贏家通吃？

不過，技術變革也改變了經濟的組織方式。在高科技革命中，許多大獲成功的發明是「贏家通吃」的產品：如果全世界都在臉書上，留在Myspace就毫無意義；如果沒有人轉發你的推文，推特也就毫無意義。技術創新也改變了既有產業，藉由建立新的連結創造出巨大的利益——餐旅業和運輸業就是這樣。例如，倘若司機知道所有乘客都使用某個共乘（ride-sharing）平臺，他們就會選擇繼續使用那個平臺。相反，如果乘客知道所有司機都使用某個平臺，他們也會使用該平臺。這種網絡效應某程度上解釋了Google、臉書、蘋果、亞馬遜、優步（Uber）和Airbnb等科技巨頭的主導地位，同時也有助解釋沃爾瑪和聯邦快遞等「舊經濟」巨頭的主導地位。此外，需求全球化提高了品牌的價值，因為中國和印度的有錢顧客如今可能嚮往相同的商品。另一方面，在臉書上瀏覽、比較和炫耀使消費者更瞭解價格和品質方面的差異，同時對潮流變得更敏感。

結果就出現了一種贏家通吃型經濟，少數公司占據了大半市場。一如我們在關於經濟成長的那一章談到，在許多行業，營收比以前更集中在少數公司，「超級巨星企業」的主導地位愈來愈強。而在這些勢力比較集中的行業，工資占營收的比例出現了較大的跌幅。這是因為那些獨占或接近獨占的公司賺到更多錢，而盈利通常分給了股東。因此，產業勢力更集中有助解釋為什麼工資跟不上GDP的成長。[39]

超級巨星企業崛起也有助解釋整體工資不均等為何加劇：如今有些公司遠比其他公司賺錢，它們支付顯著較高的工資。即使撇除超級巨星企業，企業之間的營利能力差異也大於以前，贏家和輸家都變得比較明顯。[40]事實上，在美國，不同公司之間的平均工資差異擴大，可以解釋總體工資不均等三分之二的升幅（剩下的三分之一是因為同一家公司當中員工工資差異擴大）。公司之間的差異擴大，似乎主要是員工的變化造成的：低薪企業中工資最高的員工一有機會就跳槽到高薪企業。如果我們假定較高的薪酬反映較高的生產力（平均而言很可能是這樣），則生產力較高的勞工正日益集中在一起工作。[41]

這符合一個有關超級巨星企業的理論。根據這個理論，這種巨星企業既吸引資本，也吸引優秀員工。[42]如果生產力較高的人一起工作可以帶給彼此更大的利益，市場應該會驅使這些人聚在一起，組成高生產力的公司，支付高於其他公司的工資和薪酬。此外，一旦一家公司已經投資在一群優秀人才上，該公司的執行長就可能會產生巨大影響；如果他將公司的人才推向錯誤的道路，他將會浪費大量的生產能力。因此，這種公司應該盡可能請來最優秀的執行長，即使必須為此支付某些人可能覺得可憎的高薪。[43]根據這種觀點，金字塔頂層所得暴增只是反映超級巨星企業崛起；這些公司亟欲招攬最優秀的最高管理層，而且願意支付非常豐厚的薪酬。

經濟的黏性也是企業之間差異擴大的原因之一。隨著一些行業的生意集中在少數超級巨星企業，這些行業散布全國各地的失利業者逐漸倒閉（例如地方百貨公司因為無法與亞馬遜競爭而倒閉），在此之外還有企業因為技術變革和國際貿易而倒閉。因為受影響的勞工多數並不搬走，這些地區的工資成長就會放緩或甚至倒退，租金也是。這對在這些地區生存下來的企業是好事，尤其如果它們的客戶是在其他地區。這些公司盈利大增，可能因此增加投資，但這很可能不足以阻止該地區整體衰退。換句話說，好公司和壞公司的差別，某程度上可能純屬偶然。如果你的公司身處經濟衰落中的某個地區，但幸運地可以繼續服務全國或全球的顧客，你的業績可能會非常好，至少可以保持一段時間，直到隨著年輕人和有抱負的人才大量遷離，整體人才流失就會開始損害你的公司。

換句話說，全球化和資訊科技產業崛起，加上經濟的黏性，當然還有或許較為在地的其他重要變化，創造出好企業與壞企業截然不同的世界，結果促使貧富不均加劇。根據這種觀點，過去數十年發生的事雖然不幸，但很可能是無法阻止的。

丹麥國裡有好事

但是，贏家通吃敘事同樣無法完全解釋貧富不均加劇的現象。原因一如技能偏向型的技術變革：這種敘事若能解釋美國的情況，理應同樣適用於丹麥。但事實並非如此。丹麥是資本主義國家，該國頂層一%人口占國民所得的比例在一九二〇年代高於二〇%，一如美國。但這個比例後來大幅下跌，並一直留在低位，如今徘徊在五%左右。[44] 丹麥是個小國，但它有一些著名的大公司，包括航運巨頭馬士基（Maersk）、出產漂亮消費電子產品的鉑傲（Bang & Olufsen），以及樂堡啤酒（Tuborg Brewery）。但是，丹麥金字塔頂層的所得數十年來不曾暴增。西歐許多截然不同的國家，以及日本也是這樣。[45] 這些國家與美國有何不同？

金融業的發達程度不同是其一。美國和英國主導「高端」金融業（投資銀行、垃圾債券、對沖基金、房貸擔保證券、私募股權、量化基金之類），近年頂層人士的驚人所得有許多正是來自這個領域。哈佛商學院（真意外）兩名金融學教授估計，投資人如果使用金融市場中介機構的服務，每年付給基金經理人的費用相當於投資額的一．三％；如果投資人為退休儲蓄投資三十年，最終相當於把最初投資資產的三分之一給了基金經理人。[46]這是高昂的費用，但相對於象徵高端金融的對沖基金、私募股權基金和創投基金根本不算什麼——至少直到最近，投資人每年向此類基金的經理人支付的費用相當於投資額的三％至五％。因為投資額穩步增加，一些基金經理人變得非常、非常富有也就一點也不奇怪。

目前金融業員工的薪酬比其他行業技能相若的勞工多五〇％至六〇％。但在一九五〇、六〇或七〇年代，情況並非如此。[47]金融業人士所得大增，是金字塔頂層所得暴增的一大原因。在英國（全球最仰賴金融業的大型經濟體），一九九八至二〇〇七年間，金融業員工雖然僅占頂層一％人口的五分之一，但拿走了這個階層六〇％的所得增幅。[48]在美國，一九七九至二〇〇五年間，金融專業人士占頂層所得的比例近乎倍增。[49]在法國，金融業仍以銀行業和保險業為主，所得不平等的變化絕對值要小得多。一九九六至二〇〇七年間，法國最富有千分之一人口占國民所得的比例從一．二％升至二％（隨後在金融危機期間下跌，但到了二〇一四年已收復部分失地）[50]，而約一半的增幅估計是因為金融業人士所得增加。[51]

超級巨星敘事不大適用於金融業。金融不是一種團隊運動。金融這一行據稱是以個別天才為標誌，他們能發現眼下影響市場的不理性因素，或比所有人更早發現下一家Google或臉書。但是，這難以解釋金融業的普通經理人為何可以年復一年獲得異常豐厚的薪酬。事實上，在多數年分，主動式投資基金的績效並未優於僅複製股價指數表現的被動式基金。事實上，美國一般共同基金的表現不如美股大盤[52]——它們似乎僅借用了個別天才的措辭，而不是借用天才本身。幾乎可以肯定的是，付給金融業員工的溢酬有很大一部分純粹是租金；也就是說，他們可以得到那些溢酬主要不是因為他們特別優秀或努力，僅是因為他們有幸占了那個職位。[53]

這種租金很像第五章談到的窮國公務員職位產生的租金，它們扭曲了勞動市場的整體運作。二〇〇八年全球金融危機很大程度上是金融業者不負責任和無能造成的，在那場危機發生之時，一項研究顯示哈佛大學的前幾批畢業生有二八%選擇了金融業的工作。[54]在一九六九和一九七三年，僅有六%的學生做此選擇。[55]這個問題之所以值得關注，是因為如果從事某些對社會無益的工作可以獲得溢酬，例如基金經理人毫無作為卻薪酬豐厚，又或者金融業者僱用許多優秀的麻省理工工程師和科學家編寫程式以便可以在毫秒（千分之一秒）間買賣股票，那些可以對社會有所貢獻的企業就可能面臨人才不足的問題。加快交易速度可能有利可圖，因為交易者可以對新資訊更快做出反應，但因為反應時間已經壓縮至以秒計或更短，進一步加快交易似乎不大可能真正改善經濟中的資源配置。僱用最優秀的人才或許是金融業者自我行銷的有效手段，但如果這些公司的運作對社會毫無好處，世界也就損失了那些人才。或許在一個比較理智的世界裡，這些人是在創作偉大的新交響曲，或在醫治胰臟癌患者。

此外還有一個問題。大公司執行長的薪資和獎金是董事會的薪酬委員會決定的，而這些委員會是以其他適合比較的公司的執行長薪酬為基準。這會造成一種「傳染」：倘若金融業某公司開始顯著提高執行長的薪酬，其他公司即使不在金融業，也可能覺得自己必須這麼做以留住優秀人才。如果薪酬未獲調升，執行長會覺得相較於一起打高爾夫球的其他執行長，自己的價值被低估了。幫助執行長列出「適合比較的」公司最高層薪酬的顧問，會非常有技巧地挑選高層薪酬特別高的公司；金融業的高薪往往也影響其他經濟部門。藉由比較薪酬尋求加薪的做法，已經遠遠超出最大型企業的範圍，甚至已蔓延至非營利部門。

另一個不利因素是企業界的普遍現象，並非僅限於金融業：企業執行長總是非常努力安排他們覺得自己能控制的人（或僅在乎董事酬金的人）出任公司董事。結果是執行長得到獎勵往往純屬運氣：公司股價上漲，即使純屬偶然（例如因為國際油價上漲，或匯率走勢對公司有利），執行長的薪酬也會增加。唯一的例外情況某程度上證明了上述規律：如果公司唯一的大股東坐鎮董事會，而且因為關心自己的利益而保持警惕，則公司執行長若得到獎勵，主要是因為管理表現真正傑出，而不是運氣好。[56]

公司給予高層認股權，使高層薪酬僅與股東價值直接掛鉤的觀念正常化，很可能是高層薪酬飆升的原因之一。此外，將管理層薪酬與股市掛鉤，意味著管理層薪酬不再與公司內部的薪級表掛鉤。如果所有人都在同一個薪級表上，高層要提高自己的薪酬，就必須提高底層員工的薪酬。有了認股權，他們就沒有理由提高底層員工的工資，反而大有理由盡可能壓低成本。家長作風曾經是大公司的特徵：它要求員工忠於公司，但也會照顧好員工。如今這種待遇僅限於軟體公司的菁英員工：公司提供免費的食物和乾洗服務，換取員工長時間工作。

丹麥之謎的答案之一，可能是相對於歐陸國家，金融業對英國和美國重要得多，[57]對菁英畢業生的吸引力也大得多。與此有關的是，盎格魯撒克遜國家以認股權（或與股市掛鉤的其他工具）做為薪酬一部分的可能性大得多，因為這些國家比較多人熟悉股票市場，而且有一定規模的企業多數是上市公司。

最高稅率與文化變革

皮凱提則指出，低稅率很可能也產生了一定的作用。如果最高所得者的稅率是七〇%或更高，企業很可能會認為支付天價薪酬是浪費公司的錢，因此降低所支付的最高薪酬。在這種稅率下，董事會不容易決定要支付適用最高稅率的薪酬，因為如果邊際稅率高達七〇%，那麼公司付出一美元，只會有三十美分落入高階經理人口袋。在此情況下，高薪對執行長會變得比較沒價值，董事會可以用成本較低的其他方式獎勵執行長，例如容許他去追逐他的一些夢想。執行長的夢想未必是股東想要的（例如在一九六〇和一九七〇年代，企業高層致力「建立帝國」曾經令經濟學家擔憂；股東想要的是盈利成長，公司的規模本身不是股東關注的事），但對員工或世界可能是好事。例如執行長可能會優先追求促進公司成長、與員工保持良好關係，或開發對世界有益的新產品，即使這些事未必對股東價值最有利。股東可能會容忍此類行為以滿足執行長。這甚至可能是在最高稅率非常高的年代，勞工薪資上漲的部分原因。

因此，一九五〇和六〇年代非常高的最高稅率（僅適用於極高的所得），與其說是為了「壓榨有錢人」，不如說是為了消滅極高的所得。幾乎沒有人真的必須承受那種非常高的最高稅率，因為幾乎沒有人的所得高到適用那種稅率。[58] 最高稅率降至三〇%時，超高薪酬就恢復了吸引力。

換句話說，很高的最高稅率實際上可能不僅可以縮減稅後所得不均，還可以縮減稅前所得不均。這一點之所以重要，是因為一如我們已經討論過，近數十年來歐洲與美國在所得不均方面的差異，很大一部分源自稅前不均。若干證據暗示，最高稅率的調降幅度可能與此有關：在國家的層面，一九七〇年至今的最高稅率降幅，與貧富不均加劇的幅度有很強的相關性。德國、瑞典、西班牙、丹麥和瑞士一直維持相當高的的最高邊際稅率，它們並未出現金字塔頂層所得比例大幅上升的現象。相較之下，美國、愛爾蘭、加拿大、英國、挪威和葡萄牙大幅調降了最高稅率，它們的頂層所得比例均大幅上升。[59]

但是，在美國，除了稅率的影響，極高的薪酬之所以變得可接受，很可能也是因為文化上的轉變創造出一種接受極高薪酬的社會環境。畢竟如果一如我們所言，金融業人士的薪酬很大一部分其實是他們的職位產生的租金，他們如何能夠說服公司股東和世人，自己提供的服務值得那麼高的薪酬？

在我們看來，除了減稅，支撐雷根柴契爾革命的誘因敘事使一大部分並不有錢的人（以及大部分原本對此有疑慮的有錢人）確信那種天價薪酬是正當的。低稅率是此一現象的表徵，更深層的是意識形態的轉變。只要天價薪酬是他們「掙得」的，有錢人就可以付給自己不可能花得完的薪酬，而且不會激怒任何人。許多經濟學家因為無條件熱愛誘因，在傳播誘因敘事並賦予它正當性方面發揮了關鍵作用。正如我們看到，許多經濟學家如今仍支持執行長領取天價薪酬，雖然他們並不反對全面加稅。這種敘事廣為流傳：即使在今天，雖然許多美國人和英國人顯然不滿自己的經濟狀況，但他們傾向把問題歸咎於移民流入和貿易自由化，而不是非常有錢的人吸走愈來愈多資源。

問題是，為了鼓勵生產力最高的人盡其所能，為世人創造繁榮，必須付給他們非常高的稅後薪酬，這個基本假設正確嗎？有關賦稅如何影響有錢人的努力，我們知道什麼？

職業球員的薪酬問題

相較於美國，歐洲社會比較平等，稅前所得不均的程度低得多，稅負比較重，而且租稅累進程度相當高。但頂級運動員的薪酬是有趣的例外。美國職棒大聯盟有所謂的豪華稅（luxury tax），也就是球隊的總薪酬超過某個水準會被罰款：五年之內，球隊總薪酬首次超過豪華稅門檻，會處以超出金額二二・五％的罰款，屢次違規者的最高罰款為超出金額的五〇％。美國其他大型球賽聯盟多數設有薪資上限，包括美式足球NFL、籃球NBA，以及足球MLS。二〇一八年，一支NBA球隊的薪資上限為一・七七億美元。這不是小數目，但阿根廷足球員梅西（Lionel Messi）二〇一八年從他所屬的巴塞隆納球會獲得八四〇〇萬美元的薪資，遠高於美國職業球隊可以支付的最高薪資。

職業球隊薪資設限不是某種北歐理想主義的產物。薪資設限顯然主要是為了控制成本。球隊老闆組成的卡特爾這麼做，是為了限制營收落入球員口袋的比例，提高球隊老闆的盈利。但薪資設限確實有好處，而這也是檯面上的理由：它可以使球隊之間保持某程度的公平競爭，大幅提高球賽的觀賞價值。不限制球隊的支出可能製造出過度的不均等，導致一個聯盟之中只有少數幾支球隊真正有機會奪冠。在歐洲，職業足球聯賽不設薪資上限，結果少數豪門球隊的支出遠多於其他球隊，享有其他球隊難以挑戰的主導地位，例如英超的曼城、曼聯、利物浦、阿森納和切爾西就是這樣。在此情況下，二〇一六年萊斯特城贏得英超冠軍的賠率為五千賠一，比遇到尚在人世的貓王的機率還低。結果那一年萊斯特城真的贏得英超冠軍，出乎所有人的意料，導致博彩公司總共損失二五〇〇萬英鎊。

在美國，很多人反對球隊薪資設限。《富比世》（*Forbes*）曾有文章指這種做法「很不美國」，認為「基於資本主義制度，在員工身上花多少錢應該以績效為基礎，不應受到束縛（在職業球賽中，球員就是球隊的員工）」。[60] 職業球員自然討厭薪資設限這種制度，認為它非常不公平，並曾多次罷工抗議。有趣的是，從不曾有人表示，多給球員一點錢（或很多錢），他們比賽時會更努力。所有人都同意，渴望力壓群雄已經是足夠的動力。

勝利不是一切[61]

適用於職業球員的道理，看來也普遍適用於有錢人。

二〇一八年底，對有錢人課稅的問題，成為美國政壇的核心議題。隨著亞莉珊卓・歐加修－寇蒂茲（Alexandria Ocasio-Cortez）提議將最高邊際所得稅率提高至七〇％以上，以及伊莉莎白・華倫（Elizabeth Warren）呼籲開徵累進式財富稅，賦稅政策成為二〇二〇年總統大選的核心議題之一。

因為長期以來，所得稅是重要的政策議題，許多研究著眼於所得稅增加是否會導致人們停止工作，也就並不令人意外。根據賽斯（Emmanuel Saez）及其同事檢視文獻得出的權威結論，真正的工作努力並不會跟著最高稅率的變化有連動反應，但逃稅或避稅的努力則有。[62]例如雷根一九八六年的減稅政策導致個人應稅所得一次性大增，但這種效應很快就消失了。由此看來，應稅所得增加主要是因為人們將之前隱藏的收入納入（變得較親切的）稅網，而不是因為他們的所得因為更努力工作而增加。在某些國家，因為稅制對各種所得一視同仁（投資所得、勞動所得或「房地產仲介的費用收入」並無差別待遇），沒有可輕易利用的漏洞，應稅所得對稅率的變化並不敏感——這意味著工作努力也是這樣。

這應該是有道理的。美式足球教練隆巴迪（Vince Lombardi）據稱曾說，對頂級運動員來說，「勝利不是一切，但卻是唯一重要的事。」他們不會因為稅率剛剛調升就不盡力而為。頂級執行長和期望成為頂級執行長的人，很可能也是這樣。

有人認為最好的企業想要最好的經理人，願意支付最高的薪酬僱用他們。如果稅率很高，這些企業還能這麼做嗎？答案是肯定的。最優秀的執行長會去他可以賺最多錢的地方工作，即使政府拿走七〇%的錢也是這樣。只要所有公司適用相同的稅率，原本最高薪的工作仍將是最高薪的工作。

但是，最高邊際稅率如果很高，薪酬最高但對社會並非最有益的一些職業（例如金融業）可能會變得沒那麼吸引人。沒有了巨額稅後薪酬的誘惑，有抱負的頂級經理人可能會選擇去他們可以發揮最大作用的地方，而不是可以賺最多錢的地方。二〇〇八年危機予人希望的一件事，是它降低了金融業對頂級人才的吸引力；一項關於麻省理工學院畢業生職業選擇的研究發現，二〇〇九年畢業生選擇投身金融業的可能性比二〇〇六至二〇〇八年的畢業生要低四五%。[63]這或許可以改善人才的配置，也有望減輕所得不均，因為金融業的薪酬水準會影響其他所有行業。

因此，總而言之，在我們看來，僅針對非常高的所得應用很高的邊際稅率，是處理金字塔頂層所得比例暴增問題的非常明智的方法。這種稅率不是敲詐，因為適用的人極少；這種政策一旦實施，頂級經理人就不會拿到適用這種稅率的所得。而如我們所見，這種政策不會損害任何人的工作積極性。它們可能會影響人們的職業選擇，但影響很可能是有益的。這不是要否定經濟結構變化的重要性；經濟結構變化使低教育程度者愈來愈難成功，在底層的九九%人口當中也製造出愈來愈嚴重的貧富差距。[64]處理這個問題將需要其他配套措施。但我們不妨從消滅超級富豪開始（如果你覺得這太殘忍，或許應該提醒你，這些超級富豪只是變成了一般富豪而已）。

巴拿馬文件

但另一方面，有錢人面對加稅，無疑將設法避免交稅。

歐洲足壇沒有對球員的薪資設限，結果出現了天價薪酬，後果之一是鼓勵球員逃稅。二〇一六年，梅西（二〇一七年收入超過一億歐元）被判欺騙稅務機關、逃稅四一〇萬歐元罪名成立，被判入獄但獲得緩刑。二〇一八年七月，西班牙政府與另一名足球巨星「C羅」羅納度（Cristiano Ronaldo）達成協議，C羅支付一九〇〇萬歐元的罰款，獲得緩刑的寬待。他被控告四項稅務詐欺罪，涉及稅款一四七〇萬歐元，因為他利用西班牙境外的空殼公司隱瞞二〇一一至二〇一四年的肖像權收入。在此之外，許多沒有作弊的人為了減輕稅負而比較各國的稅制。一項研究比較在不同時點加稅或減稅的歐洲國家，發現一個國家的稅率若提高一〇%，該國的外國足球員人數會減少一〇%。[65]二〇一八年，C羅為了減輕他的稅負而離開西班牙前往義大利發展。

「巴拿馬文件」曝光，彰顯了逃稅已經非常普遍的事實。這些文件顯示，巴拿馬的莫薩克馮賽卡（Mossack Fonseca）律師事務所為世界各地的富豪設立了數十萬家空殼公司做逃稅之用。這家事務所的客戶包括冰島、巴基斯坦和英國的前總理或首相。即使在以誠實著稱的斯堪地納維亞，個人所得稅逃稅比例平均只有三%，但當地富豪的逃稅問題卻嚴重得多。一項研究估計，在挪威、瑞典和丹麥，財富最多的〇・〇一%人口逃掉了他們應納個人所得稅的二五%至三〇%。[66]

如果政府大幅加稅，逃稅活動也會大幅增加，問題是增加多少。短期而言，影響無疑將是顯著的。我們談到雷根減稅時已經提過這一點。政府如果加稅，應該會出現相反的情況：應稅所得急跌，因為那些能夠隱瞞收入的人將立即這麼做，但隨後的影響將會顯著減輕。

美國政界少數人士和一些經濟學家[67]呼籲開徵適用於全球財富的累進財富稅，原因之一正是考慮到上述影響（二〇一九年，伊莉莎白・華倫提議對資產超過五千萬美元的美國人課徵二％的財富稅，對資產超過十億美元者課徵三％的財富稅）。這種構想並不新鮮。畢竟擁有房產的美國人多數必須繳納房地產稅，以房子的價值為計算基礎，繳給市政府。但這種稅是累退的。假設你擁有一間價值三十萬美元的房子，並繳納一％的房產稅（三千美元）。如果你欠二十七萬美元的房貸，你的財富淨值就是三萬美元，那麼你繳的房產稅就相當於財富淨值的一〇％。但如果你擁有二七〇萬美元的金融資產，同時沒有房貸，你的財富淨值就是三百萬美元，你繳的房產稅就相當於財富淨值的〇・一％。

財富稅將是累進的，適用於所有形式的財富，並非僅限於房地產。站在對抗貧富不均的角度，針對巨額財富課稅的好處，在於極富有的人不會花掉他們的財富產生的絕大多數收益。他們以股息的形式支取這些收益的一小部分，然後將餘者重新投入家族信託或他們用來累積財富的某種工具裡。根據多數國家的現行稅法，他們重新投入家族信託的那部分收益完全不必納稅。[68]這正是巴菲特繳的所得稅非常少的部分原因（他喜歡提醒我們這一點）。[69]如果金字塔頂層的多數所得以這種方式有效地合法避稅，所得稅就很難產生重分配的作用。此外，這種避稅的好處會愈滾愈大：新增的財富產生新的投資收益，它們多數因為同樣的原因不必繳稅，有錢人於是愈來愈有錢。針對巨額財富課徵財富稅可以解決這個問題。理解財富稅的最好方式，並不是像財經媒體和政界試圖解釋的那樣，是有錢人特別「回報」社會的一種方式（但如果這可以使他們感覺好一點，或許也沒問題）。財富稅其實只是一種方便和行政上（相對）簡單的方法，可以確保非常有錢的人為他們的全部所得納稅，無論他們如何處理這些所得。舉個例子，一個擁有五千萬美元財富的人，一般每年至少可以獲得二五〇萬美元的投資收益。如果課徵二%的財富稅，他就必須繳一百萬美元的稅，相當於投資收益的四〇%，並不過分。

遺產稅因為被稱為「死亡稅」而名聲不佳，財富稅則不同，其構想獲得很多人支持。《紐約時報》二〇一八年做的一項調查顯示，六一%的受訪者支持財富稅，包括五〇%的共和黨人。[70] 因此，財富稅在政治上甚至可能是可行的。但是，近數十年來，許多國家取消了它們的財富稅，而幾乎沒有國家開徵這種稅（哥倫比亞是例外）。在法國，馬克宏二〇一七年當選總統之後，其中間路線政府最先做的事情之一，就是取消財富稅。正如我們看到，這是政治上非常危險的舉動；取消財富稅和試圖徵收燃油附加費，正是黃背心抗議運動爆發的起因。為了平息抗議，馬克宏做出一些讓步，但沒有恢復財富稅。

財富稅在政治上窒礙難行有兩個原因。首先是有效的遊說。非常有錢的人為左派和右派政客提供競選經費，他們即使在其他議題上相當開明，但極少人支持課徵財富稅。其次是避稅並不難，無論合法與否，尤其是在一些歐洲小國，因為當地人可以將財富轉移出去或存放在海外。這導致各國在稅率上出現「向下競爭」。

但是，我們不應忽視此一事實：這一切之所以發生，部分原因在於世界容許逃稅行為——多數稅法漏洞百出，對財富存於海外的懲罰也沒有效果。正如我們看到，相較於美國，那些稅法簡單、漏洞很少的國家加稅時，因逃稅而蒙受的損失比美國輕微。[71] 祖克曼（Gabriel Zucman）令人信服地指出，有許多相對簡單的方法可以非常有效地限制逃稅和避稅。他的構想包括建立全球金融登記制度，使有錢人在世界各地的財富變得可以追蹤（因此可以針對有錢人的全球財富課稅）；改革公司稅制，使跨國企業的全球利潤按營收發生地攤分納稅；以及針對幫助人們利用避稅天堂避稅的銀行和律師事務所加強監理。[72]

僅確定一系列的措施當然是不夠的。我們還必須具有付諸實行的政治意志。祖克曼建議的三項措施可能特別棘手，因為它們涉及國際合作，而目前掌權的男性（沒錯，幾乎一定是男性）看來不像有能力促成這種合作。在未能有效合作的情況下，各國可能頂不住誘惑，為了吸引人才和資本，在租稅政策陷入向下競爭。比利時、丹麥、芬蘭、荷蘭、葡萄牙、西班牙、瑞典和瑞士全都針對高技能外國勞工，引進了租稅優惠方案。例如在丹麥，高所得外國人享有適用三〇%均一稅率三年的優惠（丹麥人則面臨六二%的最高稅率）。這種租稅優惠非常有效地吸引高所得外國人前往丹麥，這或許有利於丹麥，但對其他國家是壞事。面對丹麥競爭的國家眼下必須選擇為本國高所得人士減稅，或維持較高的稅率，迫使他們離開。[73] 在有關租稅競爭的辯論中，個人所得稅政策設計涉及的這種國家福祉與全球福祉之間的緊張關係已經昭然若現。

但關鍵是：這些是政治問題，並不是經濟上不可能克服的障礙。本書想強調的是，世上沒有經濟學鐵律阻止我們建設一個比較人道的世界，但許多人因為受盲目的信仰或自身利益左右，又或者只是對經濟學認識不足，卻認為世上有這種鐵律。

聯合公民？

因此，純粹就經濟效率而言，證據顯示沒有什麼能阻止政府制定一個累進程度非常高、最高邊際稅率極高的稅率表。如果丹麥可以對極高的所得課徵重稅，同時避免資本大舉流向稅負較輕的鄰國，有錢人也不會全都遷往愛爾蘭（或巴拿馬），那麼純就經濟學而言，像美國這樣一個經濟全球化程度低得多的大國，應該完全可以做相同的事。

提高最高稅率的困難是在政治方面。事實上，我們似乎正處於政治和經濟權力集中的惡性循環之中。隨著有錢人變得更有錢，他們更想左右社會的組織方式以維持對他們有利的制度，他們也有更多資源這麼做，包括資助那些願意為有錢人減稅的政治人物競逐國會議席。美國最高法院在聯合公民案（Citizens United）中裁定，立法限制企業資助競選活動違反憲法，有錢人以無限的金錢影響選舉因此變得合法。但這種狀況看來不大可能一直持續下去而不引發強烈的反彈。對所得極高者課以重稅已經是很受歡迎的政策主張。民調顯示，五一％的選民支持對超過一千萬美元的所得應用七〇％的邊際稅率。[74] 在我們的調查中，超過三分之二的受訪者認為年所得超過四十三萬六百美元的企業家納稅太少（所得高於該水準就屬於美國所得最高的一％人口），而這些受訪者在其他議題上立場傾向保守。[75]

在某種程度上，美國最近的民粹反彈是前述反彈的開端。在其背後是一種權力被剝奪的深刻感受——無論是對是錯，民眾覺得菁英階層總是決定一切，而這些決定絕對無助改善一般人的生活。在美國，儘管川普擁有大量財富和菁英人脈，但卻是以打破常規的承諾當選總統，而共和黨人支持他，則是因為他們確信川普一如他們那樣偏袒有錢人。事實上，川普上任後確實替有錢人大幅減稅。但是，目前沒有人能確定這種誘騙把戲還可以玩多久，沒有人能確定民憤何時失控爆發。有錢人最終可能將意識到，主張根本的變革讓全民真正共享繁榮，符合他們的自身利益，因為如果不這麼做，他們最終可能被迫面對十分不利的結果。這是因為近數十年來，貧富不均加劇是社會焦慮和不滿情緒猛烈增加的根源。

追上瓊斯那家人

社會科學家長期以來一直認為，人的自我價值感很可能與他們在他們認為自己所屬群體中的地位有關——群體可以是他們所在的社區、他們的同儕，或他們的國家。果真如此，貧富不均當然會直接影響福祉。在我們看來，這非常合理，但要確實證明這一點卻意外困難。例如有證據顯示，無論當事人所得水準如何，如果所在社區的平均所得高於當事人的所得，他們往往比較不開心。[76] 但這可能是因為他們生活在物價高昂的社區——在那裡，無論是居住還是喝咖啡，費用都高於其他地區。換句話說，這項事實不必訴諸貧富不均本身就能解釋。

挪威最近一項研究顯示，人們如果更清楚瞭解自己在所得分配中的位置，他們的幸福感將變得更取決於自己的所得。[77]在挪威，稅務資料已公開多年，但這些資料以前僅以紙本形式公開，因此不容易取得。二〇〇一年，當局把稅務資料放到網路上，挪威人只需要按幾下滑鼠，就可以窺探鄰居或朋友繳了多少稅。這種活動極其流行，甚至因此被稱為「稅誘」（tax porn），結果挪威似乎人人都很清楚自己的所得在同胞當中處於什麼位置。稅務資料上線之後，我們隨即看到的效應是窮人變得更悲傷，有錢人變得更快樂。意識到自己在圖騰柱上的位置似乎確實會影響福祉。

我們某程度上都活在某個版本的挪威實驗中。我們一直被網路和媒體上有關其他人生活的圖像轟炸，陷入困境的人因此不可能不知道其他人的生活似乎不斷改善。這種狀況的另一面，是我們產生一種衝動，想要向世人證明我們有能力「追上瓊斯那家人」，甚至比他們過得更好。這正是炫耀性消費背後的原因：這種消費是為了炫耀自己的地位。在最近一個實驗中，一家印尼銀行向一些收入較高的客戶（主要是城市中上階層）提供一款新的白金信用卡。[78]在對照組中，銀行容許客戶將他們既有的信用卡升級，升級後待遇一如白金信用卡，但沒有白金卡之名。客戶知道兩種信用卡的待遇完全一樣，但他們還是比較喜歡白金卡：獲得白金卡選項的客戶有二一%接受了，對照組則只有十四%接受沒有白金卡之名但待遇相同的信用卡。

有趣的是，如果當事人自我感覺良好，炫耀的衝動會減弱。在印尼那個實驗中，研究者發現，要求當事人寫一篇短文，描述他們因為做了某件事而感到自豪，就足以使他們變得沒那麼想要白金卡。這製造出一種惡性循環：經濟上感到不安全的人特別渴望藉由他們無力負擔的無謂消費證明自己的價值，而許多商家非常樂意提供這種服務，因為他們可以賺取豐厚的利潤。

美國噩夢

美國人還有他們的另一個特殊問題。因為持續接觸到有關「美國夢」的宣傳，美國人無論如何仍傾向相信雖然美國社會並不平等，但勤勉努力的人仍可以得到獎勵。在最近一項研究中，研究人員詢問美國和幾個歐洲國家的人對社會流動的看法。[79] 他們被問的問題是：「如果五百個家庭按所得水準分為五組，每組一百個家庭，最窮那一組的孩子有多少個將一直留在最窮那一組？多少個將向上流動一組、兩組，甚至晉身最富有的那一組？」美國人對這個問題的看法比歐洲人樂觀。他們相信一百名底層兒童將有十二個人晉身最富有的那一組，只有三十二人留在最窮那一組。相較之下，法國人認為一百名底層兒童只有九個人可以晉身最富有的那一組，而有三十五人將留在最窮那一組。

美國人的樂觀看法脫離了當前的現實。除了社會底層生活水準普遍停滯，美國的代際流動也大幅降低。美國的社會流動如今顯著低於歐洲。在經合組織國家中，底層五分之一家庭的孩子最可能無法向上流動的正是美國（三三・一％），情況最好的是瑞典（二六・七％），而歐陸國家的平均值低於三〇％。美國底層兒童晉身最富有五分之一人口的機率為七・八％，但歐洲的平均值接近十一％。[80]

在美國，最可能堅持美國夢（也就是美國的社會流動程度相當高）此一過時觀念的地方，實際上是美國夢最不可能成真的地方。美國人也普遍相信努力會有回報（因此認為窮人必然對自身困境負有部分責任），而很可能正因如此，那些認為美國社會流動程度相當高的人，往往對政府處理窮人面臨的問題的所有努力持懷疑態度。[81]

對社會流動過度樂觀的看法與現實發生衝突時，人們會有逃避（令人尷尬的）現實的強烈衝動。多數美國人的工資和所得停滯，目睹貧富差距不斷擴大（有錢人愈來愈有錢，而他們自己卻面臨財務困難），他們眼前有兩個選項：責怪自己未能把握他們認為社會曾提供的一些機會，或責怪某些人搶走了他們的工作。如此一來，他們不是陷入絕望，就是憤怒不已。

無論以什麼標準衡量，近年來美國絕望的人愈來愈多，而且絕望變得相當致命。教育程度較低的中年白人的死亡率前所未有地向上攀升，美國人的預期壽命也有所縮短。二〇一五、二〇一六和二〇一七年，全體美國人的預期壽命下跌。但這種可怕的趨勢僅限於美國白人，尤其是沒有大學學位的白人：白人以外的所有美國族群，死亡率都呈現下跌的趨勢。社會模式與美國相似的其他英語國家，也就是英國、澳洲、愛爾蘭和加拿大，也正經歷類似的變化，但速度慢得多。另一方面，在其他所有富裕國家，死亡率正在降低，而且低教育程度者的死亡率下跌速度快於高教育程度者（前者的死亡率起初比較高）。換句話說，在其他國家，大學或以上學歷者與其他人的死亡率逐漸趨同，但美國卻反向而行。凱思（Anne Case）和迪頓（Angus Deaton）的研究顯示，美國死亡率上升是因為美國中年白人男性和女性「絕望死」（例如死於酒精或藥物中毒、自殺、酒精性肝病、肝硬化）的案例穩定增加，加上對抗其他致死原因（包括心臟病）的進展放緩。當事人自報的身體與心理健康狀況也呈現類似形態。一九九〇年代以來，低教育程度的中年白人聲稱自己健康不佳的可能性愈來愈高，他們也比以前更有可能抱怨各種疼痛和聲稱出現憂鬱症狀。[82]

這很可能主要不是所得偏低（或貧富不均）本身造成的。畢竟在同一時期，美國黑人的經濟狀況完全沒有比較好，但他們並未受這種趨勢影響。西歐也並未出現死亡率上升的現象，即使經濟在全球金融危機爆發後陷入大衰退、當地人所得停滯仍是這樣。另一方面，蘇聯一九九一年解體之後，俄羅斯死亡率暴增，而且一如美國，很大程度上是因為年輕人和中年人因血管疾病或暴力死亡（主要是自殺、他殺、意外中毒、交通意外）的情況大增。[83]

凱思和迪頓還指出，雖然美國死亡率上升始於一九九〇年代，但近年的情況可追溯至遠在此之前已經開始的一個趨勢。在一九七〇年代末進入勞動市場的那一批人之後，進入勞動市場的每一批人在許多不同方面的情況都比前一批人差。[84]在教育程度較低的美國白人當中，隨後每一批人在他們的每一個年齡階段，都比前人更可能出現社交困難、身體超重、精神困擾、憂鬱症狀，以及慢性疼痛。他們也更有可能自殺或死於藥物過量。這些困苦日積月累，最終導致死亡率上升。

低教育程度美國人的福祉受到這種損害，可能是許多緩慢發展的因素造成的。在一九七〇年代末之後，這些美國人參與勞動市場的比例也呈現下跌的趨勢。至於那些有工作的人，他們的實質工資不會高於前人，有時甚至低一些，他們也比較不可能對某種工作或某家公司產生強烈的感情。他們結婚或有穩定感情關係的可能性也比較低。總而言之，美國沒受過大學教育的白人勞動階級在一九七〇年代之後崩潰了，這很可能是這個國家經歷的特殊的不均等經濟成長造成的。

憤世

沒有絕望的人則往往變得憤怒。

意識到社會流動性不足，未必會使人變得更願意支持重分配。在前述的研究中，研究人員在引出美國人的觀點之後，向其中一些人展示一張資訊圖表，向他們傳達社會流動遠低於他們所想的訊息（並向其他人展示另一張資訊圖表，以較樂觀的角度呈現相同的數據）。此舉使那些原本支持共和黨的受訪者變得更不願意認同政府可以幫助解決問題。[85]

另一種選擇是反抗體制，但可能必須付出巨大的個人代價。在印度奧里薩邦的一個實驗中，一家公司的員工覺得資方任意改變工資，他們因此開始反抗，方法包括在工作上懈怠，以及更常曠工（相對於工資固定的類似公司而言），而因為他們的工資是按他們的實際工作日數計算，他們做這些事損害了自身利益。在薪酬不均的公司裡，員工也比較不願意通力合作達成集體目標以獲得獎勵。只有在薪酬不均顯然與績效掛鉤的情況下，勞工才願意忍受這種不均。[86]

美國人可能還有另一種反應。因為許多人相信美國的市場體制基本上是公平的，他們必須找其他東西來責怪。如果他們沒有得到某份工作，那一定是因為菁英階層共謀將那份工作給了某個黑人、某個西班牙語裔美國人，或遠方某個中國工人。我為什麼要相信那些菁英控制的政府可以藉由重分配幫助我呢？政府拿到更多錢，就是「其他那些傢伙」會拿到更多錢。

因此，在經濟停滯或成長未能惠及一般人時，許多人就需要代罪羔羊。美國尤其如此，但歐洲也正出現這種情況。外來移民和國際貿易自然成為責怪的對象。正如我們在第二章指出，反移民觀點背後有兩種錯誤的觀念：一是誇大了移民流入或即將流入的規模，二是錯誤相信低技能外來移民會壓低本地工資。

如我們在第三章看到，國際貿易成長傷害了富裕國家的窮人。這已經激起強烈反彈，不但針對貿易，也針對現行「體制」和菁英階層。奧托、多恩和漢森發現，在受中國衝擊影響較大的美國選區，溫和的從政者被立場比較極端的從政者取代了。在原本傾向支持民主黨的郡，中間立場的民主黨人被自由派傾向較明顯的民主黨人取代了。在原本傾向支持共和黨的郡，溫和的共和黨人被保守的共和黨人取代了。受貿易影響較大的郡通常是在向來傾向支持共和黨的州，因此這種影響的整體效果是將許多選區推向比較保守的候選人。這個趨勢在二〇一六年大選之前很久就已經開始。[87]問題當然在於保守派政治人物傾向反對任何形式的政府干預（尤其是重分配），他們因此加劇了這個問題：政府幾乎沒有採取任何措施補償那些因為國際貿易而受傷害的人。例如許多受貿易影響、保守共和黨人執政的州就拒絕接受聯邦政府對擴大聯邦醫療保險（Medicare）的資助。結果這助長了當地人對國際貿易的怨恨。

隨著人們逐漸認識到，他們所處的社會遠比他們之前所想的更加貧富不均，機會也比他們之前所想的少得多，此時也可能出現一種類似的惡性循環。一如前面提到的研究顯示，他們可能會變得對政府更不滿，也更不可能相信政府可以做對他們有益的事。

這有兩個涵義。首先，雷根／柴契爾革命源自對經濟成長的執迷，而雷根之後的美國總統全都不曾對此提出異議，這已經造成持久的傷害。如果經濟成長的好處主要是少數菁英在享受，經濟成長就有可能製造出社會災難（一如我們眼下正經歷的災難）。我們之前曾指出，我們應該警惕以促進成長的名義推銷的政策，因為那些政策很可能沒有效果。但如果我們認為那些政策真的可以促進成長，或許我們應該更害怕，因為眼下的經濟成長只能嘉惠幸福的極少數人。

第二個涵義是：如果我們集體構成的社會未能及時採取行動制定政策，幫助人們在這個高度貧富不均的世界生存下去並保住尊嚴，那麼公民對社會處理這項問題的能力的信心就可能永久受損。這凸顯了我們迫切需要設計有效的社會政策，並為它提供充裕的財源。

8 受到認可的政府

本書反覆出現的一個主題是：期望市場總是產生公正、可接受，甚至高效率的結果是不合理的。例如在黏性顯著的經濟體中，政府有時必須介入，幫助那些大有理由搬家的人遷居，但有時也必須幫助一些人留下來並保住生計和尊嚴。較普遍而言，在貧富不均嚴重加劇、「贏家通吃」的世界裡，窮人與有錢人的生活水準差異正巨幅擴大，而如果我們容許市場決定所有社會結果，這種差異將會無法逆轉。

如我們所見，政府可以利用租稅政策控制所得與財富金字塔頂層膨脹造成的貧富不均。但解決頂層一％暴富的問題，不可能是社會政策的終極目標。我們還必須設法幫助其他人。

社會政策的任何創新都很可能需要新的資源。富豪的財力可能不足以支撐整個政府的運作，尤其是如果稅前不均如我們所願減輕的話。此外，歷史經驗顯示，富豪會反對政府對他們課以重稅，而且他們的抵抗很可能會有成效。其他人也必須付出代價，許多國家的經驗顯示，這是完全可行的。困難是在政治方面。問題在於政府受到認可的情況大不如前。多數選民認為政府不可靠（或甚至更糟），而且愈來愈多人這麼想。我們要如何恢復政府的認受性（legitimacy）？

課稅並花錢？

民主國家靠稅收支持政府的運作。二〇一七年，美國各級政府的總稅收僅相當於GDP的二七%。這比經合組織（OECD）國家的平均值低七個百分點。美國的比例與韓國相同，而經合組織當中只有四個國家低於美國，它們是墨西哥、愛爾蘭、土耳其和智利。[1]

重大的公共政策莫不需要更多資金。即使美國將有錢人的稅負提升至丹麥的水準，在二〇一七年，美國總稅收相較於GDP的比例仍將遠低於丹麥（四六%）、法國（四六%）、比利時（四五%）、瑞典（四四%）和芬蘭（四三%）。之所以如此，原因之一是倘若美國的稅率提升至丹麥的水準，金字塔頂層的所得可能會大跌，因為許多企業將不再支付天價薪酬；這本身或許是好事，但會導致政府無法大幅增加稅收。換句話說，雖然最近出現的提高最高所得稅率至七〇%以上的提議或許有助減輕貧富不均，但不大可能帶給政府大量的新增收入。

只要採取措施遏止逃稅，課徵財富稅將能帶給政府更多收入。賽斯和祖克曼估計，對資產超過五千萬美元的美國人課徵二%的財富稅（這會影響約七萬五千人），以及對資產超過十億美元的人課徵三%的財富稅，十年間將可獲得二．七五兆美元的稅收，相當於GDP的一%。[2]如我們所見，對財富超過五千萬美元的人課徵二%的財富稅，實際上比提高邊際所得稅率更受歡迎。[3]但即使按照當前的提議課徵，財富稅也只能貢獻相當於GDP一%的稅收。

即使在最高稅率很高而且課徵財富稅的歐洲國家，政府的大部分收入仍是來自收入一般的人貢獻的稅收。換句話說，即使「九九%的納稅人稅負減輕」的租稅改革夢想可以實現，美國必定還是無法透過重分配帶給底層太多益處。租稅改革不能僅對富豪開刀，一般有錢人以至中產階級也必須有所貢獻。

但目前這在美國政界是一項禁忌，左派和右派皆然。提議對（幾乎）所有人加稅並不受歡迎。在我們的調查中，四八%的受訪者認為小企業主繳太多稅，認為他們繳太少稅的則不到五%。受薪階層的情況也是這樣。[4]最困難的事可能是說服美國一般納稅人繳更多稅以獲得更多公共服務。因為各方面的原因，我們認為經濟學家對於民眾抗拒納稅很可能負有部分責任。

首先，許多著名經濟學家表示，如果政府加稅，許多人恐將停止工作。例如傅利曼就有此名言：「只要有可能，無論是在什麼情況下，無論出於什麼藉口或理由，我都支持減稅。」[5]經濟學家堅持認為重稅會扼殺積極性，終止經濟成長，即使相關資料完全未能支持這種觀點。我們之前已經看到，政府加稅並不會使有錢人停止工作。那麼，比較沒錢的九九%人口又如何？他們會退休去鄉下住嗎？大量的經濟文獻清楚告訴我們，他們不會。[6]

瑞士提供了一個絕佳例子。在一九九〇年代末和二〇〇〇年代初，瑞士改變稅制，原本是針對之前兩年的所得課稅，改成比較常見的「隨賺隨繳」(pay as you earn)制度。在舊制度下，一九九七和九八年應繳的稅，是根據一九九五和九六年的所得計算，一九九九和二〇〇〇年的稅是根據一九九七和一九九八年的所得計算，以此類推。新制度的運作方式則與美國相似：例如在二〇〇〇這一年，納稅人賺取收入之際持續繳付預估應繳的稅款，然後在二〇〇一年初提交報稅資料，稅務機關確定準確的應繳稅額之後，會退還納稅人多繳的稅，或請他們補繳短少的稅。瑞士為了過渡至新制度，必須定出一個免稅期。圖爾高邦一九九九年過渡至新制。在一九九七和一九九八年，納稅人根據一九九五和一九九六年的所得納稅。到了一九九九年，他們開始根據本年度所得納稅。為了避免重複課稅，一九九七和一九九八年的所得不必納稅：這兩年是免稅期。瑞士各邦過渡至新制的年分介於一九九九至二〇〇一年之間，因此納稅人的免稅期可能各有不同，視他們住在哪裡而定。這種安排全都事先公告周知，因此納稅人在決定自己的工作安排時，全都知道自己在某一年的所得不用納稅。這是觀察減稅是否影響人們工作意願的絕佳機會：我們只需要比較免稅期之前、期間和之後的勞動力供給。結果是勞動力供給**完全不受影響**：免稅期不但對人們是否工作的決定沒有影響，對工作時數也沒有影響。[7]

瑞士的例子雖然非常突出，但其結果具有普遍意義。政府課稅看來不會打擊人們的工作積極性。[8] 但是，如果選民認為政府加稅會導致**其他人**停止工作，他們仍有可能反對加稅。我們在調查當中詢問一些受訪者，如果政府加稅，他們是否會停止工作或減少工作。七二%的人說他們絕對不會停止工作，六〇%的人說他們會一如既往地工作。這與相關數據非常一致。我們也詢問其他受訪者，他們認為**一般中產階級**對加稅會有何反應。在此情況下，只有三五%的人認為一般中產階級會一如既往地工作，有五〇%的人認為他們會停止工作。[9]因此，美國人評斷自己時大致正確，但在預測朋友和鄰居的行為時則顯然太悲觀。

政府是問題所在嗎？

人們不願接受加稅以換取更多公共服務的另一個原因，是許多美國人（以及英國人和許多開發中國家的人）對政府的任何干預都持懷疑態度。至少自雷根當選總統以來，我們一直被灌輸這種觀念：「在當前的危機中，政府無法解決我們的問題，政府其實正是問題所在。」[10]

在二〇一五年，只有二三%的美國人認為他們「總是」或「多數時候」可以相信政府。五九%的美國人對政府持負面看法。二〇%的人認為政府沒有辦法改善窮人與有錢人機會不平等的問題，三二%的人認為相較於加稅以改善濟貧工作，為有錢人和企業減稅以鼓勵投資是促進機會平等的更好方法。[11]

這種強烈懷疑政府行動的態度，可能是妨礙最需要政府幫助的人得到幫助的最重要因素，弔詭的是，這是因為那些人通常恰恰抱持這種態度。印度旁遮普邦年輕聰明的部長巴達爾（Manpreet Singh Badal）正是因為這個問題，政治生涯一度受挫。旁遮普邦的農民用電免費，地下水也免費，結果是人人都過度泵取地下水灌溉自己的農地，導致地下水位快速下降，地下水源數年之後就會耗竭。現在就減少用水符合所有人的利益。巴達爾的解決方案是給每個農民一筆固定數額的錢做為補償，然後向他們收取電費，使他們不再過度泵取地下水，因為電費會使他們不想過度泵水。就經濟邏輯而言，這顯然是正確的做法。但這麼做是政治自殺。這項政策二〇一〇年一月實施，十個月後被迫取消，巴達爾也失去財政部長的工作，最後還被迫退出他的政黨。農民根本不相信他們會拿到任何錢，強大的農民協會強烈反對這項政策。值得注意的是，在二〇一八年，回到政府工作的巴達爾決定重新推動該項政策。這一次的做法是政府將四萬八千盧比（經購買力平價調整後相當於二八二三美元）直接轉入每個農民的銀行帳戶，然後再從同一個帳戶收取電費。根據當局的估計，按照現行價格，農民用電量低於九千個單位將可得益（政府估計農民平均用電量介於八千至九千個單位之間）。政府希望所有人都確信這項措施絕不是變相課稅，不是向農民榨取金錢的狡猾方式。旁遮普邦政府這一次選擇慢慢來。他們先做小型試驗，目前正計劃做一個比較大型的隨機對照試驗，藉此評估這項措施對用水量和農民福祉的影響。儘管如此，農民仍持懷疑態度。農民協會繼續宣稱「他們的真正目的是終止對農業的用電補貼」。[12]

為什麼民眾對政府如此懷疑？部分原因在於歷史經驗。在印度，人們見過太多政府食言的例子。在美國，民間顯然存在一種自力更生的意識形態，雖然多年來它很大程度上是建立在一種幻想之上——當地人最以自立自主為榮的州，恰恰是最仰賴聯邦補助的州（聯邦補助占財政收入比例最高的州是密西西比、路易斯安那、田納西和蒙大拿）。[13] 如我們之前提到，民眾懷疑政府也與不信任菁英階層有關。許多美國人認為菁英階層利用政府的計畫補助各種人，唯獨不照顧努力工作的白人

（男性？）。受經濟學家影響，許多人談論政府浪費的問題，這也可能助長民眾對政府的懷疑。在經濟學家濟濟一堂的場合提起政府干預，你會聽到明確的竊笑聲。許多經濟學家，甚至是多數經濟學家認為政府的誘因設計總是一團糟，因此政府干預雖然經常是必要的，但往往是笨拙或腐敗的。[14]

但如果說政府做得很差，那是相較於什麼呢？問題在於政府做的很多事都是無可替代的（雖然確實有許多政府做一些超出政府本分的事，例如印度政府經營一家航空公司，或中國政府經營一家水泥廠）。當龍捲風來襲、窮人需要醫療照護，或某個行業倒閉時，通常沒有可以指望的「市場解決方案」。政府存在的部分理由，正是解決其他機構實際上無法處理的問題。若要證明政府浪費資源，**就必須證明有另一種方法可以組織同樣的活動，而且效果更好**。

多數國家的政府無疑有浪費資源的問題。來自印度、印尼、墨西哥和烏干達等國家的若干研究發現，政府改變做事方式可以顯著改善情況。例如在印尼，政府只需要發一張卡證明持有人有資格獲得某種照顧，窮人得到的補助就增加了二六％。窮人發現自己享有某些資格之後，就更能夠維護自身權利。[15]另一方面，正如本書第五章指出，私營企業內部也可能存在嚴重的浪費問題，良好的資源管理因此可能比我們所想的困難。

與此一致的是，設法減少政府的浪費比表面看來要困難許多。簡單的公式行不通，例如私有化並不是靈丹妙藥。若干研究比較同一種服務的私營與公營表現，結果顯示情況複雜，難有定論。在印度，私立學校成本較低，但隨機分派到私立學校的孩子，成績與留在公立學校的孩子一樣差。[16]在法國，為長期失業者提供的就業安置服務，私營業者的表現不如政府部門。[17]

二〇一六年，賴比瑞亞政府將九十三間公立學校交給八個不同的團體經營（當中有非政府組織，也有營利的業者），值得注意的是，當局還做了一個隨機對照試驗來評估此舉的影響。結果喜憂參半。在這些轉為私營的學校，學生成績平均而言比公立學校好一些，但它們花在每一名學生身上的錢要多許多（是一般公立學校學生的兩倍），兩者的競爭條件因此並不公平。此外，八個辦學團體有四個的表現並沒有好過公立學校。橋學院（Bridge Academy）表現突出，但是它有獲得可觀的外部資助，而且放棄了不少學生以維持每班人數上限。[18]另一個辦學團體、美國慈善機構「超越自己」（More Than Me）則捲入了令人震驚的性侵醜聞。[19]根本就沒有靈丹妙藥。

貪腐執念

民眾懷疑政府，部分根源是一種貪腐執念：人們普遍堅信世界各地的政府都存在貪腐問題。許多人強烈不滿，可能是因為覺得政府官員靠納稅人的錢過著舒適的生活；正因如此，政治競選常利用這一點煽動選民情緒。民眾假定只要政治意志夠強，貪腐便可以消除。這種想法當然大有道理。如果政府高層本身涉貪，我們怎麼可能指望貪腐消失？

但是，認為根除貪腐只需要意志，這種觀點忽略了至為重要的貪腐源頭和我們控制貪腐的能力。政府容易出現貪腐問題，往往正是因為政府要做市場不碰的一些事。以汙染罰款為例，如果只需要拿出遠低於罰款的錢，就可以賄賂官員消滅證據，汙染者會很樂意這麼做。但是，如果收取罰款的工作交給追求利潤最大化的私營公司去做，情況會比較好嗎？很可能不會，因為相關人員至少一樣愛錢，一樣可能受賄。此外，私人承包收稅工作（「包稅制」）的歷史告訴我們，鼓勵民間代理人積極收稅（或收取罰款），可能會衍生無辜者遭敲詐的問題。

再來看頂尖公立學校的就學名額。對學校主管來說，接受賄賂、為不符合資格的有錢人家孩子開「側門」是非常誘人的，據稱這種做法在中國的頂尖高中很常見。但這與政府本身無關；問題在於配給。無論何時，配給的東西總是會強烈吸引人試圖藉由行賄取得。二〇一九年震撼史丹佛和耶魯等菁英私立大學的入學醜聞彰顯了這一點：有些家長雖然有錢，但財力還不足以幫他們的孩子走後門入學（例如捐一座大樓給學校），於是便與顧問合作，走他們負擔得起的側門（例如賄賂學校的運動教練）。

較廣泛而言，社會目標常常促使我們不聽從市場的指示。收取罰款並沒有純粹的市場解決方案，而公立學校學費低廉、私立大學學費低於市場可接受的價格，是因為我們希望窮人家的聰明孩子可以得到最好的機會。但只要有人試圖干預市場，就會有作弊的誘惑。因為政府的職責往往正是介入市場，即使出於最好的意圖，反政府貪腐仍是艱難的持久戰。

此外，反貪腐絕不是毫無代價。在義大利，政府因應一連串的貪腐醜聞，設立了Consip這家公司，負責替政府部門採購各種物資。它購買的東西不時改變，因此政府各部門有時必須自行採購某些東西，其他時候則可以仰賴Consip。政府部門可以仰賴Consip時，多數時候會這麼做，但結果是政府為同樣的物資耗費的金錢大幅增加，因為市場上通常有比較便宜的替代品。換句話說，政府部門其實可以用更便宜的價錢自行買到它們需要的東西，但只要可以仰賴Consip，它們就不會自行購買。結果整體而言，Consip造成政府金錢上的損失。信任政府官員做他們向來所做的事，不對他們施加額外的約束，其實是較好的做法。[20]

為什麼即使官員知道自行購買比較便宜，他們仍盡可能使用Consip的服務？很可能是因為他們知道，只要這麼做，就可以完全擺脫貪腐嫌疑。政府官員希望照規矩做足該做的事，以免惹麻煩，這是很正常的。美國的醫生為了避免醫療過失訴訟，有時也會建議病人做一些不必要的檢查。一些大公司強制規定所有的員工旅行安排交給一家指定的旅行社負責，它們幾乎一定會因此在機票和車票方面多花錢，因為那家旅行社不會替公司尋找最省錢的方案。但這種做法可以防止員工利用旅行安排謀利。

這說明了一個較廣泛的問題。當前反貪腐的流行方式是提高**透明度**，其理念是政府的運作應接受外部人士的監督，例如接受獨立的公共審計師、媒體和公眾的監督。有力的證據顯示，在許多情況下，提高透明度是有用的。尤其值得注意的是，為最終受益者提供資訊，使他們知道自己有權得到的與實際得到的有多大差異，是對抗貪腐的有力手段。[21] 但是，一如Consip的例子清楚顯示，提高透明度也有缺點。監督往往仰賴外部人士，但他們能力有限，難以瞭解大局或評估整體社會目標實現的情況；他們最多只能查核當局是否遵循了正當程序。結果是官僚傾向耗費大量精力完成必要的步驟，以免引人注意。這製造出一種特殊傾向：當局盡可能遵循法規條文，但實際做法可能與法規的精神背道而馳。

將官僚和政客描繪成笨蛋白癡或腐敗的混蛋（經濟學家很可能對此負有部分責任），最終造成了嚴重的損害。

首先，它促使人們膝反射式地反對擴大政府規模的所有提議，即使在顯然有此必要的時候（就像眼下的美國）仍是這樣。在我們的問卷調查中，美國受訪者對官僚的信任程度跟他們對經濟學家的信任程度一樣低：只有二六％的受訪者對公務員「有點」信任或「非常」信任。[22]這或許解釋了為什麼那麼少人認為政府可以成為解決方案的一部分。

第二，它影響了為政府工作的意願。政府若要維持良好運作，吸引合格的人才至為重要。在美國，因為政府名聲不佳，公務員職涯並不吸引有才能的年輕人。我們兩人在大學從未遇過即將畢業的大學生表示想進入政府機關工作。這種情況可能會演變成一種惡性循環：如果只有能力較差的人在政府工作，我們就會得到一個沒有人才願意加入的無能政府。法國的情況則相反：為政府效力會受到敬重，最優秀的人才樂意成為公務員。

政府的形象也會影響想為政府工作的人的誠實程度。印度的一項研究複製本書第四章討論過的瑞士銀行業者實驗，[23]參與者（在印度的研究中是大學生）被要求私下擲四十二次骰子，並記錄每次得到的數字；他們可以得到的獎勵為擲出一得〇・五印度盧比，擲出二得一・〇盧比，擲出三得一・五盧比，以此類推。這些學生可以隨意作弊，結果作弊率與瑞士的實驗結果相若。但是，一如瑞士實驗中被提醒銀行業者身分的人比較可能作弊，打算成為公務員的印度大學生比較可能作弊。[24]另一方面，在以政府工作為榮的丹麥，研究人員複製這個實驗則得出與印度恰恰相反的結果：打算成為公務員的人作弊的可能性要低許多。[25]

第三，如果我們可以假定政府裡多數人不是腐敗就是懶惰（或者既腐敗又懶惰），合理的做法是剝奪他們的所有決策權（如此一來，政府裡面不會再有具創造力的人）。這會直接影響政府官員可以做些什麼。最近巴基斯坦的一個實驗顯示，為醫院和學校的採購人員提供一些可自由運用的現金購買基本用品，藉此賦予他們多一點彈性，就能大大提高他們的議價能力，為政府省很多錢。[26]

對政府官員和政府合約施加過多的限制，可能使政府在最需要人才的時候恰恰得不到人才。雖然美國在電腦方面領先世界，但政府要為「歐巴馬健保」建立電腦系統時，沒有一家大型科技公司參與競標。原因顯然是成為政府承包商必須滿足太多條件，很少公司願意接受。美國《聯邦採購規則》篇幅多達一千八百頁。[27]因此，要贏得政府合約，擅長文書工作比實際做事的能力更重要。在開發圈子裡，有組織地贏得美國國際開發署（USAID）合約的承包商被稱為「環城快道強盜」（Beltway bandits）。其他業者即使具有相關實務經驗，也很難搶到合約。

最後，或許也是最重要的一點，「政府腐敗無能」的口號已經製造出一種厭倦的公民，他們可以對民選領袖無恥腐敗的消息十分冷漠——從華府到耶路撒冷以至莫斯科都是這樣。他們基本上已經學會不抱任何期望和不再關注事態。結果就出現了一種反常的情況：人們對小貪腐的執念正在為大規模的腐敗創造空間。

美國走在前面？

美國似乎陷入了一種僵局。四十年來，當局一再承諾美好境況近在眼前，結果製造出信任嚴重不足的社會環境：太多美國人不信任任何人，尤其不信任政府。國家追求經濟成長的靈丹妙藥，結果是有錢人的經濟和政治影響力與日俱增。此一結果加上有錢人精心培養的反政府情緒，挫敗了希望約束有錢人財富成長的所有努力。政府長期處於財力不足的狀態，因為加稅已經變成政治上不可能成功的事，就算是最關心社會的年輕人也確信加入政府一點也不酷——並未放棄理想的人因此選擇加入具影響力的民間基金會，另一些人則可能加入完全不以賺錢至上為恥的企業。但是，唯一的可能出路需要大幅擴大政府的功能。

這可能也是其他許多國家未來的形態。近數十年來，法國也面臨貧富不均加劇的問題，雖然情況沒有美國那麼驚人。一九八三至二〇一四年間，法國最富有一％人口的平均所得增加了一〇〇％，最富有〇・一％人口的平均所得增加了一五〇％。因為GDP成長緩慢，多數人的生活水準停滯不前：在同一時期，下方九九％人口的所得僅成長二五％（每年成長不到一％）。[28]這助長了民眾對菁英階層的不信任，也有助排外的國民聯盟（原國民陣線）趁勢崛起。中間路線的馬克宏政府最近的一輪稅改降低了稅制的累進程度：政府提高了均一稅率，取消了財富稅，降低了資本稅。政府的理由是：為了使法國能夠從其他國家吸引資本，這些措施是必要的。這很可能是真的，但此舉可能迫使歐洲其他國家也減稅，從而引發一場向下競爭。美國的經驗告訴我們，這種情況可能很難逆轉。因此，歐洲國家必須相互合作以免陷入這種陷阱。

開發中國家稅收相當於GDP的比例甚至低於美國。低收入國家稅收相當於GDP的比例的中位數不到十五％，遠低於歐洲的接近五〇％（以及經合組織國家的平均值三四％）。這些國家的稅制不夠成熟，某程度上是它們的經濟性質造成的；小企業和偏遠的農場構成經濟很大一部分，它們的收入難以查核。但低稅很大程度上是一種政治抉擇。印度和中國的情況形成了有趣的對比。數十年前，這兩個國家的多數公民收入太低，不值得向他們徵稅。但隨著國民所得成長，印度不斷提高所得稅起徵點——在政府公布新稅率的財政預算日，所得稅起徵點提高至什麼水準往往是新聞焦點所在。結果繳納所得稅的人口比例一直穩定介於二至三％之間。相對之下，中國很少調整所得稅起徵點，繳納所得稅的人口比例從一九八六年的不到〇・一％大幅增加至二〇〇八年的約二〇％。中國政府的所得稅收入大增，從原本不到GDP的〇・一％增加至二〇〇八年的二・五％，而印度則一直停滯在相當於GDP的〇・五％左右。較廣泛而言，印度總稅收相當於GDP的比例多年來穩定位於十五％左右，而中國則超過二〇％，中國政府因此可以選擇增加投資或擴大社會支出。[29]印度新的商品與服務稅使國民較難逃稅，理應有助改善情況，但它大致上是基於購買額按比例課徵，幾乎沒有什麼重分配效果。

此外，與美國非常相似的是，印度未能有效利用租稅政策防止頂層所得暴增導致稅前所得不均加劇。根據世界不平等資料庫的數據，印度頂層一％人口所得占GDP的比例從一九八〇年的七・三％大增至二〇一五年的二〇％以上。中國雖然比較努力控制情況，但這個比例仍往上攀升，只是升幅較小，從六．四％升至十三．九％。[30]

拉丁美洲則是有趣的反例。曾有很多年時間，人人都以拉丁美洲做為經濟成長伴隨著貧富不均嚴重惡化的例子（隨後情況變成貧富不均嚴重加上經濟停滯），但最近數十年來，拉丁美洲的貧富不均程度顯著減輕。某程度上這是拜大宗商品價格上漲所賜，但也有一部分是因為政策干預、最低工資提高，以及特別重要的大規模重分配。[31]

這些國家擴大重分配的方式具有啟發意義。在拉丁美洲，政治上反對移轉支付計畫的意見強調不勞而獲的道德和心理後果，一如美國人討論社會福利總是擔憂福利被濫用和導致人們懶惰。經濟學教授李維（Santiago Levy）在墨西哥建立「進步」（Progresa）移轉支付計畫的過程中發揮了非常重要的作用，他一開始就非常清楚意識到必須爭取右派的支持。[32]進步計畫為其他許多國家設計類似方案提供了藍圖。這個計畫強調交換，移轉支付有明確的條件：低收入家庭必須帶孩子去看醫生，並送他們去學校讀書，才可以得到政府的補助。一項隨機對照試驗證實，參與計畫家庭的孩子發展得比較好。[33]很可能正因如此，這些計畫得以持久實施。數十年來，墨西哥歷屆政府有時會改變計畫的名稱（「進步」先是更名為「機會」〔Oportunidades〕，後來再更名為「繁榮」〔Prospera〕），但並未大幅改變計畫內容。二〇一九年，墨西哥的左派新政府似乎打算用一個同樣慷慨、但附帶條件較少的計畫來取代舊計畫。

與此同時，許多拉丁美洲國家模仿墨西哥的做法，推行有條件現金移轉計畫；影響甚至超出拉丁美洲地區，連紐約市也有類似方案。這些計畫起初多數採用類似的條件限制，並經常輔以隨機對照試驗。這一系列實驗產生了兩方面的影響。首先，它們證明發放現金給窮人並不會導致什麼可怕的事。如我們將在下一章看到，他們不會把錢都拿去喝酒，也不會停止工作。這對改變開發中國家大眾對重分配的看法大有幫助。在二〇一九年的印度大選中，兩大主要政黨首次將為窮人提供現金移轉支付納入政綱的核心內容。第二，隨著各國開始試驗這種模式及其各式變體，人們清楚看到，窮人並不像有條件現金移轉原始設計所假定的那麼需要切身幫助。大眾有關重分配的討論出現了徹底的轉變，而墨西哥的「繁榮」實驗及其後繼者對此有很大的貢獻。

即使在拉丁美洲，對抗貧富不均加劇的鬥爭仍未取得永久的勝利。當地的最高稅率仍然偏低，金字塔頂層的所得占比也並未系統性地降低（根據世界不平等資料庫，自二〇〇〇年以來，頂層的所得占比在智利完全沒有變，在哥倫比亞是往上升高，在巴西則是起伏不定）。[34]但「繁榮」計畫的經驗凸顯了這一點：要打破美國看似已經陷入的僵局和有效處理其他地方可能出現的類似問題，審慎的政策設計至為重要。

為此找出有效的解決方案可能是我們這個時代最大的挑戰之一，比太空旅行甚至治療癌症重要得多。畢竟這個問題攸關我們所知的美好生活概念。我們有解決問題所需要的資源。我們欠缺的是有助我們克服分歧和猜疑、攜手努力的好主意。如果我們能動員世人認真投入此一事業，安排世上最優秀的人才與各國政府、非政府組織和其他機構合作，重新設計我們的社會福利計畫，提高其效能和政治可行性，後人或將銘記並感激我們這一代的努力。

9 發放金錢與關心在意

到訪印度北部城市勒克瑙（Lucknow）的遊客多數會去參觀一座巨大的十八世紀印度伊斯蘭建築，它位於古城中心，稱為巴達墓園（Bada Imambara）。巴達墓園在那個時期的建築當中不同尋常：它既不是堡壘也不是宮殿，既不是清真寺也不是陵墓。當地導遊講述很多關於這座建築的故事，它們無疑是迎合遊客的品味而編造的，例如阿比吉特聽到的版本是該建築乃當地王國抵禦英屬印度入侵的部分工事，雖然它看起來一點也不像一座堡壘。事實上，它是阿瓦德（Awadh）王國君主阿薩夫烏道拉（Asaf-ud-Daula）一七八四年建造的，目的是為因農作物歉收而挨餓的臣民提供工作。

有關巴達墓園的一個故事使阿比吉特印象深刻。據稱建造這座墓園所花的時間異常久，因為工人白天建造的東西，晚上多數被菁英貴族破壞了。這是因為那些菁英也仰賴農業，同樣因為作物歉收而大受打擊；為了生存，他們便拖延工程，藉此多賺一些錢。做為貴族，他們寧死也不願大眾知道他們陷入如此可怕的困境，因此想出了拖延工程的詭計。

無論你如何理解那些貴族驚人的虛榮自負，無論這件事是否真的發生過，這個故事都說明了一個重要的問題。我們很容易忘記有必要盡可能保護受助者的尊嚴，遇到危機時尤其容易忘記。值得讚揚的是，阿薩夫烏道拉沒有忘記這一點。至少歷史是這麼說的。

我們要指出，發放金錢與關心在意之間的這種緊張關係，應該是設計社會政策時必須關注的要點之一。在當前的辯論中，一端的意見認為，對於那些在市場經濟中陷入困境的人，我們可以做的最好事情是給他們一些現金，然後不再打擾，任由他們自尋出路。站在另一端的人則對窮人照顧自己的能力毫無信心，因此主張任由他們自生自滅，又或者嚴重干涉他們的生活，限制他們的選擇，並且懲罰那些不聽話的人。一方似乎認為公共福利受益者的自尊根本不是問題；另一方則是不關心，又或者認為犧牲尊嚴是接受公共救助必須付出的代價。但是，渴望得到尊重往往正是社會干預無法獲得足夠支持的一個原因（甚至在需要社會干預的人當中也得不到足夠支持），也是這些政策失敗的一個原因。在本章，我們將探討這項觀點對社會政策設計的涵義。

最潮的社會福利計畫

眼下最潮的可說是全民基本收入（UBI），至少就社會福利計畫而言是這樣。全民基本收入的概念簡潔優雅，充滿世紀中期現代主義（midcentury modern）氣息，深受矽谷企業家、媒體專家、某些哲學家和經濟學家，以及一些奇特的政治人物歡迎。全民基本收入的設想是政府保證付給每一個人可觀的基本收入，無論各人的需求有何不同。在美國，有人提議全民基本收入為每月一千美元。這筆錢對比爾·蓋茲來說微不足道，但對失業的人就相當可觀——失業者即使餘生都沒有受薪工作，也可以靠基本收入生活下去。矽谷企業家喜歡全民基本收入，因為他們擔心自己的創新會導致很多人失業，讓社會混亂失序。代表法國社會黨競逐總統大位、希望接替歐蘭德的阿蒙（Benoît Hamon）試圖利用全民基本收入來重振他注定失敗的選戰；希拉蕊·柯林頓競選美國總統時，也偶爾提到全民基本收入（她也輸了）；瑞士曾就全民基本收入舉行全民公投（但只有四分之一的選民支持該政策）；在印度，財政部最近一份官方文件曾提到全民基本收入，而大選中兩大政黨的政綱都有某種版本的無條件現金移轉計畫，但都不是以全民為對象。

許多經濟學家贊同全民基本收入的放任態度，至少從傅利曼開始就有這種觀點。一如我們已經討論過，他們當中很多人受社會文化影響，假定人們最瞭解什麼對自己有利，並認為沒有理由相信政府官員會比當事人更瞭解。對他們來說，向福利領取人發放現金顯然是正確的，因為當事人知道這筆錢怎麼花對自己最有利。如果他們最需要食物，他們會買食物；但如果他們覺得衣服更有用，他們應該有權決定買衣服。美國的營養補給協助計畫（SNAP）僅資助受助者購買食物，在這些經濟學家看來，這種計畫過度干涉受助者的選擇。他們也認為，有條件現金移轉計畫以現金獎勵某些「良好行為」（墨西哥的「進步」/「機會」/「繁榮」方案和模仿它的許多計畫就是這樣），只是毫無理由地為受助者設置許多障礙。如果真的是良好行為，他們無論是否受助都會做；如果他們不同意，他們很可能比政府更瞭解實情。墨西哥偏左的政府宣布有意在二〇一九年以無條件移轉支付計畫取代「繁榮」方案時，提出的理由包括「健康研討會、身體檢查（和其他義務）對女性構成負擔」。[1]

並不試圖鎖定和監督特定受助者的全民福利計畫，也有非常真實的吸引力。多數社會福利計畫都有複雜的篩選和監督規則，以確保福利流向目標受助者。確保受助家庭送孩子去上學和接受體檢，必須花不少錢：在墨西哥，政府為一個家庭提供一百披索的資助，需要大約十披索的費用。在這十披索當中，三四%用於找出符合資格的受助者，二五%用於確保受助者持續符合接受資助的條件。[2]

規則繁多也導致資助難以申請，或許正因如此，目標受助者並沒有普遍獲得幫助。在摩洛哥，艾絲特曾研究政府提供補貼貸款，幫助貧困家庭獲得自來水供應的一個計畫。[3]她第一次去到參與計畫的社區時，看到提供服務的法國公司威立雅（Veolia）自豪地展示前往各社區宣傳新計畫的「威立雅巴士」。奇怪的是，巴士上沒有人。艾絲特探訪當地住戶，發現人們約略知道有這樣一個計畫，但不清楚如何申請。申請程序原來並不簡單，不可能在巴士上完成。申請人必須攜帶一些文件前往市政廳，證明他們的住址和房屋產權。他們必須填一份申請表，數週後再回去看申請是否獲准。艾絲特和她的同事提供了一項簡單的服務：一名工作人員前往住戶家裡，影印相關文件，填寫申請表，然後送到市政廳。此舉極其有效，登記率因此增加了六倍。

更糟的是，特別容易被複雜的申請程序嚇倒的人，往往正是最需要幫助的人。在德里，貧困的寡婦和離婚婦女有資格獲得每月一千五百盧比的補助（經購買力平價調整後相當於八十五美元），這對那些婦女來說相當可觀，但領取者的比例很低：世界銀行一項調查顯示，符合資格的婦女高達三分之二並未申請這項補助。[4]原因之一可能是申請程序涉及複雜的規則，多數人不可能明白或駕馭。

為了瞭解那些規則在多大程度上阻礙了人們申請補助，一項研究將一千二百名符合資格的印度婦女隨機分成四組。[5]一組為對照組；一組拿到補助計畫的資料；一組除了拿到資料，還在申請程序上得到一些協助；最後一組除了得到資料和協助，還有非政府組織的在地代表陪同前往政府辦事處申請補助。提供資料使開始申請補助的婦女有所增加，但實際完成申請程序的婦女並未顯著增加。相較之下，提供協助則使完成申請程序的婦女顯著增加。獲得協助的婦女完成所有申請步驟的比例多了六個百分點，有人陪同前往政府辦事處的婦女完成申請程序的比例多了十一個百分點，幾乎是基準水準的兩倍。非常重要的是，最弱勢的婦女（不識字、政治上沒有人脈）因為非政府組織介入獲益最多；由此看來，認為現行程序最可能排斥這些人是有道理的。但即使獲得協助，也只有二六%的合資格婦女領取了這種補助（雖然她們不必為此付出什麼代價）；這很可能是因為那些婦女對政府兌現承諾的能力沒有信心，因此認為耗費精力完成複雜的申請程序實在划不來。

美國也是這樣。二〇〇八至二〇一四年間，美國多了數百萬名孩童獲得學校提供免費午餐，因為政府決定，明顯來自貧窮家庭的孩童（他們已經獲得其他扶貧計畫救濟）將自動獲得免費午餐。事實上，當局二〇〇四年修改規則之後，他們就已經有資格獲得免費午餐，但他們的父母必須為他們申請這項福利，而許多家長並未這麼做。[6]

美國的營養補給協助計畫也是一個例子。在三萬名未參與該計畫但看來符合資格的老人當中，研究人員隨機選出一組人，提醒他們或許有資格申請，然後再從中隨機選出一些人，實際幫助他們申請。九個月後，對照組只有六％的人申請了這種補助，提供資訊使申請者的比例增至十一％，提供協助則使申請者的比例增至十八％。[7]

妨礙窮人申請福利的另一個因素，是在美國被認定為窮人帶有一種恥辱；這是因為美國人長期以來普遍相信人人都可以成功（雖然我們已經討論過，證據顯示事實並非如此）。許多人因此不願意向自己或他人承認自己窮到值得政府幫助。我們研究加州的低收入勞工時，看到一個有趣的例子。營養補給協助計畫提供「食物券」，這個名稱源自一項歷史事實：以前勞工的工資是以某種券支付。如今「食物券領取人」收到的是政府發出的電子福利轉帳卡（EBT），可以像簽帳卡那樣在收銀臺刷卡，避免了交出食物券的恥辱。但是，符合資格獲得這種補助的人並非全都知道這一點。研究人員在報稅事務所H&R Block的幾個辦事處做了一個實驗。每年一月去這些辦事處的人，多數是期望獲得退稅的低收入勞工。在抽籤選出的一些辦事處，可能符合資格領取食物券的人會拿到一家公關公司設計的小冊子，將當地的電子福利轉帳卡稱為「金州優越卡」（Golden State Advantage Card），聲稱這張卡可以讓持有人「在食品雜貨店買到更多東西」，並強調有工作的家庭就可能符合申請資格。另一方面，對照組的成員則被詢問是否想接受「食物券」福利資格審查，並拿到一本用較常見的措辭介紹該計畫的小冊子。兩組人去的辦事處，都各自掛出強調相關訊息的橫幅。我們發現，如果不用「食物券」這個標籤，人們對這項計畫感興趣的可能性會高出許多。[8]

另一方面，認為自己會被不公平地排除在外的想法，可能會阻礙最需要幫助的人申請救濟。正因如此，幫助極度貧困者的組織強烈認為服務必須是普及的。法國街友勞克（Thierry Rauch）聽說法國政府打算幫助三〇%的窮人脫貧，他的反應是：「我和家人顯然不會在那三〇%裡面。」他接著說：「如果政府的援助不是人人可得，我肯定會被踢出去。」因為一直以來總是「被踢出去」，他已經放棄為通過篩選努力。[9]

在摩洛哥，同樣的悲觀情緒也產生負面作用。艾絲特和她的同事曾比較 Tayssir 計畫與一個無條件現金移轉計畫的表現，前者是傳統的有條件現金移轉計畫，要求受助家庭的孩子按時上學（出席率必須達到相當高的水準），後者則聲稱以幫助父母教育孩子為目的，但並沒有要求孩子按時上學。實地考察期間，艾絲特探訪了一個沒有參加 Tayssir 計畫的家庭，問他們為什麼不參加。這個家庭有三名在學的孩子，年齡符合計畫的要求。他們的父親解釋說，他經常離開村子整天在外做工，有時甚至連續幾天不回家，所以他不能保證孩子按時上學。他擔心他們太常缺課，導致要被收回補助款，還被視為不稱職的家長。

數據顯示這個家庭的情況並非例外。孩子輟學風險最大的一些家庭選擇不參加有條件現金移轉計畫，因為他們不確定自己能否滿足要求。他們似乎不想因為表現不佳被取消資格而受辱，因此寧可自行決定不參加。因此，無條件的現金移轉計畫聲稱以幫助父母教育孩子為目的，但並不以孩子上學做為資助條件，反而可以比較有效地幫助這些弱勢家庭加強孩子的教育（對其他人也同樣有效）。[10]

錢在哪裡？

既然現行的移轉支付計畫有這麼多缺點，全民基本收入的阻力從何而來？為什麼環顧全球，無條件嘉惠所有人的現金移轉支付計畫那麼少？

一個簡單的原因就是錢。不排除任何人的全民福利計畫成本高昂。每個月為每一名美國人提供一千美元的基本收入，每年就需要三．九兆美元。這比美國現行所有福利支出多一．三兆美元，大約相當於整個聯邦政府的預算支出，或美國一年經濟產值的二〇％。[11] 如果不縮減政府的任何傳統職能（國防、公共教育之類），要為這樣的全民基本收入提供資金，政府必須取消所有的現行福利計畫，並將美國的稅負提升至丹麥的水準。這正是為什麼即使熱情支持全民基本收入的人也在討論這樣一種設計：所得較高者得到的基本收入少一些，所得超過某水準的人不會得到任何給付。但如此一來，它就不再是嘉惠所有人的全民基本收入。如果僅為比較窮的一半美國人提供基本收入，每年需要一．九五兆美元——這當然是容易負擔得多。但這樣就必須鎖定資助對象，因此也將衍生各種問題。

中產階級的道德觀

阿比吉特十二歲時，一如他的許多朋友，愛上了奧黛麗．赫本（Audrey Hepburn）。他發現赫本，是看到她在電影《窈窕淑女》（*My Fair Lady*）中飾演伊萊莎．杜立德（Eliza Doolittle）。那部影片是勒納和洛伊創作的音樂劇《窈窕淑女》的電影版，而這齣音樂劇是改編自蕭伯納（當年的基進左派人士）的戲劇《賣花女》（*Pygmalion*）。在劇中，伊萊莎的父親阿爾弗雷德做了以下這段非常精采的哲學演講（然後實際上決定以五英鎊的價格賣掉他的女兒）：

> 我問你，我是什麼？我是不值得同情的窮人，這就是我。想想這對一個男人意味著什麼。這意味著他無時無刻都受中產階級的道德觀審判。如果有什麼好事發生，而我希望從中得到一點好處，結果都一樣，他們會說：「你不配，所以沒你的份。」但我的需求不會比最值得同情的寡婦少；她死了老公，一個星期裡就有六家不同的慈善機構給她救濟金。我的需求不會比值得同情的男人少，我其實需要更多東西。我吃得不比他們少，而且我喝酒比他們多得多。我需要一點娛樂，因為我是個喜歡思考的人。我情緒低落的時候，想要快樂，想要看歌舞演出。還有，無論買什麼東西，他們也不會算我便宜一點。什麼是中產階級道德觀？不過是個從不給我任何東西的藉口。[12]

《賣花女》的背景是維多利亞時代的英國，當時窮人的生活非常苦。在那個時代，要成為值得救濟的人，你必須為人節制、節儉、常上教堂，最重要的是勤勞。若非如此，你會被送進濟貧院強迫勞動，夫妻會被分開，如果你欠債的話，你會被送進債務人監獄，或是被流放澳洲。一八九八年一份「倫敦貧困地圖」將一些地區歸入「最低階層、墮落、半犯罪」的類別。[13]

眼下我們距離這種境地並不遠。無論是在美國、印度還是歐洲，你對一群有錢人提起社會福利，一定會有一些人搖頭，因為他們認為提供福利會使窮人變得「一無是處」——這種維多利亞時代的說法至今在印度某些階層中仍然流行。這些有錢人認為只要給窮人現金，他們就會停止工作，或把錢都拿去喝酒。這種想法是基於這種猜想：窮人之所以貧窮，是因為他們欠缺奮鬥成功的意志；他們一有藉口就會放棄努力。

在美國，一九三〇年代大蕭條的經濟災難暫時讓貧窮變得沒那麼可惡，因為當時貧窮實在太普遍了。人人都認識一些突然陷入貧困的人。史坦貝克（John Steinbeck）的傑作《憤怒的葡萄》以大蕭條為背景，講述勇敢的奧克拉荷馬人逃離塵暴區，成為美國高中生的重要讀物。小羅斯福總統的新政標誌著一個時代的開始；在這個時代裡，人們認為藉由政府的干預，社會可以處理和戰勝貧困。這種情況一直持續到一九六〇年代，高潮是詹森總統宣布展開「抗貧戰爭」（war on poverty）。但隨著後來經濟成長放緩、資源變得緊張，抗貧戰爭變成了打擊窮人的戰爭（war on the poor）。雷根總統一再訴諸「福利女王」（welfare queen）這個形象，指涉懶惰、欺詐的黑人女性，其原型是來自芝加哥的婦人琳達・泰勒（Linda Taylor），她有四個化名，因為詐騙八千美元的福利入獄數年，比查爾斯・基廷（Charles Keating）坐牢的時間長了一年半。基廷曾是一名億萬富翁和資本主義英雄，是雷根時代最著名的貪腐醜聞（「基廷五人案」）的核心人物，與此相關的存貸危機花了美國納稅人超過五千億美元的紓困金。

然後在新出現的轉折中，窮人道德敗壞被說成是福利本身造成的。一九八六年，雷根做了一件史上留名的事：他宣布抗貧戰爭失敗了。他表示，失敗的原因在於社會福利，因為福利使人不想工作和變得依賴，進而造成「家庭破裂的危機，尤其是那些依賴福利的窮人，黑人與白人皆然」。[14] 一九八六年二月十五日，雷根在向全國發表的廣播講話中表示：

> 眼下我們面臨這樣的危險：我們可能創造出一種永久的貧困文化，它將如同枷鎖鐐銬那樣難以掙脫；我們可能製造出截然不同的另一個美國，一個夢想破滅、生命枯萎的美國。這件事非常諷刺，因為以同情的名義制定的福利計畫誤入歧途，實際上把一個本來正在縮小的問題變成了全國的悲劇。從一九五〇年代開始，美國貧困人口逐漸減少。充滿機會的美國社會正在發揮它的神奇作用。經濟成長為數以百萬計的人提供了脫貧致富的階梯。一九六四年，著名的「抗貧戰爭」宣告開始，隨後就發生了一件有趣的事。如果我們以多少人依賴救濟來衡量貧困問題的嚴重程度，這個問題後來停止改善，然後實際上開始惡化。我想你可以說，在抗貧戰爭中，貧困贏了。貧困勝出的部分原因，在於政府的福利計畫並未真正幫到窮人，反而破壞了維繫貧困家庭的紐帶。

社會福利最陰險的影響，可能是它篡奪了供養人的角色。例如在福利給付最高的州，對單親媽媽的公共援助可以遠遠超過一份最低工資工作的可支配收入。換句話說，單親媽媽辭掉工作可能完全划得來。如果家裡沒有父親，許多家庭符合資格領取的福利給付可以大幅增加。倘若一個男人知道，如果他可以一直避免成為自己孩子法律上承認的父親，孩子將能過更好的生活，這對他會有什麼影響呢？根據現行的福利法規，十幾歲的女孩如果懷孕，她可以使自己有資格獲得福利給付，然後有自己的公寓可以住，並獲得醫療和衣食方面的照顧。她只需要滿足一個條件——不結婚，或不說出誰是孩子的父親……福利悲劇已經持續太久了。現在該要重塑我們的福利制度了，我們應該以它使多少美國人變得不再依賴福利來做評斷。[15]

這些悲觀的說法經不起推敲。大量研究著眼於社會福利如何影響生育率和家庭結構，相關文獻可以填滿許多個書架。這些文獻的壓倒性結論是：社會福利如果對生育率和家庭結構真有影響，影響也非常小。[16]雷根的擔心是沒有根據的。

但是，儘管證據如此確鑿，社會福利導致貧困的觀點，「依賴」、「福利文化」、「家庭價值觀危機」等說法，以及問題與種族或族群有關的暗示，在不同的年代和地方仍十分流行。二〇一八年六月，法國總統馬克宏錄製了他準備一場演講的影片，演講主題是他對改革政府脫貧計畫的想法。法國政府公開這段影片，聲稱這是總統坦率的「幕後」觀點，可以從中看到他真實的作風和沒有修飾的意見。我們從影片中看到，雖然馬克宏與雷根非常不同，但他的語調很像雷根，一再強調現行制度失敗，而且短短幾分鐘之內就六次提到必須使窮人擔起更多責任。[17]

在美國，這種精神於一九九六年付諸實踐：在兩大黨支持下，柯林頓總統確立了《個人責任與工作機會調解法》。這個法案以貧窮家庭臨時補助（TANF）取代撫養兒童家庭援助（AFDC），對受益人提出新的工作要求。柯林頓還擴大勞動所得稅額抵減（EITC），為貧困勞工提供所得補助（改成受益人要有工作才能拿到政府補助）。二〇一八年，川普總統的經濟顧問委員會發表一份報告，主張將受助者必須工作納入美國三大非現金援助（聯邦醫療補助、食物券和租金援助）的資格條件。[18]二〇一八年六月，阿肯色州成為第一個要求接受醫療補助的成年人必須工作的州。有趣的是，經濟顧問委員會的主要論點不再是抗貧戰爭失敗了，而是「我們的抗貧戰爭基本上已經結束，而且成功了」。那份報告表示：「包括政府稅收和（現金與非現金）移轉政策在內的安全網發揮了作用，使美國（正確衡量的）貧窮率大幅降低。但與此同時，非殘障的勞動年齡成年人口自力更生的比例下降了（以領取福利給付者的比例衡量）。擴大這些非現金福利計畫的工作要求，可以鼓勵更多人自力更生，而且不太可能造成我們在解決物質困難方面的進展大幅逆轉。」換句話說，政府必須設法使人們投入工作以維持自己的生計，以免他們未能養成「美國人的工作倫理；這種工作倫理驅使美國人每週和每年工作時數超過條件相若的其他所有經濟體，一直是美國成功的重要因素」。當然，這可能會造成一些痛苦，但這是值得的，因為它可以防止許多窮人陷入懶惰的陷阱，而懶惰是致命的七宗罪之一。清教徒應該會鼓掌歡迎這種做法。

我們日用的飲食，今日賜給我們

清教徒也會認為，政府不願以發放現金的方式提供援助是有道理的；這一點是左派和右派以往都認同的。在印度，左派近年比較成功的一件事，是要求制定《國家糧食安全法》。這個法案二〇一三年通過，承諾為近三分之二的印度人（超過七億人）每月每人提供五公斤的補貼食糧。[19]在埃及，二〇一七至一八年度糧食補貼計畫耗費八五〇億埃及鎊（四九．五億美元，相當於GDP的二％）。[20]印尼則有Rastra計畫（前稱Raskin），為逾三千三百萬戶家庭提供政府補貼的大米。[21]分發糧食是複雜且成本高昂的作業。政府必須收購食糧，並負責儲存和運輸作業，運送距離常達到數百英里。在印度，運輸和儲存作業估計使補貼食糧計畫的成本增加三〇％。此外，政府要確保目標受助者以目標價獲得糧食也不容易。二〇一二年，在印尼的Raskin計畫下，符合條件的家庭只能買到政府承諾的大米供應量的三分之一，而且所付的成本比官方價格高四〇％。[22]

在印度，政府目前正考慮改用所謂的直接福利移轉，也就是把錢轉進受助者的銀行帳戶，而不是為他們提供食物（或其他物資），理由是這可以大幅降低成本，而且比較不容易出現貪腐問題。但是，這種構想面臨不少反對意見，領導者主要是左派知識分子。其中一人訪問了印度各地一千二百戶家庭，詢問他們喜歡現金還是糧食援助。整體而言，三分之二的家庭喜歡拿到糧食多過現金。在糧食分配系統運作良好的邦（主要在印度南部），這種偏好更加強烈。被問到原因時，十三％的家庭提到交易成本（銀行和市場離他們住家很遠，要將現金換成食物並不容易）。不過，偏好糧食的家庭有三分之一表示，直接拿到食物可以幫助他們避開亂花錢的誘惑。在坦米爾納杜邦的達爾馬普里市，一位受訪者說：「糧食安全得多。現金很容易花掉。」另一個人說：「即使你給我十倍的錢，我還是寧願要食糧，因為它們不會被輕易浪費掉。」[23]

窮人看輕了自己

但是，沒有任何資料顯示，這些窮人如此擔憂是正確的。截至二〇一四年，全球有一一九個開發中國家實施了某種無條件現金援助計畫，五十二個國家實施了救濟貧困家庭的有條件現金移轉計畫。開發中國家共有十億人參與了至少一個此類計畫。[24]許多此類計畫起初是以試驗形式展開的。這些試驗全都非常清楚顯示，沒有證據支持窮人會揮霍金錢滿足慾望而非生活需求的觀點。如果現金援助影響了受助者的消費形態，那就是受助者的食物費用占總支出的比例上升了（也就是說，他們手上有更多錢時，花在食物上的錢可能會大幅增加，使得食物開銷比例上升）；受助者的營養改善了，教育和醫療方面的支出也增加了。[25]此外，沒有證據顯示現金移轉支付導致受助者花更多錢在菸酒上面。[26]證據也顯示，現金移轉支付對提高食物支出的作用，跟糧食配給一樣大。[27]

甚至男人似乎也不會浪費金錢；如果現金補助隨機交給家裡的男性或女性，他們在食物和菸酒上的支出並無差別。[28]我們還是支持把錢交給女性，因為這有助稍微平衡家庭內部的權力分配，而且可能使家裡的女性得以去做她認為重要的事（包括外出工作[29]），並不是因為我們認為男人拿到錢就會都拿去喝酒。

避免被丟進蛇坑

沒有證據顯示現金移轉支付會使人減少工作。[30] 經濟學家對此感到驚訝——如果你已經夠錢過生活，為什麼還要工作？不是說懶惰的誘惑很大嗎？（在《聖經》裡，懶惰的懲罰是被丟進地獄的蛇坑。）

原因可能是許多人（或許是多數人）由衷渴望有所作為，但貧困窘迫的生活癱瘓了他們。得到額外的現金可能會鼓勵他們更努力工作或嘗試新事物。阿比吉特和他的同事在迦納做過一項實驗。他們為一些女性受惠者提供製作提袋的機會，然後以非常慷慨的價格買下她們做出來的提袋。他們也隨機選出當中一些女性，給予她們一件生產性資產（通常是山羊），再教她們如何充分利用這項資產，並鼓勵她們（她們都是非常貧窮的女性，未必相信自己可以有任何成就）。雖然照顧山羊加重了她們的工作負擔（但也使她們得到一些收入，因此變得沒那麼迫切需要額外的現金），她們比那些沒有獲得資產的女性做出更多提袋，因此賺到更多錢。最有趣的是，如果提袋的設計相當複雜，有資產與沒有資產的女性之間的差異就變得特別顯著。有資產的女性工作速度更快，但可以達到必要的品質標準。最合理的解釋是獲得資產解除了她們的一些生存焦慮，使她們有精神專注工作。[31]

此外，在開發中國家，窮人一般無法獲得貸款（又或者只能借到利率驚人的高利貸），如果他們創業失敗，也沒有人會救助他們。這兩個問題使他們很難將創業夢想付諸實行。如果可以持續數年獲得現金移轉支付，他們除了可以得到一些額外的資金，如果創業失敗也不會完全沒錢消費。如果得到一份有保障的收入，窮人可能就會願意遷居以尋找更好的工作、學習新技能或創業。

但或許這些道理只適用於開發中國家，那裡的窮人真的很窮，獲得現金補助真的能使他們投入工作。或許美國的情況截然不同，因為美國人無論多窮，通常可以找到工作。懶惰效應是否有可能支配美國人？事實是：可追溯至一九六〇年代的證據顯示，美國人不必擔心懶惰會是大問題。事實上，社會科學領域的第一個大規模隨機實驗——紐澤西收入保障實驗（New Jersey Income Maintenance Experiment）恰恰就是為確定「負所得稅」的影響而設計的。負所得稅想實踐的理念，是所得稅制度的設計應確保每個人的所得至少達到某個最低水準。窮人應繳納負所得稅，這樣他們的稅後所得就會高於稅前所得，但隨著他們的收入增加，他們得到的移轉支付將會減少，而一旦他們的收入超過某個門檻，他們就要開始支付正所得稅。

這與全民基本收入不同，因為在負所得稅制度下，一個人如果接近從獲得補助變成必須拿出錢來繳稅，他可能會面臨減少工作的強烈誘因。換句話說，除了多數政策制定者擔心的所得效果（如果我已經夠錢生活，我就不需要工作），這種制度也可能產生替代效果（我多賺一些錢會導致我得到的福利給付減少，工作的價值因此降低了）。

美國許多學者和兩大黨的許多政策制定者都支持負所得稅。左派方面，民主黨籍總統詹森任內的美國經濟機會局（Office of Economic Opportunity）率先提出此一構想，並擬出以負所得稅取代傳統福利項目的計畫。右派方面，傅利曼主張以單一的負所得稅取代多數現行的移轉支付計畫。共和黨籍總統尼克森一九七一年提出負所得稅做為其一籃子福利改革的一部分，但未能得到國會支持。當時反對者擔心的主要問題，是實施負所得稅將使受惠者減少工作，導致政府必須補助那些本來可以自力更生的人。

就在這時候，麻省理工經濟學博士生希瑟．羅斯（Heather Ross）提出藉由做實驗來解答這個問題；這應該是經濟學界第一次有人提出這種構想。羅斯有此想法，是因為她非常不滿政界以零星事例替經濟政策辯護，而且沒有事實根據可以確定低收入人士如果得到這種救濟，是否會停止工作。一九六七年，她向美國經濟機會局提出進行一項隨機對照試驗的計畫。這項計畫最終獲得了資助，而且如羅斯所言，她寫出了一篇「五百萬美元的論文」。[32]

此一傑出構想不僅造就紐澤西州的負所得稅實驗，還衍生其他地方的一系列實驗。一九七〇年代初，倫斯斐（Donald Rumsfeld；沒錯，就是那個倫斯斐）將負所得稅制度從全面實施導向一系列的實驗。第一個實驗的地點是紐澤西州和賓州的城市地區（一九六八至一九七二年），隨後的實驗地點包括愛荷華州和北卡羅萊納州的農村地區（一九六九至一九七三年），印第安納州加里市（一九七一至一九七四年），而最大的一個是西雅圖和丹佛這兩個城市的收入保障實驗（一九七一至一九八二年，涵蓋四千八百戶）。[33]

這些負所得稅實驗令人信服地證明了隨機對照試驗對制定政策確實有用。學術上同樣雄心勃勃的計畫再度在社會政策爭論中成為焦點，已經是數十年後的事。但是，這些實驗因為是社會科學領域的首批大型實驗，在設計和執行上遠非完美也就不足為奇。有些實驗的參與者失去聯繫，有些實驗因為樣本太小而無法得出精確的結果，最令人擔心的是，數據蒐集過程受到汙染。[34] 此外，因為實驗的時間較短、規模不夠大，我們不容易推斷持久且普及的政策付諸實行會產生什麼影響。

儘管如此，整體而言，實驗結果顯示，負所得稅確實導致勞動力供給有所減少，但影響遠遠沒有人們擔心的那麼大。平均而言，一年下來，減少的工作時間僅為二至四週的全職工作。[35] 在規模最大的西雅圖與丹佛實驗中，在負所得稅制度下獲得補助的丈夫僅減少了九％的工作時間（相對於沒有獲得這種補助的人而言），但獲得補助的妻子則減少了二〇％的工作時間。[36] 總體而言，這項研究的正式結論是：所得保障計畫對人們的工作傾向沒有重大影響，對家庭中的主要賺錢者尤其沒有顯著影響。[37]

美國各地也有一些地區性的無條件移轉支付計畫。例如自一九八二年以來，阿拉斯加永久基金（Alaska Permanent Fund）每年向每一名阿拉斯加居民發放兩千美元。這似乎對就業完全沒有負面影響。[38] 當然，阿拉斯加這項支付雖然是普及且永久的（一如基金的名稱所暗示），但金額遠低於一些人提議的全民基本收入。如果無條件的給付足夠支持生活，人們可能會停止工作。一個比較像全民基本收入的計畫，是切羅基（Cherokee）土地上的賭場分紅給部落成員。成年的部落成員每人每年可以獲得約四千美元，這對他們來說相當多，因為美國印第安人每年人均家庭收入僅為八千美元左右。一項研究比較大煙山（Smoky Mountains）地區符合條件和不符合條件的家庭在賭場分紅實施前後的情況，發現分紅對家庭的工作情況沒有影響，但對青少年的教育有很大的正面作用。[39]

因此，沒有證據顯示無條件的現金移轉支付會導致人們的生活解體。這對我們設計福利政策有何啟示？

在開發中國家，許多人不時面臨一貧如洗的危險，而且真的陷入困境時無法仰賴社會安全網的救濟（富裕國家就有急診室、收容所、食物銀行之類的設施，雖然它們的安全網可能有很多問題），藉由全民基本收入為這些國家的人民提供保障因此可能有巨大的價值，一方面可助不幸者應付厄運，另一方面可以使人們比較容易去嘗試新事物。

在許多開發中國家，人們要面對收入波動的風險，而他們保護自己的最常見方法之一是堅持擁有土地。我們在第二章討論過，有些人不願遷徙，是因為害怕失去他們的土地權利。有趣的是，如今印度擁有土地的多數農村家庭，大部分收入並非來自農業。但擁有土地仍有價值，因為他們因此得到一種保障：即使其他所有生計都失敗了，他們還是可以自己耕種維生。

結果就是小農占很大比例土地的地方往往很難工業化。這與土地改革的設計有關：窮人獲得土地所有權時，這種權利往往可以繼承，但不可出售。不過，農民本身也強烈抗拒出售土地。在印度的西孟加拉邦，共產黨一九七七年贏得選舉，上臺執政後隨即將佃農所耕種土地的永久權利送給他們。這種權利可以繼承，但不可出售。三十年後，同一個共產黨政府因為意識到西孟加拉邦工業發展不足，試圖收購農民（包括佃農）的土地。因為遭遇激烈的抵制，這項計畫被迫擱置。在反對土地徵收的大規模抗爭受到血腥鎮壓之後，共產黨最終被趕下臺。

西孟加拉邦的農民並非絕對不願意放棄土地，但他們希望政府提供一份工作做為補償，使他們能有穩定的收入。當地如果有某種全民基本收入可為農民提供穩定的收入，他們對政府徵收土地的抗拒或許會大幅減少，政府要將農地轉為工業用地就會容易得多。我們在第五章提到，土地運用不當是印度資源配置不當的一大原因，很可能顯著損害了經濟成長。如果全民基本收入使人們不必不惜代價堅持擁有土地，或許就能減輕資源配置不當的問題。全民基本收入或許還有助減輕勞動力錯置的問題，因為它有望使擁有土地的人比較願意賣掉土地，搬到就業機會比較好的地方。

但是，印度目前還沒有任何類似全民基本收入的制度。眼下政府提出的方案僅適用於農民，而且給付額遠遠不足以維持生活。反對黨提出的最低收入保障則比較像一種負所得稅，僅適用於窮人，而且隨著受助者的所得增加，政府課稅最終將使受助者失去所有補助。事實上，極少國家有像全民基本收入這樣的東西——保證人人都可以獲得基本收入，而且政府不會對這種收入課稅。現實中比較常見的是照顧窮人的移轉支付計畫，可能是有條件的，也可能是無條件的。但是，在開發中國家，鎖定合適的受助者往往特別困難，因為多數人務農或在小企業工作，政府幾乎不可能知道他們賺多少錢，因此很難區分出窮人並為他們提供收入補助。[40]

替代方法之一，是設法使民眾自我篩選。印度的《全國農村就業保障法》（NREGA）是這種自我篩選計畫當中規模最大的一個（美國的聯邦就業保障提案可能就是以它為模範）。在該計畫下，每一個農村家庭每年獲保障一百天的工作，工資以官方最低工資計算（這高於許多地方的市場實際工資）。官方並不篩選申請人，但參與者必須工作，通常是在建築工地工作——這意味著每天必須在太陽底下工作八小時，有更好的事情可做的人因此會自動放棄。

這個計畫大受窮人歡迎。因為極受歡迎，莫迪二〇一四年贏得大選之後，政府決定暫時不去處理它，雖然莫迪競選時表態反對這個計畫。《全國農村就業保障法》這種工作福利計畫有個好處：在無法執行最低工資的地方，它至少在一定程度上可替代最低工資法規。勞工可以利用這種計畫定出的工資與私營部門的雇主討價還價，而若干證據顯示，印度的勞工確實有這麼做。[41] 此外，一項研究發現，私營部門的就業率實際上有往上升，雖然工資也上升了。雇主會合謀壓低工資，但工資太低實際上會導致就業人口減少，因為有些人沒辦法或不願意接受太低的工資。

工作福利計畫的主要癥結，莫不在於有人必須創造大量的工作。在印度，這應該是各地村政府的責任。但是，印度的中央政府與村政府互信嚴重不足，雙方不時指責對方腐敗，而且這種指責往往有其道理。結果就是當局強調反貪腐，這衍生了大量的繁瑣程序，導致效率低下。核准一個專案和展開工作需要幾個月的時間，而且村政府的主管必須相當努力。這意味著此類專案無法有效因應需求的突然變化，例如意外發生的旱災。這也意味著一旦村政府認為推動此類專案太麻煩，當地居民就只能自認倒霉。在印度最窮的比哈爾邦，許多人希望藉由《全國農村就業保障法》獲得工作，但只有不到一半的人可以如願以償。[42]

這個計畫後來變得很容易發生貪腐問題，因為參與監督的人可以利用他們的權力阻止付款和索取賄賂。政府減少了監督計畫的官僚層級，結果相關官員的財富中位數降低了十四％。[43] 即使民眾真的藉由這種就業保障得到工作，通常也要等好幾個月才能拿到工資。

這一切告訴我們，在許多開發中國家，政府有很多非常好的理由考慮轉為實行全民基本收入。問題當然在於錢從何來。多數開發中國家必須增加稅收，但這不會很快發生。如果真的實行全民基本收入，起初多數資金只能來自取消現行福利，包括一些很受歡迎的大規模計畫，例如電力補貼。削減福利項目或許有個額外的好處：政府可以集中有限的能力做好少數幾件事。印度政府檯面上有數百個福利項目，當中有很多基本上沒有資金，但它們仍有一個專屬的辦公室，養一些幾乎毫無貢獻的工作人員。德里政府副首席部長西索迪亞（Manish Sisodia）曾表示，他上任後發現政府預算上面有一項是購買鴉片。追查之下，他才知道這源自一個早已廢止的計畫，目的是幫助定居德里、鴉片上癮的阿富汗難民。

貧窮國家的政府負擔得起的全民基本收入，必然是超級基本的——因此是全民超級基本收入（universal ultra basic income, UUBI）。《印度經濟調查》（*Economic Survey of India*）二〇一七年提出類似的建議。它估計，每年向七五%的印度人支付七六二〇盧比（經購買力平價調整後約為四三〇美元），將使印度赤貧人口以外的所有人越過二〇一一至一二年度的貧窮線。即使以印度的標準衡量，七六二〇盧比仍只是很少錢（低於數名經濟學家提議的印度全民基本收入），但或許足以維持基本生計。《印度經濟調查》估計，此一方案的成本為印度GDP的四．九%。在二〇一四至一五年度，印度主要的肥料、石油和食物補貼成本為GDP的二．〇七%，而最大的十個中央福利計畫則花了GDP的一．三八%；因此，砍掉這些現行福利項目，即可提供全民超級基本收入所需資金的三分之二。[44]

這項提議假定政府不難將二五%的人排除在計畫之外。事實上，引入一種溫和的自我篩選確實是有可能的。政府可以要求每一名受益人每週找一臺自動櫃員機（ATM）提供自己的生物辨識資料，無論是否提取現金都必須這麼做；這種要求有雙重好處：一是可以杜絕幽靈領取者，二是可以使有錢人因為嫌麻煩而放棄這項福利。政府也必須安排後備方案，讓殘障者可以領到錢，以及處理技術問題（技術問題並不罕見，尤其是體力勞動者可能因為工作而失去指紋）。藉由設定正確的框架（「當你需要的時候，可以來領取一些補助」），並且施加並不過分的要求（例如每週操作ATM一次），確實有可能使任何時候都有二五%的人口放棄這項福利，同時確保真正需要它的人可以領到錢。

雖然基於迄今所知的情況，我們支持全民超級基本收入，但目前還沒有資料可以告訴我們它可能產生怎樣的長期影響。我們掌握的證據，多數來自相對短期的試驗。我們無法確定永久的基本收入保障會引發人們怎樣的反應。額外收入帶來的新鮮感逐漸消失之後，人們是否會回到灰心喪氣、減少工作的狀態，還是會追求更高的理想和更努力嘗試？收入保障對他們的家庭將產生怎樣的長期影響？阿比吉特參與的肯亞全民基本收入大規模隨機對照試驗希望解答這些問題。在肯亞的四十四個村子裡，每一名成年人都得到保證，在十二年裡每人每天可以得到〇・七五美元。在八十個村子裡，每一名成年人得到的補助僅限兩年。在七十一個村子裡，每一名成年人將一次獲得五百美元的補助。最後，在另外一百個村子裡，沒有人得到任何收入保障，但研究人員將定期蒐集資料。總共有將近一萬五千戶家庭參與這項實驗。二〇二〇年初將開始有結果。

但是，一些國家已實施多年的有條件現金移轉支付，已經為我們提供了一些長期證據。這些計畫始於一九九〇年代，當時還是孩子的人如今已經是年輕的成年人。這些計畫似乎對這些孩子的福祉產生了持久的正面作用。例如印尼政府二〇〇七年在四三八個地區（從七三六個地區隨機選出）引進有條件現金移轉計畫PKH，共有約七十萬戶家庭受惠。該計畫的要求一如多數有條件現金移轉計畫：受惠家庭只要送孩子去上學和接受預防保健服務，每個月就能獲得現金給付。二〇〇七年加入該計畫的村莊至今仍繼續受惠，但受官僚惰性影響，印尼政府不曾將計畫擴展至對照組的村莊。比較受惠的村莊與對照組，我們可以看到這個計畫對受惠者的健康和教育產生持久的重大助益：由專業衛生人員接生的嬰兒人數大增，沒上學的兒童人數減半。隨著時間推移，該計畫也影響了人力資本存量：發育不良的兒童減少了二三%，完成學業的人口比例也提高了。但是，儘管這種補助提升了人力資本，受惠家庭並未顯著變得比較富裕。這是有關純金錢援助的長期影響的一個重要警告。或許是政府負擔得起的現金給付太少，不足以真正影響受助者的收入（而大規模移轉支付的成本太高，系統無法承受）。[45]

考慮到這一切，最好的組合可能是提供全民超級基本收入好讓每個人在需要時都能獲得援助，另外為非常貧窮的人提供與預防保健和兒童教育掛鉤的大額移轉支付。接受移轉支付的資格條件不必非常嚴格執行。在摩洛哥，我們看到一種「標示性現金移轉支付」(labeled cash transfer)，它僅鼓勵受助者利用補助來支付孩子的教育費用，但並不強制要求他們這麼做，而該計畫在改變受助者行為方面，似乎與傳統的有條件現金移轉支付一樣有效。[46] 印尼的PKH同樣沒有嚴格執行其資格條件要求。在此意義上，它也是一種「標示性現金移轉支付」。這種做法降低了行政費用，同時可以避免將最弱勢的家庭排除在外。鎖定受助目標也可以採用成本較低的方法，例如集中幫助貧困地區，並仰賴現成資料和社區領袖的幫忙找出合適的受助者。實際執行起來一定會有差錯，但只要我們願意在資格審查方面保持開放的心態（以免排斥需要幫助的人，即使代價是為一些沒有需要的人提供福利），加上政府藉由全民超級基本收入提供最基本的保障，我們就有可能兩全其美。

全民基本收入對美國有用嗎？

美國（和其他多數富裕國家）的福利政策也需要重新設定。太多的人滿腔怨憤，覺得世事的發展對自己不利太久了。而眼下沒有跡象顯示問題將會自行解決。那麼，全民基本收入能解決美國的問題嗎？

如果選民相信政府施政方向正確，他們可能不會那麼抗拒政府加稅以實行全民基本收入。皮尤研究中心的一項調查顯示[47]，如果機器人有能力取代人類做大部分工作，六一%的美國人支持政府為所有美國人提供一份獲得保障的收入，以滿足他們的基本需求。民主黨人有七七%支持，共和黨人則有三八%支持。六五%的民主黨人認為政府有責任幫助失業的勞工，即使政府必須為此加稅（但只有三〇%的共和黨人認為是這樣）。考慮到這種水準的民意支持，加上美國的稅率以全球標準衡量堪稱偏低，美國總稅收相當於GDP的比例從二六%提升至三一．二%並非不可想像。如此一來，政府將可以向每一名美國人每年支付三千美元。[48]四口之家每年可以得到一萬二千美元，相當於貧窮線的一半。這不是一筆巨款，但對美國最窮的三分之一人口來說，這筆錢相當可觀。如果政府對資本課稅做為全民基本收入的財源，而且自動化趨勢使資本在經濟中占愈來愈大的比重，則假以時日，全民基本收入給付可以變得比較慷慨。在歐洲，政府加稅的空間比較有限，但許多社會移轉支付（居住、所得補助之類）可以合併為單一支付項目，同時幾乎完全不限制受助者如何花這筆錢。這實際上就是芬蘭二〇一七和二〇一八年所做的一項實驗：當局隨機選出兩千名失業者，為他們提供全民基本收入以取代所有的傳統援助（居住、就業援助之類）。餘下的十七萬三千多名失業者則是對照組。初步結果顯示，領取全民基本收入的人比較快樂，而兩組人的收入沒有差別——這可能與我們至今觀察到的情況一致。[49]

但是，全民基本收入真的可以安撫那些被社會甩在後頭的人，大幅減少他們的怨氣嗎？全民基本收入的許多支持者，但不包括窮人，似乎認為我們可以利用全民基本收入收買那些在新經濟中失去生產力、無法找到工作的人——只要有全民基本收入，他們就會滿足，就會願意停止找工作，另找一些事情做。但我們迄今所知的一切似乎告訴我們，這種設想很可能無法如願。在我們的調查中，我們問受訪者這個問題：「如果政府提供每年一萬三千美元的全民基本收入，而且不設任何條件，你是否會停止工作或停止找工作？」八七％的受訪者表示不會。[50]散布本書各章節的證據全都顯示，多數人實際上想工作，而這並非只是因為他們需要錢；工作使人覺得生活有目標，也帶給人歸屬感和尊嚴。

二〇一五年，蘭德公司深入調查約三千名美國人的工作狀況。[51]受訪者被問到他們的工作多常帶給他們以下東西：「因為工作做得好而產生滿足感」、「自己在做有用工作的感覺」、「個人成就感」、「對社區／社會產生正面影響的機會」、「充分發揮才能的機會」，以及「值得追求的目標」。結果發現五分之四的美國勞工表示，他們的工作總是或通常能為他們提供至少一項前述的意義來源。

大約與此同時，皮尤研究中心蒐集有關美國人工作滿意度的數據，並問受訪者是否覺得工作帶給他們一種認同感。[52]受僱的美國人約一半（五一％）表示，他們從自己的工作中得到一種認同感，另一半（四七％）則表示，他們工作只是為了謀生。

這兩項研究的結果看來互有衝突，可以怎麼解釋並沒有明確的答案，但有一點是毫無疑問的：許多人想要工作，並非只是因為他們想得到薪酬。但是，從工作中得到認同感的人主要是教育程度和收入較高的勞工；在年收入不超過三萬美元的人當中，只有三七％表示他們從工作中得到認同感。行業之間也有顯著的差異。例如從事醫療照護和教育工作的成年人分別有六二％和七〇％表示他們從工作中得到認同感，而在餐旅業和零售批發業，該比例分別僅為四二％和三六％。

人們會區分好工作與壞工作，或至少區分有意義的工作和沒意義的工作。薪酬較高的工作通常是比較好的工作，但實際做什麼也很重要。即使收入可以大致保持不變，人們通常不想放棄他們喜歡的工作，轉做他們認為沒有價值的工作。事實上，一個人如果失去做了很多年的工作，通常無法真正脫困。許多研究發現，企業大規模裁員之後，失業勞工的收入通常永遠無法完全回到以前的水準。他們找到的新工作往往比較低薪、不穩定，而且沒有以前那麼好的福利。[53]

這很可能與我們在第二章討論過的這個事實有關：在勞動市場，雇主找到合適的員工、勞工找到合適的雇主至為重要；能否找到好雇主、建立互信和彼此重視的關係，很大程度上取決於運氣。一旦找到這樣的雇主，你自然會努力留下來，而你的工作將會比較穩定，在經濟上和其他方面帶給你較豐厚的報酬。這種關係一旦失去，你將很難重新建立，尤其是如果你已年長，為人處事的方式已經固定。

這也解釋了一些值得注意和可怕的事。一項研究發現，長期任職的員工如果在大規模的裁員中遭到解僱，他們在隨後數年內死亡的風險會顯著上升。[54] 失業似乎真的會使人心臟病發作。隨著時間的推移，失業對死亡率的影響會淡化，但影響不會完全消失，因為當事人會開始受一些比較長期的問題影響，例如酗酒、抑鬱、疼痛和成癮。總體而言，這項研究發現，勞工中年失業，預期壽命會縮減一年至一年半。

被迫換工作的代價相當高昂，很多經濟分析忽略了當中的某些代價。做為經濟學家，我們關注的是當事人損失多少收入，以及花了多少時間和精力尋找新工作，但失去工作這件事本身的代價不在我們的分析模型中。經濟學家本能地傾向支持全民基本收入，因此這種構想忽略了失去工作本身的代價，或許也就不足為奇。在全民基本收入設想的世界裡，遭解僱的勞工覺得自己解脫了，不必再承擔工作的義務。年輕的退休者靠這筆收入維持生計，在他們的生活中找到了新的意義：他們在家工作，在社區裡當志工，做手工藝，或探索世界。不幸的是，一些證據顯示，人們實際上不容易在他們的工作結構以外找到意義。自從美國人時間運用調查（ATUS）一九六〇年代開始以來，數據顯示美國人花在休閒活動上的時間顯著增加，男性與女性皆然。[55]自二〇〇四年以來，年輕男性頗大一部分休閒時間花在電子遊戲。[56]至於其他所有群體，大部分休閒時間是花在看電視。在二〇一七年，男性平均每天花五個半小時在休閒活動（包括上網、看電視、社交和當志工），女性則是五個小時。看電視是占用最多時間的休閒活動（每天二．八個小時）。家裡以外的社交活動居次，但時間短得多，只有三十八分鐘。[57]在全球金融危機爆發後的經濟大衰退期間，美國人在家裡以外工作的時間減少了，多出來的空閒時間有一半是花在看電視和睡覺。[58]

但是，看電視和睡覺顯然未必能使我們快樂。康納曼（Daniel Kahneman）和克魯格（Alan Krueger）的一項研究要求受訪者回想一天裡發生的事和他們每一刻的感受，結果發現在休閒活動中，看電視、使用電腦和小睡帶給當事人的即時愉悅和成就感最少。社交是令人最快樂的活動之一。[59]

我們似乎很難獨自想出如何使自己的生活變得有意義。我們多數人需要結構化的工作環境所提供的紀律，然後我們在此基礎上賦予生活意義。人們擔心自動化技術普及應用的影響時，就會觸及這個問題。皮尤研究中心的一項調查顯示，六四％的受訪者認為，如果人們被迫與先進的機器人和電腦競爭工作，很多人將很難在生活中找到有意義的事情去做。[60]事實上，有更多空閒時間的人（退休人士、失業者、不參與勞動市場的人）投入志願工作的可能性低於有全職工作的人。[61]志願工作是我們在常規活動以外所做的事，不是我們用來代替常規活動的事。

換句話說，如果我們的判斷正確，也就是富裕國家的真正危機在於許多以往自認中產階級的人失去了他們過去從工作中得到的自我價值感，那麼全民基本收入就無法解決這些國家的問題。我們認為富國與窮國需要不同的解決方案，原因有兩個。首先，全民基本收入很簡單，而許多窮國欠缺執行較複雜福利計畫所需要的治理能力。但美國並非如此，法國和日本就更不是這樣。

第二，在多數開發中國家，一般人當然也喜歡薪酬和福利良好的穩定工作，但他們不認為這是他們應得的。世上貧窮或接近貧窮的人多數是自僱者，他們幾乎全都生活於開發中國家。他們並不喜歡自僱，但已經習慣了。他們知道自己可能必須在一個月或甚至一天之內從一種工作轉到截然不同的另一種工作，一切取決於有什麼機會。他們可能上午賣零食，下午當裁縫，又或者雨季務農，旱季當製磚工人。

受此影響，他們並不以工作為中心來組織他們的生活；他們小心翼翼地與鄰居、親戚、種姓和宗教團體，以及各種正式和非正式的團體維持關係。在阿比吉特的故鄉西孟加拉邦，俱樂部（孟加拉語的發音為klaab）是一種關鍵組織，多數村莊和城市社區至少會有一個。俱樂部的成員是年齡介於十六至三十五歲的男性，他們幾乎每天見面，打板球、踢足球、打牌，或玩南亞特有的彈戲（Carrom）。他們經常自稱是社會工作者，例如要是當地有人去世，他們會現身幫忙處理後事。但他們也會以「社會工作」或宗教儀式的名義進行溫和的勒索，加上利用他們當樁腳的地方政客提供捐助，他們就有資金維持俱樂部的日常運作和偶爾舉辦慶祝活動。但是，俱樂部的主要意義在於防止當地年輕人惹上更多麻煩：他們多數沒有工作，又或者在做他們不喜歡的工作，俱樂部賦予他們的生活些許意義。

彈性保障以外

如果全民基本收入無法解決現行經濟模式造成的破壞，我們可以指望什麼？經濟學家和許多政策制定者喜歡丹麥的「彈性保障」模式（flexicurity）。這個模式容許勞動市場保持充分的彈性，也就是企業一旦不再需要既有員工，可以輕鬆地裁員，但被裁掉的勞工可以獲得補助，因此不會蒙受巨大的經濟損失，而且政府機關將協調努力，幫助失業者重新投入工作（辦法可能是為失業者提供有意義的再培訓）。相對於勞工基本上只能靠自己的體制（例如美國的體制），彈性保障模式旨在確保失業不是悲劇，而是生活中的一個正常階段。相較於企業很難解僱正式員工的體制（例如法國的體制），彈性保障模式使雇主有可能及時調整以適應環境的變化，同時避免「局內人」與「局外人」之間的衝突——前者是享有可靠就業保障的幸運兒，後者則完全沒有工作。

彈性保障模式符合經濟學家的基本直覺：我們應該容許市場發揮其功能，同時為那些比較不幸的人提供保障。長遠而言，阻止勞動力重新配置、從萎縮的部門流向成長的部門是不切實際的，而且代價高昂。對經濟體中的許多人、尤其是年輕勞工來說，認真的再培訓非常寶貴。我們之前就討論過，美國的貿易調整協助計畫是有效的。

儘管如此，我們不認為彈性保障可以解決所有問題。原因是我們已經討論過的：失業遠非只是損失收入。失業問題的關鍵，往往在於失業者原本確定的人生規畫和某種美好生活的願景驟然幻滅。尤其值得注意的是，在某地或某家公司工作了很多年、年紀較大的人要轉業往往特別困難。因為他們距離退休通常只有短短數年，為他們提供再培訓特別划不來。轉業很可能導致他們損失慘重，遷往另一個地方可能造成更大的損失。唯一相對容易的轉變，是在同一領域做類似的工作。

正因如此，我們在第三章結尾提出了一個有點激進的想法：政府應該補貼一些勞工，幫助他們保住工作。如果一整個行業因為國際貿易或科技進步而受到打擊，政府可以補貼該行業年長勞工的部分或全部工資。只有在某地區某個行業顯然衰落時，政府才應該訴諸這種政策，而且僅補貼至少有十年（或八年或十二年）相關工作經驗的年長勞工（五十或五十五歲以上）。

這種政策賦予政府很大的自由裁量權，經濟學家本能地反對這種做法。政府怎麼知道哪些行業正在衰落？

我們不懷疑這種政策付諸實行會出現一些差錯和濫用的問題。但是，這麼多年來，我們一直以此為藉口反對政府介入，而與此同時，政府宣稱國際貿易可以改善所有人的生活，但貿易卻剝奪了許多人的生計。如果我們想宣稱貿易對所有人有利，我們就必須設計一些機制使貿易真的造福所有人，這些機制包括找出受貿易損害的人並補償他們。事實上，貿易經濟學家（包括政府中的貿易經濟學家）掌握數據，知道進口和外包的快速成長發生在哪些領域；二〇一八年美國課徵的一輪關稅就是根據這些數據計算出來的。貿易戰可能會傷害經濟體中的其他許多人，而針對性強得多的補貼則可以保護最脆弱的群體，同時避免造成新的破壞。政府也可以利用類似的政策找出自動化速度最快的行業和地區，並進行適當的干預。

一些著名的城市經濟學家，例如莫雷蒂，對地方本位（place-based）政策持懷疑態度，因為他們擔心這種政策最終只是在各地區之間重新分配經濟活動，而且可能導致經濟活動從高生產力地區流向低生產力地區。但是，如果超過一定年紀的人沒有遷徙的能力或意願，我們還有什麼辦法？如今有很多被社會甩在後頭的人散居美國各地，數以百計的城鎮因為居民憤憤不平和濫用藥物而滿目瘡痍，有能力的人不是已經遷離，就是正考慮遷離。要幫助這些地方的人非常困難。因此，社會政策的目標應該是幫助既有的貧困地區，但更重要的可能是避免出現更多貧困地區。

在某種意義上，這正是歐洲藉由共同農業政策所做的事。經濟學家討厭這種做法，因為在這種政策下，人數日少的歐洲農民獲得大量補貼，代價由其他所有人承受。但經濟學家忽略了一件事：該政策使許多農場免於倒閉，許多歐洲國家的鄉村因此得以保持綠意盎然、生機勃勃。在過去，因為農業補貼與產出掛鉤，農民傾向密集耕種，結果就出現了醜陋的大片田地。但是從二〇〇五至〇六年度起，農業補貼不再與產出掛鉤，而是重視環保和動物福利。結果小型手工農場得以生存，我們因此得到優質農產品和美麗的風景。這很可能是多數歐洲人認為值得保護的東西，而且無疑有助他們提高生活品質和增強歐洲人的身分認同。如果農業生產更加集中，農舍被倉庫取代，法國的GDP會高一些嗎？可能會。但法國人會因此更幸福嗎？很可能不會。

將保護美國的製造業就業與保護法國的自然環境相提並論，可能會顯得奇怪。但美麗的鄉村除了吸引遊客，還有助吸引年輕人留下來照顧他們年邁的父母。同樣道理，公司市鎮（company town）可以確保一個地方有一所高中、一些球隊、一條有若干商店的商業大街，以及一種歸屬感。這也是環境，是我們都喜歡的東西，社會應該樂於為此埋單，就像我們樂於為樹木埋單一樣。

聰明的凱因斯主義：補貼公共利益

二〇一八年，一種基於補貼工作、非常不同的做法在美國民主黨內獲得愈來愈多支持。二〇一九年，爭取代表民主黨競選總統的布克（Cory Booker）、賀錦麗、桑德斯和華倫全都提出了某種聯邦就業保障，承諾為所有想工作的美國人提供社區服務、家庭護理和公園維護等領域的好工作（時薪十五美元，退休和醫療福利與其他聯邦政府雇員相同，另有育兒援助，以及十二個星期的有薪家事假）。民主黨籍國會議員提出的綠色新政包含一項聯邦就業保障。這種構想當然並不新鮮：印度的《全國農村就業保障法》和美國當年的新政正是基於這種構想。

如果印度的經驗可資借鑑，這種計畫要運作得好並不容易。在美國，創造和組織足夠多的工作很可能會更困難，因為很少美國人願意去挖溝或修路——印度的就業保障法往往正是提供這種工作。此外，這些工作必須是有用的。如果它們顯然是一些無謂的工作，那就無法支撐參與者的自尊。在假裝工作與領取失能補助之間，人們可能仍會選擇後者。最後，因為這種計畫規模巨大，政府必須為此招標，交給私營公司負責執行，而這種安排的結果往往是成本高昂、品質低劣。

對政府來說，一種比較可行的做法可能是增加勞力密集型公共服務的預算，藉此增加對這種服務的需求，而政府未必需要直接提供這些服務。政府必須避免創造工作量偏低但薪酬偏高的工作，這一點在開發中國家尤其重要。我們在前面的章節就已經講過，這種工作會凍結勞動力市場，因為很多人將排隊等待機會，結果是整體就業率反而下跌。政府創造的工作必須是有用的，薪酬必須要公平。現實中有很多可能。照顧老人、教育和托兒等行業，至今未能藉由自動化大幅提高生產力。事實上，在照顧幼兒或老人方面，機器人似乎永遠無法完全取代人類的作用，雖然它們相當能夠有效輔助人類。

人類在學校和幼兒園很難被取代的另一個原因，是如果機器人接手所有需要狹窄技術能力的工作（從擰螺栓到會計），人類的靈活性和天生的同理心將愈來愈受重視。事實上，研究顯示，在過去十年裡，社會技能在勞動市場變得比認知技能更受重視。[62]有關社會技能可以怎麼教的研究非常少，但常識似乎告訴我們，關於教授社會技能這件事，人類相較於軟體仍具有優勢。事實上，祕魯的一項實驗顯示，寄宿學校的學生如果隨機分配到社會技能很好的室友，他們的社會技能會有進步。相較之下，如果分配到考試成績很好的室友，則無助於當事人改善學業成績。[63]

人類在護理和教學方面具有比較優勢，意味著隨著自動化技術在其他領域普及應用，護理和教學方面的相對生產力將日益落後，而它們吸引到的私營部門投資也可能少於生產力可快速提升的領域。與此同時，照顧好老人無疑是個值得追求但目前未得到足夠重視的社會目標，而投入資源改善教育和托兒服務，則有望帶給社會巨大的好處。這是很花錢的事；光是這兩個領域，很可能就足以花掉政府願意拿出來的所有資金。但如果花這些錢可為國民提供受敬重的穩定工作，它將能達成兩個重要目標：為社會生產一些有用的東西，以及提供大量有意義的工作。

起跑線

兒童的代際流動與他們在什麼社區成長密切相關。一個孩子出生於美國所得分配的下半段家庭，如果他在猶他州鹽湖城長大，其所得一般可達到全美所得的第四十六百分位數（全美有四六%的人所得比他低）；但如果他在北卡羅萊納州夏洛特市長大，則只能達到全美所得的第三十六百分位數。這種地區差異遠在當事人開始工作之前就已經出現：低流動性地區的孩子上大學的可能性較低，很年輕就生孩子的可能性較高。[64]

一九九四年，美國住宅與都市發展部推出「喬遷機會」（Moving to Opportunity）計畫，為公營住宅居民提供參與抽籤的機會，使他們有機會從高貧窮率社區遷往低貧窮率社區。獲得機會的家庭約有一半付諸行動，搬到了貧窮率低許多的社區。

一組研究人員追蹤這個計畫的贏家與輸家，瞭解遷居的影響。遷居對兒童的早期影響有點令人失望：雖然女孩的精神狀態和學業成績確實有比較好，但男孩就不是這樣。[65]但是，長期而言，在第一次抽籤的二十多年後，他們的生活狀況就出現非常明顯的差別。父母當年中籤的年輕成年人比父母沒中籤的年輕成年人每年多賺一六二四美元。他們上大學的機率較高，住在比較好的社區，而女孩成為單親媽媽的可能性比較低。當中有些影響很可能會延續至下一代。[66]

為什麼有些社區比較有利於年輕人向上流動？研究人員還未得出公認的結論，但有一些環境特徵看來顯然與較高的流動性有關，當中最重要的是學校的品質。事實證明，社會流動地圖與標準考試成績地圖密切相關。[67]

拜數十年的教育研究所賜，我們對如何改善學業成績頗有認識。二〇一七年，一項研究總結了已開發經濟體的一百九十六項隨機研究，它們著眼於學校和家長可以怎樣改善學生的成績。[68]雖然各種措施的效果差異很大，為弱勢兒童提供良好的學前教育，以及在學校為他們提供密集的輔導，看來具有最好的效果。有些孩子比較可能無法達到所屬年級應有的水準，然後徹底迷失；在學前階段為他們做好準備，然後在他們上學後適時評估他們的學習進度，在問題失控之前幫助他們趕上進度，就能避免這種問題。這與我們在開發中國家的研究發現完全一致。[69]

也有證據顯示，學業成績的短期提升，長遠而言可以使當事人得到更好的人生機會。例如田納西州一項隨機對照試驗將每班人數從二十至二十五人縮減為十三至十七人，結果短期內提高了學生的考試成績，長期而言則提高了他們上大學的機率。以是否擁有房子、儲蓄、婚姻狀態和所住社區來衡量，被分配到小班的學生後來的生活比較好。[70]密集的輔導和小班教學都需要更多人力，這可以提供就業機會，對孩子在他們的整個就學階段也有幫助。

美國面臨的一大問題，是教育經費相當仰賴地方財源。結果是最迫切需要良好公立教育的地方，可以拿出來的教育經費最少。財政上的重大努力可以大幅改善情況。政府資助不足的後果之一，是幼兒園前（pre-kindergarten）教育在美國並未獲得聯邦政府資助，結果美國只有二八％的孩子接受獲得補助的幼兒園前教育[71]；相較之下，在幼兒園前教育獲得資助的法國，多年來幾乎所有兒童都接受這種教育[72]，當局最近還規定所有兒童必須接受園前教育。

支持幼兒園前教育的原始證據來自一些早期的隨機對照試驗，它們發現優質的學前教育措施可以產生很大的短期和長期效果，諾貝爾經濟學獎得主赫克曼（James Heckman）因此宣稱這是減少貧富不均的最好辦法。[73]但是，當中一些試驗規模很小，因此可以確保計畫完全按照預定方式進行。

兩項較大規模的隨機對照試驗評估比較貼近現實的「大規模」幼兒園前教育計畫（全美起步方案〔national Head Start program〕和田納西州幼兒園前教育實驗），結果比較令人失望：它們都發現短期有效果，但對考試成績的作用逐漸消退，數年後甚至完全逆轉。[74]許多人因此認為幼兒園前教育的作用被高估了。

但事實上，全美起步方案研究的一個關鍵發現，是起步方案的效果取決於方案的品質，差異可以非常大。例如全天的方案比半天的有效，而計畫如果有家訪和其他形式的家長參與，也會比較有效。美國和其他國家的隨機對照試驗也有證據支持家訪的效果——在家訪期間，學前教育老師或社工可以向家長示範如何與孩子玩遊戲。[75]

目前的結論是我們必須做更多研究，以便確切瞭解什麼措施在幼兒時期真正有效。但從我們掌握的資料看來，資源很重要；起步方案擴大規模時，許多中心試圖藉由削減服務來降低成本，結果損害了方案的效果。維持品質至為重要，而且還有一項額外好處：能吸引很多人的就業機會將大幅增加，尤其是如果這些工作薪酬合理的話。這些工作不但可以提供不錯的報酬，還無法自動化（我們很難想像機器人負責家訪工作）。

同樣重要的是，只要有必要的材料支持，以相當低的成本快速培訓一個人成為稱職的學前教師看來是可行的。在印度，我們與哈佛大學心理學教授伊莉莎白・史珮克（Elizabeth Spelke）合作，設計了一套以遊戲為主的學前數學課程，那些遊戲以幼兒的天賦數學能力為基礎，幫助還沒有學習讀寫、甚至還沒學習計數的孩子為上小學做準備。針對德里貧民窟數百家幼兒園的一項隨機對照試驗評估了我們設計的課程。[76]史珮克起初被德里的環境嚇壞了：狹小的走廊裡擠滿不同年齡的學生，教師培訓不足，許多教師只是勉強高中畢業。這與她在哈佛實驗室的環境截然不同。但事實證明，那些老師只需要接受一個星期的訓練，並獲得良好的教材，就能持續吸引貧民窟孩子的注意力——他們玩幾個星期的數學遊戲，在遊戲中進步很快，得到很多樂趣，並在這過程中學到很多數學知識。

托兒服務不足也是美國已婚和單身低收入女性面臨的最嚴重不利因素之一。因為沒有政府資助的優質全日托兒服務，這些女性只能放棄工作（因為托兒費用與她們外出工作的收入相若），又或者拜託親人（尤其是她們的母親）幫忙照顧孩子，然後在距離親人住所不遠的範圍內找工作。女性在勞動市場上承受巨大的「育兒損失」（child penalty），這是先進經濟體男女所得仍有顯著差距的一大原因。[77]即使在進步的丹麥，雖然女性在生育前收入與男性沒有差別，但長期而言，孩子出生導致女性收入比男性少二〇％。女性在生了第一個孩子之後，職業地位和晉身管理層的可能性就開始落後於男性。此外，一些初為人母的女性會跳槽到「家庭友善型」公司——在這些公司，家有年幼孩子的女性員工比例較高。約十三％的女性生了孩子之後就永久退出勞動市場。[78]在政府補貼大部分成本的情況下擴大優質全日托兒服務，可以非常有效地提高低收入婦女的所得，因為拜這種托兒服務所賜，這些女性外出工作變得很划得來。

在美國，照顧老人是另一個有巨大擴展空間的領域，因為美國幾乎沒有老人居家照護服務，政府資助的養老院也很少。相對之下，丹麥和瑞典在照顧老人方面的支出相當於GDP的二%。[79]當局建立集中管理的健康資料庫，以數位方式儲存老人的就醫紀錄，有助醫院與地方當局協調合作。八十歲或以上的所有老人（並非僅限於窮人）都有資格獲得家訪和家政服務，六十五歲以上的喪偶老人都會受到關注，以便在他們有需要時獲得協助。年長者也可以得到資助做必要的修繕，使住所變得比較安全。需要持續護理的長者通常會入住公立養老院，費用由他們有權獲得的公共養老金支付。

照顧老人有時相當困難，而在美國，這種工作的薪酬很低；換句話說，這種工作並不吸引人。但這種情況同樣是可以改變的。我們應該提供資金僱用充裕的人手，提供充分的培訓，確保他們有足夠的時間照顧每一名長者，並支付他們體面的薪酬，使他們能為自己的工作感到自豪。

協助遷徙或轉業

因為身處什麼社區對成年人找工作和兒童成長有重大影響，幫助弱勢者遷居是另一項重要政策。在美國，將「喬遷機會」計畫擴展至全國（使每一個人都有可能遷往好社區）是不可能的事，但幫助勞工搬家或轉業則應該是可行的。現實中有幾個計畫正是以此為目的，但它們多數只是為勞工指出可應徵的工作，並協助他們應徵。無論是在歐洲還是美國，這些「積極勞動市場」政策的作用都相當令人失望。它們的效果是正面的，但作用甚微，而且很大程度上是以犧牲未得到幫助的類似勞工為代價。[80]

一個野心（和成本）較大的計畫，是讓被裁員的勞工自動享有時間長許多的失業保險給付期。如此一來，他們就有時間接受培訓和尋找好工作，不必急著接受可輕易找到的低薪工作或選擇領取失能補助。這種計畫除了提供接受短期培訓的機會，也容許受助者選擇比較高級的進修方案，可能是大學或社區大學提供的課程，而政府將提供全額獎學金。我們必須開始改變想法：我們該做的並非只是幫助失業勞工另找一份工作，而是幫助他們找到另一種事業。美國的一項隨機對照試驗最近評估了三個嘗試這麼做的計畫。它們的主要構想是將失業勞工的培訓延長至幾個月，幫助他們建立人手短缺的行業（例如醫療照護和電腦維護）需要的專門技能，然後撮合這些勞工與需要人手的雇主。兩年下來，結果令人鼓舞。在評估的第二年，相較於未參與這種計畫的勞工，受助者完成培訓後更有可能找到工作，而且找到的工作通常比較好。整體而言，受助者的收入比未參與計畫的人高二九％。[81]

這些計畫也幫助勞工遷徙，這一點很重要。它們為弱勢求職者和勞工提供托兒或交通方面的協助，又或者為他們介紹房屋或法律方面的服務——可能是在他們接受培訓期間，或剛開始新工作的時候。這種協助可以擴展至提供短期住宅，以及為兒童找學校和日間托兒所。房屋補助即使低於「喬遷機會」所提供的補助，仍有助弱勢者負擔得起好社區的居住成本。

幫助需要人手的企業在鄰近社區和當地勞工介紹網絡以外尋求員工，可能也很重要。致力撮合勞工與職缺的計畫多數聚焦於勞工。但對雇主來說，尋找合適的員工也是費時花錢的事。一項調查顯示，招聘成本（公布職缺、篩選應徵者、培訓新員工）相當於員工年薪的一‧五%至十一%。大公司通常設有人力資源部門處理這些事情，但對小企業來說，招聘成本可能會構成實質障礙。法國最近一項研究顯示，招聘成本高到足以拖慢招聘步伐。研究人員與處理失業問題的國家機構合作，協助企業招聘員工。他們替企業公布職缺，接收應徵資料並篩選出有望適任的應徵者；他們發現，得到這些服務的公司比未獲得協助的公司公布了更多職缺，聘請的正式員工也多九%。[82]這種服務可以使雇主不必完全仰賴非正式的員工介紹管道，從範圍更廣的應徵者中選出合適的員工。

這種計畫或許可以收回成本（在任何一個經濟體，勞工掌握新技能、勞資配對做得更好都是很有價值的），但即使它們無法收回成本，因為它們可以幫助人們減少焦慮和重拾尊嚴，社會仍將獲得巨大的好處。因為這種計畫觸動的人並非僅限於失業勞工，還包括那些認為自己有天可能會被迫失業的人，以及那些認識被迫失業者的人。同樣重要的是，藉由將這種計畫的敘事從「你正得到救助」改為「我們對你遇到這種事感到抱歉，但你可以學習新技能、搬家或轉業，這樣你就是在幫助經濟保持強健」，我們或許可以改變許多藍領工人的感想，使他們不再認為其他所有人對他們發起一場戰爭，使他們淪為受害者。

例如歐巴馬政府宣稱的「抗煤戰爭」（war on coal），就被視為一場針對煤礦工人的戰爭。或許煤礦工人對他們的工作特別自豪，認為這種工作是絕對無可替代的，但我們不應忘記，直到不久之前，煤礦工人一直在對抗他們的雇主，而不是像現在這樣與雇主並肩作戰。他們從事的正是多數美國人認為應該由機器去做、危及人身安全和可能損害健康的工作。鋼鐵工人也是這樣；我們一定可以想像有些工作沒那麼危險，但帶給從業人員相同程度的自豪感。

儘管如此，二〇一六年三月，希拉蕊·柯林頓卻冷漠地宣布：「我們將使大量煤礦工人失業和許多煤礦公司停業。」煤礦工人聽到她這麼說，會覺得這是當局冷酷地破壞他們的生活方式，而且從不覺得有必要向他們道歉或賠償損失（這種感想很可能是合理的）。希拉蕊緊接著談到政府必須照顧礦工，但她最初那句話以「我們」開頭，明確將這件事設定為「我們」對抗「他們」的問題。隨後幾個月，政治廣告一再播出希拉蕊這句話。

事實上，每一次的轉變都可以（也應該）成為政府向被迫受苦的勞工展現同理心的機會。轉業和遷徙都不容易，但對當事人和整個經濟體來說，它們也是更完美撮合人才與工作的機會。每一個人都應該能夠在工作中找到意義，就像五分之四的美國人那樣。人人都應該有權利在必須換工作時獲得協助。但這種協助與全民基本收入不同：它只是賦予全民獲得一筆收入的權利，而工作過渡協助則與社會認同（social identity）重要的一部分相連。我們每一個人都應該有權利在社會中過一種有貢獻的生活。

許多歐洲國家在工作過渡協助方面的投資遠多於美國。丹麥花在積極勞動市場政策上的支出（提供培訓、求職援助之類）相當於GDP的二%，許多丹麥人因此得以直接從一份工作轉到另一份工作，因為工作過渡而進出勞動市場的事例也很多。非自願失業的比率與其他經合組織國家相似，但被裁員的勞工找到工作的速度快上許多：四分之三的被裁員勞工一年之內找到了新工作。非常重要的是，丹麥模式挺過了二〇〇八年的金融危機和經濟衰退，期間非自願失業人口並未大幅增加。德國的積極勞動市場政策支出相當於GDP的一・四五%，二〇〇八年危機期間該比例上升至二・四五%，當時失業率遠高於正常水準。[83] 另一方面，法國雖然聲稱希望為失業者做更多事，但其積極勞動市場政策支出相當於GDP的比例十多年一直停留在一%。美國的這個比例則只有〇・一一%。[84]

事實上，美國也有它值得推廣的做法。本書第三章討論過的貿易調整協助計畫（TAA）資助經核准企業的勞工接受培訓，並在接受培訓時延長他們的失業保險給付期。這項計畫非常有效，而且它做了此類計畫恰恰該做的事：幫助勞工遷離環境最惡劣的地區。勞工原本的雇主若是在貧困地區，貿易調整協助計畫對這些勞工未來收入的提振作用高達對其他勞工的作用的兩倍。獲得這項計畫援助的勞工遷往另一個地區和轉業的可能性也高得多。[85] 但貿易調整協助計畫在美國並未成為幫助勞工度過各種困難轉變的榜樣，規模至今仍非常小。這怎麼說得通呢？

一起有尊嚴地戰勝貧困

即使既有的政府計畫運作良好，美國人也不願意善加利用，這可能與以下事實有關：多數共和黨人和相當一部分民主黨人反對政府啟動某種全民收入計畫或全國就業計畫以支援因自動化而失業的人，即使支持政府限制企業以機器人取代人類勞工的人要多得多。[86] 這一方面是因為有些人懷疑政府的動機，認為當局只想幫助「那些人」，此外也是因為有些人過度懷疑政府兌現承諾的能力。但是，還有一種心態是連左派人士和組織也有的，那就是懷疑施捨，懷疑缺乏同理心和理解的慈善行為。換句話說，他們不想被政府以施恩的態度對待。

阿比吉特曾是聯合國知名人士小組的成員，肩負提出新千禧發展目標的責任，期間知名的國際非政府組織常向他低調遊說，提出它們對新千禧發展目標的看法。這往往是瞭解有趣倡議的一種非常愉快的方式，阿比吉特很享受這種交流。但他印象最深刻的一次會議，是與ATD第四世界（ATD Fourth World）這個組織開的。

阿比吉特在歐盟總部一個寬敞的房間與他們會面，他走進房間時，立即注意眼前這群人與眾不同。他們不穿西裝，不打領帶，不穿高跟鞋；臉上很多皺紋，穿著邋遢的冬季外套，熱心的態度使阿比吉特想起開學第一週的大學新生。他得知這些人曾經極度貧困，現在仍然很窮。他們想參與討論窮人想要什麼。

結果這些人帶給阿比吉特前所未有的體驗。他們踴躍發言，談自己的生活，基於自身經歷討論貧窮的本質和政策之失敗。阿比吉特試著回應，起初在他不同意的時候盡量委婉表達。他很快意識到自己小看了他們：他們心思縝密的程度和反駁的能力，完全不輸給他。

會面結束時，他對ATD第四世界充滿敬意，也明白為什麼這個組織的口號是「一起有尊嚴地戰勝貧困」(All Together in Dignity to Overcome Poverty)。這是一個把尊嚴放在第一位的組織，認為必要時寧可犧牲基本需求也要維護尊嚴。它在組織內部建立了一種文化，每個人都被視為有思想的人認真對待，而成員因此充滿自信，超乎阿比吉特的預期。

ATD第四世界創立了「一起工作和學習」（Travailler et Apprendre Ensemble，簡稱TAE）這家小企業，為極度貧困的人提供正職工作。某個冬天早上，我們去巴黎東邊的大努瓦西（Noisy-le-Grand）觀察TAE的一次團隊會議。我們到達時，TAE團隊正在擬定他們一週的工作安排，分配任務，並在白板上寫下計畫。安排完工作之後，他們開始討論公司的一項活動。氣氛輕鬆，但每個人都很投入，提出的問題都得到認真的討論，然後他們就開始各自做事。我們看到的情況很像矽谷小型新創企業的每週例會。

不同的是他們安排的工作（清潔服務、營建工作，以及電腦維護）和開會的人。會議結束後，我們與香岱兒（Chantal）、吉勒（Gilles）和尚－法蘭索瓦（Jean-François）交談。香岱兒曾是一名護士，某次意外之後嚴重失能。因為多年無法工作，她最終無家可歸。此時她向ATD求助。ATD給她地方住，並在她準備好投入工作時安排她去TAE。我們見到她時，她已經在那裡工作十年了，起初在清潔團隊，後來在軟體團隊，已成為公司裡一名領袖。她正考慮離開TAE去創立一家小型非政府組織，幫助失能人士找工作。

吉勒也在TAE工作十年了。早年他曾有段時間嚴重抑鬱，隨後發現自己已經無法在緊張的環境下工作。TAE容許他按照自己的節奏工作，他在工作上於是漸入佳境。

尚－法蘭索瓦與妻子失去了他們兒子佛里安（Florian）的監護權，佛里安患有注意力不足過動症（ADHD），而尚－法蘭索瓦自己也有脾氣問題，一度被政府行政拘留。他們向ATD求助，

ATD在接受當局監督的情況下將佛里安接到他們的一個中心，而尚－法蘭索瓦在那裡得知TAE這家公司。

TAE執行長迪迪亞（Didier）在加入這家公司之前，曾是一家「傳統」公司的執行長。他的助手皮耶－安托萬（Pierre-Antoine）曾是一家就業安置辦事處的社工。他向我們解釋傳統就業安置模式的局限。如果當事人只有一項困難，傳統就業安置模式有可能幫到他們。但如果當事人累積了多種問題，他們就無法滿足一般工作對他們的期望，結果他們往往很快就自行放棄或被放棄。TAE與眾不同之處，在於其運作方式正是為這些面臨多種問題的人設計的。

陪同我們參訪的ATD領袖唐弟予（Bruno Tardieu）表示，關鍵在於「這些人一輩子都是在接受別人的施捨，從不曾有人要求他們做出貢獻」。但在TAE，他們會被要求做出貢獻。他們一起做決定，互相訓練，每天一起吃飯，互相照顧。如果有人失蹤，他們會去追查。如果有人需要時間處理個人危機，他們會伸出援手，使當事人可以去做該做的事。

TAE的精神深刻反映了創辦者的精神。ATD第四世界是天主教神父赫忍斯基（Joseph Wresinski）一九五〇年代在法國創立的，他堅信極度貧困不是一群人低劣或能力不足的結果，而是系統性排斥的結果。排斥與誤解互為基礎。極度貧困者被剝奪了尊嚴和能動性。他們被教導要感激別人的幫助，即使在他們不是很想要別人幫助時仍應如此。因為被剝奪了尊嚴，他們容易變得多疑，這種多疑被視為不知感恩和冥頑不靈，結果是他們陷入更深的陷阱。[87]

TAE這樣一家掙扎求存的法國小公司，僱用十來個非常窮的人，可以帶給我們有關社會政策的什麼啟示？

首先，在合適的條件下，人人都可以保住一份工作，對社會有所貢獻。這種信念在法國催生了一項實驗：政府和公民社會組織決心在短時間內為每一個想工作的人找到工作，致力創造「零長期失業地區」。為了達成這個目標，任何組織僱用一名想工作的長期失業者，可以獲得政府補助最多一萬八千歐元。與此同時，當局動員非政府組織找出長期失業者（包括面臨多重困難的人，例如精神或身體殘疾、有前科之類），幫助他們找合適的工作，並為他們提供必要的援助，使他們得以投入工作。

第二，失業者未必需要等到解決了其他所有問題，「做好準備」才投入工作。工作可以是復元過程本身的一部分。尚－法蘭索瓦找到工作之後，重新獲得兒子的監護權，而兒子對他有工作感到自豪，這使他深受鼓舞。

在距離大努瓦西很遠的孟加拉，龐大的非政府組織BRAC也得出了同樣的結論。他們注意到，在他們提供服務的村莊，窮人中的窮人被排斥（或自我排斥）在BRAC的許多服務之外。為了解決這個問題，他們想出了「漸進方法」（graduation approach）。BRAC先借助在地人士找出村裡最窮的人，然後為他們提供生產性資產（例如兩頭牛或幾隻山羊），並在接下來十八個月裡，為他們提供情感、社交和財務方面的支援，同時教導他們善用手上的資產。研究人員針對該計畫在七個國家的執行情況所做的隨機對照試驗顯示，這個計畫效果顯著。[88]在印度，我們已經追蹤了一個樣本十年之久。該地區經濟進步提升了所有家庭的生活水準，但我們仍發現，相較於並未受惠於前述計畫的對照組，受惠者的生活方式有巨大和持久的差別。他們消費較多，擁有較多資產，比較健康和快樂；他們已經從異數「漸進」變成了「正常窮人」。[89] 這與純粹的現金移轉支付計畫的長期作用相當不同，後者迄今為止令人失望。[90] 幫助這些家庭確實投入有意義的工作，不是花錢就能成事。我們還必須當他們是人，予以他們一直以來極少得到的尊重，並瞭解他們的潛能和多年貧困對他們的傷害。

嚴重漠視窮人的人性尊嚴，是社會保障制度的通病。一個特別令人痛心的例子發生在香岱兒身上，她就是我們稍早提到的TAE員工。香岱兒和她丈夫都是障礙者，他們有四個孩子，其中兩個也是障礙者。他們尋求當局支援他們在家照顧孩子，但當局的做法是安排孩子暫時接受寄養照顧。但這個「暫時」方案最終持續了十年，而在此期間，他們只能每週在受監督的情況下看望孩子一次。人們普遍懷疑貧窮的父母是否有能力照顧好他們的孩子。直到一九八〇年代，數以萬計的貧困瑞士兒童被強制脫離他們的家庭，安置在農場。二〇一二年，瑞士政府正式為拆散這些家庭道歉。這種歧視實際上是一種針對窮人的族群歧視，使人想起加拿大曾經執行的一項政策：一些原住民兒童被送到寄宿學校，而且禁止說他們的母語，以便加拿大主流文化「同化」他們。

社會保障制度如此冷漠無情地對待任何人，無疑是在懲罰人；如此一來，人們將盡可能避免與它有任何關係。千萬別搞錯：受影響的並非只是和我們截然不同的少數赤貧者。社會體系的某部分如果懲罰人、羞辱人，報應將落在整個社會身上。剛失業的勞工最不想遇到的事，就是被當成「那些人」一樣對待。

以尊重為起點

換一種模式運作是有可能的。我們曾開車前往巴黎附近的塞納特市（Sénart），到「地方使命」（mission locale）辦事處觀察「年輕創造者」的一場會議。地方使命提供一站式服務，盡可能滿足弱勢青年的所有需求（包括醫療、社交和就業方面的需求）。年輕創造者計畫的服務對象，是眼下失業、想做點小生意的年輕男女。這些年輕人圍坐桌邊，解釋他們想做什麼。我們聽到的計畫包括開健身房、美容院和有機美容產品商店。然後我們問他們為什麼想自己創業。值得注意的是，沒有一個人談到錢。他們一個接一個談到尊嚴、自尊和自主。

年輕創造者計畫的做法與支援失業者的典型做法截然不同。在傳統模式中，就業顧問的目標是迅速找出年輕人（主要是高中輟學生或職業學校畢業生）可以做的事（通常是參加某個培訓計畫），並指示他們付諸實行。這種模式假定就業顧問知道怎麼做對每一個人最有利（現今的流行做法是借助某種機器學習演算法做這件事）。然後求助的年輕人必須聽從建議，否則就會失去這種援助。

年輕創造者計畫是杜加斯特（Didier Dugast）想出來的，他告訴我們，傳統模式往往徹底失敗。前來求助的年輕人一輩子都被告知該做什麼，也一直被告知他們不夠好——不僅是在學校，在家裡也可能是這樣。他們前來求助時傷痕累累，自尊極低（我們藉由量化問卷調查證實了這一點[91]），這往往使他們本能地懷疑別人提供的一切，並傾向拒絕別人的建議。

年輕創造者計畫的理念，是以年輕人提出的計畫為起點，並且非常認真加以審視。第一次面談會請他們說明他們想做什麼、原因何在，以及這對他們的生活和人生規劃有何意義。我們旁聽了三場面談：一名年輕女士想開中藥店，一名年輕男士想利用網路商店提供平面設計服務，還有一名年輕女士想開一家公司提供長者居家照護服務。每一場初次面談都很長（約一個小時），而個案負責人會花時間瞭解創業計畫，而且絕不會明顯地加以評斷。接下來會有更深入的面談，以及一些小組討論會。在面談過程中，個案負責人開始致力使那些年輕人相信他們掌握著自己的命運，而且具備成功所需要的條件。與此同時，個案負責人也向他們清楚說明成功途徑不止一條，例如想開中藥店的那名年輕女士，或許可以接受訓練成為一名護士或醫療輔助人員。

我們參與了這個計畫的隨機對照試驗。九百名求助的年輕人被安排參與年輕創造者計畫，或接受常規服務。我們發現，參與年輕創造者計畫的人比較可能找到工作，而且賺到更多錢。該計畫對最弱勢的年輕人幫助特別大。乍看之下最令人意外的是，該計畫雖然以參與者的創業計畫為起點，但實際上降低了參與者自僱的機率。這項計畫的主要理念是：自僱創業計畫是起點，但未必是終點。它本質上是幫助參與者恢復自信的一種治療。真正重要的是幫助參與者在六個月至一年內找到穩定且有價值的工作。相較之下，我們評估的另一個計畫只是挑選出最有望成功的人投入自僱計畫，然後致力幫助他們將他們原本的計畫付諸實行，但實際上沒有作用，主要是因為它挑選的人無論是否得到幫助，都很可能會成功。[92]

在我們看來，年輕創造者計畫得以成功，正是因為它非常重視年輕人的尊嚴。這些年輕人當中有很多人從不曾遇過認真對待他們的公職人員（教師、官員、執法人員）。如我們之前看到的，教育方面的研究顯示，孩子們很快就會將自己的社會地位內化，而教師會強化這種地位。研究人員告訴教師某些孩子比其他孩子聰明（但其實他們只是隨機挑選出來的），教師就對他們另眼相待，結果那些孩子就真的表現較佳。[93]在法國，研究人員針對「青年活力」（Énergie Jeunes）這個組織受達克沃斯（Angela Duckworth）的「恆毅力」（grit）概念啟發的一個計畫做了隨機評估。[94]該組織向學生播放一些勵志影片，鼓勵他們視自己為強大有力的人，結果這些學生缺課的情況減少了，他們上課的態度和成績也有所改善。這種影響看來與這些孩子對自己的恆毅力和認真程度的看法無關（他們對自己在這些方面的評價不高）。比較重要的是，他們對自己這樣的人的成功機會變得遠比以前樂觀。[95]ＡＴＤ第四世界與巴黎的瑪麗亞蒙特梭利高等學院合作，希望盡早打破這種低期望造成的惡性循環。在它管理的緊急居住計畫中，ＡＴＤ經營一些高品質的蒙特梭利學校，它們與巴黎市中心數家專為上層階級服務的私立蒙特梭利學校一樣光鮮亮麗、運作良好。

芝加哥舊城區的「長大成人」（Becoming a Man）計畫，也體現了從施恩到尊重的這種態度轉變。這個計畫希望減少年輕人的暴力行為。但它的做法並不是告訴年輕人訴諸暴力是錯誤的，而是先承認這個事實：對生活在弱勢社區的青少年來說，暴力可能是常態；因此為了避免被許多人視為好欺負，展現好鬥的態度或甚至動手打架可能是必要的。身處這種社區環境的人可能養成一種習性，一旦受到挑戰就本能地以暴力反擊。因此，長大成人計畫的做法不是告訴年輕人不可訴諸暴力或在他們訴諸暴力時懲罰他們，而是參考認知行為治療的做法，要求貧困社區的孩子參與一系列的活動，幫助他們分辨何時動手打架是合適的反應，何時可能不是。該計畫基本上是教導這些孩子花一分鐘評估環境和衡量應該怎麼做。該計畫運作期間，參與者的總被捕次數減少約三分之一，因為暴力犯罪被捕的次數減少了一半，畢業率則提高了約十五%。[96]

在印度遇到旱災的農民、芝加哥南區的年輕人，以及剛被裁員的五十幾歲白人，他們之間有什麼共同點？雖然他們可能都面臨一些問題，但他們本身不是問題。他們是怎樣的人，我們就應該視他們為怎樣的人；我們不應該以他們遭遇的困難定義他們。我們在開發中國家旅行時一次又一次看到，希望是驅使人們前進的燃料。以當事人面臨的問題定義他們，是將境遇化為本質，否定了希望。當事人對此的一種自然反應，是把自己裹在這種身分裡，而社會可能會因此承受危險的後果。

在這個變革和焦慮的時代，社會政策的目標應該是幫助人們承受影響他們的衝擊，同時阻止這些衝擊影響他們的自我意識。不幸的是，我們承襲的體制並非如此。我們的社會保障仍帶有維多利亞時代的色彩，太多政治人物毫不掩飾他們對窮人和弱勢群體的蔑視。即使大眾的態度有所轉變，我們仍必須深刻反思社會保障制度，並發揮大量的想像力。我們在本章提出了一些相關線索，但我們顯然並未掌握所有解決方案——事實上應該沒有人掌握了所有解決方案。我們還有很多東西要學。但只要我們明白目標是什麼，我們就能成功。

結論：好的經濟學與壞的經濟學

……接連不斷
樓房蓋起又塌下、崩壞、擴建，
被拆除、摧毀、修復，又或者原址
變成空曠的田野，或一座工廠，或一條繞道。
舊石築新樓，舊木生新火，
舊火化為灰燼，灰燼化作泥土……

——T．S．艾略特，〈東科克〉（East Coker）

經濟學設想了一個活力不可抑制的世界。人們靈感充沛，隨意轉換工作，可以從製造機器轉為製作音樂，也可能辭職去漫遊世界。新企業誕生、崛起、失敗和消亡，更切合時代、更聰明的創意取而代之。生產力斷斷續續地突飛猛進，許多國家愈來愈富裕。曼徹斯特曾經生產的東西轉移到孟買的工廠生產，然後再遷往緬甸生產，或許有一天將轉移到肯亞的蒙巴薩或索馬利亞的摩加迪休。曼徹斯特以「數位曼徹斯特」的姿態重生，孟買將工廠改造成高級住宅和購物商場，金融業人士在那裡花他們新賺到的豐厚薪酬。機會無所不在，等著那些需要它們的人去發現和把握。

身為研究窮國的經濟學家，我們很早就知道，現實世界不是這麼運作的，至少在我們曾經前往研究和待過一段時間的國家，情況與經濟學的設想不同。在孟加拉的農村，許多應該離開的人寧願留在村裡與家人一起挨餓，也不願意冒著風險去城市找工作。迦納一些年輕人因為受過比較好的教育，認為自己應該有相稱的好工作，因此寧願長期賦閒在家，等待不知何時出現的機會。南錐體（譯注：南美洲南回歸線以南地區，一般是指阿根廷、智利和烏拉圭這三個國家）的工廠因為國際貿易而倒閉，但幾乎沒有新企業前來替代它們。轉變似乎總是造福其他人，未見過的人，遙不可及的人。孟買的舊工廠改造成光鮮亮麗的餐館，因為那些工廠關門而失業的人，不會去這些地方吃飯。或許他們的孩子可以去這些餐館當服務生，但這是他們通常不想做的工作。

過去幾年裡，我們認識到許多已開發國家也出現了類似情況。所有經濟體都有黏性，但各國之間當然有重要的差別。美國小企業的成長速度比印度或墨西哥的小企業快得多，它們發展不起來就會倒閉，迫使業主另尋出路。印度許多小企業卻似乎永遠停在一個不變的時空裡，既不會發展成下一家沃爾瑪，也不會結束既有業務轉做一些比較有前途的生意（墨西哥也有這種問題，但情況比印度好一些）。[1]不過，美國的這種活力掩蓋了巨大的地域差異。波伊西（愛達荷州首府）許多企業倒閉，西雅圖則欣欣向榮，出現許多新企業，但許多失業者負擔不起遷居西雅圖的費用。他們其實也不想這麼做，因為遷居將迫使他們拋下自己珍視的很多東西，包括他們的朋友和親人，他們的回憶和忠誠。但隨著好工作消失和地方經濟日趨蕭條，眼前的選擇看起來愈來愈可怕，人們的怒氣也與日俱增。這種局面正出現在世界各地，包括德國東部、大城市以外的法國大部分地區、英國脫歐派的根據地、美國傾向支持共和黨的紅州，以及巴西和墨西哥的許多地區。有錢或有才能的人機靈地把握機會、大發利市，但太多人只能眼巴巴看著自己被甩在後頭。正是這種世道使川普當上美國總統、波索納洛（Jair Bolsonaro）當上巴西總統，以及英國脫歐，而如果我們繼續毫無作為，必將發生更多災難。

但是，身為發展經濟學家，我們也強烈意識到，過去四十年最值得注意的就是世事變化的速度非常快，好壞變化皆然。共產主義垮臺，中國崛起，全球貧困率減半再減半，貧富不均嚴重加劇，愛滋病疫情的竄升與和緩，嬰兒死亡率大跌，個人電腦和手機普及，亞馬遜與阿里巴巴，臉書與推特，阿拉伯之春，威權民族主義蔓延，環境災難迫在眉睫——這一切都發生在過去四十年間。一九七〇年代末，也就是阿比吉特的經濟學家事業正要展開的時候，蘇聯仍受許多人敬重，印度還在摸索如何變得更像蘇聯，極左派崇拜中國，中國人崇拜毛澤東，雷根和柴契爾夫人對現代福利國家體制的攻擊剛剛展開，四〇%的世界人口過著可怕的貧困生活。此後四十年間，很多情況改變了，當中很多是變好了。

並非所有的變化都是出於有心人的意志。有些好主意得以流行完全是出於偶然，有些壞主意也是這樣。有些變化偶然發生，有些變化是另一些事情的意外結果。例如貧富不均加劇有一部分是因為經濟具有黏性，而這使得掌握天時地利特別有利可圖。另一方面，貧富不均加劇造就營建業榮景，為開發中國家城市裡的非技術勞工創造了大量就業機會，幫助降低了貧困率。

但我們也不能因此低估政策的作用，忘了很多變化是政策促成的，包括中國和印度對私營企業鬆綁和開放國際貿易，英國和美國（以及模仿它們的國家）為有錢人大幅減稅，全球合作以減少可避免的人員死亡，重視經濟成長甚於保護環境，藉由改善連結性（connectivity）鼓勵境內遷徙（或因為未能提供宜居的城市空間而阻礙境內遷徙），福利國家體制衰落，以及開發中國家最近努力再造社會移轉。政策是有力的。政府有能力做巨大的好事，但也有能力造成嚴重的破壞，而大型的民間和雙邊捐助者也是這樣。

這些政策有很多是基於好的經濟學與壞的經濟學（以及較廣泛的社會科學）。遠在大眾看清相關事實之前，社會科學家就已經撰文指出蘇聯式統制政策的瘋狂野心、印度和中國等國家必須解放人民的創業活力、世界可能面臨環境災難，以及網絡連結具有驚人的力量。聰明的慈善家推動向開發中國家的愛滋病患者提供抗反轉錄病毒藥物，大幅擴大篩檢並拯救數以百萬計的人命，就是將良好的社會科學付諸實踐。良好的經濟學戰勝了無知和意識形態，確保驅蚊蚊帳在非洲是以贈送而非銷售的方式提供，因此幫助減少兒童瘧疾死亡人數一半以上。拙劣的經濟學支持政府為有錢人大幅減稅，同時壓縮社會福利，理由是政府無能腐敗和窮人懶惰，最終製造出貧富不均嚴重加劇、民眾憤怒倦怠的當前僵局。狹隘的經濟學告訴我們，貿易對每個人都有好處，到處都能看到經濟加速成長；我們只需要更加努力，而我們付出的一切都將是值得的。盲目的經濟學忽視世界各地貧富不均嚴重惡化、隨之而來的社會分裂加劇，以及迫在眉睫的環境災難，拖延了必要的行動，可能造成無可挽回的後果。

凱因斯的思想改變了總體經濟政策，他曾寫道：「實幹的人自信不受任何學說影響，實際上卻往往是某些已逝經濟學家的思想奴隸。幻聽的當權狂人，其狂想往往萃取自若干年前某個三流學者的著作。」思想是強大的。思想會驅動變革。光靠良好的經濟學救不了我們。但是沒有它，我們注定要重犯過去的錯誤。無知、直覺、意識形態和惰性結合起來，提供了看似合理的答案，予以我們很多希望，但可預見的是，我們終將大失所望。唉，歷史一再證明，流行的思想有好有壞。例如有人認為持續開放移民流入必將摧毀我們的社會，這種思想如今正得到愈來愈多人支持，但所有證據都顯示，它完全沒有根據。若想對抗不好的思想觀念，我們只能保持警惕，不輕信「顯而易見的道理」，對創造奇蹟的承諾保持懷疑，質疑證據，對複雜的事物保持耐心，以及對我們知道什麼和能知道什麼保持誠實。如果沒有這種警惕，有關多面向問題的對話就會淪為口號和誇張可笑的言語，政策分析則被庸醫的藥方取代。

我們不僅呼籲學界經濟學家付諸行動——希望世界變得比較美好、理智和人道的有心人，全都應該付諸行動。經濟學太重要了，不能完全交託給經濟學家。

誌謝

所有的著作都匯聚了許多人的思想，我們這本書更是這樣。在我們還完全不清楚自身方向的時候，Chiki Sarkar鼓勵我們寫這本書。在整個過程中，她的熱情、活潑的智慧和對我們的信心一直引導和支持我們。Andrew Wylie稍晚一點參與這個計畫。他豐富的經驗給予我們前進的信心。Neel Mukherjee讀了整本書的初稿，給予我們指導和風格建議，最重要的是使我們確信這本書值得寫，甚至值得閱讀。Maddie McKelway做了了不起的工作，確保本書提到的每一個事實都引用正確並已適當核對，每一句話都有（至少一些）意義。如同我們上一本書，Clive Priddle非常清楚我們想做什麼，甚至往往比我們自己更早知道。他的編輯工夫使本書得以成書。

因為本書的內容遠遠超出我們的「核心能力」，我們不得不大量借助許多經濟學家朋友的智慧。因為周遭的優秀人才非常多，我們不可能記得每一個見解來自哪裡。若要列出對我們有幫助的人，可能會漏掉許多人，但我們不能不提以下這些人（當然，文責由我們自負）：Daron Acemoglu、David Atkin、Arnaud Costinot、Dave Donaldson、Rachel Glennerster、Penny Goldberg、Michael Greenstone、Bengt Holmstrom、Michael Kremer、Ben Olken、Thomas Piketty、Emma Rothschild、Emmanuel Saez、Frank Schilbach、Stefanie Stantcheva，以及Ivan Werning。非常感謝你們的教導。在此也要感謝我們的博士導師Josh Angrist、Jerry Green、Andreu Mas Colell、Eric Maskin和Larry Summers；以及我們的許多老師、合作者、朋友和學生，他們的影響在本書中隨處可見。再次冒著漏掉一些人的風險，我們要感謝對本書有重要影響的以下人士：Philippe Aghion、Marianne Bertrand、Arun Chandrasekhar、Daniel Cohen、Bruno Crepon、Ernst Fehr、Amy Finkelstein、Maitreesh Ghatak、Rema Hanna、Matt Jackson、Dean Karlan、Eliana La Ferrara、Matt Low、Ben Moll、Sendhil Mullainathan、Kaivan Munshi、Andrew Newman、Paul Niehaus、Rohini Pande、Nancy Qian、Amartya Sen、Bob Solow、Cass Sunstein、Tavneet Suri，以及Robert Townsend。

我們在巴黎經濟學院訪學的一年十分美滿。這裡既有學院氣氛，又充滿活力，是愉快又有趣的工作場所。我們特別感謝Luc Behagel、Denis Cogneau、Olivier Compte、Hélène Giacobino、Mark Gurgand、Sylvie Lambert和Karen Macours；以及Gilles Postel-Vinay和Katia Zhuravskaya，感謝他們總是笑臉迎人、言語有趣，還陪我們打了很多次網球。我們在麻省理工的同事Glenn and Sara Ellison和我們一起安排休假年，使這一年的生活更加美好。我們感謝法蘭西島大區（Chaire Blaise Pascal）、AXA安盛科研基金、ENS基金會、巴黎經濟學院和麻省理工學院的財務支持。

十五年來，貧窮行動實驗室（J-PAL）團隊不但在研究工作方面為我們提供動力，還使我們對經濟學和人類保持樂觀。我們何其幸運，能夠日復一日、年復一年與這些善良、慷慨、奉獻的人一起工作。感謝掌舵的Iqbal Dhaliwal，感謝John Floretta、Shobhini Mukherjee、Laura Poswell和Anna Schrimpf，他們是我們的日常夥伴，無論我們是否見面。當然也要感謝Heather McCurdy和Jovanna Mason，她們勇敢地嘗試為我們的生活注入一些秩序。

艾絲特的父母Michel and Violaine Duflo，以及她哥哥Colas及其家人，是我們在巴黎的生活非常美好的重要原因。感謝你們年復一年為我們所做的一切。

阿比吉特認為他的父母親Dipak and Nirmala Banerjee總是他的作品的理想讀者。他感謝他們教了他很多經濟學知識，或許更重要的是，使他明白為什麼他應該關心這一切。

注釋

1 讓經濟學再次偉大

1 Amber Phillips, "Is Split-Ticket Voting Officially Dead?," *Washington Post*, 2017, https://www.washingtonpost.com/news/the-fix/wp/2016/11/17/is-split-ticket-voting-officially-dead/?utm_term=.6b57fc114762.

2 "8. Partisan Animosity, Personal Politics, Views of Trump," Pew Research Center, 2017, https://www.people-press.org/2017/10/05/8-partisan-animosity-personal-politics-views-of-trump/.

3 "Poll: Majority of Democrats Think Republicans Are 'Racist,' 'Bigoted' or 'Sexist,'" *Axios*, 2017, https://www.countable.us/articles/14975-poll-majority-democrats-think-republicans-racist-bigoted-sexist.

4 Stephen Hawkins, Daniel Yudkin, Míriam Juan-Torres, and Tim Dixon, "Hidden Tribes: A Study of America's Polarized Landscape," *More in Common*, 2018, https://www.moreincommon.com/hidden-tribes.

5 Charles Dickens, *Hard Times*, *Household Words* weekly journal, London, 1854.

6 Matthew Smith, "Leave Voters Are Less Likely to Trust Any Experts— Even Weather Forecasters," YouGov, 2017, https://yougov.co.uk/topics/politics/articles-reports/2017/02/17/leave-voters-are-less-likely-trust-any-experts-eve.

7 這項調查是與Stefanie Stantcheva合作，詳情可參考Abhijit Banerjee, Esther Duflo, and Stefanie Stantcheva, "Me and Everyone Else: Do People Think Like Economists?," MIMEO, Massachusetts Institute of Technology, 2019。

8 "Steel and Aluminum Tariffs," Chicago Booth, IGM Forum, 2018, http://www.igmchicago.org/surveys/steel-and-aluminum-tariffs.

9 "Refugees in Germany," Chicago Booth, IGM Forum, 2017, http://www.igmchicago.org/surveys/refugees-in-germany（根據答題人數將回答結果標準化）。

10 "Robots and Artificial Intelligence," Chicago Booth, IGM Forum, 2017, http://www.igmchicago.org/surveys/robots-and-artificial-intelligence.

11 Paola Sapienza and Luigi Zingales, "Economic Experts versus Average Americans," *American Economic Review* 103, no. 10 (2013): 636–42, https://doi.org/10.1257/aer.103.3.636.

12 "A Mean Feat," *Economist*, January 9, 2016, https://www.economist.com/finance-and-economics/2016/01/09/a-mean-feat.

13 Siddhartha Mukherjee, *The Emperor of All Maladies: A Biography of Cancer* (New York: Scribner, 2010).

2 鯊口逃生

1 United Nations International migration report highlight, accessed June 1, 2017, https://www.un.org/en/development/desa/population/migration/publications/migrationreport/docs/MigrationReport2017_Highlights.pdf; Mathias Czaika and Hein de Haas, "The Globalization of Migration: Has the World Become More Migratory?," *International Migration Review* 48, no. 2 (2014): 283–323.

2 "EU Migrant Crisis: Facts and Figures," News: European Parliament, June 30, 2017, accessed April 21, 2019, http://www.europarl.europa.eu/news/en/headlines/society/20170629STO78630/eu-migrant-crisis-facts-and-figures.

3 Alberto Alesina, Armando Miano, and Stefanie Stantcheva, "Immigration and Redistribution," NBER Working Paper 24733, 2018.

4 Oscar Barrera Rodriguez, Sergei M. Guriev, Emeric Henry, and Ekaterina Zhuravskaya, "Facts, Alternative Facts, and Fact-Checking in Times of Post-Truth Politics," *SSRN Electronic Journal* (2017), https://dx.doi.org/10.2139/ssrn.3004631.

5 Alesina, Miano, and Stantcheva, "Immigration and Redistribution."

6 Rodriguez, Guriev, Henry, and Zhuravskaya, "Facts, Alternative Facts, and Fact-Checking in Times of Post-

Truth Politics."

7 Warsan Shire, "Home," accessed June 5, 2019, https://www.seekersguidance.org/articles/social-issues/home-warsan-shire/.

8 Maheshwor Shrestha, "Push and Pull: A Study of International Migration from Nepal," Policy Research Working Paper WPS 7965 (Washington, DC: World Bank Group, 2017), http://documents.worldbank.org/curated/en/318581486560991532/Push-and-pull-a-study-of-international-migration-from-Nepal.

9 《大河之歌》，薩雅吉雷導演，一九五六年。

10 Alwyn Young分析六十五個國家的資料，發現城市居民的消費比農村居民多五二%。Alwyn Young, "Inequality, the Urban-Rural Gap, and Migration," *Quarterly Journal of Economics* 128, no. 4 (2013): 1727–85.

11 Abhijit Banerjee, Nils Enevoldsen, Rohini Pande, and Michael Walton, "Information as an Incentive: Experimental Evidence from Delhi," MIMEO, Harvard, accessed April 21, 2019, https://scholar.harvard.edu/files/rpande/files/delhivoter_shared-14.pdf.

12 Lois Labrianidis and Manolis Pratsinakis, "Greece's New Emigration at Times of Crisis," LSE Hellenic Observatory GreeSE Paper 99, 2016.

13 John Gibson, David McKenzie, Halahingano Rohorua, and Steven Stillman, "The Long-Term Impacts of International Migration: Evidence from a Lottery," *World Bank Economic Review* 32, no. 1 (February 2018):

127–47.

14 Michael Clemens, Claudio Montenegro, and Lant Pritchett, "The Place Premium: Wage Differences for Identical Workers Across the U.S. Border," Center for Global Development Working Paper 148, 2009.

15 Emi Nakamura, Jósef Sigurdsson, and Jón Steinsson, "The Gift of Moving: Intergenerational Consequences of a Mobility Shock," NBER Working Paper 22392, 2017, revised January 2019, DOI: 10.3386/w22392.

16 同上。

17 Matti Sarvimäki, Roope Uusitalo, and Markus Jäntti, "Habit Formation and the Misallocation of Labor: Evidence from Forced Migrations," 2019, https://ssrn.com/abstract=3361356 or http://dx.doi.org/10.2139/ssrn.3361356.

18 Gharad Bryan, Shyamal Chowdhury, and Ahmed Mushfiq Mobarak, "Underinvestment in a Profitable Technology: The Case of Seasonal Migration in Bangladesh," *Econometrica* 82, no. 5 (2014): 1671–1748.

19 David Card, "The Impact of the Mariel Boatlift on the Miami Labor Market," *Industrial and Labor Relations Review* 43, no. 2 (1990): 245–57.

20 George J. Borjas, "The Wage Impact of the Marielitos: A Reappraisal," *Industrial and Labor Relations Review* 70, no. 5 (February 13, 2017): 1077–1110.

21 Giovanni Peri and Vasil Yasenov, "The Labor Market Effects of a Refugee Wave: Synthetic Control Method Meets the Mariel Boatlift," *Journal of Human Resources* 54, no. 2 (January 2018): 267–309.

22 同上。

23 George J. Borjas, "Still More on Mariel: The Role of Race," NBER Working Paper 23504, 2017.

24 Jennifer Hunt, "The Impact of the 1962 Repatriates from Algeria on the French Labor Market," *Industrial and Labor Relations Review* 45, no. 3 (April 1992): 556–72.

25 Rachel M. Friedberg, "The Impact of Mass Migration on the Israeli Labor Market," *Quarterly Journal of Economics* 116, no. 4 (November 2001): 1373–1408.

26 Marco Tabellini, "Gifts of the Immigrants, Woes of the Natives: Lessons from the Age of Mass Migration," HBS Working Paper 19-005, 2018.

27 Mette Foged and Giovanni Peri, "Immigrants' Effect on Native Workers: New Analysis on Longitudinal Data," *American Economic Journal: Applied Economics* 8, no. 2 (2016): 1–34.

28 *The Economic and Fiscal Consequences of Immigration*, National Academies of Sciences, Engineering, and Medicine (Washington, DC: National Academies Press, 2017), https://doi.org/10.17226/23550.

29 Christian Dustmann, Uta Schönberg, and Jan Stuhler, "Labor Supply Shocks, Native Wages, and the Adjustment of Local Employment," *Quarterly Journal of Economics* 132, no. 1 (February 2017): 435–83.

30 Michael A. Clemens, Ethan G. Lewis, and Hannah M. Postel, "Immigration Restrictions as Active Labor Market Policy: Evidence from the Mexican Bracero Exclusion," *American Economic Review* 108, no. 6 (June 2018): 1468–87.

31 Foged and Peri, "Immigrants' Effect on Native Workers."

32 Patricia Cortés, "The Effect of Low-Skilled Immigration on US Prices: Evidence from CPI Data," *Journal of Political Economy* 116, no. 3 (2008): 381–422.

33 Patricia Cortés and José Tessada, "Low-Skilled Immigration and the Labor Supply of Highly Skilled Women," *American Economic Journal: Applied Economics* 3, no. 3 (July 2011): 88–123.

34 Emma Lazarus, "The New Colossus," in *Emma Lazarus: Selected Poems*, ed. John Hollander (New York: Library of America, 2005), 58. 譯注：美國的自由神像上刻著拉扎羅斯的一首詩，當中有這一句：「將你那些疲憊的，貧窮的，擠在一起渴望自由呼吸的群眾交給我。」

35 Ran Abramitzky, Leah Platt Boustan, and Katherine Eriksson, "Europe's Tired, Poor, Huddled Masses: Self-Selection and Economic Outcomes in the Age of Mass Migration," *American Economic Review* 102, no. 5 (2012): 1832–56.

36 "Immigrant Founders of the 2017 Fortune 500," Center for American Entrepreneurship, 2017, http://startupsusa.org/fortune500/.

37 Nakamura, Sigurdsson, and Steinsson, "The Gift of Moving."

38 Jie Bai, "Melons as Lemons: Asymmetric Information, Consumer Learning, and Quality Provision," working paper, 2018, accessed June 19, 2019, https://drive.google.com/file/d/0B52sohAPtnAWYVhBYm11cDBrSmM/view.

39 「因此，貨幣擁有者要把貨幣轉化為資本，必須在市場中遇到自由的勞工。這裡所講的自由有雙重意義：一方面是勞工乃自由人，可以把自己的勞動力當作自己的商品處置；另一方面是他沒有其他商品可以出賣，欠缺實現自身勞動力所需要的所有東西。」Karl Marx, *Das Kapital* (Hamburg: Verlag von Otto Meissner, 1867).

40 Girum Abebe, Stefano Caria, and Esteban Ortiz-Ospina, "The Selection of Talent: Experimental and Structural Evidence from Ethiopia," working paper, 2018.

41 Christopher Blattman and Stefan Dercon, "The Impacts of Industrial and Entrepreneurial Work on Income and Health: Experimental Evidence from Ethiopia," *American Economic Journal: Applied Economics* 10, no. 3 (July 2018): 1–38.

42 Girum Abebe, Stefano Caria, Marcel Fafchamps, Paolo Falco, Simon Franklin, and Simon Quinn, "Anonymity or Distance? Job Search and Labour Market Exclusion in a Growing African City," CSAE Working Paper WPS/2016-10-2, 2018.

43 Stefano Caria, "Choosing Connections. Experimental Evidence from a Link-Formation Experiment in Urban Ethiopia," working paper, 2015; Pieter Serneels, "The Nature of Unemployment Among Young Men in Urban Ethiopia," *Review of Development Economics* 11, no. 1 (2007): 170–86.

44 Carl Shapiro and Joseph E. Stiglitz, "Equilibrium Unemployment as a Worker Discipline Device," *American Economic Review* 74, no. 3 (June 1984): 433–44.

45 Emily Breza, Supreet Kaur, and Yogita Shamdasani, "The Morale Effects of Pay Inequality," *Quarterly Journal of Economics* 133, no. 2 (2018): 611–63.

46 Dustmann, Schönberg, and Stuhler, "Labor Supply Shocks, Native Wages, and the Adjustment of Local Employment."

47 Patricia Cortés and Jessica Pan, "Foreign Nurse Importation and Native Nurse Displacement," *Journal of Health Economics* 37 (2017): 164–80.

48 Kaivan Munshi, "Networks in the Modern Economy: Mexican Migrants in the U.S. Labor Market," *Quarterly Journal of Economics* 118, no. 2 (2003): 549–99.

49 Lori Beaman, "Social Networks and the Dynamics of Labor Market Outcomes: Evidence from Refugees Resettled in the U.S.," *Review of Economic Studies* 79, no. 1 (January 2012): 128–61.

50 George Akerlof, "The Market for 'Lemons': Quality Uncertainty and the Market Mechanism," *Quarterly Journal of Economics* 84, no. 3 (1970): 488–500.

51 審稿人和編輯顯然覺得艾克羅夫這篇論文難以理解。解釋市場瓦解的那種循環推理基本上需要恰當的數學解說，以確保它無懈可擊，而在一九七〇年，這種特殊的數學論證是多數經濟學家不熟悉的。因此，這篇論文等了一段時間才有期刊冒險刊出。但它刊出之後，隨即成為經典，至今仍是歷來影響力最大的論文之一。它使用的數學是應用數學分支「賽局理論」的應用，如今已納入經濟學本科課程。

52 Banerjee, Enevoldsen, Pande, and Walton, "Information as an Incentive."

53 World air quality report, AirVisual, 2018, accessed April 21, 2019, https://www.airvisual.com/world-most-polluted-cities.

54 Abhijit Banerjee and Esther Duflo, "The Economic Lives of the Poor," *Journal of Economic Perspectives* 21, no. 1 (2007): 141–68.

55 Global Infrastructure Hub, *Global Infrastructure Outlook*, Oxford Economics, 2017.

56 Edward Glaeser, *Triumph of the City: How Our Greatest Invention Makes Us Richer, Smarter, Greener, Healthier, and Happier* (London: Macmillan, 2011).

57 Jan K. Brueckner, Shihe Fu Yizhen Gu, and Junfu Zhang, "Measuring the Stringency of Land Use Regulation: The Case of China's Building Height Limits," *Review of Economics and Statistics* 99, no. 4 (2017) 663–77.

58 Abhijit Banerjee and Esther Duflo, "Barefoot Hedge-Fund Managers," *Poor Economics* (New York: PublicAffairs, 2011).

59 W. Arthur Lewis, "Economic Development with Unlimited Supplies of Labour," *Manchester School* 22, no. 2 (1954): 139–91.

60 Robert Jensen and Nolan H. Miller, "Keepin' 'Em Down on the Farm: Migration and Strategic Investment in Children's Schooling," NBER Working Paper 23122, 2017.

61 Robert Jensen, "Do Labor Market Opportunities Affect Young Women's Work and Family Decisions?

Experimental Evidence from India," *Quarterly Journal of Economics* 127, no. 2 (2012): 753–92.

62 Bryan, Chowdhury, and Mobarak, "Underinvestment in a Profitable Technology."

63 Maheshwor Shrestha, "Get Rich or Die Tryin': Perceived Earnings, Perceived Mortality Rate, and the Value of a Statistical Life of Potential Work-Migrants from Nepal," World Bank Policy Research Working Paper 7945, 2017.

64 Maheshwor Shrestha, "Death Scares: How Potential Work-Migrants Infer Mortality Rates from Migrant Deaths," World Bank Policy Research Working Paper 7946, 2017.

65 Donald Rumsfeld, *Known and Unknown: A Memoir* (New York: Sentinel, 2012).

66 Frank H. Knight, *Risk, Uncertainty, and Profit* (Boston: Hart, Schaffner, and Marx, 1921).

67 Justin Sydnor, "(Over)insuring Modest Risks," *American Economic Journal: Applied Economics* 2, no. 4 (2010): 177–99.

68 我們將在第四章討論這些有目的的信念。參見 Roland Bénabou and Jean Tirole, "Mindful Economics: The Production, Consumption, and Value of Beliefs," *Journal of Economic Perspectives* 30, no. 3 (2016): 141–64.

69 Alexis de Tocqueville, *Democracy in America* (London: Saunders and Otley, 1835).

70 Alberto Alesina, Stefanie Stantcheva, and Edoardo Teso, "Intergenerational Mobility and Preferences for Redistribution," *American Economic Review* 108, no. 2 (2018): 521–54, DOI: 10.1257/aer.20162015.

71 Benjamin Austin, Edward Glaeser, and Lawrence H. Summers, "Saving the Heartland: Place-Based Policies in

21st Century America," Brookings Papers on Economic Activity Conference Drafts, 2018.

72 Peter Ganong and Daniel Shoag, "Why Has Regional Income Convergence in the U.S. Declined?," *Journal of Urban Economics* 102 (2017): 76– 90.

73 Enrico Moretti, *The New Geography of Jobs* (Boston: Houghton Mifflin Harcourt, 2012).

74 Ganong and Shoag, "Why Has Regional Income Convergence in the U.S. Declined?"

75 "Starbucks," Indeed.com, accessed April 21, 2019, https://www.indeed.com/q-Starbucks-l-Boston,-MA-jobs.html; "Starbucks," Indeed.com, accessed April 21, 2019, https://www.indeed.com/jobs?q=Starbucks&l=Boise percent2C+ID.

76 這個例子是Ganong and Shoag在以下文章中提出的：Peter Ganong and Daniel Shoag, "Why Has Regional Income Convergence in the U.S. Declined?"

77 The San Francisco Rent Explosion: Part II," Priceonomics, accessed June 4, 2019, https://priceonomics.com/the-san-francisco-rent-explosion-part-ii/.

78 RentCafé的資料顯示，Mission Dolores一帶的平均租金是七九二平方英尺月租三七二八美元。"San Francisco, CA Rental Market Trends," accessed June 4, 2019, https://www.rentcafe.com/average-rent-market-trends/us/ca/ san-francisco/.

79 "New Money Driving Out Working-Class San Franciscans," *Los Angeles Times*, June 21, 1999, accessed June 4, 2019, https://www.latimes.com/archives/la-xpm-1999-jun-21-mn-48707-story.html.

80 Glaeser, *Triumph of the City*.

81 Atif Mian and Amir Sufi在他們這本著作*House of Debt: How They (and You) Caused the Great Recession, and How We Can Prevent It from Happening Again* (Chicago: University of Chicago Press, 2014) 和許多文章中提出這些論點，包括這一篇：Atif Mian, Kamalesh Rao, and Amir Sufi, "Household Balance Sheets, Consumption, and the Economic Slump," *Quarterly Journal of Economics* 128, no. 4 (2013): 1687–1726。

82 Matthew Desmond, *Evicted: Poverty and Profit in the American City* (New York: Crown, 2016).

83 Mark Aguiar, Mark Bils, Kerwin Kofi Charles, and Erik Hurst, "Leisure Luxuries and the Labor Supply of Young Men," NBER Working Paper 23552, 2017.

84 Kevin Roose, "Silicon Valley Is Over, Says Silicon Valley," *New York Times*, March 4, 2018.

85 Andrew Ross Sorkin, "From Bezos to Walton, Big Investors Back Fund for 'Flyover' Start-Ups," *New York Times*, December 4, 2017.

86 Glenn Ellison and Edward Glaeser, "Geographic Concentration in U.S. Manufacturing Industries: A Dartboard Approach," *Journal of Political Economy* 105, no. 5 (1997): 889–927.

87 Bryan, Chowdhury, and Mobarak, "Underinvestment in a Profitable Technology."

88 Tabellini, "Gifts of the Immigrants, Woes of the Natives."

3 貿易帶來的傷痛

1 "Steel and Aluminum Tariffs," Chicago Booth, IGM Forum, 2018, http://www.igmchicago.org/surveys/steel-and-aluminum-tariffs.

2 "Import Duties," Chicago Booth, IGM Forum, 2016, http://www.igmchicago.org/surveys/import-duties.

3 Abhijit Banerjee, Esther Duflo, and Stefanie Stantcheva, "Me and Everyone Else: Do People Think Like Economists?," MIMEO, Massachusetts Institute of Technology, 2019.

4 同上。

5 *The Collected Scientific Papers of Paul A. Samuelson*, vol. 3 (Cambridge, MA: MIT Press, 1966), 683.

6 同上。

7 David Ricardo, *On the Principles of Political Economy and Taxation* (London: John Murray, 1817).

8 Paul A. Samuelson and William F. Stolper, "Protection and Real Wages," *Review of Economic Studies* 9, no. 1 (1941), 58–73.

9 P. A. Samuelson, "The Gains from International Trade Once Again," *Economic Journal* 72, no. 288 (1962): 820–29, DOI: 10.2307/2228353.

10 John Keats, "Ode on a Grecian Urn," in *The Complete Poems of John Keats*, 3rd ed. (New York: Penguin Classics, 1977).

11 Petia Topalova, "Factor Immobility and Regional Impacts of Trade Liberalization: Evidence on Poverty from

India," *American Economic Journal: Applied Economics* 2, no. 4 (2010): 1–41, DOI: 10.1257/app.2.4.1.

12 "GDP Growth (annual %)," World Bank, accessed March 29, 2019, https://data.worldbank.org/indicator/ny.gdp.mktp.kd.zg?end=2017&start=1988.

13 當然，包括Jagdish Bhagwati和T. N. Srinivasan在內的貿易樂觀派提出以下論點：印度在一九九一年之前的經濟成長本來即將停止，是國際貨幣基金的援助和貿易自由化救了它。

14 維根斯坦著作《邏輯哲學論》（*Tractatus Logico-philosophicus*）。

15 "GDP Growth (annual %)," World Bank.

16 頂層一%（以所得衡量）占GDP的比例從一九八二年的低位六．一%大增至二〇一五年的二一．三%。World Inequality Database, accessed March 15, 2019, https://wid.world/country/india.

17 Diego Cerdeiro and Andras Komaromi, approved by Valerie Cerra, "The Effect of Trade on Income and Inequality: A Cross-Sectional Approach," International Monetary Fund Background Papers, 2017.

18 Pinelopi Koujianou Goldberg and Nina Pavcnik, "Distributional Effects of Globalization in Developing Countries," *Journal of Economic Literature* 45, no. 1 (March 2007): 39–82.

19 Thomas Piketty, Li Yang, and Gabriel Zucman, "Capital Accumulation, Private Property and Rising Inequality in China, 1978–2015," *American Economic Review*, forthcoming in 2019, working paper version accessed on June 19, 2019, http://gabriel-zucman.eu/files/PYZ2017.pdf.

20 Topalova, "Factor Immobility and Regional Impacts of Trade Liberalization."

21 Gaurav Datt, Martin Ravallion, and Rinku Murgai, "Poverty Reduction in India: Revisiting Past Debates with 60 Years of Data," VOX CEPR Policy Portal, accessed March 15, 2019, voxeu.org.

22 Eric V. Edmonds, Nina Pavcnik, and Petia Topalova, "Trade Adjustment and Human Capital Investments: Evidence from Indian Tariff Reform," *American Economic Journal: Applied Economics* 2, no. 4 (2010): 42– 75. DOI: 10.1257/app.2.4.42.

23 Orazio Attanasio, Pinelopi K. Goldberg, and Nina Pavcnik, "Trade Reforms and Trade Inequality in Colombia," *Journal of Development Economics* 74, no. 2 (2004): 331–66; Brian K. Kovak, "Regional Effects of Trade Reform: What Is the Correct Level of Liberalization?" *American Economic Review* 103, no. 5 (2013): 1960–76.

24 Pinelopi K. Goldberg, Amit Khandelwal, Nina Pavcnik, and Petia Topalova, "Trade Liberalization and New Imported Inputs," *American Economic Review* 99, no. 2 (2009): 494–500.

25 Abhijit Vinayak Banerjee, "Globalization and All That," in *Understanding Poverty*, ed. Abhijit Vinayak Banerjee, Roland Bénabou, and Dilip Mookherjee (New York: Oxford University Press, 2006).

26 Topalova, "Factor Immobility and Regional Impacts of Trade Liberalization."

27 Abhijit Banerjee and Esther Duflo, "Growth Theory Through the Lens of Development Economics," ch. 7, in *The Handbook of Economic Growth*, eds. Philippe Aghion and Stephen Durlauf (Amsterdam: North Holland, 2005), vol. 1, part A: 473–552.

28 Topalova, "Factor Immobility and Regional Impacts of Trade Liberalization."

29 Pinelopi K. Goldberg, Amit K. Khandelwal, Nina Pavcnik, and Petia Topalova, "Multiproduct Firms and Product Turnover in the Developing World: Evidence from India," *Review of Economics and Statistics* 92, no. 4 (2010): 1042–49.

30 Robert Grundke and Cristoph Moser, "Hidden Protectionism? Evidence from Non-Tariff Barriers to Trade in the United States," *Journal of International Economics* 117 (2019): 143–57.

31 World Trade Organization, "Members Reaffirm Commitment to Aid for Trade and to Development Support," 2017, accessed March 18, 2019, https://www.wto.org/english/news_e/news17_e/gr17_13jul17_e.htm.

32 David Atkin, Amit K. Khandelwal, and Adam Osman, "Exporting and Firm Performance: Evidence from a Randomized Experiment," *Quarterly Journal of Economics* 132, no. 2 (2017): 551–615.

33 "Rankings by Country of Average Monthly Net Salary (After Tax) (Salaries and Financing)," Numbeo, accessed March 18, 2019, https://www.numbeo.com/cost-of-living/country_price_rankings?itemId=105.

34 Abhijit V. Banerjee and Esther Duflo, "Reputation Effects and the Limits of Contracting: A Study of the Indian Software Industry," *Quarterly Journal of Economics* 115, no. 3 (2000): 989–1017.

35 Amos Tversky and Daniel Kahneman, "The Framing of Decisions and Psychology of Choice," *Science* 211 (1981): 453–58.

36 Jean Tirole, "A Theory of Collective Reputations (with Applications to the Persistence of Corruption and to

Firm Quality)," *Review of Economic Studies* 63, no. 1 (1996): 1–22.

37 Rocco Machiavello and Ameet Morjaria, "The Value of Relationships: Evidence from Supply Shock to Kenyan Rose Exports," *American Economic Review* 105, no. 9 (2015): 2911–45.

38 Wang Xiaodong, "Govt Issues Guidance for Quality of Products," *China Daily*, updated September 14, 2017, accessed March 29, 2019, http://www.chinadaily.com.cn/china/2017-09/14/content_31975019.htm.

39 Gujanita Kalita, "The Emergence of Tirupur as the Export Hub of Knitted Garments in India: A Case Study," ICRIER, accessed April 21, 2019, https://www.econ-jobs.com/research/52329-The-Emergence-of-Tirupur-as-the-Export-Hub-of-Knitted-Garments-in-India-A-Case-Study.pdf.

40 L. N. Revathy, "GST, Export Slump Have Tirupur's Garment Units Hanging by a Thread," accessed April 21, 2019, https://www.thehindubusinessline.com/economy/gst-export-slump-have-tirupurs-garment-units-hanging-by-a-thread/article9968689.ece.

41 "Clusters 101," Cluster Mapping, accessed March 18, 2019, http://www.clustermapping.us/content/clusters-101.

42 Antonio Gramsci, "'Wave of Materialism' and 'Crisis of Authority,'" in *Selections from the Prison Notebooks* (New York: International Publishers, 1971), 275–76; Prison Notebooks, vol. 2, notebook 3, 1930, 2011 edition, SS-34, Past and Present 32–33.

43 世界銀行的資料顯示，印度二〇一五年的開放率為四二%，美國和中國分別為二八%和三九%。

"Trade Openness—Country Rankings," TheGlobalEconomy.com., accessed March 8, 2019, https://www.theglobaleconomy.com/rankings/trade_open ness/.

44 Pinelopi K. Goldberg, Amit K. Khandelwal, Nina Pavcnik, and Petia Topalova, "Imported Intermediate Inputs and Domestic Product Growth: Evidence from India," *Quarterly Journal of Economics* 125, no. 4 (2010): 1727–67.

45 Paul Krugman, "Taking on China," *New York Times*, September 30, 2010.

46 J. D. Vance, *Hillbilly Elegy: A Memoir of a Family and Culture in Crisis* (New York: Harper, 2016).

47 David Autor, David Dorn, and Gordon Hanson, "The China Syndrome: Local Labor Market Effects of Import Competition in the United States," *American Economic Review* 103, no. 6 (2013): 2121–68; David Autor, David Dorn, and Gordon Hanson, "The China Shock: Learning from Labor-Market Adjustment to Large Changes in Trade," *Annual Review of Economics* 8 (2016): 205–40.

48 Ragnhild Balsvik, Sissel Jensen, and Kjell G. Salvanes, "Made in China, Sold in Norway: Local Labor Market Effects of an Import Shock," *Journal of Public Economics* 127 (2015): 137–44; Wolfgang Dauth, Sebastian Findeisen, and Jens Suedekum, "The Rise of the East and the Far East: German Labor Markets and Trade Integration," *Journal of the European Economic Association* 12, no. 6 (2014): 1643–75; Vicente Donoso, Víctor Martín, and Asier Minondo, "Do Differences in the Exposure to Chinese Imports Lead to Differences in Local Labour Market Outcomes? An Analysis for Spanish Provinces," *Regional Studies* 49, no. 10 (2015): 1746–64.

49 M. Allirajan, "Garment Exports Dive 41 Percent in October on GST Woes," *Times of India*, November 16, 2017, https://timesofindia.indiatimes.com/business/india-business/garment-exports-dive-41-in-october-on-gst-woes/articleshow/61666363.cms.

50 Atif Mian, Kamalesh Rao, and Amir Sufi, "Housing Balance Sheets, Consumption, and the Economic Slump," *Quarterly Journal of Economics* 128, no. 4 (2013): 1687–1726.

51 該故事由《大西洋雜誌》一篇文章報導。Alana Semuels, "Ghost Towns of the 21st Century," *Atlantic*, October 20, 2015.

52 Autor, Dorn, and Hanson, "The China Syndrome."

53 David H. Autor, Mark Duggan, Kyle Greenberg, and David S. Lyle, "The Impact of Disability Benefits on Labor Supply: Evidence from the VA's Disability Compensation Program," *American Economic Journal: Applied Economics* 8, no. 3 (2016): 31–68.

54 David H. Autor, "The Unsustainable Rise of the Disability Rolls in the United States: Causes, Consequences, and Policy Options," in *Social Policies in an Age of Austerity*, eds. John Karl Scholz, Hyunpyo Moon, and Sang-Hyop Lee (Northampton, MA: Edward Elgar, 2015) 107–36.

55 Aparna Soni, Marguerite E. Burns, Laura Dague, and Kosali I. Simon, "Medicaid Expansion and State Trends in Supplemental Security Income Program Participation," *Health Affairs* 36, no. 8 (2017): 1485–88.

56 例如參見Enrico Moretti and Pat Kline, "People, Places and Public Policy: Some Simple Welfare Economics of

Local Economic Development Programs," *Annual Review of Economics* 6 (2014): 629–62.

57 David Autor, David Dorn, and Gordon H. Hanson, "When Work Disappears: Manufacturing Decline and the Fall of Marriage Market Value of Young Men," *AER Insights*, forthcoming 2019, available as NBER Working Paper 23173, 2018, DOI: 10.3386/w23173.

58 Anne Case and Angus Deaton, "Rising Morbidity and Mortality in Midlife Among White Non-Hispanic Americans in the 21st Century," *PNAS* 112, no. 49 (2015): 15078–83, https://doi.org/10.1073/pnas.1518393112.

59 Arnaud Costinot and Andrés Rodríguez-Clare, "The US Gains from Trade: Valuation Using the Demand for Foreign Factor Services," *Journal of Economic Perspectives* 32, no. 2 (Spring 2018): 3–24.

60 Rodrigo Adao, Arnaud Costinot, and Dave Donaldson, "Nonparametric Counterfactual Predictions in Neoclassical Models of International Trade," *American Economic Review* 107, no. 3 (2017): 633–89; Costinot and Rodríguez-Clare, "The US Gains from Trade."

61 "GDP Growth (annual %)," World Bank, accessed March 29, 2019, https://data.worldbank.org/indicator/ny.gdp.mktp.kd.zg.

62 Costinot and Rodríguez-Clare, "The US Gains from Trade."

63 Sam Asher and Paul Novosad, "Rural Roads and Local Economic Development," Policy Research Working Paper 8466 (Washington, DC: World Bank, 2018).

64 Sandra Poncet, "The Fragmentation of the Chinese Domestic Market Peking Struggles to Put an End to Regional Protectionism," *China Perspectives*, accessed April 21, 2019, https://journals.openedition.org/chinaperspec- tives/410.

65 德裔經濟學家修馬克一九七三年出版《小即是美》一書，替甘地的鄉村小農場構想辯護。E. F. Schumacher, *Small Is Beautiful: A Study of Economics as If People Mattered* (London: Blond & Briggs, 1973).

66 Nirmala Banerjee, "Is Small Beautiful?," in *Change and Choice in Indian Industry*, eds. Amiya Bagchi and Nirmala Banerjee (Calcutta: K. P. Bagchi & Company, 1981).

67 Chang-Tai Hsieh and Benjamin A. Olken, "The Missing 'Missing Middle,'" *Journal of Economic Perspectives* 28, no. 3 (2014): 89–108.

68 Adam Smith, *The Wealth of Nations* (W. Strahan and T. Cadell, 1776).

69 Dave Donaldson, "Railroads of the Raj: Estimating the Impact of Transportation Infrastructure," *American Economic Review* 108, nos. 4–5 (2018): 899–934.

70 Dave Donaldson and Richard Hornbeck, "Railroads and American Growth: A 'Market Access' Approach," *Quarterly Journal of Economics* 131, no. 2 (2016): 799–858.

71 Arnaud Costinot and Dave Donaldson, "Ricardo's Theory of Comparative Advantage: Old Idea, New Evidence," *American Economic Review* 102, no. 3 (2012): 453–58.

72 Asher and Novosad, "Rural Roads and Local Economic Development."

73 David Atkin and Dave Donaldson, "Who's Getting Globalized? The Size and Implications of Intra-National Trade Costs," NBER Working Paper 21439, 2015.

74 "U.S. Agriculture and Trade at a Glance," US Department of Agriculture Economic Research Service, accessed June 8, 2019, https://www.ers.usda.gov/topics/international-markets-us-trade/us-agricultural-trade/us-agricultural-trade-at-a-glance/.

75 同上。

76 "Occupational Employment Statistics," Bureau of Labor Statistics, accessed March 29, 2019, https://www.bls.gov/oes/2017/may/oes452099.htm.

77 "Quick Facts: United States," US Census Bureau, accessed March 29, 2019, https://www.census.gov/quickfacts/fact/map/US/INC910217.

78 Benjamin Hyman, "Can Displaced Labor Be Retrained? Evidence from Quasi-Random Assignment to Trade Adjustment Assistance," January 10, 2018, https://ssrn.com/abstract=3155386 or http://dx.doi.org/10.2139/ssrn.3155386.

79 "Education and Training," Veterans Administration, accessed June 21, 2019, https://benefits.va.gov/gibill/.

80 Sewin Chan and Ann Huff Stevens, "Job Loss and Employment Patterns of Older Workers," *Journal of Labor Economics* 19, no. 2 (2001): 484–521.

81 Henry S. Farber, Chris M. Herbst, Dan Silverman, and Till von Wachter, "Whom Do Employers Want? The

Role of Recent Employment and Unemployment Status and Age," *Journal of Labor Economics* 37, no. 2 (April 2019): 323–49, https://doi.org/10.1086/700184.

82 Benjamin Austin, Edward Glaesar, and Lawrence Summers, "Saving the Heartland: Place-Based policies in 21st Century America," Brookings Papers on Economic Activity conference draft 2018, accessed June 19, 2019, https://www.brookings.edu/wp-content/uploads/2018/03/3_austinetal.pdf.

4 喜歡的、想要的跟需要的

1 John Sides, Michael Tesler, and Lynn Vavreck, *Identity Crisis: The 2016 Presidential Campaign and the Battle for the Meaning of America* (Princeton, NJ: Princeton University Press, 2018).

2 George Stigler and Gary Becker, "De Gustibus Non Est Disputandum," *American Economic Review* 67, no. 2 (1977): 76–90.

3 Abhijit Banerjee and Esther Duflo, *Poor Economics: A Radical Rethinking of the Way to Fight Global Poverty* (New York: PublicAffairs, 2011).

4 Abhijit V. Banerjee, "Policies for a Better-Fed World," *Review of World Economics* 152, no. 1 (2016): 3–17.

5 Abhijit Banerjee, "A Simple Model of Herd Behavior," *Quarterly Journal of Economics* 107, no. 3 (1992): 797–817.

6 Lev Muchnik, Sinan Aral, and Sean J. Taylor, "Social Influence Bias: A Randomized Experiment," *Science* 341,

no. 6146 (2013): 647–51.

7 Drew Fudenberg and Eric Maskin, "The Folk Theorem in Repeated Games with Discounting or with Incomplete Information," *Econometrica* 54, no. 3 (1986): 533–54; Dilip Abreu, "On the Theory of Infinitely Repeated Games with Discounting," *Econometrica* 56, no. 2 (1988): 383–96.

8 Elinor Ostrom, *Governing the Commons* (Cambridge: Cambridge University Press, 1990).

9 例如參看E. R. Prabhakar Somanathan and Bhupendra Singh Mehta, "Decentralization for Cost-Effective Conservation," *Proceedings of the National Academy of Sciences* 106, no. 11 (2009): 4143–47; J. M. Baland, P. Bardhan, S. Das, and D. Mookherjee, "Forests to the People: Decentralization and Forest Degradation in the Indian Himalayas," *World Development* 38, no. 11 (2010): 1642–56。這並不意味著集體所有制總是行得通。事實上，理論本身也清楚告訴我們，這種安排未必行得通。例如假設你預期社區中其他人不會總是遵守規則。如此一來，你作弊的誘因會增強，因為如果有人過度放牧，共有牧場的價值將會降低，禁止利用它放牧的威脅就變得沒那麼可怕。事實上，共有林地的林木獲得較佳保護的證據並不是壓倒性的。

10 Robert M. Townsend, "Risk and Insurance in Village India," *Econometrica* 62, no. 3 (1994): 539–91; Christopher Udry, "Risk and Insurance in a Rural Credit Market: An Empirical Investigation in Northern Nigeria," *Review of Economic Studies* 61, no. 3 (1994): 495–526.

11 在這方面，最近寫得很好的一本書是：Raghuram Rajan, *The Third Pillar: How Markets and the State Leave*

Community Behind (New York: HarperCollins, 2019)。

12 Harold L. Cole, George J. Mailath, and Andrew Postlewaite, "Social Norms, Savings Behavior, and Growth," *Journal of Political Economy* 100, no. 6 (1992): 1092–1125.

13 Constituent Assembly of India Debates (proceedings), vol. 7, November 4, 1948, https://cadindia.clpr.org.in/constitution_assembly_debates/vol ume/7/1948-11-04. 很多著作談到甘地與安貝卡的關係，特別值得注意的是小說家Arundhati Roy二〇一七年的著作*The Doctor and the Saint*（較重視安貝卡），以及Ramachandra Guha的近作*Gandhi*（傾向站在甘地那邊敘事）。甘地與安貝卡合不來。甘地認為安貝卡性情急躁，安貝卡暗示甘地有點像個騙子。雖然兩人關係不好，但安貝卡最終能起草印度憲法，是得到甘地的支持。Arundhati Roy, *The Doctor and the Saint: Caste, War, and the Annihilation of Caste* (Chicago: Haymarket Books, 2017); Ramachandra Guha, *Gandhi: The Years That Changed the World, 1914–1948* (New York: Knopf, 2018).

14 Viktoria Hnatkovska, Amartya Lahiri, and Sourabh Paul, "Castes and Labor Mobility," *American Economic Journal: Applied Economics* 4, no. 2 (2012): 274–307.

15 Karla Hoff, "Caste System," World Bank Policy Research Working Paper 7929, 2016.

16 Kanchan Chandra, *Why Ethnic Parties Succeed: Patronage and Ethnic Headcounts in India* (Cambridge: Cambridge University Press, 2004); Christophe Jaffrelot, *India's Silent Revolution: The Rise of the Lower Castes in North India* (London: Hurst and Company, 2003); Yogendra Yadav, *Understanding the Second Democratic*

Upsurge: Trends of Bahujan Participation in Electoral Politics in the 1990s (Delhi: Oxford University Press, 2000).

17 Abhijit Banerjee, Amory Gethin, and Thomas Piketty, "Growing Cleavages in India? Evidence from the Changing Structure of Electorates, 1962–2014," *Economic & Political Weekly* 54, no. 11 (2019): 33–44.

18 Abhijit Banerjee and Rohini Pande, "Parochial Politics: Ethnic Preferences and Politician Corruption," CEPR Discussion Paper DP6381, 2007.

19 "Black Guy Asks Nation for Change," *Onion*, March 19, 2008, accessed June 19, 2019, https://politics.theonion.com/black-guy-asks-nation-for-change-1819569703.

20 Eileen Patten, "Racial, Gender Wage Gaps Persist in U.S. Despite Some Progress," Pew Research Center, July 1, 2016.

21 Raj Chetty, Nathaniel Hendren, Maggie R. Jones, and Sonya R. Porter, "Race and Economic Opportunity in the United States: An Intergenerational Perspective," NBER Working Paper 24441, 2018.

22 根據史丹佛貧困與不平等研究中心的一項研究：「二〇一五年底，高達九・一%的年輕黑人男性（二十至三十四歲）遭監禁，該比例為年輕白人男性（一・六%）的五・七倍。二〇一五年，高達一〇%的黑人兒童有父親或母親在囚，遠高於西班牙語裔兒童的三・六%和白人兒童的一・七%。」Becky Pettit and Bryan Sykes, "State of the Union 2017: Incarceration," Stanford Center on Poverty and Inequality.

23 就此而言，美國黑人比較像印度的穆斯林而非表列種姓。印度穆斯林在經濟上落後於占多數的印度教人口，而且成為印度教人口日增的暴力行為的針對目標。

24 Jane Coaston, "How White Supremacist Candidates Fared in 2018," *Vox*, November 7, 2018, accessed April 22, 2019, https://www.vox.com/policy-and-politics/2018/11/7/18064670/white-supremacist-candidates-2018-midterm-elections.

25 Robert P. Jones, Daniel Cox, Betsy Cooper, and Rachel Lienesch, "How Americans View Immigrants and What They Want from Immigration Reform: Findings from the 2015 American Values Atlas," Public Religion Research Institute, March 29, 2016.

26 Leonardo Bursztyn, Georgy Egorov, and Stefano Fiorin, "From Extreme to Mainstream: How Social Norms Unravel," NBER Working Paper 23415, 2017.

27 以下著作引述：Chris Haynes, Jennifer L. Merolla, and S. Karthik Ramakrishnan, *Framing Immigrants: News Coverage, Public Opinion, and Policy* (New York: Russell Sage Foundation, 2016)。

28 同上。

29 Anirban Mitra and Debraj Ray, "Implications of an Economic Theory of Conflict: Hindu-Muslim Violence in India," *Journal of Political Economy* 122, no. 4 (2014): 719–65.

30 Daniel L. Chen, "Club Goods and Group Identity: Evidence from Islamic Resurgence During the Indonesian Financial Crisis," *Journal of Political Economy* 118, no. 2 (2010): 300–54.

31 Amanda Agan and Sonja Starr, "Ban the Box, Criminal Records, and Statistical Discrimination: A Field

Experiment," *Quarterly Journal of Economics* 133, no. 1 (2017): 191–235.

32 同上。

33 Claude M. Steele and Joshua Aronson, "Stereotype Threat and the Intellectual Test Performance of African Americans," *Journal of Personality and Social Psychology* 69, no. 5 (1995): 797–811.

34 Steven J. Spencer, Claude M. Steele, and Diane M. Quinn, "Stereotype Threat and Women's Math Performance," *Journal of Experimental Social Psychology* 35, no. 1 (1999): 4–28.

35 Joshua Aronson, Michael J. Lustina, Catherine Good, Kelli Keough, Claude M. Steele, and Joseph Brown, "When White Men Can't Do Math: Necessary and Sufficient Factors in Stereotype Threat," *Journal of Experimental Social Psychology* 35, no. 1 (1999): 29–46.

36 Robert Rosenthal and Lenore Jacobson, "Pygmalion in the Classroom," *Urban Review* 3, no. 1 (1968): 16–20.

37 Dylan Glover, Amanda Pallais, and William Pariente, "Discrimination as a Self-Fulfilling Prophecy: Evidence from French Grocery Stores," *Quarterly Journal of Economics* 132, no. 3 (2017): 1219–60.

38 Ariel Ben Yishay, Maria Jones, Florence Kondylis, and Ahmed Mushfiq Mobarak, "Are Gender Differences in Performance Innate or Socially Mediated?," World Bank Policy Research Working Paper 7689, 2016.

39 Rocco Macchiavello, Andreas Menzel, Antonu Rabbani, and Christopher Woodruff, "Challenges of Change: An Experiment Training Women to Manage in the Bangladeshi Garment Sector," University of Warwick Working Paper Series No. 256, 2015.

40 Jeff Stone, Christian I. Lynch, Mike Sjomeling, and John M. Darley, "Stereotype Threat Effects on Black and White Athletic Performance," *Journal of Personality and Social Psychology* 77, no. 6 (1999): 1213–27.

41 同上。

42 Marco Tabellini, "Racial Heterogeneity and Local Government Finances: Evidence from the Great Migration," Harvard Business School BGIE Unit Working Paper 19-006, 2018, https://ssrn.com/abstract=3220439 or http://dx.doi.org/10.2139/ssrn.3220439; Conrad Miller, "When Work Moves: Job Suburbanization and Black Employment," NBER Working Paper No. 24728, June 2018, DOI: 10.3386/w24728.

43 Ellora Derenoncourt, "Can You Move to Opportunity? Evidence from the Great Migration," working paper, accessed April 22, 2019, https://scholar.harvard.edu/files/elloraderenoncourt/files/derenoncourt_jmp_2018.pdf.

44 Leonardo Bursztyn and Robert Jensen, "How Does Peer Pressure Affect Educational Investments?," *Quarterly Journal of Economics* 130, no. 3 (2015): 1329–67.

45 Ernst Fehr, "Degustibus Est Disputandum," Emerging Science of Preference Formation, inaugural talk, Universitat Pompeu Fabra, Barcelona, Spain, October 7, 2015.

46 Alain Cohn, Ernst Fehr, and Michel Andre Marechal, "Business Culture and Dishonesty in the Banking Industry," *Nature* 516 (2014): 86–89.

47 有關兩人研究的概述，可參看Roland Bénabou and Jean Tirole, "Mindful Economics: The Production,

Consumption, and Value of Beliefs," *Journal of Economic Perspectives* 30, no. 3 (2016): 141–64。

48 William Julius Wilson, *When Work Disappears: The World of the New Urban Poor* (New York: Knopf Doubleday, 1997).

49 J. D. Vance, *Hillbilly Elegy: A Memoir of a Family and Culture in Crisis* (New York: Harper, 2016).

50 Dan Ariely, George Loewenstein, and Drazen Prelec, "'Coherent Arbitrariness': Stable Demand Curves without Stable Preferences," *Quarterly Journal of Economics* 118, no. 1 (2003): 73–106.

51 Daniel Kahneman, Jack L. Knetsch, and Richard H. Thaler, "Experimental Tests of the Endowment Effect and the Coase Theorem," *Journal of Political Economy* 98, no. 6 (1990): 1325–48.

52 Dan Ariely, George Loewenstein, and Drazen Prelec, "'Coherent Arbitrariness': Stable Demand Curves without Stable Preferences," *Quarterly Journal of Economics* 118, no. 1 (2003): 73–106.

53 Muzafer Sherif, *The Robber's Cave Experiment: Intergroup Conflict and Cooperation*, (Middletown, CT: Wesleyan University Press, 1998).

54 Gerard Prunier, *The Rwanda Crisis: History of a Genocide* (New York: Columbia University Press, 1997).

55 Paul Lazarsfeld and Robert Merton, "Friendship as a Social Process: A Substantive and Methodological Analysis," in *Freedom and Control in Modern Society*, eds. Morroe Berger, Theodore Abel, and Charles H. Page (New York: Van Nostrand, 1954).

56 Matthew Jackson, "An Overview of Social Networks and Economic Applications," *Handbook of Social*

Economics, 2010, accessed January 5, 2019, https://web.stanford.edu/~jacksonm/socialnetecon-chapter.pdf.

57 Kristen Bialik, "Key Facts about Race and Marriage, 50 Years after Loving v. Virginia," Pew Research Center, 2017, http://www.pewresearch.org/fact-tank/2017/06/12/key-facts-about-race-and-marriage-50-years-after-loving-v-virginia/.

58 Abhijit Banerjee, Esther Duflo, Maitreesh Ghatak, and Jeanne Lafortune, "Marry for What? Caste and Mate Selection in Modern India," *American Economic Journal: Microeconomics* 5, no. 2 (2013), https://doi.org/10.1257/mic.5.2.33.

59 Cass R. Sunstein, Republic.com. (Princeton, NJ: Princeton University Press, 2001); Cass R. Sunstein, *#Republic: Divided Democracy in the Age of Social Media* (Princeton, NJ: Princeton University Press, 2017).

60 "Little Consensus on Global Warming: Partisanship Drives Opinion," Pew Research Center, 2006, http://www.people-press.org/2006/07/12/little-consensus-on-global-warming/.

61 R. Cass Sunstein, "On Mandatory Labeling, with Special Reference to Genetically Modified Foods," *University of Pennsylvania Law Review* 165, no. 5 (2017): 1043–95.

62 Matthew Gentzkow, Jesse M. Shapiro, and Matt Taddy, "Measuring Polarization in High-Dimensional Data: Method and Application to Congressional Speech," working paper, 2016.

63 Yuriy Gorodnickenko, Tho Pham, and Oleksandr Talavera, "Social Media, Sentiment and Public Opinions: Evidence from #Brexit and #US Election," National Bureau of Economics Research Working Paper 24631,

2018.

64 Shanto Iyengar, Gaurav Sood, and Yphtach Lelkes, "Affect, Not Ideology: A Social Identity Perspective on Polarization," *Public Opinion Quarterly*, 2012, http://doi.org/10.1093/poq/nfs038.

65 "Most Popular Social Networks Worldwide as of January 2019, Ranked by Number of Active Users (in millions)," Statista.com, 2019, accessed April 21, 2019, https://www.statista.com/statistics/272014/global-social-networks-ranked-by-number-of-users/.

66 Maeve Duggan, Nicole B. Ellison, Cliff Lampe, Amanda Lenhart, and Mary Madden,"Social Media Update 2014," Pew Research Center, 2015, http://www.pewinternet.org/2015/01/09/social-media-update-2014/.

67 Johan Ugander, Brian Karrer, Lars Backstrom, and Cameron Marlow, "The Anatomy of the Facebook Social Graph," Cornell University, 2011, https://arxiv.org/abs/1111.4503v1.

68 Yosh Halberstam and Brian Knight "Homophily, Group Size, and the Diffusion of Political Information in Social Networks: Evidence from Twitter," *Journal of Public Economics*, 143 (November 2016), 73–88, https://doi.org/10.1016/j.jpubeco.2016.08.011.

69 David Brock, *The Republican Noise Machine* (New York: Crown, 2004).

70 David Yanagizawa-Drott, "Propaganda and Conflict: Evidence from the Rwandan Genocide," *Quarterly Journal of Economics* 129, no. 4 (2014), https://doi.org/10.1093/qje/qju020.

71 Matthew Gentzkow and Jesse Shapiro, "Ideological Segregation Online and Offline," *Quarterly Journal of*

Economics 126, no. 4 (2011), http://doi.org/10.1093/qje/qjr044.

72 Levi Boxell, Matthew Gentzkow, and Jesse Shapiro, "Greater Internet Use Is Not Associated with Faster Growth in Political Polarization among US Demographic Groups," Proceedings of the National Academy of Sciences of the United States of America, 2017, https://doi.org/10.1073/pnas.1706588114.

73 Gregory J. Martin and Ali Yurukoglu, "Bias in Cable News: Persuasion and Polarization," *American Economic Review* 107, no. 9 (2017), http://doi.org/10.1257/aer.20160812.

74 同上。

75 Matthew Gentzkow, Jesse M. Shapiro, and Matt Taddy, "Measuring Polarization in High-Dimensional Data: Method and Application to Congressional Speech," working paper, 2016.

76 Julia Cagé, Nicolas Hervé, and Marie-Luce Viaud, "The Production of Information in an Online World: Is Copy Right?," Net Institute working paper, 2017, http://dx.doi.org/10.2139/ssrn.2672050.

77 "2015 Census," American Society of News Editors, https://www.asne.org/diversity-survey-2015.

78 "Sociocultural Dimensions of Immigrant Integration," in *The Integration of Immigrants into American Society*, eds. Mary C. Waters and Marissa Gerstein Pineau (Washington, DC: National Academies of Sciences Engineering Medicine, 2015).

79 Hunt Allcott and Matthew Gentzkow, "Social Media and Fake News in the 2016 Election," *Journal of Economic Perspectives* 31, no. 2 (2017), http://doi.org/10.1257/jep.31.2.211.

80 Donghee Jo, "Better the Devil You Know: An Online Field Experiment on News Consumption,"Northeastern University working paper, accessed June 20, 2019, https://www.dongheejo.com/.

81 Gordon Allport, *The Nature of Prejudice* (Cambridge, MA: Addison-Wesley, 1954).

82 Elizabeth Levy Paluck, Seth Green, and Donald P. Green, "The Contact Hypothesis Re-evaluated," *Behavioral Public Policy* (2017): 1–30.

83 Johanne Boisjoly, Greg J. Duncan, Michael Kremer, Dan M. Levy, and Jacque Eccles, "Empathy or Antipathy? The Impact of Diversity," *American Economic Review* 96, no. 5 (2006): 1890–1905.

84 Gautam Rao, "Familiarity Does Not Breed Contempt: Generosity, Discrimination, and Diversity in Delhi Schools," *American Economic Review* 109, no. 3 (2019): 774–809.

85 Matthew Lowe, "Types of Contact: A Field Experiment on Collaborative and Adversarial Caste Integration," OSF, last updated on May 29, 2019, osf.io/u2d9x.

86 Thomas C. Schelling, "Dynamic Models of Segregation," *Journal of Mathematical Sociology* 1 (1971): 143–186.

87 David Card, Alexandre Mas, and Jesse Rothstein, "Tipping and the Dynamics of Segregation," *Quarterly Journal of Economics* 123, no. 1 (2008): 177–218.

88 法國的公共房屋制度不是採用抽籤方式，但原則上它理應將人分散安置：在相當於郡級的行政區，一個委員會負責將該行政區的公共房屋分配給申請家庭，主要考慮家庭人數和其他優先因素，並不考慮種族因素。但因為好社區的補助房屋非常有利可圖，作弊的動機十分強烈。一九九〇年代中，巴黎的房屋分配被揭發為一種關鍵的人情交換機制，由席哈克（巴黎市長，後來成為法國總統）建立和維護。Yann Algan, Camille Hémet, and David D. Laitin, "The Social Effects of Ethnic Diversity at the Local Level : A Natural Experiment with Exogenous Residential Allocation," *Journal of Political Economy* 124, no. 3 (2016): 696–733.

89 Joshua D. Angrist and Kevin Lang, "Does School Integration Generate Peer Effects? Evidence from Boston's Metco Program,"*American Economic Review* 94, no. 5 (2004): 1613–34.

90 Abhijit Banerjee, Donald Green, Jennifer Green, and Rohini Pande, "Can Voters Be Primed to Choose Better Legislators? Experimental Evidence from Rural India," Poverty Action Lab working paper, 2010, accessed June 19, 2019, https://www.povertyactionlab.org/sites/default/files/publications/105_419_Can%20Voters%20be%20Primed_Abhijit_Oct2009.pdf.

5 經濟成長的終結？

1 Robert Gordon, *The Rise and Fall of American Growth* (Princeton, NJ: Princeton University Press, 2016).

2 C. I. Jones, "The Facts of Economic Growth," in *Handbook of Macroeconomics*, vol. 2, eds. John B. Taylor and Harald Uhlig (Amsterdam: North Holland, 2016), 3–69.

3 Angus Maddison, "Historical Statistics of the World Economy: 1-2008 AD," Groningen Growth and Development Centre: Maddison Project Database (2010).

4 Angus Maddison, “Measuring and Interpreting World Economic Performance 1500–2001,” *Review of Income and Wealth* 51, no. 1 (2005): 1–35, https://doi.org/10.1111/j.1475-4991.2005.00143.x.

5 Robert Gordon, *The Rise and Fall of American Growth* (Princeton, NJ: Princeton University Press, 2016), 258.

6 J. Bradford DeLong, Claudia Goldin, and Lawrence F. Katz, “Sustaining U.S. Economic Growth,” in Henry J. Aaron , James M. Lindsay, Pietro S. Nivola, *Agenda for the Nation* (Washington, DC: Brookings Institution, 2003), 17–60.

7 Robert Gordon, *The Rise and Fall of American Growth* (Princeton, NJ: Princeton University Press, 2016), 575, figure 17.2. 美國一八八〇至一九二〇年間的總要素生產力年化成長率為〇・四六%，一九二〇至七〇年間則高達一・八九%。

8 Nicholas Crafts, “Fifty Years of Economic Growth in Western Europe: No Longer Catching Up but Falling Behind?,” *World Economics* 5, no. 2 (2004): 131–45.

9 Robert Gordon, *The Rise and Fall of American Growth* (Princeton, NJ: Princeton University Press, 2016).

10 美國一九二〇至一九七〇年間的總要素生產力年化成長率為一・八九%，一九七〇至一九九五年間僅為〇・五七%。Robert Gordon, *The Rise and Fall of American Growth* (Princeton, NJ: Princeton University Press, 2016), 575, figure 17.2.

11 Robert Gordon, *The Rise and Fall of American Growth* (Princeton, NJ: Princeton University Press, 2016), 575, figure 17.2. 總要素生產力二〇〇四至二〇一四年間的年成長率為〇・四〇%，甚至低於一九七

三至一九九四年間的〇・七〇%和一八九〇至一九二〇年間的〇・四六%。

12 "Total Factor Productivity," Federal Reserve Bank of San Francisco, accessed June 19, 2019, https://www.frbsf.org/economic-research/indicators-data/total-factor-productivity-tfp/.

13 Robert Gordon and Joel Mokyr, "Boom vs. Doom: Debating the Future of the US Economy," debate, Chicago Council of Global Affairs, October 31, 2016.

14 Robert Gordon, *The Rise and Fall of American Growth* (Princeton, NJ: Princeton University Press, 2016), 594–603.

15 Robert Gordon and Joel Mokyr, "Boom vs. Doom: Debating the Future of the US Economy," debate, Chicago Council of Global Affairs, October 31, 2016.

16 Alvin H. Hansen, "Economic Progress and Declining Population Growth," *American Economic Review* 29, no. 1 (1939): 1–15.

17 Angus Maddison, *Growth and Interaction in the World Economy: The Roots of Modernity* (Washington, DC: AEI Press, 2005).

18 Thomas Piketty, *Capital in the Twenty-First Century* (Cambridge, MA: Harvard University Press, 2013), 73, table 2.1. 皮凱提使用的長期成長數據源自Angus Maddison，可在Maddison計畫的資料庫找到：https://www.rug.nl/ggdc/historicaldevelopment/maddison/releases/maddison-project-database-2018。

19 在此提醒有興趣細讀相關文獻的讀者，經濟學家將福祉／幸福稱為「welfare」（他們使用這個詞，並不是指社會福利項目）。因此，經濟學家會將計算福祉稱為welfare calculation。

20 Chad Syverson, "Challenges to Mismeasurement Explanations for the US Productivity Slowdown," *Journal of Economic Perspectives* 31, no. 2 (2017): 165–86, https://doi.org/10.1257/jep.31.2.165.

21 同上。

22 Hunt Allcott, Luca Braghieri, Sarah Eichmeyer, and Matthew Gentzkow, "The Welfare Effects of Social Media," NBER Working Paper 25514 (2019).

23 Robert M. Solow, "A Contribution to the Theory of Economic Growth," *Quarterly Journal of Economics* 70, no. 1 (1956): 65–94, https://doi.org/10.2307/1884513.

24 "Estimating the U.S. Labor Share," Bureau of Labor Statistics, 2017, accessed April 15, 2019, https://www.bls.gov/opub/mlr/2017/article/estimating-the-us-labor-share.htm.

25 柏克萊加州大學經濟學教授Brad DeLong因為在以下論文提出這一點而聞名：J. Bradford De Long, "Productivity Growth, Convergence, and Welfare: Comment," *American Economic Review* 78, no. 5 (1988): 1138–54。他最近利用世界銀行的資料更新了他的圖表：www.bradford-delong.com/2015/08/in-which-i-once-again-bet-on-a-substantial-growth-slowdown-in-china.html。

26 Archimedes: "Give me a lever and a place to stand and I will move the earth." *The Library of History of Diodorus Siculus*, Fragments of Book XXVI, as translated by F. R. Walton, in *Loeb Classical Library*, vol. 11 (Cambridge: Harvard University Press 1957).

27 Robert E. Lucas Jr., “On the Mechanics of Economic Development,” *Journal of Monetary Economics* 22, no. 1 (1988): 3–42.

28 Robert E. Lucas Jr., “Why Doesn’t Capital Flow from Rich to Poor Countries?,” *American Economic Review* 80, no. 2 (1990): 92–96.

29 Francesco Caselli, “Accounting for Cross-Country Income Differences,” in *Handbook of Economic Growth*, vol. 1, part A, eds. Philippe Aghion and Steven N. Durlauf (Amsterdam: North Holland, 2005), 679–741.

30 Anne Robert Jacques Turgot, “Sur le Memoire de M. de Saint-Péravy,” in *Oeuvres de Turgot et documents le concernant, avec biographie et notes*, ed. G. Schelle (Paris : F. Alcan, 1913).

31 Karl Marx, *Das Kapital* (Hamburg: Verlag von Otto Meisner, 1867). 對資本主義來說，好在馬克思的邏輯有個錯誤。一如梭羅指出，資本的報酬率降低時，資本積累的速度也會降低。因此，除非資本家恰恰在儲蓄的報酬減少時增加儲蓄，否則資本積累終將放緩，而利潤率也將停止下降。

32 Julia Carrie, “Amazon Posts Record $2.5bn Profit Fueled by Ad and Cloud Business,” *Guardian*, July 26, 2018. 部分盈利來自亞馬遜提供雲端儲存服務。但雲端儲存業務本身源自亞馬遜過剩的雲端儲存容量；亞馬遜知道，要維持市場主導地位就必須建立這種容量。因此，亞馬遜的雲端業務是該公司龐大規模的一部分。

33 Paul M. Romer, “Increasing Returns and Long-Run Growth,” *Journal of Political Economy* 94, no. 5 (1986): 1002–37, https://doi.org/10.1086/261420.

34 Danielle Paquette, "Scott Walker Just Approved $3 billion Deal for a New Foxconn Factory in Wisconsin," *Washington Post*, September 18, 2017; Natalie Kitroeff, "Foxconn Affirms Wisconsin Factory Plan, Citing Trump Chat," *New York Times*, February 1, 2019.

35 Enrico Moretti, "Are Cities the New Growth Escalator?" in *The Urban Imperative: Towards Competitive Cities*, ed. Abha Joshi-Ghani and Edward Glaeser (New Delhi: Oxford University Press, 2015), 116–48.

36 Laura Stevens and Shayndi Raice, "How Amazon Picked HQ2 and Jilted 236 Cities," *Wall Street Journal*, November 14, 2018.

37 Amazon HQ2 RFP," September 2017, https://images-na.ssl-images-amazon.com/images/G/01/Anything/test/images/usa/RFP_3._V516043504_.pdf accessed June 14, 2019.

38 Adam B. Jaffe, Manuel Trajtenberg, and Rebecca Henderson, "Geographic Localization of Knowledge Spillovers as Evidenced by Patent Citations," *Quarterly Journal of Economics* 108, no. 3 (1993): 577–98, https://doi.org/10.2307/2118401.

39 Michael Greenstone, Richard Hornbeck, and Enrico Moretti, "Identifying Agglomeration Spillovers: Evidence from Winners and Losers of Large Plant Openings," *Journal of Political Economy* 118, no. 3 (June 2010): 536–98, https://doi.org/10.1086/653714.

40 Enrico Moretti. *The New Geography of Jobs*. (Boston: Mariner Books, 2012).

41 在紐約市，人們關注的不是那個投資案的效益有多大（人人都認為會有一些效益），而是為什麼容許亞馬遜將那麼多效益據為己有。畢竟維吉尼亞州亞歷山大市提出的補貼就少得多，而波士頓甚至完全不提供補貼（但波士頓落敗了）。

42 Jane Jacobs, "Why TVA Failed," *New York Review of Books*, May 10, 1984.

43 Patrick Kline and Enrico Moretti, "Local Economic Development, Agglomeration Economies, and the Big Push: 100 Years of Evidence from the Tennessee Valley Authority," *Quarterly Journal of Economics* 129, no. 1 (2014): 275–331, https://doi.org/10.1093/qje/qjt034.

44 過去十年成長一〇%將為未來十年貢獻二%的成長（一〇%的二〇%），而這將為之後的十年貢獻〇．四%的成長（二%的二〇%），以此類推。每一輪的額外成長顯然都相當小，而且縮小的速度非常快。

45 Patrick Kline and Enrico Moretti, "Local Economic Development, Agglomeration Economies and the Big Push: 100 Years of Evidence from the Tennessee Valley Authority," *Quarterly Journal of Economics* 129, no. 1 (2014): 275–331, https://doi.org/10.1093/qje/qjt034.

46 Enrico Moretti, "Are Cities the New Growth Escalator?," in *The Urban Imperative: Towards Competitive Cities*, ed. Edward Glaeser and Abha Joshi-Ghani (New Delhi: Oxford University Press, 2015), 116–48.

47 Peter Ellis and Mark Roberts, *Leveraging Urbanization in South Asia: Managing Spatial Transformation for Prosperity and Livability*, South Asia Development Matters (Washington, DC: World Bank, 2016), https://doi.org/10.1596/978-1-4648-0662-9. License: Creative Commons Attribution CC BY 3.0 IGO.

48 Paul M. Romer, "Endogenous Technological Change," *Journal of Political Economy* 98, no. 5, part 2 (1990): S71–S102, https://doi.org/10.1086/ 261725.

49 Philippe Aghion and Peter Howitt, "A Model of Growth Through Creative Destruction," *Econometrica* 60, no. 2 (1992): 323–51.

50 維基百科的熊彼得詞條寫道：「熊彼得聲稱他為自己設定了三個人生目標：成為世界上最偉大的經濟學家，成為整個奧地利最出色的騎師，以及成為整個維也納最偉大的情人。他說他達成了其中兩個目標，但從未說過是哪兩個，只是據稱他曾說奧地利有太多優秀騎師，因此他不可能達成所有的願望。」參見 https:// en.wikipedia.org/wiki/Joseph_Schumpeter。

51 Philippe Aghion and Peter Howitt, "A Model of Growth Through Creative Destruction," *Econometrica* 60, no. 2 (1992): 323–51.

52 'Real GDP Growth," US Budget and Economy, http://usbudget.blogspot.fr/2009/02/real-gdp-growth.html.

53 David Leonardt, "Do Tax Cuts Lead to Economic Growth?," *New York Times*, September 15, 2012, https:// nyti.ms/2mBjewo.

54 Thomas Piketty, Emmanuel Saez, and Stefanie Stantcheva, "Optimal Taxation of Top Labor Incomes: A Tale of Three Elasticities," *American Economic Journal: Economic Policy* 6, no. 1 (2014): 230–71, https://doi.org/10.1257/pol.6.1.230.

55 William Gale, "The Kansas Tax Cut Experiment," Brookings Institution, 2017, https://www.brookings.edu/

blog/unpacked/2017/07/11/the-kansas-tax-cut-experiment/.

56 Owen Zidar, "Tax Cuts for Whom? Heterogeneous Effects of Income Tax Changes on Growth and Employment," *Journal of Political Economy* 127, no. 3 (2019): 1437–72, https://doi.org/10.1086/701424.

57 Emmanuel Saez, Joel Slemrod, and Seth H. Giertz, "The Elasticity of Taxable Income with Respect to Marginal Tax Rates: A Critical Review," *Journal of Economic Literature* 50, no. 1 (2012): 3–50, https://doi.org/10.1257/jel.50.1.3.

58 "Tax Reform," IGM Forum, 2017, http://www.igmchicago.org/surveys/tax-reform-2.

59 "Analysis of Growth and Revenue Estimates Based on the US Senate Committee on Finance Tax Reform Plan," Department of the Treasury, 2017, https://www.treasury.gov/press-center/press-releases/Documents/TreasuryGrowthMemo12-11-17.pdf.

60 署名者為Robert J. Barro、Michael J. Boskin、John Cogan、Douglas Holtz-Eakin、Glenn Hubbard、Lawrence B. Lindsey、Harvey S. Rosen、George P. Shultz、以及John B. Taylor。參見"How Tax Reform Will Lift the Economy," *Wall Street Journal*: Opinion, 2017, https://www.wsj.com/articles/how-tax-reform-will-lift-the-economy-1511729894?mg=prod/ accounts-wsj.

61 Jason Furman and Lawrence Summers, "Dear colleagues: You Responded, but We Have More Questions About Your Tax-Cut Analysis," *Washington Post*, 2017, https://www.washingtonpost.com/news/wonk/wp/2017/11/30/dear-colleagues-you-responded-but-we-have-more-questions-about-your-tax-cut-analysis/?utm_term=.

bbd78b5f1ef9.

62 "Economic Report of the President together with the Annual Report of the Council of Economic Advisers," 2016, https://obamawhitehouse.archives.gov/sites/default/files/docs/ERP_2016_Book_Complete%20JA.pdf.

63 Thomas Philippon, *The Great Reversal: How America Gave up on Free Markets* (Cambridge: Harvard University Press, 2019).

64 David Autor, David Dorn, Lawrence F. Katz, Christina Patterson, and John Van Reenen, "The Fall of the Labor Share and the Rise of Superstar Firms," NBER Working Paper 23396, 2017.

65 有關集中程度上升不利於消費者的有力論點，可參考Thomas Philippon, *The Great Reversal: How America Gave Up on Free Markets* (Cambridge: Harvard University Press, 2019); Jan De Loecker, Jan Eeckhout, and Gabriel Unger, "The Rise of Market Power and the Macroeconomic Implications," working paper, 2018。

66 Esteban Rossi-Hansberg, Pierre-Daniel Sarte, and Nicholas Trachter, "Diverging Trends in National and Local Concentration,"NBER Working Paper 25066, 2018.

67 Alberto Cavallo, "More Amazon Effects: Online Competition and Pricing Behaviors," NBER Working Paper 25138, 2018.

68 Germán Gutiérrez and Thomas Philippon, "Ownership, Concentration, and Investment," *AEA Papers and Proceedings* 108 (2018): 432–37, https://doi.org/10.1257/pandp.20181010; Thomas Philippon, *The Great Reversal: How America Gave Up on Free Markets* (Cambridge: Harvard University Press, 2019).

69 Facundo Alvaredo, Lucas Chancel, Thomas Piketty, Emmanuel Saez, and Gabriel Zucman, "World Inequality Report 2018: Executive Summary," World Inequality Lab, 2018.

70 Mats Elzén and Per Ferström, "The Ignorance Survey: United States," Gapminder, 2013, https://static.gapminder.org/GapminderMedia/wp-uploads/Results-from-the-Ignorance-Survey-in-the-US..pdf.

71 "Poverty," World Bank, 2019, accessed April 14, 2019, https://www.worldbank.org/en/topic/poverty/overview#1.

72 "The Millennium Development Goals Report 2015: Fact Sheet," United Nations, 2015.

73 "Child Health," USAID.com, February 17, 2018, accessed April 14, 2019, https://www.usaid.gov/what-we-do/global-health/maternal-and-child-health/technical-areas/child-health.

74 "The Millennium Development Goals Report 2015: Fact Sheet," United Nations, 2015.

75 "Literacy Rate, Adult Total (% of People Ages 15 and Above)," World Bank Open Data, https://data.worldbank.org/indicator/se.adt.litr.zs.

76 "Number of Deaths Due to HIV/AIDS," World Health Organization, accessed April 14, 2019, https://www.who.int/gho/hiv/epidemic_status/ deaths_text/en/.

77 Paul Romer "Economic Growth," in Library of Economics and Liberty: Economic Systems, accessed June 13, 2019, https://www.econlib.org/library/Enc/EconomicGrowth.html.

78 William Easterly, *The Elusive Quest for Growth* (Cambridge, MA: MIT Press 2001).

79 Ross Levine and David Renelt, "A Sensitivity Analysis of Cross-Country Growth Regressions," *American Economic Review* 82, no. 4 (September 1992): 942–63.

80 Daron Acemoglu, Simon Johnson, and James A. Robinson, "The Colonial Origins of Comparative Development: An Empirical Investigation," *American Economic Review* 91, no. 5 (2001): 1369–1401, https://doi.org/10.1257/aer.91.5.1369; Daron Acemoglu, Simon Johnson, James A. Robinson, "Reversal of Fortune: Geography and Institutions in the Making of the Modern World Income Distribution," *Quarterly Journal of Economics* 117, no. 4 (November 2002): 1231–94, https://doi.org/10.1162/003355302320935025/.

81 Dani Rodrik, Arvind Subramanian, and Francesco Trebbi, "Institutions Rule: The Primacy of Institutions over Geography and Integration in Economic Development," *Journal of Economic Growth* 9, no. 2 (2004): 131–65, https://doi.org/10.1023/B:JOEG.0000031425.72248.85.

82 "Global 500 2014," *Fortune*, 2014, accessed June 13, 2019, http://fortune.com/global500/2014/.

83 William Easterly, "Trust the Development Experts—All 7 Billion," Brookings Institution, 2008, https://www.brookings.edu/opinions/trust-the-development-experts-all-7-billion/.

84 "The Impact of the Internet in Africa: Establishing Conditions for Success and Catalyzing Inclusive Growth in Ghana, Kenya, Nigeria and Senegal," Dalberg, 2013.

85 World Development Report 2016: Digital Dividends," World Bank, 2016, http://www.worldbank.org/en/publication/wdr2016.

86 Kenneth Lee, Edward Miguel, and Catherine Wolfram, "Experimental Evidence on the Economics of Rural Electrification," working paper, 2018.

87 Julian Cristia, Pablo Ibarrarán, Santiago Cueta, Ana Santiago, and Eugenio Severín, "Technology and Child Development: Evidence from the One Laptop per Child Program," *American Economic Journal: Applied Economics* 9, no. 3 (2017): 295–320, https://doi.org/10.1257/app.20150385.

88 Rema Hanna, Esther Duflo, and Michael Greenstone, "Up in Smoke: The Influence of Household Behavior on the Long-Run Impact of Improved Cooking Stoves," *American Economic Journal: Economic Policy* 8, no. 1 (2016): 80–114, https://doi.org/ 10.1257/pol.20140008.

89 James Berry, Greg Fischer, and Raymond P. Guiteras, "Eliciting and Utilizing Willingness-to-Pay: Evidence from Field Trials in Northern Ghana," CEnREP Working Paper 18-016, May 2018.

90 Rachel Peletz, Alicea Cock-Esteb, Dorothea Ysenburg, Salim Haji, Ranjiv Khush, and Pascaline Dupas, "Supply and Demand for Improved Sanitation: Results from Randomized Pricing Experiments in Rural Tanzania," *Environmental Science and Technology* 51, no. 12 (2017): 7138–47, https:// doi.org/10.1021/acs.est.6b03846.

91 "India: The Growth Imperative," report, McKinsey Global Institute, 2001.

92 Robert Jensen, "The Digital Provide: Information (Technology), Market Performance, and Welfare in the South Indian Fisheries Sector," *Quarterly Journal of Economics* 122, no. 3 (August 2007): 879–924. https://doi.org/10.1162/qjec.122.3.879.

93 Robert Jensen and Nolan H. Miller, "Market Integration, Demand, and the Growth of Firms: Evidence from a Natural Experiment in India," *American Economic Review* 108 no. 12 (2018): 3583–625, https://doi.org/10.1257/aer.20161965.

94 例如參看蒂魯普一家公司的說明書："Prospectus," Vijayeswari Textiles Limited, February 25, 2007, http://www.idbicapital.com/pdf/IDBICapital-VijayeswariTextilesLtdRedHerringProspectus.pdf. accessed June 13, 2019.

95 Abhijit Banerjee and Kaivan Munshi, "How Efficiently Is Capital Allocated? Evidence from the Knitted Garment Industry in Tirupur," *Review of Economic Studies* 71, no. 1 (2004): 19–42, https://doi.org/10.1111/0034-6527.00274.

96 Nicholas Bloom and John Van Reenen, "Measuring and Explaining Management Practices Across Firms and Countries," *Quarterly Journal of Economics* 122, no. 4 (2007): 1351–1408.

97 Chris Udry, "Gender, Agricultural Production, and the Theory of the Household," *Journal of Political Economy* 104, no. 5 (1996): 1010–46.

98 Francisco Pérez-González, "Inherited Control and Firm Performance," *American Economic Review* 96, no. 5 (2006): 1559–88.

99 Chang-Tai Hsieh and Peter J. Klenow, "Misallocation and Manufacturing TFP in China and India," *Quarterly Journal of Economics* 124, no. 4 (2009): 1403–48, https://doi.org/10.1162/qjec.2009.124.4.1403.

100 Chang-Tai Hsieh and Peter Klenow, "The Life Cycle of Plants in India and Mexico," *Quarterly Journal of Economics* 129, no. 3 (2014): 1035–84, https://doi.org/10.1093/qje/qju014

101 Chang-Tai Hsieh and Peter Klenow, "Misallocation and Manufacturing TFP in China and India,"*Quarterly Journal of Economics* 124, no. 4 (2009): 1403–48, https://doi.org/10.1162/qjec.2009.124.4.1403.

102 Qi Liang, Pisun Xu, Pornsit Jiraporn, "Board Characteristics and Chinese Bank Performance," *Journal of Banking and Finance* 37, no. 8 (2013): 2953–68, https://doi.org/10.1016/j.jbankfin.2013.04.018.

103 "Bank Lending Rates," Trading Economics, accessed April 15, 2019, https://tradingeconomics.com/country-list/bank-lending-rate.

104 "Interest Rates," Trading Economics, accessed April 15, 2019, https://tradingeconomics.com/country-list/interest-rate.

105 Gilles Duranton, Ejaz Ghani, Arti Grover Goswami, and William Kerr, "The Misallocation of Land and Other Factors of Production in India," World Bank Group Policy Research Working Paper 7547, (2016), https://doi.org/10.1596/1813-9450-7221.

106 Nicholas Bloom, Benn Eifert, Aprajit Mahajan, David McKenzie, and John Roberts, "Does Management Matter? Evidence from India,"*Quarterly Journal of Economics* 128, no. 1 (2013), https://doi.org/10.1093/qje/qjs044.

107 Jaideep Prabhu, Navi Radjou, and Simone Ahuja, *Jugaad Innovation: Think Frugal, Be Flexible, Generate*

Breakthrough Growth (San Francisco: Jossey-Bass, 2012).

108 Emily Breza, Supreet Kaur, and Nandita Krishnaswamy, "Scabs: The Social Suppression of Labor Supply," NBER Working Paper 25880 (2019), https://doi.org/10.3386/w25880.

109 作者根據以下資料計算：National Sample Survey, 66h round, 2009–2010, accessed June 19, http://www.icssrdataservice.in/datarepository/index.php/catalog/89/overview.

110 Abhijit Banerjee and Gaurav Chiplunkar, "How Important Are Matching Frictions in the Labor Market? Experimental and Non-Experimental Evidence from a Large Indian Firm," working paper, 2018, accessed June 19, 2019, https://gauravchiplunkar.com/wp-content/uploads/2018/08/matchingfrictions_banerjeechiplunkar_aug18.pdf.

111 Esther Duflo, Pascaline Dupas, and Michael Kremer, "The impact of Free Secondary Education: Experimental Evidence from Ghana," MIMEO, Massachusetts Institute of Technology, accessed April 18, 2019, https://economics.mit.edu/files/16094.

112 "Unemployment, Youth Total (% of total labor force ages 15–24) (national estimate)," World Bank Open Data, accessed April 15, 2019, https://data.worldbank.org/indicator/SL.UEM.1524.NE.ZS.

113 Abhijit Banerjee and Gaurav Chiplunkar, "How Important Are Matching Frictions in the Labor Market? Experimental and Non-Experimental Evidence from a Large Indian Firm," working paper, 2018.

114 "Labour Market Employment, Employment in Public Sector, Employment in Private Sector Different

Categories-wise," Data.gov.in, accessed April 15, 2019, https://data.gov.in/resources/labour-market-employment-employment-public-sector-employment-private-sector-different.

115 Sonalde Desai and Veena Kulkarni, "Changing Educational Inequalities in India in the Context of Affirmative Action," *Demography* 45, no. 2 (2008): 245–70.

116 Abhijit Banerjee and Sandra Sequeira, "Spatial Mismatches and Beliefs about the Job Search: Evidence from South Africa," MIMEO, MIT, 2019.

117 Neha Dasgupta, "More Than 25 Million People Apply for Indian Railway Vacancies," Reuters, March 29, 2018, accessed June 19, 2019, https://www.reuters.com/article/us-india-unemployment-railways/more-than-25-million-people-apply-for-indian-railway-vacancies-idUSKBN1H524C.

118 Frederico Finan, Benjamin A. Olken, and Rohini Pande, "The Personnel Economics of the States," in *Handbook of Field Experiments*, vol. 2, eds. Abhijit Banerjee and Esther Duflo (Amsterdam: North Holland, 2017).

119 Ezra Vogel, *Japan as Number One* (Cambridge, MA: Harvard University Press, 1979), 153–54, 204–205, 159, 166.

120 Ernest Liu, "Industrial Policies in Production Networks," working paper, 2019.

121 Albert Bollard, Peter J. Klenow, and Gunjan Sharma, "India's Mysterious Manufacturing Miracle," *Review of Economic Dynamics* 16, no. 1 (2013): 59–85.

122 Pierre-Richard Agénor and Otaviano Canuto, "Middle-Income Growth Traps," *Research in Economics* 69, no. 4 (2015): 641–60, https://doi.org/10.1016/j.rie.2015.04.003.

123 "Guidance Note for Surveillance under Article IV Consultation," International Monetary Fund, 2015.

124 事實上，斯里蘭卡二〇一七年五歲以下兒童的死亡率為千分之八．八，遠低於瓜地馬拉（二七．六），比較接近美國的水準（六．六）。"Mortality Rate, under-5 (per 1,000 Live Births)," World Bank Data, accessed April 15, 2019, https://data.worldbank.org/indicator/SH.DYN.MORT?end=2017&locations=GT-LK-US&start=2009. "Maternal Mortality Rate (National Estimate per 100,000 Live Births)." World Bank Data, accessed April 15, 2019, https://data.worldbank.org/indicator/SH.STA.MMRT.NE?end=2017&locations=GT-LK-US&start=2009. "Mortality Rate, Infant (per 1,000 Live Births)," World Bank Data, accessed April 15, 2019, https://data.worldbank.org/indicator/SP.DYN.IMRT.IN?end=2017&locations=GT-LK-US&start=2009.

125 "Mortality Rate, under-5 (per 1,000 Live Births)," World Bank Data, accessed April 16, 2019, https://data.worldbank.org/indicator/SH.DYN.MORT?end=2017&locations=GT-LK-US&start=2009.

126 Taz Hussein, Matt Plummer, and Bill Breen (for the *Stanford Social Innovation Review*), "How Field Catalysts Galvanise Social Change," SocialInnovationExchange.org., 2018, https://socialinnovationexchange.org/insights/how-field-catalysts-galvanise-social-change.

127 Christian Lengeler, "Insecticide-Treated Bed Nets and Curtains for Preventing Malaria," *Cochrane Database of*

Systematic Reviews 2, no. 2 (2004), https://doi.org/10.1002/14651858.CD000363.pub2.

128 Abhijit Banerjee and Esther Duflo, *Poor Economics* (New York: PublicAffairs, 2011).

129 Jessica Cohen and Pascaline Dupas, "Free Distribution or Cost-Sharing? Evidence from a Randomized Malaria Prevention Experiment," *Quarterly Journal of Economics* 125, no. 1 (2010): 1–45.

130 "World Malaria Report 2017," World Health Organization, 2017.

131 S. Bhatt, D. J. Weiss, E. Cameron, D. Bisanzio, B. Mappin, U. Dalrymple, K. Battle, C. L. Moyes, A. Henry, P. A. Eckhoff, E. A. Wenger, O. Briët, M. A. Penny, T. A. Smith, A. Bennett, J. Yukich, T. P. Eisele, J. T. Griffin, C. A. Fergus, M. Lynch, F. Lindgren, J. M. Cohen, C. L. J. Murray, D. L. Smith, S. I. Hay, R. E. Cibulskis, and P. W. Gething, "The Effect on Malaria Control on *Plasmodium falciparum* in Africa between 2000 and 2015," *Nature* 526 (2015): 207–11, https://doi.org/10.1038/nature15535.

132 William Easterly, "Looks like @JeffDSachs got it more right than I did on effectiveness of mass bed net distribution to fight malaria in Africa," tweet, August 18, 2017, 11:04 a.m.

6 水深火熱

1 "Global Warming of 1.5° C," IPCC Special Report, Intergovernmental Panel on Climate Change, 2008, accessed June 16, 2019, https://www.ipcc.ch/ sr15/.

2 聯合國政府間氣候變遷專門委員會在二〇一八年十月的報告中表示：「人類的活動估計導致地球氣溫

比工業化之前上升約攝氏一．〇度，範圍很可能介於攝氏〇．八至一．二度之間。如果保持目前的暖化速度，地球氣溫上升的幅度很可能在二〇三〇至二〇五二年之間達到攝氏一．五度。」

3 以二氧化碳當量衡量溫室氣體（二氧化碳、甲烷之類）排放，是將二氧化碳以外的溫室氣體排放換算為對全球暖化影響相同的二氧化碳排放，以一個共同的單位衡量溫室氣體排放。舉個例子，排放一百萬噸的甲烷相當於排放二千五百噸的二氧化碳當量。

4 Lucas Chancel and Thomas Piketty, "Carbon and Inequality: from Kyoto to Paris," report, Paris School of Economics, 2015, accessed June 16, 2019, http://piketty.pse.ens.fr/files/ChancelPiketty2015.pdf.

5 Robin Burgess, Olivier Deschenes, Dave Donaldson, and Michael Greenstone, "Weather, Climate Change and Death in India," LSE working paper, 2017, accessed June 19, 2018, http://www.lse.ac.uk/economics/Assets/Documents/personal-pages/robin-burgess/weather-climate-change-and-death.pdf.

6 Orley C. Ashenfelter and Karl Storchmann, "Measuring the Economic Effect of Global Warming on Viticulture Using Auction, Retail, and Wholesale Prices," *Review of Industrial Organization* 37, no. 1 (2010): 51–64.

7 Joshua Graff Zivin and Matthew Neidell, "Temperature and the Allocation of Time: Implications for Climate Change," *Journal of Labor Economics* 32, no. 1 (2014): 1–26.

8 Joshua Goodman, Michael Hurwitz, Jisung Park, and Jonathan Smith, "Heat and Learning," NBER Working Paper 24639, 2018.

9 Achyuta Adhvaryu, Namrata Kala, and Anant Nyshadham, "The Light and the Heat: Productivity Co-benefits of Energy-saving Technology," NBER Working Paper 24314, 2018.

10 Melissa Dell, Benjamin F. Jones, and Benjamin A. Olken, "What Do We Learn from the Weather? The New Climate-Economy Literature," *Journal of Economic Literature* 52, no. 3 (2014): 740–98.

11 Olivier Deschenes and Michael Greenstone, "Climate Change, Mortality, and Adaptation: Evidence from Annual Fluctuations in Weather in the US," *American Economic Journal: Applied Economics*, 3 no. 4 (2011): 152–85.

12 Robin Burgess, Olivier Deschenes, Dave Donaldson and Michael Greenstone, "Weather, Climate Change and Death in India," LSE working paper, 2017 accessed June 16, 2019, http://www.lse.ac.uk/economics/Assets/Documents/personal-pages/robin-burgess/weather-climate-change-and-death.pdf.

13 Melissa Dell, Benjamin F. Jones, and Benjamin A. Olken, "What Do We Learn from the Weather? The New Climate-Economy Literature," *Journal of Economic Literature* 52, no. 3 (2014): 740—98.

14 Nihar Shah, Max Wei, Virginie Letschert, and Amol Phadke, "Benefits of Leapfrogging to Superefficiency and Low Global Warming Potential Refrigerants in Room Air Conditioning," U.S. Department of Energy: Ernest Orlando Lawrence Berkeley National Laboratory Technical Report, 2015, accessed June 16 2019, https://eta.lbl.gov/publications/benefits-leap frogging-superefficiency.

15 Maximilian Auffhammer and Catherine Wolfram, "Powering Up China: Income Distributions and Residential

Electricity Consumption," *American Economic Review: Papers & Proceedings* 104, no. 5 (2014): 575–80.

16 Nicholas Stern, *The Economics of Climate Change: The Stern Review* (Cambridge, UK: Cambridge University Press, 2006).

17 Daron Acemoglu, Philippe Aghion, Leonardo Bursztyn, and David Hemous, "The Environment and Directed Technical Change," *American Economic Review* 102, no. 1 (2012): 131–66.

18 Daron Acemoglu and Joshua Linn, "Market Size in Innovation: Theory and Evidence from the Pharmaceutical Industry," *Quarterly Journal of Economics* 119, no. 3 (2004): 1049–90.

19 Hannah Choi Granade et al., "Unlocking Energy Efficiency in the U.S. Economy," executive summary," McKinsey & Company, 2009, accessed June 16, 2019, https://www.mckinsey.com/~/media/mckinsey/dotcom/client_service/epng/pdfs/unlocking%20energy%20efficiency/us_energy_ efficiency_exc_summary.ashx.

20 "Redrawing the Energy-Climate Map," technical report, International Energy Agency, 2013. Accessed June 16, 2019, https://www.iea.org/publications/freepublications/publication/WEO_Special_Report_2013_Redrawing_the_Energy_Climate_Map.pdf.

21 Meredith Fowlie, Michael Greenstone, and Catherine Wolfram, "Do Energy Efficiency Investments Deliver? Evidence from the Weatherization Assistance Program," *Quarterly Journal of Economics* 133, no. 3 (2018): 1597– 1644.

22 Nicholas Ryan, "Energy Productivity and Energy Demand: Experimental Evidence from Indian Manufacturing

Plants," NBER Working Paper 24619, 2018.

23 Meredith Fowlie, Catherine Wolfram, C. Anna Spurlock, Annika Todd, Patrick Baylis, and Peter Cappers, "Default Effects and Follow-on Behavior: Evidence from an Electricity Pricing Program," NBER Working Paper 23553, 2017.

24 Hunt Allcott and Todd Rogers, "The Short-Run and Long-Run Effects of Behavioral Interventions: Experimental Evidence from Energy Conservation," *American Economic Review* 104, no. 10 (2014): 3003–37.

25 David Atkin, "The Caloric Costs of Culture: Evidence from Indian Migrants," *American Economic Review* 106, no. 4 (2016): 1144–81.

26 在孟加拉，一項研究發現，如果連續數週提供誘因鼓勵人們飯前洗手，即使誘因終止，鼓勵的效果仍繼續存在。此外，如果提醒人們將來飯前洗手可獲得獎勵，他們將會開始在吃飯前洗手，以便自己為此做好準備。Hussam, Reshmaan, Atonu Rabbani, Giovanni Regianni, and Natalia Rigol, "Habit Formation and Rational Addiction: A Field Experiment in Handwashing," Harvard Business School BGIE Unit Working Paper 18-030, 2017.

27 Avraham Ebenstein, Maoyong Fan, Michael Greenstone, Guojun He, and Maigeng Zhou, "New Evidence on the Impact of Sustained Exposure to Air Pollution on Life Expectancy from China's Huai River Policy," *PNAS* 114, no. 39 (2017): 10384–89.

28 WHO Global Ambient Air Quality Database (update 2018), https://www.who.int/airpollution/data/cities/en/.

29 Umair Irfan, "How Delhi Became the Most Polluted City on Earth," Vox, November 25, 2017.

30 "The Lancet Commission on Pollution and Health," *Lancet* 391 (2017): 462–512.

31 "The Lancet: Pollution Linked to Nine Million Deaths Worldwide in 2015, Equivalent to One in Six Deaths," *Lancet*, public release, 2018.

32 Achyuta Adhvaryu, Namrata Kala, and Anant Nyshadham, "Management and Shocks to Worker Productivity: Evidence from Air Pollution Exposure in an Indian Garment Factory," IGC working paper, 2016, accessed June 16, 2019, https://www.theigc.org/wp-content/uploads/2017/01/Adhvaryu-et-al-2016-Working-paper.pdf.

33 Tom Y. Chang, Joshua Graff Zivin, Tal Gross, and Matthew Neidell, "The Effect of Pollution on Worker Productivity: Evidence from Call Center Workers in China," *American Economic Journal: Applied Economics* 11, no. 1 (2019): 151–72.

34 德里曾短暫實施「單雙號」限行政策，也就是車牌尾號單數與雙數的車輛隔日限行，結果空氣中的懸浮微粒減少了，但憤怒的菁英人士和認為有「更好」方案的環境專家聯手推翻了這項政策。Michael Greenstone, Santosh Harish, Rohini Pande, and Anant Sudarshan, "The Solvable Challenge of Air Pollution in India," in *India Policy Forum* volume conference volume 2017 (New Delhi: Sage Publications, 2017).

35 Kevin Mortimer et al., "A Cleaner-Burning Biomass-Fuelled Cookstove Intervention to Prevent Pneumonia in Children under 5 Years Old in Rural Malawi (the Cooking and Pneumonia Study): A Cluster Randomised Controlled Trial," *Lancet* 389, no. 10065 (2016): 167–75.

36 Theresa Beltramo, David L. Levine, and Garrick Blalock, "The Effect of Marketing Messages, Liquidity Constraints, and Household Bargaining on Willingness to Pay for a Nontraditional Cook-stove," Center for Effective Global Action Working Paper Series No. 035, 2014; Theresa Beltramo, Garrick Blalock, David I. Levine, and Andres M. Simons, "Does Peer Use Influence Adoption of Efficient Cookstoves? Evidence from a Randomized Controlled Trial in Uganda," *Journal of Health Communication: International Perspectives* 20 (2015): 55–66; David I. Levine, Theresa Beltramo, Garrick Blalock, and Carolyn Cotterman, "What Impedes Efficient Adoption of Products? Evidence from Randomized Variation of Sales Offers for Improved Cookstoves in Uganda," *Journal of the European Economic Association* 16, no. 6 (2018): 1850–80; Ahmed Mushfiq Mobarak, Puneet Dwivedi, Robert Bailis, Lynn Hildemann, and Grant Miller, "Low Demand for Nontraditional Cookstove Technology," *Proceedings of the National Academy of Sciences* 109, no. 27 (2012): 10815–20.

37 Rema Hanna, Esther Duflo, and Michael Greenstone, "Up in Smoke: The Influence of Household Behavior on the Long-Run Impact of Improved Cooking Stoves," *American Economic Journal: Economic Policy* 8, no. 1 (2016): 80–114.

38 Abhijit V. Banerjee, Selvan Kumar, Rohini Pande, and Felix Su, "Do Voters Make Informed Choices? Experimental Evidence from Urban India," working paper, 2010.

7 自動鋼琴

1 Kurt Vonnegut, *Player Piano* (New York: Charles Scribner's Sons, 1952).

2 Kurt Vonnegut, *God Bless You, Mr. Rosewater* (New York: Holt, Rinehart and Winston, 1965).

3 Erik Brynjolfsson and Andrew McAfee, *The Second Machine Age* (New York: W. W. Norton & Company, 2014).

4 David H. Autor, "Why Are There Still So Many Jobs? The History and Future of Workplace Automation," *Journal of Economic Perspectives* 29, no. 3 (2015): 3–30.

5 Ellen Fort, "Robots Are Making $6 Burgers in San Francisco," *Eater San Francisco*, June, 21, 2018.

6 Michael Chui, James Manyika, and Mehdi Miremadi, "How Many of Your Daily Tasks Could Be Automated?," *Harvard Business Review*, December 14, 2015 and "Four Fundamentals of Business Automation," *McKinsey Quarterly*, November 2016, accessed June 19, 2019, https://www.mckinsey.com/business-functions/digital-mckinsey/our-insights/four-fundamentals-of-workplace-automation.

7 "Automation, Skills Use and Training," Organisation for Economic Co-operation and Development Library, accessed April 19, 2019, https://www.oecd-ilibrary.org/employment/automation-skills-use-and-training_2e2f4eea-en.

8 "Robots and Artificial Intelligence," Chicago Booth: The Initiative on Global Markets, IGM Forum, June 30, 2017.

9 Robert Gordon, *The Rise and Fall of American Growth* (Princeton, NJ: Princeton University Press, 2016).

10 Databases, Tables, and Calculators by Subject, Series LNS14000000, Bureau of Labor Statistics, accessed April 11, 2019, https://data.bls.gov/ timeseries/lns14000000.

11 Robert Gordon, *The Rise and Fall of American Growth* (Princeton, NJ: Princeton University Press, 2016); "Labor Force Participation Rate, Total (% total population ages 15+) (national estimate)," World Bank Open Data, https://data.worldbank.org/indicator/SL.TLF.CACT.NE.ZS?locations=US.

12 Daron Acemoglu and Pascual Restrepo, "Artificial Intelligence, Automation and Work," NBER Working Paper 24196, 2018.

13 N. F. R. Crafts and Terence C. Mills, "Trends in Real Wages in Britain 1750–1913," *Explorations in Economic History* 31, no. 2 (1994): 176–94.

14 Robert Fogel and Stanley Engerman, *Time on the Cross* (New York: W. W. Norton & Company, 1974).

15 Daron Acemoglu and Pascual Restrepo, "Robots and Jobs: Evidence from United States Labor Markets," NBER Working Paper 23285, 2017.

16 Daron Acemoglu and Pascual Restrepo, "The Race Between Machine and Man: Implications of Technology for Growth, Factor Shares and Employment," NBER Working Paper 22252, 2017.

17 David Autor, "Work of the Past, Work of the Future," Richard T. Ely Lecture, *American Economic Association: Papers and Proceedings*, 2019.

18 Daron Acemoglu and Pascual Restrepo, "Artificial Intelligence, Automation and Work," NBER Working Paper 24196, 2018.

19 同上。

20 同上。

21 Aaron Smith and Monica Anderson, "Americans' Attitudes towards a Future in Which Robots and Computers Can Do Many Human Jobs," Pew Research Center, October 4, 2017, accessed April 3, 2019, http://www.pewinternet.org/2017/10/04/americans-attitudes-toward-a-future-in-which-robots-and-computers-can-do-many-human-jobs/.

22 例如Jean Tirole和Olivier Blanchard就指出，解僱結果不確定事實上可能導致失業惡化。（David Blanchard and Olivier Tirole, "The Optimal Design of Unemployment Insurance and Employment Protection. A First Pass," NBER Working Paper 10443, 2004.）但是，一些歐洲國家放鬆了就業保障，但失業率看來沒有比較低。整體而言，兩者似乎沒有關係。Giuseppe Bertola, "Labor Market Regulations: Motives, Measures, Effects," International Labor Organization, Conditions of Work and Employment Series No. 21, 2009.

23 Kevin J. Delaney, "The Robot That Takes Your Job Should Pay Taxes, Says Bill Gates," *Quartz*, February 17, 2017, accessed April 13, 2019, https://qz.com/911968/bill-gates-the-robot-that-takes-your-job-should-pay-taxes/.

24 "European Parliament Calls for Robot Law, Rejects Robot Tax," Reuters, February 16, 2017, accessed April 12, 2019, https://www.reuters.com/article/us-europe-robots-lawmaking/european-parliament-calls-for-robot-law-rejects-robot-tax-idUSKBN15V2KM.

25 Ryan Abbott and Bret Bogenschneider, "Should Robots Pay Taxes? Tax Policy in the Age of Automation," *Harvard Law & Policy Review* 12 (2018).

26 John DiNardo, Nicole M. Fortin, and Thomas Lemieux, "Labor Market Institutions and Distribution of Wages, 1973–1990: A Semiparametric Approach," *Econometrica* 64, no. 5 (1996): 1001–44; David Card, "The Effect of Unions on the Structure of Wages: A Longitudinal Analysis," *Econometrica* 64, no. 4 (1996): 957–79; Richard B. Freeman, "How Much Has Deunionization Contributed to the Rise of Male Earnings Inequality?," in eds. Sheldon Danziger and Peter Gottschalk *Uneven Tides: Rising Income Inequality in America* (New York: Russell Sage Foundation, 1993), 133–63.

27 參見"UK Public Spending Since 1900," https://www.ukpublicspending.co.uk/past_spending.

28 John Kenneth Galbraith. "Recession Economics." *New York Review of Books*, February 4, 1982.

29 Facundo Alvaredo, Lucas Chancel, Thomas Piketty, Emmanuel Saez, and Gabriel Zucman, "World Inequality Report 2018: Executive Summary," Wid.World, 2017, accessed April 13, 2019, from the World Inequality Lab website: https://wir2018.wid.world/files/download/wir2018-summary-english.pdf.

30 "United Kingdom," World Inequality Database, Wid.World, accessed April 13, 2019, https://wid.world/

country/united-kingdom/.

31 Thomas Piketty, Emmanuel Saez, and Stefanie Stantcheva, "Optimal Taxation of Top Labor Incomes: A Tale of Three Elasticities," *American Economic Journal: Economic Policy* 6, no. 1 (2014): 230–71, DOI: 10.1257/pol.6.1.230.

32 Facundo Alvaredo, Lucas Chancel, Thomas Piketty, Emmanuel Saez, and Gabriel Zucman, "World Inequality Report 2018," Wid.World, retrieved from the World Inequality Lab website: https://wir2018.wid.world/files/download/wir2018-full-report-english.pdf.

33 David Autor, "Work of the Past, Work of the Future," Richard T. Ely Lecture, *American Economic Review: Papers and Proceedings*, 2019.

34 David Autor, David Dorn, Lawrence F. Katz, Christina Patterson, and John Van Reenen, "The Fall of the Labor Share and the Rise of Superstar Firms," NBER Working Paper 23396, issued in May 2017, DOI: 10.3386/ w2339.

35 Thomas Piketty, *Capital in the Twenty-First Century*, trans. Arthur Goldhammer (Cambridge, MA: Harvard University Press, 2014).

36 World Bank Data, accessed April 19, 2019, https://data.worldbank.org/indicator/ne.trd.gnfs.zs.

37 Claudia Goldin and Lawrence F. Katz, *The Race between Education and Technology* (Cambridge, MA: Harvard University Press, 2010).

38 Thomas Piketty, *Capital in the Twenty-First Century*, trans. Arthur Goldhammer (Cambridge, MA: Harvard University Press, 2014).

39 David Autor, David Dorn, Lawrence F. Katz, Christina Patterson, and John Van Reenen, "The Fall of the Labor Share and the Rise of Superstar Firms," NBER Working Paper 23396 10.3386/w2339, 2017.

40 Jason Furman and Peter Orszag, "Slower Productivity and Higher Inequality: Are They Related?," Peterson Institute for International Economics Working Paper 18-4, 2018.

41 Jae Song, David J Price, Fatih Guvenen, Nicholas Bloom, Till von Wachter, "Firming Up Inequality," *Quarterly Journal of Economics*, Volume 134, no. 1 (2019): 1–50, https://doi.org/10.1093/qje/qjy025.

42 Sherwin Rosen, "The Economics of Superstars," *American Economic Review* 71, no. 5 (1981): 845–58.

43 Xavier Gabaix and Augustin Landier, "Why Has CEO Pay Increased So Much?," *Quarterly Journal of Economics* 123, no. 1 (2008): 49–100.

44 Facundo Alvaredo, Lucas Chancel, Thomas Piketty, Emmanuel Saez, and Gabriel Zucman, "World Inequality Report 2018," Wid.World, 2017, retrieved from the World Inequality Lab website: https://wir2018.wid.world/files/download/wir2018-full-report-english.pdf.

45 World Inequality Database, Wid.World, https://www.wid.world.

46 Robin Greenwood and David Scharfstein, "The Growth of Finance," *Journal of Economic Perspectives* 27, no. 2 (2013): 3–28.

47 Thomas Philippon and Ariell Reshef, "Wages and Human Capital in the U.S. Finance Industry: 1909–2006," *Quarterly Journal of Economics* 127, no. 4 (2012): 1551–1609.

48 Brian Bell and John Van Reenen, "Bankers' Pay and Extreme Wage Inequality in the UK," CEP Special Report, 2010.

49 Jon Bakija, Adam Cole, and Bradley T. Heim, "Jobs and Income Growth of Top Earners and the Causes of Changing Income Inequality: Evidence from U.S. Tax Return Data," working paper, Williams College, 2012, accessed June 19, 2019, https://web.williams.edu/Economics/wp/BakijaColeHeimJobsIncomeGrowthTopEarners.pdf.

50 Bertrand Garbinti, Jonathan Goupille-Lebret, and Thomas Piketty, "Income Inequality in France, 1900–2014: Evidence from Distributional National Accounts (DINA)," WID.world Working Paper Series No. 2017/4, 2017.

51 Olivier Godechot, "Is Finance Responsible for the Rise in Wage Inequality in France?," *Socio-Economic Review* 10, no. 3 (2012): 447–70.

52 Eugene F. Fama and Kenneth R. French, "Luck Versus Skill in the Cross-Section of Mutual-Fund Returns," *Journal of Finance* 65, no. 5 (2010): 1915–47.

53 Thomas Philippon and Ariell Reshef, "Wages and Human Capital in the U.S. Finance Industry: 1909–2006, *Quarterly Journal of Economics* 127, no. 4 (2012): 1551–1609.

54 Robin Greenwood and David Scharfstein, "The Growth of Finance," *Journal of Economic Perspectives* 27, no. 2 (2013): 3–28.

55 Claudia Goldin and Lawrence F. Katz, "Transitions: Career and Family Life Cycles of the Educational Elite," *American Economic Review* 98, no. 2 (2008): 363–69.

56 Marianne Bertrand and Sendhil Mullainathan, "Are CEO's Rewarded for Luck? The Ones Without Principals Are," *Quarterly Journal of Economics* 116, no. 3 (2001): 901–32.

57 Scharfstein和Greenwood的研究顯示，在多數歐陸國家，金融占經濟的比重在一九九〇和二〇〇〇年代並未顯著提高，在若干國家甚至降低了。Robin Greenwood and David Scharfstein, "The Growth of Finance," *Journal of Economic Perspectives* 27, no. 2 (2013): 3–28.

58 Thomas Piketty, *Capital in the Twenty-First Century*, trans. Arthur Goldhammer (Cambridge, MA: Harvard University Press, 2014), 550–51, and Emmanuel Saez and Gabriel Zucman, "Alexandria Ocasio-Cortez's Idea Is Not about Soaking the Rich," accessed April 20, 2019, https://www.nytimes.com/2019/01/22/opinion/ocasio-cortez-taxes.html.

59 Thomas Piketty, Emmanuel Saez, and Stefanie Stantcheva, "Optimal Taxation of Top Labor Incomes: A Tale of Three Elasticities," *American Economic Journal: Economic Policy* 6, no. 1 (2014): 230–71.

60 Maury Brown, "It's Time to Blowup the Salary Cap Systems in the NFL, NBA, and NHL," *Forbes*, March 10, 2015, accessed April 11, 2019, https://www.forbes.com/sites/maurybrown/2015/03/10/its-time-to-blowup-

the-salary-cap-systems-in-the-nfl-nba-and-nhl/#1e35ced969b3.

61 本節和下一節的討論主要參考Thomas Piketty、Emmanuel Saez和Gabriel Zucman的著作。讀者若想更深入瞭解，請閱讀Thomas Piketty, *Capital in the Twentieth Century*, trans. Arthur Goldhammer (Cambridge, MA: Harvard University Press, 2014); Gabriel Zucman's *The Hidden Wealth of Nations* (Chicago: University of Chicago Press, 2015);以及Saez's and Zucman's forthcoming book, *The Triumph of Injustice*。

62 Emmanuel Saez, Joel Slemrod, and Seth H. Giertz, "The Elasticity of Taxable Income with Respect to Marginal Tax Rates: A Critical Review," *Journal of Economic Literature* 50, no. 1 (2012): 3–50.

63 Pian Shu, "Career Choice and Skill Development of MIT Graduates: Are the 'Best and Brightest' Going into Finance?," Harvard Business School Working Paper 16-067, 2017.

64 David Autor, "Skills, Education, and the Rise of Earnings Inequality among the 'Other 99 Percent,'" *Science* 344, no. 6168 (2014): 843–51.

65 Henrik J. Kleven, Camille Landais, and Emmanuel Saez. 2013. "Taxation and International Migration of Superstars: Evidence from the European Football Market," *American Economic Review* 103, no. 5: 1892–1924.

66 Annette Alstadsæter, Niels Johannesen, and Gabriel Zucman, "Tax Evasion and Inequality," NBER Working Paper 23772, 2018.

67 Thomas Piketty, *Capital in the Twenty-First Century*, trans. Arthur Goldhammer (Cambridge, MA: Harvard University Press, 2014).

68 同上。

69 另一部分原因是投資收益適用較低的稅率。財富稅的替代方案之一，是即使投資收益並未分配給投資人，政府也加以課稅，但計算這種收益涉及很大的技術困難。

70 Ben Casselman and Jim Tankersly, "Democrats Want to Tax the Wealthy. Many Voters Agree." *New York Times*, February 19, 2019, https://www.nytimes.com/2019/02/19/business/economy/wealth-tax-elizabeth-warren.html.

71 H. J. Kleven, Knudsen, M. B., Kreiner, C. T., Pedersen, S. and E. Saez, "Unwilling or Unable to Cheat? Evidence from a Tax Audit Experiment in Denmark," *Econometrica* 79 (2011): 651–92, doi:10.3982/ECTA9113.

72 Gabriel Zucman, "Sanctions for Offshore Tax Havens, Transparency at Home," *New York Times*, April 7, 2016; Gabriel Zucman, "The Desperate Inequality behind Global Tax Dodging," *Guardian*, November 8, 2017.

73 Henrik Jacobsen Kleven, Camille Landais, Emmanuel Saez, and Esben Schultz, "Migration and Wage Effects of Taxing Top Earners: Evidence from the Foreigners' Tax Scheme in Denmark," *Quarterly Journal of Economics* 129, no. 1 (2013): 333–78.

74 Ben Casselman and Jim Tankersly, "Democrats Want to Tax the Wealthy. Many Voters Agree," *New York Times*, February 19, 2019, https://www.nytimes.com/2019/02/19/business/economy/wealth-tax-elizabeth-warren.html.

75 Abhijit Banerjee, Esther Duflo, and Stefanie Stantcheva, "Me and Everyone Else: Do People Think Like Economists?," MIMEO, Massachusetts Institute of Technology, 2019.

76 Erzo F. P. Luttmer, "Neighbors as Negatives: Relative Earnings and Well-Being," *Quarterly Journal of Economics* 120, no. 3 (2005): 963–1002.

77 Ricardo Perez-Truglia, "The Effects of Income Transparency on Well-Being: Evidence from a Natural Experiment," NBER Working Paper 25622, 2019.

78 Leonardo Bursztyn, Bruno Ferman, Stefano Fiorin, Martin Kanz, Gautam Rao, "Status Goods: Experimental Evidence from Platinum Credit Cards," *Quarterly Journal of Economics* 133, no. 3 (2018): 1561–95, https://doi.org/10.1093/qje/qjx048.

79 Alberto Alesina, Stefanie Stantcheva, and Edoardo Teso, "Intergenerational Mobility and Preferences for Redistribution," *American Economic Review* 108, no. 2 (2018): 521–54.

80 同上。

81 同上。

82 Anne Case and Angus Deaton, "Rising Midlife Morbidity and Mortality, US Whites," Proceedings of the National Academy of Sciences, December 2015, 112 (49) 15078-15083; DOI:10.1073/pnas.1518393112; Anne Case and Angus Deaton, "Mortality and Morbidity in the 21st Century," Brookings Papers on Economic Activity, 2017.

83 Tamara Men, Paul Brennan, and David Zaridze, "Russian Mortality Trends for 1991–2001: Analysis by Cause and Region," *BMJ: British Medical Journal* 327, no. 7421 (2003): 964–66.

84 Anne Case and Angus Deaton, "Mortality and Morbidity in the 21st Century," Brookings Papers on Economic Activity, 2017.

85 Alberto Alesina, Stefanie Stantcheva, and Edoardo Teso, "Intergenerational Mobility and Preferences for Redistribution," *American Economic Review* 108, no. 2 (2018): 521–54.

86 Emily Breza, Supreet Kaur, and Yogita Shamdasani, "The Morale Effects of Income Inequality." *Quarterly Journal of Economics* 133, no.2 (2017): 611–63.

87 David Autor, David Dorn, Gordon Hansen, and Kaveh Majlesi, "Importing Political Polarization. The Electoral Consequences of Rising Trade Exposure," NBER Working Paper 22637, September 2016, revised December 2017.

8 受到認可的政府

1 "Revenue Statistics 2018 Tax Revenue Trends in the OECD," Organisation for Economic Co-operation and Development, December 5, 2018, accessed June 18, 2018, https://www.oecd.org/tax/tax-policy/revenue-statistics-highlights-brochure.pdf.

2 Emmanuel Saez and Gabriel Zucman to Elizabeth Warren, January 18 2019, http://gabriel-zucman.eu/files/

saez-zucman-wealthtax-warren.pdf.

3 Ben Casselman and Jim Tankersly, "Democrats Want to Tax the Wealthy. Many Voters Agree," *New York Times*, February 19, 2019, https://www.nytimes.com/2019/02/19/business/economy/wealth-tax-elizabeth-warren.html.

4 Abhijit Banerjee, Esther Duflo, and Stefanie Stantcheva, "Me and Everyone Else: Do People Think Like Economists?," MIMEO, Massachusetts Institute of Technology, 2019.

5 以下著作引述：*Conservatives Betrayed: How George W. Bush and Other Big Government Republicans Hijacked the Conservative Cause*, by Richard A. Viguerie (Los Angeles: Bonus Books, 2006), 46.

6 Emmanuel Saez, Joel Slemrod, and Seth H. Giertz, "The Elasticity of Taxable Income with Respect to Marginal Tax Rates: A Critical Review," *Journal of Economic Literature* 50, no. 1 (2012): 3–50.

7 Isabel Z. Martinez, Emmanuel Saez, and Michael Seigenthaler, "Intertemporal Labor Supply Substitution? Evidence from the Swiss Income Tax Holidays," NBER Working Paper 24634, 2018.

8 Emmanuel Saez, Joel Slemrod, and Seth H. Giertz, "The Elasticity of Taxable Income with Respect to Marginal Tax Rates: A Critical Review," *Journal of Economic Literature* 50, no. 1 (2012): 3–50.

9 Abhijit Banerjee, Esther Duflo, and Stefanie Stantcheva, "Me and Everyone Else: Do People Think Like Economists?," MIMEO, Massachusetts Institute of Technology, 2019.

10 雷根一九八一年華府就職演說。

11 Alberto Alesina, Stefanie Stantcheva, and Edoardo Teso, "Intergenerational Mobility and Preferences for Redistribution," *American Economic Review* 108, no. 2 (2018): 521–54.

12 Anju Agnihotri Chaba, "Sustainable Agriculture: Punjab Has a New Plan to Move Farmers Away from Water-Guzzling Paddy," *Indian Express*, March 28 2018, accessed March 4, 2019, https://indianexpress.com/article/india/sustainable-agriculture-punjab-has-a-new-plan-to-move-farmers-away-from-water-guzzling-paddy-5064481/.

13 "Which States Rely Most on Federal Aid?," Tax Foundation, accessed April 19, 2019, https://taxfoundation.org/states-rely-most-federal-aid/.

14 傅利曼啟發了好幾個世代的經濟學家，尤其是右派經濟學家。他有句名言常被引用，在推特上很流行，幾乎所有的名言資料庫都有收錄：「偉大的文明成就並非來自政府機構。」他接著補充道：「愛因斯坦不是在官僚的命令下建構他的理論。」選擇這個例子很奇怪。愛因斯坦的早期研究就是他（在瑞士專利局）當一名官僚時做的，而如果他沒有後來的那些成就，他會變成政府浪費資源的最佳例子。Milton Friedman Quotes, BrainyQuote.com, BrainyMedia Inc., 2019, accessed June 18, 2019, https://www.brainyquote.com/quotes/milton_friedman_412621.

15 Abhijit Banerjee, Rema Hanna, Jordan Kyle, Benjamin A. Olken, and Sudarno Sumarto, "Tangible Information and Citizen Empowerment: Identification Cards and Food Subsidy Programs in Indonesia," *Journal of Political Economy* 126, no. 2 (2018).

16 Karthik Muralidharan and Venkatesh Sundararaman, "The Aggregate Effect of School Choice: Evidence from a Two-Stage Experiment in India," *Quarterly Journal of Economics* 130, no. 3 (2015): 1011–66.

17 Luc Behaghel, Bruno Crépon, and Marc Gurgand, "Private and Public Provision of Counseling to Job Seekers: Evidence from a Large Controlled Experiment," *American Economic Journal: Applied Economics* 6, no. 4 (2014): 142–74.

18 Mauricio Romero, Justin Sandefur and Wayne Sandholtz, "Outsourcing Service Delivery in a Fragile State: Experimental Evidence from Liberia," working paper, ITAM, accessed June 18, 2019, https://www.dropbox.com/s/o82lfb6tdffedya/MainText.pdf?dl=0.

19 Finlay Young, "What Will Come of the More Than Me Rape Scandal?," ProPublica, May 3, 2019, accessed June 18, 2019 https://www.propublica.org/article/more-than-me-liberia-rape-scandal.

20 Oriana Bandiera, Andrea Prat, and Tommaso Valletti, "Active and Passive Waste in Government Spending: Evidence from a Policy Experiment," *American Economic Review* 99, no. 4 (2009): 1278–1308.

21 Abhijit Banerjee, Rema Hanna, Jordan Kyle, Benjamin A. Olken, and Sudarno Sumarto, "Tangible Information and Citizen Empowerment: Identification Cards and Food Subsidy Programs in Indonesia," *Journal of Political Economy* 126, no. 2 (2018): 451–91.

22 Abhijit Banerjee, Esther Duflo, and Stefanie Stantcheva, "Me and Everyone Else: Do People Think Like Economists?," MIMEO, Massachusetts Institute of Technology, 2019.

23 Alain Cohn, Ernst Fehr, and Michel Andre Marechal, "Business Culture and Dishonesty in the Banking Industry," *Nature* 516: (2014) 86–89.

24 Reman Hanna and Shing-Yi Wang, "Dishonesty and Selection into Public Service: Evidence from India," *American Economic Journal: Economic Policy* 9 no. 3 (2017): 262–90.

25 Sebastian Baufort, Nikolaj Harmon, Frederik Hjorth, and Asmus Leth Olsen et al., "Dishonesty and Selection into Public Service in Denmark: Who Runs the World's Least Corrupt Public Sector?," Discussion Papers 15–12, University of Copenhagen, Department of Economics, 2015.

26 Oriana Bandiera, Michael Carlos Best, Adnan Khan, and Andrea Prat, "Incentives and the Allocation of Authority in Organizations: A Field Experiment with Bureaucrats," CEP/DOM Capabilities, Competition and Innovation Seminars, London School of Economics, London, May 24 2018.

27 Clay Johnson and Harper Reed, "Why the Government Never Gets Tech Right," *New York Times*, October 24, 2013, accessed March 4, 2019, https://www.nytimes.com/2013/10/25/opinion/getting-to-the-bottom-of-healthcaregovs-flop.html?_r=0.

28 Bertrand Garbinti, Jonathan Goupille-Lebret, and Thomas Piketty, "Income Inequality in France, 1900–2014: Evidence from Distributional National Accounts (DINA)," *Journal of Public Economics* 162 (2018): 63–77.

29 Thomas Piketty and Nancy Qian, "Income Inequality and Progressive Income Taxation in China and India, 1986–2015," *American Economic Journal: Applied Economics* 1 no. 2 (2009): 53–63, DOI: 10.1257/app.1.2.53.

30 World Inequality Database, accessed June 19, 2019, https://wid.world/ country/india/ and https://wid.world/country/china/.

31 Luis Felipe López-Calva and Nora Lustig, *Declining Inequality in Latin America: A Decade of Progress?* (Washington, DC: Brookings Institution Press, 2010), 1–24.

32 Santiago Levy, *Progress Against Poverty: Sustaining Mexico's PROGRESA-Oportunidades Program* (Washington, DC: Brookings Institution Press, 2006).

33 數十項研究記錄了「進步」實驗的各方面。第一篇工作論文是Paul J. Gertler and Simone Boyce, "An Experiment in Incentive-Based Welfare: The Impact of Progresa on Health in Mexico," working paper, 2003。以下著作概括了這些研究和隨後的實驗：*Conditional Cash Transfers: Reducing Present and Future Poverty*, ed. Ariel Fizsbein and Norbert Schady, accessed on April 19, 2019, http://documents.worldbank.org/curated/en/914561468314712643/Conditional-cash-transfers-reducing-present-and-future-poverty。

34 World Inequality data base, accessed on June 18, 2019, https://wid.world/country/colombia, https://wid.world/country/chile, https://wid.world/country/brazil.

9 發放金錢與關心在意

1 新方案的主管Laticia Animas引述該觀點。Benjamin Russell, "What AMLO's Anti-Poverty Overhaul Says About His Government," *Americas Quarterly*, February 26, 2019, accessed April 17, 2019, https://www.

americasquarterly.org/content/what-amlos-anti-poverty-overhaul-says-about-his-government.

2 David Raul Perez Coady and Hadid Vera-Llamas, "Evaluating the Cost of Poverty Alleviation Transfer Programs: An Illustration Based on PROGRESA in Mexico," IFRPI discussion paper, http://ebrary.ifpri.org/utils/getfile/collection/p15738coll2/id/60365/filename/60318.pdf. 亦見Natalia Caldes, David Coady, and John A. Maluccio, "The Cost of Poverty Alleviation Transfer Programs: A Comparative Analysis of Three Programs in Latin America," *World Development* 34, no. 5 (2006): 818–37.

3 Florencia Devoto, Esther Duflo, Pascaline Dupas, William Parienté, and Vincent Pons, "Happiness on Tap: Piped Water Adoption in Urban Morocco," *American Economic Journal: Economic Policy* 4 no. 4 (2012): 68–99.

4 Maria Mini Jos, Rinku Murgai, Shrayana Bhattacharya, and Soumya Kapoor Mehta, "From Policy to Practice: How Should Social Pensions Be Scaled Up?," *Economic and Political Weekly* 50, no. 14 (2015).

5 Sarika Gupta, "Perils of the Paperwork: The Impact of Information and Application Assistance on Welfare Program Take-Up in India," Harvard University, November 2017, accessed June 19, 2019, https://scholar.harvard.edu/files/sarikagupta/files/gupta_jmp_11_1.pdf.

6 Esther Duflo, "The Economist as Plumber," *American Economic Review: Papers & Proceedings* 107, no. 5 (2017): 1–26.

7 Amy Finkelstein and Matthew J. Notowidigdo, "Take-up and Targeting: Experimental Evidence from SNAP,"

NBER Working Paper 24652, 2018.

8 Diane Whitmore Schanzenbach, “Experimental Estimates to the Barriers of Food Stamp Enrollment,” Institute for Research on Poverty Discussion Paper no. 1367-09, September 2009.

9 Bruno Tardieu, *Quand un people parle: ATD, Quarte Monde, un combat radical contre la misère* (Paris: Editions La Découverte, 2015).

10 Najy Benhassine, Florencia Devoto, Esther Duflo, Pascaline Dupas, and Victor Pouliquen, “Turning a Shove into a Nudge? A ‘Labeled Cash Transfer’ for Education,” *American Economic Journal: Economic Policy* 7, no. 3 (2015): 86–125.

11 Robert Reich評論兩本有關全民基本收入的書時，概括了這些關鍵數據：https://www.nytimes.com/2018/07/09/books/review/annie-lowrey-give-people-money-andrew-yang-war-on-normal-people.html。它們也可以在那兩本書中找到：Annie Lowrey, *Give People Money: How a Universal Basic Income Would End Poverty, Revolutionize Work, and Remake the World*, 2018, and Andrew Yang, *The War on Normal People: The Truth About America's Disappearing Jobs and Why Universal Basic Income Is Our Future*, 2018。

12 George Bernard Shaw, *Pygmalion* (London: Penguin Classics, 2013).

13 Map Descriptive of London Poverty 1898–9, accessed April 21, 2019, https://booth.lse.ac.uk/learn-more/download-maps/sheet9.

14 “Radio Address to the Nation on Welfare Reform,” Ronald Reagan Presidential Library and Museum, accessed

March 20, 2019, https://www.reaganlibrary.gov/research/speeches/21586a.

15 同上。

16 讀者若想瞭解詳情，可參考概括相關文獻的以下幾本書：James P. Ziliak, "Temporary Assistance for Needy Families," in *Economics of Means-TestedTransfer Programs in the United States*, vol. 1, ed. Robert A. Moffitt (National Bureau of Economic Research and University of Chicago Press, 2016), 303–93; Robert Moffitt "The Temporary Assistance for Needy Families Program," in *Means-Tested Transfer Programs in the U.S.*, ed. R. Moffitt (University of Chicago Press and NBER, 2003); Robert Moffitt, "The Effect of Welfare on Marriage and Fertility: What Do We Know and What Do We Need to Know?," in *Welfare, the Family, and Reproductive Behavior*, ed. R. Moffitt (Washington, DC: National Research Council, National Academy of Sciences Press, 1998)。

17 Sibith Ndiaye (@SibithNdiaye), "Le Président? Toujours exigeant. Pas encore satisfait du discours qu'il prononcera demain au congrès de la Mutualité, il nous précise donc le brief! Au boulot!," tweet, June 12, 2018, 3:28 p.m., accessed June 19, 2019, https://twitter.com/SibethNdiaye/status/1006664614619308033.

18 "Expanding Work Requirements in Non-Cash Welfare Programs," Council of Economic Advisors, July 2018, https://www.whitehouse.gov/wp-content/uploads/2018/07/Expanding-Work-Requirements-in-Non-Cash-Welfare-Programs.pdf.

19 Shrayana Bhattacharya, Vanita Leah Falcao, and Raghav Puri, "The Public Distribution System in India: Policy

Evaluation and Program Delivery Trends," in *The 1.5 Billion People Question: Food, Vouchers, or Cash Transfers?* (Washington, DC: World Bank, 2017).

20 "Egypt to Raise Food Subsidy Allowance in Bid to Ease Pressure from Austerity," Reuters, June 20, 2017, accessed June 19, 2019, https://www.reuters.com/article/us-egypt-economy/egypt-to-raise-food-subsidy-allowance-in-bid-to-ease-pressure-from-austerity-idUSKBN19B2YW.

21 Peter Timmer, Hastuti, and Sudarno Sumarto, "Evolution and Implementation of the Rastra Program in Indonesia," in *The 1.5 Billion People Question: Food, Vouchers, or Cash Transfers?* (Washington, DC: World Bank, 2017).

22 Abhijit Banerjee, Rema Hanna, Jordan Kyle, Benjamin A. Olken, and Sudarno Sumarto, "Tangible Information and Citizen Empowerment: Identification Cards and Food Subsidy Programs in Indonesia," *Journal of Political Economy* 126, no. 2 (2018): 451–91.

23 Reetika Khera, "Cash vs In-Kind Transfers: Indian Data Meets Theory," *Food Policy* 46 (June 2014): 116–28, https://doi.org/10.1016/j.foodpol.2014.03.009.

24 Ugo Gentilini, Maddalena Honorati, and Ruslan Yemtsov, "The State of Social Safety Nets 2014 (English)," World Bank Group, 2014, accessed June 19, 2019, http://documents.worldbank.org/curated/en/302571468320707386/The-state-of-social-safety-nets-2014.

25 Abhijit V. Banerjee, "Policies for a Better Fed World," *Review of World Economics* 152, no. 1 (2016): 3–17.

26 David K. Evans and Anna Popova "Cash Transfers and Temptation Goods," *Economic Development and Cultural Change* 65, no. 2 (2917), 189–221.

27 Abhijit V. Banerjee, "Policies for a Better Fed World," *Review of World Economics* 152, no. 1 (2016): 3–17.

28 Johannes Haushofer and Jeremy Shapiro, "The Short-Term Impact of Unconditional Cash Transfers to the Poor: Experimental Evidence from Kenya," *Quarterly Journal of Economics* 131, no. 4 (2016): 1973–2042.

29 Ercia Field, Rohini Pande, Natalia Rigol, Simone Schaner, and Charity Troyer Moore, "On Her Account: Can Strengthening Women's Financial Control Boost Female Labor Supply?," working paper, Harvard University, Cambridge, MA, 2016, accessed June 19, 2019, http://scholar.harvard.edu/files/rpande/files/on_her_account.can_strengthening_womens_financial_ control_boost_female_labor_supply.pdf.

30 Abhijit Banerjee, Rema Hanna, Gabriel Kreindler, and Ben Olken, "Debunking the Stereotype of the Lazy Welfare Recipient: Evidence from Cash Transfer Programs," *World Bank Research Observer* 32, no. 2 (August 2017) 155–84, https://doi.org/10.1093/wbro/lkx002.

31 Abhijit Banerjee, Karlan Dean and Chris Udry, "Does Poverty Increase Labor Supply? Evidence from Multiple Income Effects," MIMEO, Massachusetts Institute of Technology, 2019.

32 David Greenberg and Mark Shroder, "Part 1: Introduction. An Overview of Social Experimentation and the Digest," *Digest of Social Experiments*, accessed March 25, 2019, https://web.archive.org/web/20111130101109/http://www.urban.org/pubs/digest/introduction.html#n22.

33 Philip K. Robins, "A Comparison of the Labor Supply Findings from the Four Negative Income Tax Experiments," *Journal of Human Resources* 20, no. 4 (Autumn 1985): 567–82.

34 Orley Ashenfelter and Mark W. Plant, "Nonparametric Estimates of the Labor Supply Effects of Negative Income Tax Programs," *Journal of Labor Economics* 8, no. 1, Part 2: Essays in Honor of Albert Rees (January 1990): S396–S415.

35 Philip K. Robins, "A Comparison of the Labor Supply Findings from the Four Negative Income Tax Experiments," *Journal of Human Resources* 20, no. 4 (Autumn, 1985): 567–82.

36 同上。

37 Albert Rees, "An Overview of the Labor-Supply Results," *Journal of Human Resources* 9, no. 2 (Spring 1974): 158–180.

38 Damon Jones and Ioana Marinescu, "The Labor Market Impacts of Universal and Permanent Cash Transfers: Evidence from the Alaska Permanent Fund," NBER Working Paper 24312.

39 Randall K .Q. Akee, William E. Copeland, Gordon Keeler, Adrian Angold, and E. Jane Costello, "Parents' Income and Children's Outcomes: A Quasi-Experiment Using Transfer Payments from Casino Profits," *American Economic Journal: Applied Economics* 2, no. 1 (2010): 86–115.

40 Vivi Alatas, Abhijit Banerjee, Rema Hanna, Matt Wai-poi, Ririn Purnamasari, Benjamin A. Olken, and Julia Tobias, "Targeting the Poor: Evidence from a Field Experiment in Indonesia," *American Economic Review* 102,

no. 4 (2012): 1206–40, DOI: 10.1257/aer.102.4.1206.

41 Clément Imbert and John Papp, "Labor Market Effects of Social Programs: Evidence from India's Employment Guarantee," *American Economic Journal: Applied Economics* 7, no. 2 (2015): 233–63; Muralidharan Karthik, Paul Niehuas, and Sandip Sukhtankar, "General Equilibrium Effects of (Improving) Public Employment Programs: Experimental Evidence from India," NBER Working Paper 23838, 2018 DOI: 10.3386/w23838.

42 Martin Ravalion, "Is a Decentralized Right to Work Policy Feasible?," NBER Working Paper 25687, March 2019.

43 Abhijit Banerjee, Esther Duflo, Clement Imbert, Santhos Mattthews, and Rohini Pande, "E-Governance, Accountability, and Leakage in Public Programs: Experimental Evidence from a Financial Management Reform in India," NBER Working Paper 22803, 2016.

44 "Economic Survey 2016–17," Government of India, Ministry of Finance, Department of Economic Affairs, Economic Division, 2017, 188–90.

45 Nur Cahyadi, Rema Hanna, Benjamin A. Olken, Rizal Adi Prima, Elan Satriawan, and Ekki Syamsulhakim, "Cumulative Impacts of Conditional Cash Transfer Programs: Experimental Evidence from Indonesia," NBER Working Paper 24670, 2018.

46 Najy Benhassine, Florencia Devoto, Esther Duflo, Pascaline Dupas, and Victor Pouliquen, "Turning a Shove into a Nudge? A "Labeled Cash Transfer" for Education," *American Economic Journal: Economic Policy* 7, no. 3

(2015): 86–125.

47 Aaron Smith and Monica Anderson, "Americans' Attitudes towards a Future in Which Robots and Computers Can Do Many Human Jobs," Pew Research Center, October 4, 2017, accessed April 3, 2019, http://www.pewinternet.org/2017/10/04/americans-attitudes-toward-a-future-in-which-robots-and-computers-can-do-many-human-jobs/.

48 Robert B. Reich, "What If the Government Gave Everyone a Paycheck?," July 9, 2018, https://www.nytimes.com/2018/07/09/books/review/annie-lowrey-give-people-money-andrew-yang-war-on-normal-people.html.

49 Olli Kangas, Signe Jauhiainen, Miska Simanainen, Mina Ylikännö, eds., "The Basic Income Experiment 2017–2018 in Finland. Preliminary Results," Reports and Memorandums of the Ministry of Social Affairs and Health, 2019, 9.

50 Abhijit Banerjee, Esther Duflo, and Stefanie Stantcheva, "Me and Everyone Else: Do People Think Like Economists?," MIMEO, Massachusetts Institute of Technology, 2019.

51 Nicole Maestas, Kathleen J. Mullen, David Powell, Till von Wachter, and Jeffrey B. Wenger, "Working Conditions in the United States: Results of the 2015 American Working Conditions Survey," Rand Corporation, 2017.

52 "The State of American Jobs: How the Shifting Economic Landscape Is Reshaping Work and Society and Affecting the Way People Think about the Skills and Training They Need to Get Ahead," ch. 3, Pew Research

Center, October 2016, accessed April 21, 2019, http://www.pewsocialtrends.org/2016/10/06/3-how-americans-view-their-jobs/#fn-22004-26.

53 參見 Steve Davis and Till Von Wachter, "Recession and the Costs of Job Loss," Brookings Papers on Economic Activity, Brookings Institution, Washington, DC, 2011, https://www.brookings.edu/wp-content/uploads/2011/09/2011b_bpea_davis.pdf，以及該文提到的參考文獻。

54 Daniel Sullivan and Till Von Wachter, "Job Displacement and Mortality: An Analysis Using Administrative Data," *Quarterly Journal of Economics* 124, no. 3 (2009): 1265–1306.

55 Mark Aguiar and Erik Hurst, "Measuring Trends in Leisure: The Allocation of Time over Five Decades," *Quarterly Journal of Economics* 122, no. 3 (2007): 969–100.

56 Mark Aguiar, Mark Bils, Kerwin Kofi Charles, and Erik Hurst, "Leisure Luxuries and the Labor Supply of Young Men," NBER Working Paper 23552, June 2007.

57 "American Time Use Survey—2017 Results," news release, Bureau of Labor Statistics, US Department of Labor, June 28, 2018, accessed June 19, 2019, https://www.bls.gov/news.release/atus.nr0.htm.

58 Mark Aguiar, Erik Hurst, and Loukas Karabarbounis, "Time Use During the Great Recession," *American Economic Review* 103, no. 5 (2013): 1664–96.

59 Daniel Kahneman and Alan G. Krueger, "Developments in the Measurement of Subjective Well-Being," *Journal of Economic Perspectives* 20, no. 1 (2006): 3–24.

60 Aaron Smith and Monica Anderson, "Americans' Attitudes towards a Future in Which Robots and Computers Can Do Many Human Jobs," Pew Research Center, October 4, 2017, accessed April 3, 2019, http://www.pewinternet.org/2017/10/04/americans-attitudes-toward-a-future-in-which-robots-and-computers-can-do-many-human-jobs/.

61 "Volunteering in the United States, 2015," Economic News Release, February 25, 2016, accessed April 21, 2019, https://www.bls.gov/news.release/volun.nr0.htm.

62 David Deming, "The Growing Importance of Social Skills in the Labor Market," *Quarterly Journal of Economics* 132, no. 4 (2017): 1593–1640, https://doi.org/10.1093/qje/qjx022.

63 Román Zárate, "Social and Cognitive Peer Effects: Experimental Evidence from Selective High Schools in Peru," MIT Economics, 2019, accessed June 19, 2019, https://economics.mit.edu/files/16276.

64 Raj Chetty, Nathaniel Hendren, Patrick Kline, and Emmanuel Saez, "Where Is the Land of Opportunity? The Geography of Intergenerational Mobility in the United States," *Quarterly Journal of Economics* 129, no. 4 (2014): 1553–1623, https://doi.org/10.1093/qje/qju022.

65 Lawrence F. Katz, Jeffrey R. Kling, and Jeffrey B. Liebman, "Moving to Opportunity in Boston: Early Results of a Randomized Mobility Experiment," *Quarterly Journal of Economics* 116 no. 2 (2001): 607–54, https://doi.org/10.1162/00335530151144113.

66 Ra Chetty, Nathaniel Hendren, and Lawrence F. Katz, "The Effect of Exposure to Better Neighborhoods and

Children: New Evidence from the Moving to Opportunity Experiment," *American Economic Review* 106, no. 4 (2016): 855–902.

67 Raj Chetty and Nathaniel Hendren, "The Impacts of Neighborhoods on Intergenerational Mobility II: County-Level Estimates," *Quarterly Journal of Economics* 133, no. 3 (2018): 1163–1228.

68 Roland G. Fryer Jr., "The Production of Human Capital in Developed Countries: Evidence from 196 Randomized Field Experiments," in *Handbook of Economic Field Experiments* 2 (Amsterdam: North-Holland, 2017): 95–322.

69 Abhijit Banerjee, Rukmini Banerji, James Berry, Esther Duflo, Harini Kannan, Shobhini Mukerji, Marc Shotland, and Michael Walton, "From Proof of Concept to Scalable Policies: Challenges and Solutions, with an Application," *Journal of Economic Perspectives* 31, no. 4 (2017): 73–102.

70 Raj Chetty, John Friedman, Nathaniel Hilger, Emmanuel Saez, Diane Whitmore Schanzenbach, and Danny Yagan, "How Does Your Kindergarten Classroom Affect Your Earnings? Evidence from Project Star," *Quarterly Journal of Economics* 126, no. 4 (2011): 1593–1660.

71 Ajay Chaudry and Rupa Datta, "The Current Landscape for Public Pre-Kindergarten Programs," in *The Current State of Scientific Knowledge on Pre-Kindergarten Effects*, Brookings Institution, Washington, DC, 2017, accessed June 19, 2019 https://www.brookings.edu/wp-content/uploads/2017/04/duke_prekstudy_final_4-4-17_hires.pdf.

72 Maria Stephens, Laura K. Warren, and Ariana L. Harner, "Comparative Indicators of Education in the United States and Other G-20 Countries: 2015. NCES 2016-100," National Center for Education Statistics, 2015.

73 赫克曼關於學前教育長期影響的研究的所有參考文獻可在https://heckmanequation.org/找到。其他參考文獻參見Jorge Luis García, James J. Heckman, Duncan Ermini Leaf, and María José Prados, "The Life-Cycle Benefits of an Influential Early Childhood Program," NBER Working Paper 22993, 2016。

74 Michael Puma, Stephen Bell, Ronna Cook, and Camilla Heid, "Head Start Impact Study Final Report," US Department of Health and Human Services, Administration for Children and Families, 2010, https://www.acf.hhs.gov/sites/default/files/opre/executive_summary_final.pdf; Mark Lipsey, Dale Farran, and Kelley Durkin, "Effects of the Tennessee Prekindergarten Program on Children's Achievement and Behavior through Third Grade," *Early Childhood Research Quarterly* 45 (2017): 155–76.

75 R. M. Ford, S. J. McDougall, and D. Evans, "Parent-Delivered Compensatory Education for Children at Risk of Educational Failure: Improving the Academic and Self-Regulatory Skills of a Sure Start Preschool Sample," *British Journal of Psychology* 100, no. 4 (2009), 773–97. A. J. L. Baker, C. S. Piotrkowski, and J. Brooks-Gunn, "The Effects of the Home Instruction Program for Preschool Youngsters on Children's School Performance at the End of the Program and One Year Later," *Early Childhood Research Quarterly* 13, no. 4 (1998), 571–86. K. L. Bierman, J. Welsh, B. S. Heinrichs, R. L. Nix, and E. T. Mathis, "Helping Head Start Parents Promote Their Children's Kindergarten Adjustment: The REDI Parent Program," *Child Development*, 2015. James J.

Heckman, Margaret L. Holland, Kevin K. Makinom Rodrigo Pinto, and Maria Rosales-Rueda, "An Analysis of the Memphis Nurse-Family Partnership Program," NBER Working Paper 23610, July 2017, http://www.nber.org/papers/w23610. Orazio Attanasio, C. Fernández, E. Fitzsimons, S. M Grantham-McGregor, C. Meghir, and M. Rubio-Codina, "Using the Infrastructure of a Conditional Cash Transfer Programme to Deliver a Scalable Integrated Early Child Development Programme in Colombia: A Cluster Randomised Controlled Trial," *British Medical Journal* 349 (September 29, 2014): g5785. Paul Gertler, James Heckman, Rodrigo Pinto, Arianna Zanolini, Christel Vermeerch, Susan Walker, Susan Chang-Lopez, and Sally Grantham-McGregor, "Labor Market Returns to an Early Childhood Stimulation Intervention in Jamaica," *Science* 344, no. 6187 (2014): 998–1001.

76 Moira R. Dillon, Harini Kannan, Joshua T. Dean, Elizabeth S. Spelke, and Esther Duflo, "Cognitive Science in the Field: A Preschool Intervention Durably Enhances Intuitive but Not Formal Mathematics," *Science* 357, no. 6346 (2017): 47–55.

77 Henrik Kleven, Camille Landais, Johanna Posch, Andreas Steinhauer, and Josef Zweimüller, "Child Penalties Across Countries: Evidence and Explanations," no. w25524, National Bureau of Economic Research, 2019.

78 Henrik Kleven, Camille Landais, and Jakob Egholt Søgaard, "Children and Gender Inequality: Evidence from Denmark," no. w24219, National Bureau of Economic Research, 2018.

79 "Denmark: Long-term Care," Organisation for Economic Co-Operation and Development, 2011, http://www.

oecd.org/denmark/47877588.pdf.

80 Bruno Crépon and Gerard van den Berg, "Active Labor Market Policies," *Annual Review of Economics*, https://doi.org/10.1146/annurev-economics-080614-115738; Bruno Crépon, Esther Duflo, Marc Gurgand, Roland Rathelot, and Philippe Zamora, "Do Labor Market Policies Have Displacement Effects? Evidence from a Clustered Randomized Experiment," *Quarterly Journal of Economics* 128, no. 2 (2013): 531–80.

81 Sheila Maguire, Joshua Freely, Carol Clymer, Maureen Conway, and Deena Schwartz, "Tuning In to Local Labor Markets: Findings from the Sectoral Employment Impact Study," Public/Private Ventures, 2010, accessed April 21, 2019, http://ppv.issuelab.org/resources/5101/5101.pdf.

82 Yann Algan, Bruno Crépon, Dylan Glover, "The Value of a Vacancy: Evidence from a Randomized Evaluation with Local Employment Agencies in France," J-PAL working paper, 2018, accessed April 21, 2019, https://www.povertyactionlab.org/sites/default/files/publications/5484_The-Value_of_a_vacancy_Algan-Crepon-Glover_June2018.pdf.

83 "Employment Database—Labour Market Policies And Institutions," Organisation for Economic Co-operation and Development.

84 "Active Labour Market Policies: Connecting People with Jobs," Organisation for Economic Co-operation and Development, http://www.oecd.org/employment/activation.htm.

85 Benjamin Hyman, "Can Displaced Labor Be Retrained? Evidence from Quasi-Random Assignment to Trade

Adjustment Assistance," January 10, 2018, https://ssrn.com/abstract=3155386 or http://dx.doi.org/10.2139/ssrn.3155386.

86 Aaron Smith and Monica Anderson, "Automation in Everyday Life: Chapter 2," Pew Research Center, 2017, accessed April 21, 2019, https://www.pewinternet.org/2017/10/04/americans-attitudes-toward-a-future-in-which-robots-and-computers-can-do-many-human-jobs/.

87 Bruno Tardieu, *Quand un people parle* (Paris: La Découverte, 2015).

88 Abhijit Banerjee, Esther Duflo, Nathanael Goldberg, Dean Karlan, Robert Osei, William Parienté, Jeremy Shapiro, Bram Thuysbaert, and Christopher Udry, "A Multifaceted Program Causes Lasting Progress for the Very Poor: Evidence from Six Countries," *Science* 348, no. 6236 (2015): 1260799.

89 Esther Duflo, Abhijit Banerjee, Raghabendra Chattopadyay, Jeremy Shapiro, "The Long Term Impacts of a 'Graduation' Program: Evidence from West Bengal," MIMEO, Massachusetts Institute of Technology, 2019.

90 Christopher Blattman, Nathan Fiala, and Sebastian Martinez, "The Long Term Impacts of Grants on Poverty: 9-Year Evidence from Uganda's Youth Opportunities Program," April 5, 2019, https://ssrn.com/abstract=3223028 or http://dx.doi.org/10.2139/ssrn.3223028.

91 Bruno Crépon, Esther Duflo, Éllise Huillery, William Pariente, Juliette Seban, and Paul-Armand Veillon, "Cream Skimming and the Comparison between Social Interventions Evidence from Entrepreneurship Programs for At-Risk Youth in France," 2018.

92 同上。

93 Robert Rosenthal and Lenore Jacobson, "Pygmalion in the Classroom," *Urban Review* 3, no. 1 (1968): 16–20.

94 Angela Duckworth, *Grit: The Power of Passion and Perseverance* (New York; Scribner, 2016).

95 Yann Algan, Adrien Bouguen, Axelle Charpentier, Coralie Chevallier, and Élise Huillery, "The Impact of a Large-Scale Mindset Intervention on School Outcomes: Experimental Evidence from France," MIMEO, 2018.

96 Sara B. Heller, Anuj K. Shah, Jonathan Guryan, Jens Ludwig, Sendhil Mullainathan, and Harold A. Pollack, "Thinking, Fast and Slow? Some Field Experiments to Reduce Crime and Dropout in Chicago," *Quarterly Journal of Economics* 132k, no. 1 (2017): 1–54.

結論：好的經濟學與壞的經濟學

1 Chang-Tai Hsieh and Peter. J. Klenow, "The Life Cycle of Plants in India and Mexico," *Quarterly Journal of Economics* 129, no. 3 (August 2014): 1035–84, https://doi.org/10.1093/qje/qju014.

春山之巔　005

艱困時代的經濟學思考

Good Economics for Hard Times

作　　者　阿比吉特・班納吉 Abhijit Banerjee
　　　　　艾絲特・杜芙若 Esther Duflo
譯　　者　許瑞宋
總 編 輯　莊瑞琳
責任編輯　吳崢鴻
行銷企畫　甘彩蓉
封面設計　廖韡
內文排版　藍天圖物宣字社
出　　版　春山出版有限公司
　　　　　地址：11670 台北市文山區羅斯福路六段297號10樓
　　　　　電話：02-29318171
　　　　　傳真：02-86638233
總 經 銷　時報文化出版企業股份有限公司
　　　　　地址：33343 桃園市龜山區萬壽路二段351號
　　　　　電話：02-23066842
製　　版　瑞豐電腦製版印刷股份有限公司
初版一刷　2020年10月

定　　價　620元

填寫本書線上回函

Email　SpringHillPublishing@gmail.com
Facebook　www.facebook.com/springhillpublishing/

國家圖書館出版品預行編目資料

艱困時代的經濟學思考 / 阿比吉特・班納吉 (Abhijit V. Banerjee), 艾絲特・杜芙若（Esther Duflo）著；許瑞宋譯. -- 初版. -- 臺北市：春山出版, 2020.10
面；　公分. --（春山之巔；5）
譯自：Good economics for hard times
ISBN 978-986-99072-9-3（平裝）

1. 經濟學

550　　　　109013299

World as a Perspective

世界做為一種視野